평등의 딜레마

평등의 딜레마

발행일 2025년 3월 31일 **발행인** 김정겸 **저자** 정주백
펴낸곳 충남대학교출판문화원 **주소** 대전광역시 유성구 대학로 99 **전화** 042-821-6045
홈페이지 http://www.cnupress.co.kr **E-mail** cnupress@cnu.ac.kr

ISBN 979-11-6503-309-5 93360

정가 30,000원

평등의 딜레마

성주백

충남대학교출판문화원

目次

序文

이 책을 쓰게 된 동기부터 설명하여야 할 것 같다. 필자는 2019년에 《평등정명론》을 냈다. 평등을 어떻게 이해하여야 하는가 하는 점에 관한, 필자 나름의 새로운 시각을 제시하였다. 그러나 그것이 학계의 반향을 얻지는 못하였다.[1] 아마도 필자의 논의가 추상적이었던 것도 한몫 하였을 것이다.

필자는 2024년에 《평등의 모순》이라는 책을 냈다. 제목으로 평등을 다룬 일본 헌법 교과서들을 분석하는 책을 냈다. 일본 대학의 작은 세미나에서 발제문으로 쓰기 시작했다. 쓰고 나니 책으로 묶을 만한 양이 되어 출편하게 되었다. 일본의 평등론이 化石化되어 있더라는 말은 해 두고 싶다. 필자의 발제에 대해, 이미 다 정리된 문제인데 왜 논의하는지 모르겠다는 표정이었다. 물론 듣는 사람들의 대다수는 대학원 학생들이었다, 자기 논문 주제가 아니니 그랬을 수도 있겠다 싶다.

《평등의 모순》 서문에 동일한 프레임으로 한국의 헌법 교과서들을 분석해 보는 것도 괜찮지 않을까 하는 생각을 드러내었고, 이 책 이름도 그 책 서문에 미리 정해 두었다.

이 책의 특징이라고 한다면, '구체적으로' 비판한다는 것이다. 이런 식의 글쓰기가 학문적으로 적절하지 못하다는 비난이 있을 수도 있겠다. 감내하겠다. 필자가 나쁜 의도를 가지지는 않았다는 점만 받아들여지면, 방식에 대한 비판은 받아들이겠다. 책을 통해 자신의 의견을 드러내었으면 비판은 당연히 받아

1) 그래도 〈세종도서〉로 선정되었다는 사실은 적어둔다.

들여야 한다. 이 점은 이 책에 대해서 적용될 것이고, 이 책이 대상으로 하는 책들에 대해서도 마찬가지일 것이다.

이 책의 논의를 통해 좀 더 구체적인 논의가 일어났으면 좋겠다. 평등을 둘러싼 말들은 참 어렵다. 그 말들이 이리저리 얽혀 있다. 그것들이 정확하게 사용되지 아니하면, 읽는 사람들이 갈피를 잡기 어렵다. 필자는 자신 있게 말할 수 있다.

필자는 말에 민감하다. 필자는 어떻게 하면 세상이 더 좋아질 것인가에 대해서는 관심이 없다. 헌법 제11조 제1항으로부터 벋어나간 말들이 정확하게 사용되고 있는가에 대해서만 관심이 있다. 이 관심으로 20년 정도 이 분야의 글을 읽고 생각했다. 그런데도 필자가 읽어서 그 의미를 파악해 낼 수 없는 말들이 여기 저기 많다.

법해석론은 법에서부터 결론까지 논리적으로 흐트러짐이 없는 문장으로 이루어져야 한다. 재판에서는 더욱 그러하다. 사법의 본질상, 논리를 잃은 문장으로 결론을 만들면, 우리의 통치구조는 흔들린다. 어떤 세상이 좋은 세상인가를 결정하는 것은 사법부의 과업이 아니다. 공동체의 구성원이 그것을 결정해야 한다. 이런 생각을 民主主義(democracy)라 한다. 그 결정의 내용을 확정해 주는 것이 사법부의 역할이지, '해석할 권한을 奇貨로' 자신이 좋다고 생각하는 세상의 모습을 '法'이라 우겨서는 곤란하다. 권력분립에 반한다. 이 점과 관련하여 최근에 읽은 글 중에는 권영준 대법관의 의견이 인상적이다.

> "법해석과 법형성의 경계, 허용되는 법형성과 금지되는 법형성의 경계는 눈에 보이지 않고, 그 경계를 넘지 못하도록 강제로 가로막는 장벽이나 보초가 있는 것도 아니다. 그 경계를 넘었다고 이를 이유로 당장 어떤 책임을 지는 것도 아니다. 하지만 그렇기 때문에 법원은 더욱 자신을 돌아보아 스스로 나아가야 할 때와 국민에게 맡겨야 할 때를 현명하게 분별해야 한다. 법관 개인의 주관적 정의 관념이나 정책적 선호를 법의 이름으로 관철시키고 싶은 유혹에 저항해야 할 때도 있다."[2)]

방학 동안 앉아서 이 책을 쓰다가 참으로 내가 한심하다고 생각한 적이 한두 번이 아니다. 뭘 하고 있는 것일까. 남의 말에 밑줄 쳐 가며 비판이나 하고 있으니. 조그만 숟가락 하나 만들 수도 없는, 보잘 것 없고, 보잘 것 없는 이야기를 하고 앉아 있는 모습을 보면 참으로 한심하다.

그렇다고 반가워할 사람이 있는 것도 아니다. 자신이 모르는 것을 가르쳐 주는 사람에게는 고마워하지만, 자신이 분명하게 알고 있다고 생각하는 것을 다르게 생각해 보자고 하면, 호응을 얻기는 어렵다. 그 주장이 법원 또는 헌재의 권한을 축소한다면 실무계의 찬동을 얻기 어렵다. 개념의 적용 범위를 줄인다면 학계에서도 반길 리가 없다.

그래도 이런 글을 써야 하는 이유는 무엇일까? 우선은 타고난 본성 때문이다. 생각을 숨기는 것은 필자에게는 큰 고통이다. 필자가 연구자의 길로 들어서지 않았으면, 아마 제 성질을 못 이기고 굶어 죽었을 거다. 다른 하나는 지금은 무의미해도 나중에는 이해하는 사람이 있지 않을까 하는 기대 때문이다.

재미있는 말을 들었다. 초학은 논란이 일까 무서워 논문을 못 쓴다. 중견은 논란이 일 줄을 알면서도 논문을 쓴다. 좀 더 진전을 얻은 자는 논란을 불러일으키기 위해 논문을 쓴다. 이 책은 '논란을 불러일으키기 위해' 쓰는 글이다. 필자가 '좀 더 진전을 얻은 자'는 아니지만, 논란을 불러일으킬 목적으로 쓴 것만은 맞다. 이 책 통해 좀 더 구체적인 논의가 일어나길 바란다.

필자는 이 책에서 '논리적으로 좋은 해석'을 추구한다는 점을 미리 밝혀 놓는다. '사실상' 좋은 해석이 있을 수 있다. 해석을 애모하게 하여 두고 그때그때 구체적 타당성이 있는 결론을 도출해 내는 것이 더 낫지 않느냐[3]고 말할 수도 있다. 그러나 그러면 재판이 아니다. 앞에서 인용해 둔 권영준 대법관의 글을 한 번 읽어 보기를 권한다.

---

2) 대법원 2024. 7. 18. 선고 2023두36800 전원합의체 판결 중 권영준 대법관의, 별개의견에 대한 보충의견.

3) 실무가는 이런 유혹에 빠지기 쉽다.

이 책에서 어떤 말들이 중복되는 경우들이 있다. 별로 신경 쓰지 않았다. 필자로서는 면수를 늘리는 재미가 있고, 독자로서는 이리 저리 뒤져가면서 읽어야 하는 수고를 덜 수 있다. 종이 몇 장 더 쓴다고 紙價가 오를 일도 아니어서 신경 쓰지 않았다.

이 책에서 다루는 순서에 특별한 의미가 있는 것은 아니다. 필자의 손에 닿은 순서대로 편제가 정해졌다. 그렇다고 이 순서대로 코멘트를 단 것도 아니다. 이 쪽 저쪽을 왔다 갔다 했다.

《평등의 모순》과 이 책을 쓰면서 나름 괜찮은 문장 하나를 건졌다. "헌법 제11조 제1항은 대부분의 차별에 무관심하다."[4] 나는 학계나 실무계가 복잡하지 않은 문제를 복잡하게 만들어 놓고 주체를 못 하고 있다고 평가한다. 이 말을 이해하면 필자의 평등론을 거의 이해한 것이다.

물론, 헌법 제11조 제1항이 추구하는 세상이 실현되는 것이 쉽다는 뜻은 아니다. 많은 저항이 있을 수 있다. 현실에 있어서 그렇다. 그러나 이론이 어려운 것은 아니다. 헌법 제11조 제1항은 매우 단순한 규범이다. 정의를 말하는 규범이 아니다. "사람을 성별 · 종교 · 사회적 신분을 이유로[5] 구별하는 법을 만들지 말라. 법이 만들어지면, 그 법에 기재된 대로 집행하라." 이것이 다다.

이것을 학자들이나 실무가들이 이리 비틀고 저리 비틀어서 도저히 원형을 알아볼 수 없는 꼴로 만들었다. 이리 뒤틀고 저리 뒤틀고 나서 그 운용을 잘하는 것도 아니다. 우리 헌재의 실무례를 보면 참으로 안타깝다. 어느 헌법재판관이 이런 말을 하였다. 필자가 직접 들은 말이다. (i) 평등은 편리하더라. (ii) 그런데 그 의미는 모르겠더라.[6]

---

4) 중간에 '입법자가 하는'이라는 말을 넣어야 정확할 것 같지만, 뺐다. 정확한 말은 선동적이지 않다.

5) 이것들과 동등한 것으로 보이는 사유가 추가될 수 있다는 것이 예시적 열거설이고, 이를 수용하면, 사유가 좀 더 늘어날 수 있다. 필자는 이 부분에 대해 관심을 가지고 있지 않다. 필자는 가슴으로 느낀 것을 주장하지 않고, 머리로 생각해 낸 것만 주장한다.

필자는 들으면서 놀랐다. 필자는 평등론이 가지고 있는 핵심적인 문제점이 무엇일까를 늘 궁리하였다. 그러나 터득하지 못하였다. 그런데, 위의 재판관은 정확하게 지적했다. (a) 평등은 어떤 대상에 대해서도 적용할 수 있고, (b) 어떤 대상도 위헌으로 결정할 수 있는 이론적 틀을 제공해 주는데, (c) 막상 평등이 뭔지는 모르겠더라. 무서운 말이다.

"사람을 성별·종교·사회적 신분을 이유로[7] 구별하는 법을 만들지 말라. 법이 만들어지면, 그 법에 기재된 대로 집행하라."는 단순한 규범인 헌법 제11조 제1항이 괴물 같은 규범으로 변했다. 평등이 정의와 접속하면서 이런 일들이 벌어졌다. 무서운 일이다. 민주주의는 평등 앞에서 비바람에 흔들리는 제비꽃과 같이 되었다. 국민들에 의해 선출된 국회의원이 만든 법은 선출되지 아니한 賢者九名의 正義에 어울리지 못하면 위헌으로 결정되고 효력을 상실하게 되었다. 이것이 정당한 일일까. 이것이 민주주의에 부합하는 상황일까?

거저 평등의 적용 영역을 넓혀, 평등의 말로 세상을 재단해 보고 싶어 하는 학자의 욕망과 자신의 正義에 어울리지 않는 법은 무효로 만들고 싶은 실무가의 욕망이 평등을 괴물로 만들었다.

법원의 일이지만, 대법원 2024. 7. 18. 선고 2023두36800 전원합의체 판결[8]은 이 실무가의 욕망이 재판으로 연결된 모습을 보여준다. 이 판결에서

6) 누군가의 말을 옮기는 것 같아 불편하기는 하다. 그러나 오늘날 평등이 처한 상황을 가장 상징적으로 보여주는 말이라서 인용한다. 다만 화자를 밝히지는 않는다.

7) 이것들과 동등한 것으로 보이는 사유가 추가될 수 있다는 것이 예시적 열거설이고, 이를 수용하면, 그 사유가 좀 더 늘어날 수 있다. 필자는 이 부분에 대해 큰 관심을 가지고 있지 않다.

8) 남성인 A씨는 동성인 남성 B씨와 2019년 결혼식을 올리고 2020. 2. 건강보험 직장 가입자인 B씨의 피부양자로 등록됐다. 그러나 같은 해 10. 공단은 '피부양자 인정 조건에 부합하지 않는다'는 이유로 보험료 부과 처분을 했다. 이에 A씨는 보험료부과처분의 취소를 구하는 행정소송을 제기했다. 배우자 → 사실혼 배우자 → 동성 동반자로의 확대 과정에 평등이 개입했다.

이 논증을 깨는 핵심은, 대법관 이동원, 노태악, 오석준, 권영준의 별개의견 중에 있는 다음 기술이다. "다수의견은 위 두 집단이 본질적으로 동일한 집단이라는 논거로 두 집

단이 모두 '부부공동생활에 준할 정도의 경제적 생활공동체를 형성'하고 있다는 점을 들고 있다. 우선 '부부공동생활'에 관한 부분은 '혼인' 또는 '부부'가 꼭 이성 간의 관계일 필요가 없다는 암묵적 전제에 기초한 것이다. 그러나 이러한 전제의 타당성이야말로 이 사건에서 정면으로 드러내어 본격적으로 논증해야 할 대상이다. 아울러 이러한 전제가 적어도 현재의 법질서 아래에서는 받아들여지지 않고 있음은 이미 살펴보았다. 그런데도 다수의견은 위 전제를 정면으로 드러내거나 그 타당성에 대한 본격적인 논증으로 나아가지 않았다."

우리 법제는 (신고를 전제로 하는) 동성혼을 인정하지 않고 있다. 다수의견은 동성혼이 인정되고, 동성혼으로 신고만 하면 피부양자 자격을 인정받을 때 가능한 논리다. (전제를 좀 완화하자면, 동성혼이 인정되지 않더라도, 동성혼으로 신고하면 한 쪽 당사자에게 피부양자 자격을 인정하는 법제에 있을 때만 타당한 주장이다.) 그래야만 사실혼(미신고 이성혼)과 미신고 동성혼은 피부양자 자격 인정에 있어서 본질적으로 동질적인 집단으로 인식될 수 있다. 필자가 보기에 양자는 전혀 본질적으로 동질적인 집단이 아니다. 차별의 이유로 되는 요소(여기서는 동성간 결합인지, 이성간 결합인지) 외에, 다른 부분은 전부 같아야 본질적으로 동질적인가를 논할 기초가 마련된다.

양자를 본질적으로 동질적인 집단으로 만드는 類槪念이 무엇인가를 생각해 보라. '신고만 하면 피부양자로 인정되는 사람'이다. 차별에 있어서의 종차는 무엇인가? 이성간 결합인가, 동성간 결합인가, 하는 점이다. (사실 이 점도 그리 단순하지 않다. 평등을 개인의 권리로 보는가, 집단의 권리로 보는가 하는 매우 어려운 문제가 도사리고 있다. 남자든 여자든 자신과 동일한 성별을 가진 사람과의 혼인을 허용하지 않는 제도는 성차별적인 것이 아니라 논증될 수도 있다. 이 점은 더 다루지 않는다. 지금 학계나 실무계가 이 논의를 할 만한 수준에 있지는 않다고 본다.) 이런 분석이 가능한가? 가능하지 않다. 그러므로 다수의견의 논증은 틀렸다.

좀 더 살펴보자. 법정의견은 "동성 동반자는 직장가입자와 단순히 동거하는 관계를 뛰어넘어 동거·부양·협조·정조의무를 바탕으로 부부공동생활에 준할 정도의 경제적 생활공동체를 형성하고 있는 사람이다. 피고가 피부양자로 인정하는 '사실상 혼인관계에 있는 사람'도 직장가입자와 사이에 동거·부양·협조·정조의무를 바탕으로 경제적 생활공동체를 형성하고 있다는 점에서 차이가 없다."고 한다. 경제적 생활공동체를 類槪念으로 이해한다.

이렇게 이해하면 어떤 문제가 생기는가? 법정의견은 바로 앞에서 이렇게 말했다. "피고는 이 사건 처분을 통하여 사실상 혼인관계 있는 사람 집단에 대하여는 피부양자 자격을 인정하면서도, 동성 동반자 집단에 대해서는 피부양자 자격을 인정하지 않음으로써 두 집단을 달리 취급하고 있다. 이러한 취급은 성적 지향을 이유로 본질적으로 동일한 집단을 차별하는 행위에 해당한다." 이 말은 신고하지 아니한 두 사람의 결합을 유개념으로 하고, 미신고 이성혼자와 미신고 동성혼자를 구별하는 징표, 즉 종차를 '성적 지향'이라 이해한 것과 다른 말이다.

그리고, 엄밀히 보면, 신고한 이성혼자는 경제적 생활공동체성을 개념적 징표, 즉 內

권영준 대법관은 이 욕망을 자제하자고 말한다. 자제하여야 한다고 말한다. 부딪히는 소리가 귀에 들린다.[9)]

물론 필자는 그 욕망이 개인의 이익을 향한 것이 아님을 안다. 그 선한 의지를 이해하지 못하는 것도 아니다. 그리고 대개는 사회적으로 좋은 결론에 이르렀음을 부정하는 것도 아니다. 그렇다고 그 욕망을 그대로 승인하여서는 안 된다.

그 이유의 하나는 그것이 우리가 예정한 통치구조의 모습이 아니라는 것이다. 다른 하나는 그들이 어느 때 自身의 慾望을 공동체의 善으로 포장하지 아니하리란 보장이 없기 때문이다. 굳이 하나를 더 든다면 (법외의 문제에 관한) 그들의 識見이 民主主義를 構成하는 成員들의 식견보다 낫다는 것을 확언

包로 삼지 않는다. 이성혼자의 경우, 생활공동체를 형성하고 있지 않다 하여 바로 피부양자 자격이 상실되는 것은 아니다. 생활공동체성은 피부양자성을 인정하는데 필수적 요소가 아니다.

더 나아가 생활공동체를 유개념으로 보면, 엄청나게 많은 사람들이 피부양자로 편입될 수 있게 된다. 생활공동체를 형성하고 있기만 하면 모두 피부양자 자격을 인정하여야 한다는 점을 시인하면서 논의를 시작하여야 한다. 조카를 데려다 생활공동체를 형성하고 있으면 그 조카에게도 피부양자 자격을 인정하여야 하는가? 더 나아가 숙질 정도의 혈연관계도 없는 사람을 데려다 생활공동체를 형성하고 있으면, 그 사람에게도 피부양자 자격을 인정하여야 하는가?

클래식 음악을 많이 듣는 학생들의 집단이 그렇지 않은 집단보다 성적이 좋다는 명제를 증명하기 위해서는, 클래식 음악을 듣는가, 안 듣는가 하는 요소 외의 다른 요소는 전부 통제되어야 한다. 그런데 클래식 음악을 많이 듣는 학생의 집단이 대부분 부잣집 아들이면 위의 명제가 증명되었다고 보기 어렵다. 가정 형편이 학생의 성적에 영향을 주었다고 볼 수도 있다. 위의 명제가 증명되었다고 믿고, 학생에게 하루 종일 클래식 음악만 듣게 한다면 낭패를 볼 수 있다.

9) 같은 날 선고된 대법원 2024. 7. 18. 선고 2022두43528 전원합의체판결은 논리적 혼선을 보여준다. 감당할 수 없는 말을 해 놓고 어쩌지 못하는 상황에 해당한다. 피고(광주광역시장)가 「감염병의 예방 및 관리에 관한 법률」에 따라 '관내 종교시설에 대한 집합금지' 등의 예방 조치를 명한 처분이 문제되었다. Cc설의 관점에서 검토되었다. 그러면 같다고 보는 기준이 무엇인가가 논의되어야 할 것이고, 같다는 점이 논증된 이후라야, 다른 취급이 차별로 인식될 것이다. 이 사건에서는 헌법 제11조 제1항 후문에서 열거하고 있는 차별금지 사유에 대한 검토는 없었다.

할 수 없기 때문이다.

헌법 제11조가 암호로 되었다. 누구나 읽으면 그 의미를 알 수 있는 문장인데, 학자들은 그 단순한 말을 암호로 만들었다. 기이하게 해석하고는, '쉽게' 읽는 방법은 틀렸다고 말한다.

한 여성이 비를 철철 맞으며 "지금 비 와?"라 물었다. 같이 비를 철철 맞는 남성이 "나는 기상학자가 아니라 모르겠어"라 대답한다. 비를 맞으면서 비가 온다는 말을 못 하는 것이나, '평등'을 읽으면서도 평등이 무엇인지 모르겠다고 하고, 그 평등으로 재판을 하는 것이나 별로 다른 것을 모르겠다. 우리가 마주하고 있는 평등론의 꼴이 이와 같다. 어느 쪽이나 교조화된 모습이다. 카프카는, 책이 우리 내면의 얼어붙은 바다를 깨는 도끼이어야 한다고 말했는데, 얼어붙은 바다의 두께를 짐작하지 못하겠다. 평등에 관해서만 말한다면, 여러 천 미터는 되지 않을까?

이 책을 쓰기 시작할 때는 한국에서 나오는 교과서를 일별하고자 하였으나, 책이 너무 커져서 여기까지 일단 잘라서 출판하기로 한다. 예정한 것들의 반의 반도 다루지 못한 것 같다. 사실은 4개 교과서에 대한 분석은 썼는데 뺐다. 다음 시리즈의 책에 실을 예정이다. 제목은《평등의 아이러니》정도로 정해 두었다. 이렇게 생각해 보니 시리즈가 꽤 길게 갈 수 있겠다는 생각도 든다.《평등의 아이러니》다음으로는《평등의 요술》정도를 생각하고 있다. 평등이 요술 방망이처럼 되었다는 취지.

주로 이 책에서 말하는 C설, 즉 아리스토텔레스의 정의론에 기반한 평등설을 염두에 두고 제목을 지었다. 사람을 (성별, 종교, 사회적 신분을 이유로) 차별하지 말라는 평등 명령이 모든 사람을 완벽하게 '다르게 취급하라'는 명령으로 전환된 것이, 필자가 보기에는 아이러니하다고 느껴졌다.《평등의 아이러니》라는 책의 제목은 이런 경위로 나왔다.

조금만 더 이야기해 보자. 아리스토텔레스의 정의론이 평등의 내용으로 이해될 수 있었던 것은, '같은 것은 같게, 다른 것은 (그 비율에 따라) 다르게'

중에서 앞의 '같은 것은 같게'가 있었기 때문이다. 이 句가 아리스토텔레스의 정의론과 평등을 연결시켜 주는 다리 역할을 하였다. '같은 것은 같게'의 반대 해석상 '다른 것은 다르게'은 그 뒤를 따른다고 생각한 것 같다.

만약 아리스토텔레스의 정의론이 '모든 것을 그 품성의 비율에 따라 다르게'로 정의되었다면 이것이 평등을 充塡하는 말로 쓰이지 못했을 것이다. 즉, '같은 것은 같게, 다른 것은 (그 비율에 따라) 다르게'가 논리적으로 '모든 것을 (그 품성의 비율에 따라) 다르게'와 같은 것이라면, '같은 것은 같게, 다른 것은 (그 비율에 따라) 다르게'가 평등을 充塡할 수도 없을 것이다.

필자는 양자, 즉 '같은 것은 같게, 다른 것은 다르게'와 '모든 것을 다르게'가 논리적으로 同値라고 본다. '같은 것'은 '다른 것'의 특수한 형태이다. '다름의 양'이 零으로 되면, 양자는 같은 것으로 된다. '같은 것은 같게, 다른 것은 (그 비율에 따라) 다르게'는 기실 '다른 것은 (그 비율에 따라) 다르게'로 표현하더라도 그 내용이 같고, 이것은 '모든 것을 그 품성의 비율에 따라 다르게'로 이해될 수밖에 없다. 이것은 논리적인 설명이다. 역사를 바탕에 둔 것도 아니고, 목적론적인 것도 아니다. 논리적으로 그렇다.[10)]

주로 세법학에서 말해지는, '수평적 공평'은 기만적인 말이다. 무의미한 말이다. 사람을 현혹시키는 말이다. '수직적 공평'의 한 특수한 형태가 '수평적 공평'일 뿐이다. 이 수평적 공평을 매개로 해서, '평등'으로부터 '응능부담원칙'이 도출된다고 설파하는 것은 詐欺다. 과격한 말이지만 그러하다. 평등에서 바로 수직적 공평이 도출된다는 것을 논증하는 것은 필자의 주장에 대한 충분한(sufficient) 반론이다. 이 말들을 이해하면 〈평등의 아이러니〉를 이해할 수 있다.

필자는 이 책을 쓰게 된 경위와 관련된, 학위 청구의 경과에 관하여 11만

10) 그리고, 여기서 길게 상론하기는 어렵지만, '같게'와 '같은 것은 같게'는 전혀 다른 말이다. 이 책, 또는 《평등의 모순》에서 전자는 A설로 표시했고, 후자는 Cc설로 표시했다. 전혀 다른 말이다. 이 단순한 주장이 세상의 이해를 받지 못한다는 것도 참 기이하다.

자에 가까운 글을 썼다. 《평등정명론》을 일본의 一橋大學에 박사논문으로 제출했다가 실패한 이야기다. 서문에 11만 자 가까운 글이 붙어 있는 것은 아무래도 이상하여, 본문으로 옮겼다. 부끄러운 이야기일 수도 있으나, 필자의 공부 과정에 있었던 일이니 공개하는 것이 옳다고 생각되어 밝힌다. 숨기지 않고 밝히는 것이 나의 자존심을 지키는 길이라 생각한다. 제9장이 그것이다. 제9장 冒頭에 2쪽 정도의 〈요약〉을 실어 두었다.

《평등정명론》은 한국의 판례나 학설을 소재로 쓴 글이라 일본인들이 이해하지 못하는 것을 어느 정도 이해할 수 있다.[11] 그래서 일본 학계의 상황을 두고 《평등의 모순》을 쓰고, 세미나를 열었다.[12] 밑줄을 쳐가면서 일본의 교과서들이나 주석서들에 써진 말들이 '논리적으로' 틀렸다는 점을 설명했다.

사실 평등을 둘러싼 논란은, 법학을 공부한 사람들만 이해할 수 있는 것이 아니다. 논리적으로 생각할 줄 알면, 얼마든지 이해할 수 있다. 차라리 자기가 법학을 안다고 생각하는 것이, 이해를 방해한다. 나의 경험에 비추어 보면, 헌법학을 전공하지 아니한 사람들은, 나의 아이디어를 훨씬 잘 이해했다. 앞에서도 말했지만, 이미 안다는 생각이 새로운 앎을 방해한다.

그래도 이해하지 못하고, 필자의 논의를 '말장난' 정도로 치부하니[13] 필자는

---

11) '같은 것은 같게, 다른 것은 다르게'를 평등의 의미로 이해하는 것을 비판하는 것이 《평등정명론》의 주된 목표였다. 일본에도 '같은 것은 같게, 다른 것은 다르게'를 평등의 의미로 이해하는 입장들이 있다. 그러나, 그 말의 의미가 이해되지 못한 채 사용된다. 같은 취급이 차별로 이해될 수 있다는 인식은 없고, 그 말이 마치 '합리적 이유 있는 차별을 허용하는 것'을 보완하는 말 정도로 사용된다. 필자는 이 상황을 C설이 B설을 거쳐 A설로 돌아왔다고 표현하였다. 이 점에 대해서는 《평등의 모순》, 170-171 참조. 이런 상황이니 필자의 《평등정명론》을 이해하기 어려울 수밖에 없다.

12) 이 책은 일어로 번역되지 않았다. 이 책, 《평등의 모순》 끝에는 세마나의 발제 자료가 일어로 붙어 있다.

13) "본질적인 질적 요소를 평등으로부터 분리한 후에, 체계서 수준의, 일반적이고 비교적 간단한 설명의 세세한 뉘앙스의 차이를 파악해, 다른 학설로서 논하고 있는 듯한 인상을 받는다."[本質質的要素を平等から切り離した上で、体系書レベルの、一般的で比較的簡易な説明の細かなニュアンスの違いを捉え、異なる学説として論じているかの印象を受ける。] 필자가 절대적 평등설을 2가지로 구별하고, 상대적 평등설을 5가지로 구별

놀랐고, 화가 났다. 사실 불쾌했다. 나는 그 몰이해에 놀라, 지도교수에게 7개의 질문을 하였다. 지도교수는 그 답을 하겠다고 하였고, 그 답을 했다. 그 응답은 제9장에 그대로 실려 있다. 필자는 그 응답을 비판하는 글을 3만 자 가까이 썼다. 이 비판에 대해 반론을 할 기회를 주었으나, 하지 않겠다고 말하였다. 질문을 하지도 않았다. 필자는 지도교수로부터 단 한 번도 필자의 아이디어에 대해 질문을 받아본 적이 없다.

그래도 논문집 형식으로 된 것을 일반 논문 형태, 즉 서론, 본론, 결론 형식으로 고쳐 오면 학위를 주겠다고 하는데, 고마워해야 할 일인지는 모르겠으나, 하지 않았다. 번잡했다. 필자의 아이디어를 전혀 이해하지도 못하고, 이해하고자 하는 노력도 없이, 주석의 숫자나 이야기하고, 포맷이나 이야기하는 것에 좀 화가 났다. 학문의 본질이 그런 것은 아니다.

필자는 일본의 학계가 필자의 논문을 평가할 만하지 않다고 생각한다. 우리가 자랑스러워할 일인가는 모르겠으나, 그런 생각을 했다. 판례는 법학연구에 있어서 자산이다. 좋은 판례든, 나쁜 판례든 5만 건이 넘는 헌법 판례는 학문적 논의 수준을 올리는 데 다대한 역할을 한다. 그런 점에서, 헌법, 그 중에서 기본권의 수순은 일본보나 우리가 여러 걸음 앞에 있다. 분명하다. 여러 '걸음' 정도가 아닐 수 있으나, 달리 표현할 말이 떠오르지 않는다. 제9장은 이 점을 이해하는 데 도움을 줄 수 있다.

한 것에 대해 위와 같이 평가하였다. 자신들이 쓰고 있는 말이 무슨 의미를 가진 것인가를 이해하시 못하였다. 평등 조항이 입법자에게 무엇을 요구하는가, 입법이 그 요구에서 벗어나면 바로 위헌인가의 문제를 구별하지 못하였다. 이것이 평등론을 카오스에 빠뜨린 것임을, 필자는 이미 《평등정명론》에서 지적하였다. "따라서 제1종 상대적 평등설(①)과 제2종 상대적 평등설(②~④)은 아예 하나의 학설의 묶음으로 통합될 수 없는 이질적인 입장이다. 마치 이들이 하나의 견해인 양 하나의 학설로써 묶는 것은 전혀 타당하지 아니하다."(정주백, 『평등정명론』, 충남대출판문화원, 2019, 78); "이에 보태어 판례가 제1종 상대적 평등설과 제2종 상대적 평등설을 마치 하나의 입장인 것처럼 이곳저곳에서 함께 사용하고 있는 것을 두고 보면, 평등의 槪念에 관하여 판례가 매우 큰 혼란속에 빠져있는 것이 아닌가 하는 의심을 가지게 된다. 이를 두고 카오스(Chaos)적 상태에 있다고 보면 지나친 것일까?"(정주백, 『평등정명론』, 충남대출판문화원, 2019, 92)

이 책을 쓰게 된 동기가 그리 유쾌한 것은 아니다. 필자의 박사논문을 보완하기 위하여 《평등의 모순》을 썼고, 거기에 이어서 이 책을 썼다. 결국 박사 학위는 못 받게 되었으니 유쾌하지는 않지만, 그로 인해 책 두 권이 출간되었고, 두어 권의 책이 더 출간될 것 같다. 그 끝은 그리 나쁘지 않다. 다행이라면 다행이다.

안다. 이 짓거리들, 다 부질없는 짓이다. 한심하고 무의미하다. 그런데 학문은 부질없고, 무의미하고, 한심한데 그 멋이 있다. 쌀을 바꿀 수도 없고 채소를 바꿀 수도 없지만, 코스모스 모가지 하나 꺾지 못하지만, 그 '부질없음'과 '무의미함'과 '한심함'이 자유를 주고, 그 자유가 진리로 가는 길을 내준다. 학문이 부질없고, 무의미하고, 한심해도 괜찮은 이유다.

인생도 그렇지 않을까? 삶은 '부질없음'과 '무의미함'과 '한심함' 안에 그 본질이 앉아 있다. 쓸모, 유익함은 인생을 작고 왜소하고 초라하게 만든다. 오로지 '부질없음'과 '무의미함'과 '한심함'만이 인생을 풍부하고, 윤택하게 만든다. 삶은 삶다운 것으로 될수록 부질없고 무의미하고, 한심해진다. 그런 것 같다.

이 연구에 충남대학교가 학술연구비를 지원해 주었다. 충남대학교에 감사드린다. 충남대학교 출판문화원의 박수연 원장님, 양광준 과장님, 김민지 선생님께 감사드린다. 아내와 기준, 유연에게 감사와 미안함을 전한다.

2025. 2. 연구실에서

저자가 씀

제1장

序章

제1장 序章

1. 도입

어떠한 상태를 차별로 인식할 것인가? 크게 보면 두 가지, 좀 더 세분하면 4가지로 나누어 볼 수 있다. (i) (사실상의)[14] 다른 취급이 있으면 (바로)[15]

---

14) '(사실상의)'라는 말을 쓴 이유를 설명하여야 하겠다. '다른 취급'이라는 말은 그냥 다른 취급이다. 어떤 그룹에는 주고, 어떤 그룹에는 안 준다면 이것은 다른 취급이다. 이런 경우에는 혼선의 가능성이 그리 크지 않다. 그런데 '다른 취급'을 '차별'이라고 바꿀 수 있을까? 차별이라는 말은 쓰는 사람에 따라 굉장히 다르게 사용된다. 어떤 사람은 차별을 '다른 취급', 더 나아가서 '사실상의 다른 취급'으로 사용한다. 그런데, 그렇게 사용하지 않는 사람도 있다. 규범적으로 평가하여 '평등하지 아니한 상태' 또는 '정당화 심사가 필요한 상태'라는 의미로 사용하는 사람도 있다. 좀 더 극단적으로는 정당화 심사를 거쳐 정당화되지 아니한다고 판단된 상태를 차별이라 쓰기도 한다. 아래에서 볼 김하열 교수의 경우가 그렇다. "'구분취급'(classification)은 다른 기본권의 '제한'에 해당하는 개념이다. '구분 취급'은 가치중립적인 개념이다. '구분취급' 그 자체는 아직 합헌적인 것도, 위헌적인 것도 아니다. 정당한 사유가 없는 구분취급일 때에 비로소 차별(discrimination)이 되어 평등권 침해가 된다."(김하열, 『헌법강의』, 박영사, 2022, 324) 또는, 평등을 '같은 것은 같게, 다른 것은 다르게'로 이해하는 입장(Ca설)에서는 (사실상의) 같은 취급을 차별로 이해하거나, (사실상의) 다른 취급을 차별이 아닌 것으로 이해하기도 한다. "평등권은 당해 공권력의 행사가 본질적으로 같은 것을 다르게, 다른 것을 같게 취급하고 있는 경우에 침해가 발생하는 것이지, 본질적으로 같지 않은 것을 다르게 취급하는 경우에는 차별 자체가 존재한다고 할 수 없다"(헌재 1997. 8. 21. 94헌바2, 판례집 9-2, 223, 234)는 판시는 이를 잘 보여준다. 평등을 둘러싸고 사용되는 말들은 매우 복잡하다. 평등이라는 말을 어떻게 이해하여야 하는가를 이 책에서 다루지만, '차별'이라는 말도 그리 쉽지 않다. 정신을 차리지 않고 읽지 아니하면, '아, 좋은 말들이 써져 있구나.'하고 넘어가기 쉽다. 필자가 일본의 헌법 교과서를 분석한 책, 《평등의 모순》을 검토해 보시길 빈다. 필자가 보기에는 매우 이상한 말인데도, 그것들이

차별이 있다고 보는 입장이 하나이다. 이 입장에서는 동등한 취급이 차별로 인식될 수는 없다고 본다. 같은 처우는 차별이라 할 수 없고, 다른 처우가 있으면 바로 차별이라 인식한다. 이를 B설이라 하자. (ii) 다른 하나는 아리스토텔레스의 정의론을 기반으로 한 입장이다. 이것들을 통틀어 C설이라 하자. 여기에는 3가지 정도의 세분화된 이론이 있다.

2. 균일취급설 - A설

어떤 사태나 사람에 대하여 같은 취급을 하는 것이 평등한 취급이라고 이해한다. 이를 뒤집으면 '(사실상의) 다른 취급'이 있으면 바로 차별로 인식한다. 그러면 헌법은 '어떠한' 사태나 사람에 대해서도 모두 평등한 처우를 하도록 명령하고 있는가? 특별히 언급한 바는 없지만, 평등 명령이 적용되지 않는 영역은 없다.[16][17] 이 입론에 따르면 '서로 다른 처우'가 있으면 바로 정당화

교과서에 써져서 학생들에게 읽힌다는 것이 놀라웠다. 그 경험을 토대로 우리 나라의 교과서를 한 번 분석해 보자고 생각하여 이 책을 쓰게 되었다.

15) 여기서 '바로'라는 말을 추가한 것은, (사실상의) 다른 취급이 있더라도, 양자를 평가하여 '본질적으로 같은데' 다른 취급을 하는 경우만을 차별로 인식하고, '본질적으로 같지 아니하다면' (사실상의 다른 취급이 있더라도) 차별로 인식하지 않는 입장, Cc설이 있기 때문이다.

16) 엄밀히는 '평등' 또는 '차별'의 의미와 관련된 것은 아니다. 헌법 제11조 제1항 후문에 게기된 사유의 성격과 관련된 문제이다. 이 사유들을 예시로 보는 것이 통설이자 판례다. 헌법 제11조 제1항 후문에 게기된 사유가 예시에 불과하므로, 차별금지 사유에 대한 제한이 없다고 본다. 차별금지 사유의 外延(extension)을 無限大로 본다. 논리적으로 內包(connotation)는 零으로 된다. 필자는 예시설을 충분히 이해한 주장이라 보지 않는다.

17) 물론, 아래에서 보는 Cc설의 입장은 다른 처우가 있더라도, 양자가 본질적으로 같지 아니하다면 다른 처우가 차별로 인식될 수 없다고 본다. 헌재 2011. 6. 30. 2009헌마59, 판례집 23-1하, 445, 453. 그러나 이 입장은 헌법 제11조 제1항 후문에 게기된 사유의 성격에 의해 도출된 결론이 아니라, 독자적인 평등의 의미에 관한 학설을 기반으로 한 것이다. 아래에서 볼, 정의설(C설)의 한 갈래다.

심사로 나아간다.[18] 이것을 A설이라고 하자.

그런데, 이 입장을 명시적으로 내세우는 판례나 학설을 만나기는 쉽지 않다. 아래의 판시는 이 입장을 전제로 한 것이다.

> "헌법 제11조 제1항은 "모든 국민은 법 앞에 평등하다. 누구든지 성별 · 종교 또는 사회적 신분에 의하여 정치적 · 경제적 · 사회적 · 문화적 생활의 모든 영역에 있어서 차별을 받지 아니한다."라고 규정하고 있다. 이러한 평등의 원칙은 일체의 차별적 대우를 부정하는 절대적 평등을 의미하는 것이 아니라 입법과 법의 적용에 있어서 합리적 근거가 없는 차별을 하여서는 아니 된다는 상대적 평등을 뜻하고, 따라서 합리적 근거가 있는 차별 또는 불평등은 평등의 원칙에 반하는 것이 아니다.[19]

18) 예를 들면 헌재 2008. 5. 29. 2006헌바5, 판례집 20-1하, 91(우체국보험에 대해 압류를 금지); 헌재 2011. 11. 24. 2011헌바51, 판례집 23-2하, 430(오토바이에 대해서는 고속도로 또는 자동차전용도로 운행을 금지); 헌재 2015. 3. 26. 2014헌마372, 판례집 27-1상, 383(PVC관과 PE관 중에서 PVC관에 대하여만 안전기준을 적용). 모두 다른 처우가 있다는 점을 확인하고, 바로 정당화 심사에 나아갔다.

19) 헌재 2011. 4. 28. 2009헌바56, 판례집 23-1하, 1, 11-12. 인용 중의 판례 생략. 동일 또는 유사 취지의 판례로는, 헌재 1989. 5. 24. 89헌가37, 판례집 1, 48, 54; 헌재 1992. 4. 28. 90헌바27, 판례집 4, 255, 271; 헌재 1994. 2. 24. 91헌가3, 판례집 6-1, 21, 33; 헌재 1995. 9. 28. 92헌가11, 판례집 7-2, 264, 280-281; 헌재 2002. 3. 28. 2000헌마53, 판례집 14-1, 159, 162; 헌재 2002. 7. 18. 2000헌바57, 판례집 14-2, 1, 17; 헌재 2002. 12. 18. 2001헌바55, 판례집 14-2, 810, 818; 헌재 2002. 12. 18. 2001헌마546, 판례집 14-2, 890, 900; 헌재 2015. 2. 26. 2012헌바268, 판례집 27-1상, 51, 57; 헌재 2015. 3. 26. 2014헌바156, 판례집 27-1상, 273, 282; 헌재 2016. 2. 25. 2015헌가15, 판례집 28-1상, 13, 20; 헌재 2016. 2. 25. 2013헌바113, 판례집 28-1상, 59, 66; 헌재 2018. 1. 25. 2017헌가7, 판례집 30-1상, 1, 8; 헌재 2018. 1. 25. 2015헌마1047, 판례집 30-1상, 150, 158; 헌재 2018. 3. 29. 2017헌바56, 판례집 30-1상, 457, 463; 헌재 2018. 4. 26. 2016헌마611, 판례집 30-1하, 21, 36; 헌재 2018. 6. 28. 2016헌바77, 판례집 30-1하, 496, 519; 헌재 2018. 6. 28. 2017헌마238, 판례집 30-1하, 719, 721-722; 헌재 2019. 2. 28. 2017헌마374, 판례집 31-1, 175, 180; 헌재 2019. 4. 11. 2017헌마601, 판례집 31-1, 490, 494; 헌재 2019. 4. 11. 2017헌마602, 판례집 31-1, 499, 509; 헌재 2019. 4. 11. 2017헌마603, 판례집 31-1, 517, 522; 헌재 2019. 8. 29. 2016헌가16, 판례집 31-2상, 94, 106-107; 헌재 2022. 2. 24. 2020헌마177, 판례집 34-1, 233, 237; 헌재 2022. 10. 27. 2018헌마972, 판례집 34-2, 457, 464.

위의 판시는 헌법이 '차별적 대우' 즉 서로 다른 처우를 금지하고 있지만, 그 명령이 절대적인 것은 아니라 설시하고 있다. 헌법이 '차별적 대우'를 금지하고 있다는 기본적 입장에 대해서는 말하고 있지 않다.[20]

아래의 사례들을 보면, 헌재는 다른 처우가 있음을 확인하고 바로 정당화 심사에 나아갔다. '다른 처우'가 바로 '차별'이라는 인식을 바탕에 둔 것이다. 그러나 그것을 밝히지는 않는다.

> "청구인들은 범죄단체의 구성원으로서의 '활동'에 대하여 일률적으로 무거운 징역형으로 처벌하도록 하는 것이 일반 예비·음모죄와 비교하여 범죄단체 활동죄를 자의적으로 차별하는 것이라고 주장하나, 위에서 본 바와 같은 이 사건 법률조항의 입법목적과 범죄단체 활동죄의 특징 및 위험성 등에 비추어 보면, 일반 예비·음모죄와 범죄단체 활동죄 사이에는 그 불법성에 있어서 일반적으로 차이가 있고 후자가 보다 중한 범죄라고 평가할 수 있으며, 구체적인 사례에 따라 전자의 불법성이 더 클 경우에는 법관의 양형을 통해 시정될 문제라 할 것이므로, 이 사건 법률조항이 평등원칙에 위배된다고는 볼 수 없다."[21]
>
> "현역병 및 군간부후보생 교육기관에서 교육을 받다가 퇴교되어 현역병, 승선근무예비역, 사회복무요원, 예술·체육요원, 전문연구요원, 산업기능요원으로 복무하게 된 사람의 경우 군사교육기간이 의무복무기간에 산입되는 데에 비하여, 심판대상조항은 단기법무장교가 법무사관후보생으로서 군사교육을 받은 기간을 의무복무기간에 산입하지 않고 있다. 따라서 심판대상조항이 현역병 및 퇴교 후 복무자와의 관계에서 단기법무장교인 청구인들의 평등권을 침해하는지 여부가 쟁점이 된다."[22]
>
> "공인중개사법을 위반하여 벌금형을 받은 경우 중개사무소 개설의 필요적 결격 내지 취소사유로 정할 것인지 여부는 입법재량이 인정되는 전문자격제도의 형성에 관한 문제로서, 이에 관하여 헌법에서 특별히 평등을 요구하고 있지 아니하며, 관련 기본권에 중대한 제한을 초래하지 아니하므로, 건축사, 감정평가사 등 벌금형 선고를 자격 취소사유로 규정하고 있지 아니한 다른 전문직과의 차별이 합리적인

---

20) 물론, 아래에서 볼 정의설의 관점에서는 '차별'은 매우 규범적인 말이다. '다른 처우'라 하여 바로 '차별'로 인식하지 않는다.

21) 헌재 2011. 4. 28. 2009헌바56, 판례집 23-1하, 1, 12.

22) 헌재 2024. 3. 28. 2020헌마1401(공보불게재). 괄호 부분 생략.

이유가 있는지를 심사하면 충분하다."[23][24]

헌재는 왜 '다른 처우'를 차별이라고 분명하게 말하지 못하는가? 헌법이 사태와 사람에 대해 획일적으로 취급하도록 명령하고 있다고 이해하는 것이 타당한가에 대해 의심을 가지기 때문이다.

正義를 '각자에게 그의 것을'로 이해하는 관점에서 보면, 각자에게 그들이 받아야 할 것을 주지 않고, 모두를 '균일하게' 취급하는 것은 不正義하다. 나아가 '같은 것은 같게, 다른 것은 다르게'를 정의로운 처우라고 이해하는 입장에서 보더라도 마찬가지다. 일을 많이 한 사람이나 일을 적게 한 사람에게 똑같은 급료를 지급하는 것을 생각해 보면 분명하다.[25][26] 이를 '바보 같은 평등명령'이라 하자. 헌법 제11조 제1항이 이와 같이 바보 같은 명령을 하고 있다는 해석은 불편할 수밖에 없다.

다른 하나는 법이 가진 성격 때문이다. 입법자는 법을 만드는 사람이다. 법을 만든다는 것은 要件과 效果의 체계를 만드는 것이다. 요건과 효과의 체계

23) 헌재 2015. 5. 28. 2013헌가7, 판례집 27-1하, 195, 202.

24) 비교대상 집단과 본질적으로 같다는 점에 대한 논증 없이 바로 정당화 심사에 나아갔다.

25) 물론, 다른 입장도 있을 수 있다. 그들의 필요에 따라 급여의 양을 정해야 한다는 입장도 있을 수 있다. 어떤 기준으로 급여의 양을 정하여야 하는가는 이 논문의 주제가 아니다. 어떤 자는 균등하게 급여를 주는 것이 정의롭다고 주장할 수도 있다. 그렇다고 필자가 그들과 논쟁하고 싶지 않다. 필자는 그들에게 다른 분야를 예로 들겠다. 살인을 한 사람과 절도를 한 사람을 같게 취급하는 예를 든다면 그들도 이해하리라 본다.

26) 좀 더 극단적으로 논의를 이끌고 가면, 일을 한 사람에게는 돈을 주고 일을 안 한 사람에게는 돈을 안 주는 것도 차별이다. 혹자는 그렇지는 않을 것이라고 주장한다. 아래에서 볼, '같은 것은 같게'를 기반으로 한, 이른바 '비교집단'론을 원용하면, 양자는 본질적으로 같지 아니하므로, 다르게 취급한다고 하여 차별이라 이해할 수 없다는 주장을 할지도 모르겠다. 그러나 여기서 말하는 균일취급설은 '같은 것은 같게'와는 다른 입장이다. 여기서 다루는 급료의 문제는 사인 간에 있어서의 문제가 아니다. 사인 간에 있어서는 원칙적으로 정의가 작동할 여지가 없다. 계약의 자유에 의해 쌍방이 합의한 대로 권리를 가지고 의무를 부담한다. 다만, 이를 규율하는 특별한 법령이 있으면 다르게 논의되어야 한다.

를 만든다는 것은 사태를 구획하여 그 이외의 사태에 대해 부여된 효과와 다른 효과를 부여하는 것을 의미한다. 따라서 입법자는 '差別의 體系'를 만드는 사람이다.[27)]

여기서 평등을 설명하는 사람들은 난관에 봉착하게 된다. 헌법 제11조 제1항은 평등한 법 또는 차별하지 아니하는 법을 만들도록 명령하고 있는데, 均一取扱을 평등한 취급이라고 이해하면, '불균일한 내용의 법'을 만드는 것을 과업으로 하는 사람에게 '균일한 법'을 만들라는 명령을 하는 상황으로 된다.

즉, (i) 평등이 均一取扱'를 명령한다, (ii) 법은 요건과 효과의 체계, 즉 '不均一取扱'의 체계이다. 그러므로 헌법이 평등조항을 통하여 입법자에게 均一取扱을 명령하는 것은 입법자의 課業에 모순된다. 이것을 '平等의 矛盾'이라 부르기로 하자.[28)] 나아가 이것은 입법자에게 이러지도 못하고 저러지도 못하는 딜레마 상태에 빠뜨린다. 법을 만들면 평등의 명령에 어긋난 것으로 될 것이고, 법을 안 만들면 일 안 하고 월급[29)]을 받는 형국으로 것이다. 이를 '평등의 딜레마'라고도 할 수 있다.[30)][31)]

---

27) 本秀紀編, 『憲法講義(第2版)』, 日本評論社, 2018, 334는 "또한 대략 입법은 일정한 요건을 설정하여 그것을 충족하는 자와 충족하지 않는 자에게 다른 법적 효과를 인정하는 것"이라 하여 법의 성격에 대해 말하고 있다.

28) 長谷部恭男, 『憲法(第7版)』, 新世社, 2018, 170은 다음과 같이 기술하고 있다. 이 논문에서 정의한 평등의 모순을 인식하고 있는 것처럼 보인다. "하지만, 입법자에 대해 요구되는 평등의 내용은, 앞에서 말한 것처럼, 일견 명확하다고는 말하기 어렵다. 법은 일정한 요건에 일정한 법적 효과를 연결시키는 것이기 때문에 모든 법은 넓은 의미에서는 차별을 하고 있는 것이 된다." 이어서 그는, "판례는 헌법 제14조의 평등의 요청을 '국민에 대하여 절대적인 평등을 보장한 것이 아니라', '사건의 성질에 즉응한 합리적인 근거에 기초한 것이 아닌 한 차별적인 취급을 하는 것을 금지하는' 느낌으로 이해하고 있다."고 하여 마치 위의 모순을 판례가 해소한 것처럼 오해를 줄 수 있는 표현이다. 그러나 합리적 차별이 허용된다 하여 평등의 모순이 해소되었다고 할 수는 없다.

29) 좀 더 정확히는 歲費.

30) 물론 국회는 입법 외에도 여러 가지 활동을 한다. 예산안의 심의 · 확정(헌법 제54조), 국정감사 및 조사(헌법 제61조), 탄핵소추(헌법 제65조) 등. 그러므로 평등의 딜레마는 과장된 것이다.

31) 일본의 상황을 다루었던 책에 《평등의 모순》, 한국의 상황을 다룬 이 책에 《평등의 딜

3. 합리적 차별 허용설 - B설 - 상대적 평등설

이러한 상황을 극복하기 위하여 합리적 이유 있는 차별이 허용된다는, 이른바 '상대적 평등'이 주장되었다. 이를 B설이라 하자. 위 1.에서 든 판례가 이 입장의 내용을 보여 준다.

이 학설은 평등의 의미에 관한 학설도 아니다. 평등의 의미를 어떻게 이해하든[32] 평등이 명령하는 이상적인 상태에서 벗어나면 바로 위헌으로 되는가(절대설), 아니면 정당한 사유가 있는 경우에는 위헌이 아닌 것으로 되는가(상대설)의 문제는 전적으로 별개의 문제다. 필자는 이것을 평등의 의미라고 이해하는 학설들은 단단히 오해한 것이라고 생각한다.

그런데, 대개 이 학설은 평등의 의미에 관하여 A설을 전제로 논의를 한다.[33] 이 상대적 평등설은 당연히 평등의 모순을 극복하지 못하였다. 헌법이 균일취급을 명령한다는 것을 전제로 한 주장이기 때문이다.

더 큰 문제는 비판할 가치가 없는 (예외를 허용하지 않는다는) 절대적 평등설을 비판한다는 것이다. (예외를 허용하지 않는다는) 절대적 평등설은 존재하지 않는다.[34] 존재하지도 않는 절대적 평등설을 들어 비판하고, 자설, 즉 (예외를 허용하는) 상대적 평등설이 옳다고 주장할 뿐이다. 이런 논증을 허수아비 오류(strawman fallacy)라 한다. (예외를 허용하지 않는다는) 절대적 평등설이 허수아비(strawman)다.

왜 존재하지도 않는 학설을 두고 비판을 하는가. 필자가 보기에는 평등이 균일취급을 명령한다는 말을 하기 싫었기 때문이다. 이 말을 하면 평등의 모

레마》라는 제목을 달았다.

32) 앞의 1.에서 보안 것처럼 균일취급으로 이해하든, 아래의 4.에서 보이는 것처럼 평등은 정의를 의미한다고 이해하든.

33) 밝히지는 아니하였지만 평등이 균일취급을 명령한다, 그래서 (사실상) 다른 취급을 하면 바로 차별이 있다고 말한다.

34) 통상 학설을 소개하면 그 주장자도 소개한다. 주장자의 취지를 이해할 수 있는 기회를 제공하기 위해서다.

순을 만나는데, 그 모순을 해소할 수 없으니까, 평등의 의미를 말하여야 할 자리에, 평등의 의미는 말하지 아니하고, 아무도 주장하지 않는, (예외를 허용하지 않는다는) 절대적 평등설을 비판한 후, (예외를 허용한다는) 상대적 평등설을 수용함으로써, 평등의 의미에 관한 記述을 하지 않고 지나가는 것을 숨겼다.[35]

다만, 아래의 C설도 자신의 학설을 상대적 평등설이라고 부른다. 양자는 내용이 다른데 같은 이름을 사용하고 있다.[36][37] 正名의 관점에서 보면 B설의 naming이 옳고, C설이 틀렸다. 즉 B설이 자설을 상대적 평등설이라고 이름붙이는 것은 타당하다. 그러나 아래에서 보는 C설은 자신의 학설에 B설이라는 이름을 붙여서는 안 된다.[38]

---

35) 가사 평등 명령이 예외를 허용하는지 여부를 다루더라도 이 자리는 아니다. 통상 대륙법계는 법리를, (i) 의의, (ii) 요건, (iii) 효과에 맞춰 기술한다. 이 체계를 따르면, (i) 의의에서 평등 또는 차별의 의미가 논의되어야 하고, 평등 명령이 예외를 허용하는가의 문제는, 이른바 절대권의 문제로서, 다루어지더라도 (iii)에 가서나 다뤄질 문제다. 자유권에 관한 논설의 모두에, 자유는 (제한을 허용하지 않는) 절대적 자유를 의미하지 않고, (제한을 허용하는) 상대적 자유를 의미한다고 기술하면 조금은 우스꽝스러울 것 같다.

36) 상대적 평등설의 기표(記標, signifiant)는 집중되어 있으나, 기의(記意, signifié)는 분산되어 있다.

37) 양자의 테제가 서로 다르다는 것을 보면 금방 알 수 있다. B설의 테제는 '예외를 허용하지 않는다는 것' 즉 이상적인 평등의 상태에서 벗어나면 바로 위헌이라는 것이고, C설의 테제는 '평등이 모든 사람, 시물, 사태에 대해 똑 같은 취급을 하라고 명령한다는 것'이다. 양자 모두 절대적 평등설로 불리고 있다. 절대적 평등설의 경우에도, 기표(記標, signifiant)는 집중되어 있으나, 기의(記意, signifié)는 분산되어 있다.

38) 그런데도 왜 이들은 자신의 이름을 상대적 평등설이라 하는가? 이 점에 대해서는 《평등의 모순》의 159-161쪽에 설명해 두었다. B설의 논증을 차용하기 위해서다. 托卵에 가깝다.

4. 정의설 - C설 - 상대적 평등설

가. 도입

위에서 균등취급설이 '바보 같은 명령'을 한다고 하였다. 정의에 반하는 명령을 한다고 하였다. 이를 극복하기 위하여 (예외를 허용한다는) 상대적 평등설이 주장이 되었으나, 목표 달성에 실패하였다고 보았다.

이에 새로 대두된 것이, 헌법 제11조가 정의에 반하는 내용의 명령을 하는 것이 아니라, 정의를 명령하고 있다는 주장이다. 아리스토텔레스의 배분적 정의론을 기반으로 한다는 것은 공통적이다. 이를 모두 C설이라 하자. 구체적으로 보면, 다음과 같이 조금씩 그 주장이 다르다.

나. '같은 것은 같게, 다른 것은 다르게' - Ca설

정의설 중에는 가장 일반적이다. '같은 것은 같게, 다른 것은 다르게' 처우하는 것이 평등한 처우라는 입장[39)]이 그것이다. 일반론으로는 다음과 같이 표현된다. Ca설이라 하자. 통상 정의설이라 하면 이것을 가리킨다.

> "헌법 제11조 제1항이 규정하고 있는 법 앞에서의 평등의 원칙은 본질적으로 같은 것은 같게, 본질적으로 다른 것은 다르게 취급할 것을 요구한다. 그러므로 본질적으로 같은 것을 다르게, 다른 것을 같게 취급하는 경우에 비로소 침해가 발생하고, 본질적으로 같지 않은 것을 다르게 취급하는 경우에는 차별 자체가 존재한다고 할 수 없다." [40)]

이 입론은, 부담이나 편익의 분배원리를 정하고 그 기준에 따라 같은 것과 다른 것을 구분한다. 그 후 같은 것을 다르게 처우하거나, 다른 것을 같게 처

39) 한수웅, 『헌법학(제12판)』, 법문사, 2022, 589.
40) 헌재 2012. 11. 29. 2010헌바454, 판례집 24-2하, 108, 116.

우하면, 이 상황을 차별이라고 본다.

따라서 서로 같게 처우한다고 하여 차별이 없다고 할 수 없다. 다른 것을 같게 처우하면 차별이다. 서로 다른 처우를 한다고 하여 차별이라 할 수도 없다. 다른 것을 다르게 처우하면 차별이 아니기 때문이다.

이 입론이 반영된 판례로는 다음과 같은 것이 있다.

> "청구인이 차별취급의 대상으로 주장하는 법관, 의사, 공인노무사, 변리사, 세무사, 관세사, 공인중개사, 건축사, 기술사는 변호사와 그 직무의 내용 및 성질, 목적 또는 사명, 자격요건, 의무 등에 차이가 있어서 본질적으로 같은 직업이라고 할 수 없으므로, 이들과 변호사를 청구인의 주장과 같이 다르게 취급한다 하더라도 이는 본질적으로 같지 않은 것을 다르게 취급하는 것에 불과하여 차별 자체가 존재한다고 할 수 없다."[41]
>
> "평등원칙은 입법자에게 본질적으로 같은 것을 자의적으로 다르게, 본질적으로 다른 것을 자의적으로 같게 취급하는 것을 금하는 것이다. 그런데 공용수용으로 인한 양도가 이 사건 법률조항이 정하고 있는 양도에 포함되는 이상, 양도 여부를 스스로 결정할 수 없다는 이유만으로 자의에 의한 일반 양도의 경우와 달리 양도소득세를 부과할 수 없다고 보아야 하는 것은 아니다. 양도 및 양도소득의 개념, 양도소득세의 본질과 특성 등에 비추어 보면, 당사자의 의사에 의한 양도인지 여부가 양도소득세의 과세에 있어 다르게 취급하여야 할 본질적 요소의 차이라고 할 수는 없기 때문이다. 공용수용이 국가의 정당한 법집행에 의하여 이루어지고 이에 대하여 정당한 보상이 주어지는 것을 전제로 한다면, 오히려 공용수용을 양도소득세의 과세대상에서 제외하는 것이 조세부담의 불평등을 초래할 여지도 있다. 결국 일반 양도로 인한 양도소득뿐만 아니라 공용수용으로 인한 양도소득에 대해서도 동일하게 양도소득세를 부과하는 것은 본질적으로 같은 것을 같게 취급하는 것으로서, 평등원칙에 반하지 않는다."[42]

---

41) 헌재 2012. 11. 29. 2010헌바454, 판례집 24-2하, 108, 116.

42) 헌재 2011. 10. 25. 2010헌바134, 판례집 23-2상, 857, 867. 인용문 중의 판례 생략.

다. '같은 것은 같게, 다른 것은 그 비율에 따라 다르게' - Cb설

헌재가 '같은 것은 같게, 다른 것은 그 비율에 따라 다르게'[43]를 직접 언급한 사례는 없다. 다만, '같은 것은 같게, 다른 것은 다르게'를 전제로, 이것이 '같은 것은 같게, 다른 것은 그 비율에 따라 다르게'를 포함하고 있다고 이해한 것으로 보이는 판시는 있다.

> "우선, 개별적 구성요건을 위반한 집단과 포괄적 금지규정을 위반한 집단이 하나의 집단 안에 포섭될 수 있는 것은 아니다. 즉, 개별적 구성요건 위반과 포괄적 금지규정 위반은 그 불법의 실질이 전혀 다르다. 그러므로 '같은 것은 같게, 다른 것은 다르게' 처우하여야 한다는 헌법상 평등원칙에 있어서, '같은 것을 다르게' 처우하는 문제는 없다.
>
> 나아가, 포괄적 금지규정을 위반한 불법이 가벼움에도 불구하고, 그 형벌이 더 중한가 하는 점을 살펴본다.
>
> 정치자금법의 목적은 "정치자금의 적정한 제공을 보장하고 그 수입과 지출상황을 공개함으로써 민주정치의 건전한 발전에 기여"(정치자금법 제1조)함에 있고, "정치자금은 국민의 의혹을 사는 일이 없도록 공명정대하게 운영되어야 하고, 그 회계는 공개"(정치자금법 제2조 제2항)되어야 한다고 하면서 정치자금공개의 원칙을 천명하고 있는데, 위와 같은 목적과 원칙을 염두에 둔다면, 정치자금법에 정해진 개별적 금지 또는 제한의 위반보다는 아예 정치자금법의 규율영역 바깥에서 음성적인 정치자금을 수수함으로써 정치자금법의 목적과 원칙을 무시하는 행위의 불법이 더 큰 경우도 얼마든지 있을 수 있다. 우리 사회에서 악습 또는 병폐로써 정치자금이 문제되는 것은 각 개별적 구성요건을 위반하는 것이 아니라, 음성적이고 불법적인 자금을 밀실에서 주고받으면서 정치권력과 금력이 야합하는데 있었던 것이다. 거기에 비하면 정치자금법 상의 구체적, 개별적 구성요건을 위반한 경우는 그 불법의 정도가 음성적 정치자금의 수수보다는 가벼운 것이 일반적이다.
>
> 또, 이 사건 법률조항은 단지 법정형의 상한만을 더 중하게 규정해 두었을 뿐이므로, 특별한 경우에 있어서 포괄적 금지규정위반의 불법이 매우 가볍다면, 법관에 의해 불법의 정도에 적합한 형이 정해질 수 있는 것이므로, 구체적인 사건에 있어서는 청구인이 지적하는 바와 같은 양형의 불균형 문제는 생기지 아니한다.

---

43) 杉原泰雄編, 『新版体系憲法事典』, 青林書院, 2008, 448(安西文雄 執筆).

그렇다면, 이 사건 법률조항의 법정형이 개별적 구성요건을 위반한 경우와 비교하여 형벌체계상 균형을 잃었다고 볼 수 없으므로, 평등원칙에 위반되지 아니한다."[44][45]

A 집단(개별적 구성요건을 위반한 집단)과 B 집단(포괄적 금지규정을 위반한 집단)에 대해 서로 다른 처우를 하고 있다. B집단에 대해 더 중한 법정형이 정해져 있다.

첫 번째로 문제된 것은, 양자가 본질적으로 서로 같은데 다른 취급을 하는 것 아닌가? 하는 물음이다. 이에 대해 헌재는 양자가 본질적으로 다른 것이어서 '같은 것을 다르게' 처우하는 상황은 아니라고 보았다.

두 번째로 문제된 것은, A 집단과 B 집단이 본질적으로 달라서 다르게 처우한다고 하더라도, 각 사태가 다른 비율과 각 사태에 대한 처우의 비율이 일치하지 않아서 차별로 인식되어야 하는 것 아닌가 하는 것이었다.

다시 말해 A 집단과 B 집단이 서로 본질적으로 다르다는 것은 수용하더라도, A집단의 불법에 비해 B집단의 불법이 가벼움[46]에도 불구하고, B집단에

44) 헌재 2004. 6. 24. 2004헌바16, 판례집 16-1, 759, 767-768.

45) "어떤 유형의 범죄에 대하여 특별히 형을 가중할 필요가 있는 경우라 하더라도 그 가중의 정도가 통상의 형사처벌과 비교하여 현저히 형벌체계상의 정당성과 균형을 잃은 것이 명백한 경우에는, 인간의 존엄성과 가치를 보장하는 헌법의 기본원리에 위배될 뿐만 아니라 법의 내용에 있어서도 평등의 원칙에 반하는 위헌적 법률이라는 문제가 제기된다(헌재 1992. 4. 28. 90헌바24, 판례집 4, 225, 233 참조)."(헌재 2004. 12. 16. 2003헌가12, 판례집 16-2하, 446, 458-459)는 판시도 평등의 관점에서 보면 Cb설에 해당한다. 비율을 문제 삼기 때문이다. 유사한 취지의 판례로는 다음을 들 수 있다. 헌재 2014. 4. 24. 2011헌바2, 판례집 26-1상, 621, 625; 헌재 2014. 11. 27. 2014헌바224, 판례집 26-2상, 703, 706-707; 헌재 2015. 2. 26. 2014헌가16등, 판례집 27-1상, 13, 17; 헌재 2015. 4. 30. 2013헌바103, 판례집 27-1상, 535, 541; 헌재 2015. 9. 24. 2014헌바154, 판례집 27-2상, 555, 573; 헌재 2015. 11. 26. 2014헌바436, 판례집 27-2하, 264, 273; 헌재 2017. 9. 28. 2016헌바376, 판례집 29-2상, 475, 483; 헌재 2017. 11. 30. 2015헌바336, 판례집 29-2하, 134, 141; 헌재 2017. 12. 28. 2016헌바368, 판례집 29-2하, 381, 389; 헌재 2018. 1. 25. 2016헌바272, 판례집 30-1상, 78, 83.

46) 형벌의 양을 결정하는데, 불법의 경중이 같고 다름을 판별하는 기준으로 된다는 것이

대해 더 중한 법정형을 규정하는 것은 (다른 것은 다르게의 기준[47]은 충족할지 모르지만), 다른 것을 그 비율에 따라 다르게[48] 처우하는 것은 아니므로 차별로 인식되어야 한다는 주장을 청구인이 하였고, 이에 대해 헌재가 '같은 것은 같게, 다른 것은 그 비율에 따라 다르게', 즉 Cb설의 관점에서 보더라도 차별로 인식되지 않는다는 점을 판시하였다. 적어도 '같은 것은 같게, 다른 것은 그 비율에 따라 다르게'를 부정하지는 않음을 알 수 있다.[49]

라. '같은 것은 같게' - Cc설

'같은 것은 같게'를 평등으로 이해하는 판례도 있다. 이를 Cc설이라 하자. 일반론으로는 다음과 같이 표현된다.

> "헌법상 문제되는 평등권은 동일한 법적 효과를 받아야 할 자들에 대해 동일한 법적 효과를 주지 않는 공권력행사를 한 경우에 발생하는 문제라고 할 것"[50][51]

전제되어 있다.

47) '같은 것은 같게, 다른 것은 다르게'

48) '같은 것은 같게, 다른 것은 그 비율에 따라 다르게' 中의.

49) 헌재 2001. 2. 22. 99헌바3, 판례집 13-1, 226, 248-249; 헌재 1994. 7. 29. 92헌바49, 판례집 6-2, 64, 109-110은 단일비례세제도는 응능부담원리에 부합하지 않고, 누진세제도가 응능부담원리에 부합한다고 본다. '같은 것은 같게, 다른 것은 다르게'의 관점에서 보면 단일비례세제도나 누진세제도는 전부 평등에 부합하는 조세체계다. 단지 '같은 것은 같게, 다른 것은 그 비율에 따라 다르게'를 따랐을 때만 그 결론이 달라진다. 이론적으로는 단일비례세제도가 '같은 것은 같게, 다른 것은 그 비율에 따라 다르게'에 부합하고 누진세제도는 '같은 것은 같게, 다른 것은 그 비율에 따라 다르게'와 조화롭지 않다. 담세능력의 비율과 부담하는 세금의 비율이 일치하는 것은 단일비례세제도이다. 헌재가 오해한 것이다.

50) 헌재 2017. 7. 27. 2015헌마1094, 판례집 29-2상, 219, 226.

51) 헌재 2009. 3. 26. 2006헌마72, 판례집 21-1상, 542, 553은 유사한 판시를 하고 있으나, 조례처럼 제정 주체가 서로 다른 규율을 비교하여, 서로 다른 처우를 차별이라고 주장할 수는 없다는 내용이어서 약간 성격이 다르다. 각 지방자치단체가 자치에 관한 규율을 제정할 수 있다는 것(헌법 제117조 제1항 참조)은 각 지방자치단체의 규율 내용이

이 입론에 기반한 판단이라고 보이는 판례는, 주로 차별 주장을 각하하는 사례들이다. 이 사례들은 (i) 다른 처우를 하고 있지만, (ii) 본질적으로 같다고 볼 수 없으므로,[52] 차별 주장을 각하한다.

Cc설이 위의 Ca설과 다른 점은, Ca설 중의, '다른 것은 다르게' 명령의 내용을 구성하지 아니하므로, '같은 처우'가 차별로 인식되지 않는다는 것이다. 다른 처우의 경우, A설에 의하면, 다른 처우가 바로 차별로 인식될 것이지만, Cc설에 의하면 다른 처우라 하여 모두 차별로 인식되는 것은 아니고, 양자가 본질적으로 같음에도 불구하고 다르게 처우하는 경우에만 차별로 인식된다.

헌재가 A설과 달리 다른 처우가 있다고 하여 모두 본안으로 나아가 정당화 심사를 하는 것은 아니고, 차별 주장을 각하하는 경우가 있는데, 그 논리적 배경으로 '같은 것은 같게'를 평등의 의미로 사용한다는 정도를 확인하는 것으로 족하다.

이 입론에 기반한 판례를 든다면 다음과 같은 것들이 있다.

> "청구인은 거주지 이동에 따른 주민등록이 자유로운 일반 국민에 비해 영내에 기거하는 현역병은 이 사건 법률조항으로 인해 주민등록에 있어 제한을 받는다는 점에서 평등권이 침해된다고 주장한다. 그런데 앞서 본 바와 같이 현역병의 영내 '기거'는 일반인의 '거주'와는 근본적으로 차이가 있고 현역병은 병영이 소재한 그 지방자치단체의 주민의 실질을 가진다고 보기도 어려우므로 '일반 국민'과 '영내 기거하는 현역병'은 주민등록법과의 관계에서 본질적으로 다른 집단이라 할 것이며, 따라서 두 집단 간의 차별 취급 여부를 논할 수 없다."[53][54]

다를 수 있다는 것을 전제로 하기 때문이다. 그런 것이 인정되지 않으면 지방자치는 존재하지 않는 것으로 된다.

52) 관용적으로는 '비교집단이라 볼 수 없으므로', 라는 말을 많이 쓴다. 하지만 정확한 말은 아닌 것 같다. 청구인이 '비교집단'을 들었을 때, 양자가 본질적으로 같으면 차별로 인식되는 것이고, 양자가 본질적으로 같지 아니하면 차별이 부정될 뿐이다. 양자가 본질적으로 같을 경우만을 비교집단으로 지칭하는 것은 '비교집단'이라는 말의 分析的 定義에 어긋난다.

53) 헌재 2011. 6. 30. 2009헌마59, 판례집 23-1하, 445, 453.

"청구인은 비교집단을 언급하고 있지는 않으나, 자신에 대한 형사재판 법정에 출석하는 미결 수용자와 달리 청구인에 대하여 고무신을 착용하도록 하는 것은 평등권을 침해한 것이라는 주장으로 해석할 수 있을 것이다. 그러나 무죄추정의 원칙이 적용되는 미결 수용자와 재판을 거쳐 형이 확정된 수형자는 구금되어 있다는 점에서만 유사점이 있을 뿐 본질적으로 동질적인 집단이라 할 수 없으므로 결국 평등권침해가 문제되지 않는다고 할 것이다."[55][56]

"청구인은 심판대상조항이 영창처분의 대상을 종래 '하사관 및 병'이던 것에서 '병'으로 한정한 것이 평등원칙에 위배된다고 주장한다. 그런데 현행 군인사법에 따르면 병과 하사관은 군인이라는 공통점을 제외하고는 그 복무의 내용과 보직, 진급, 전역체계, 보수와 연금 등의 지급에서 상당한 차이가 있으며, 그 징계의 종류도 달리 규율하고 있다. 따라서 병과 하사관은 영창처분의 차별취급을 논할 만한 비교집단이 된다고 보기 어려우므로, 평등원칙 위배 여부는 더 나아가 살피지 아니한다."[57]

마. 소결

뒤에 상세히 검토되겠지만, 여기 있는 C설이 상대적 평등설로 불리는 것은

54) 이 판시를 '같은 것은 같게, 다른 것은 다르게'에 기반한 것이 아닌가 생각해 볼 수 있다. 그러나 그렇게 보기는 어렵다. '같은 것은 같게, 다른 것은 다르게'의 입장에서는 서로 다른 것을 다르게 처우하는 것은 평등의 이상에 부합하는 것으로 본다. '같은 것은 같게, 다른 것은 다르게'의 입장에서는 이 사안에 대해 평등에 부합하는 상태라고 하였을 것이다. 그런데 여기서는 아예 차별 문제로 다룰 수 없다고 하였다. '같은 것은 같게'의 입장에서는 (i) 다르게 처우하고, (ii) 양자가 본질적으로 같은 때 비로소 차별로 인식한다. 그런데, 이 사건에서 헌재는 (i)은 긍정되지만, (ii)는 부정되므로, 아예 평등 문제로 더 이상 다룰 수 없다고 판시하였다. 이것은 '같은 것은 같게'의 논증방식이다. '같은 것은 같게, 다른 것은 다르게'의 입장에서는 평등이 문제되지 아니하는 상황은 존재하지 않는다. 같게 처우하더라도 다른 것을 같게 처우하는 경우라면 차별이고, 같은 것을 같게 처우하는 경우라면 그 상태가 평등한 상태다. 평등하다고 판단한다. 다르게 처우하는 경우도 마찬가지다. 같은 것을 다르게 처우하는 경우라면 차별이고, 다른 것을 다르게 처우하는 경우라면 그 상태가 평등한 상태다.

55) 헌재 2011. 2. 24. 2009헌마209, 판례집 23-1상, 157, 168-169.

56) (i) 다르게 처우하고 있으나, (ii) 양자가 본질적으로 같다고 할 수 없다.

57) 헌재 2020. 9. 24. 2017헌바157, 판례집 32-2, 213, 218-219.

기이한 일이다. 이 점은 위에서 설명하였다. 예외가 허용된다는 내용의 상대적 평등설과는 전혀 다른 내용을 담은 학설이다. 이 점이 왜 이해되지 않는 것인지 필자로서는 의아하다.

이 C설이 평등의 의미로 이해될 수 있을까? 그렇지 않다는 점은 필자의 《평등정명론》에서 충분히 설명했다.

그런데, 한 가지 추가하고 싶은 설명은 이런 것이다. 여기의 C설이 '평등'의 의미로 이해되는 바탕에는, '같은 것은 같게'라는 부분이 C설 설 안에 공통적으로 들어 있기 때문이라고 생각한다. 어쨌든 '같음'이라는 말이 들어 있으니까, '평등'의 의미로 이해될 토대를 가지고 있다고 이해되는 것 같다.

그러나 그렇지 않다. 세상에 같은 것은 없다. 그러므로 같아서 같게 취급되어야 하는 경우란 존재하지 않는다. 이 誤導的 句節이 평등론을 깊은 混沌의 구덩이에 빠뜨렸다.

같음과 다름을 판단하기 위해서는 원칙이 선택되어야 한다. 세금은 어떤 원칙에 따라 부과되어야 하는가? 이것이 정해지면, 세상의 모든 사람은 다르다. 그러므로 세상의 모든 사람들에게 각기 기준에 따라[58] 다른 액수의 세금을 부과시킬 때 C설은 충족된다. 어떤 사람도 똑 같은 액수의 세금이 부과될 수 없다. 그들의 담세력이 전부 다르기 때문이다.

이렇게 생각하면 놀라움을 느낄 수밖에 없다. 평등이 세상의 모든 사람을 똑 같이 취급하라고 명령한다는 입장(A설)과 평등이 세상의 모든 사람을 모두 다르게 취급하라고 명령한다는 입장(C설)이 평등의 의미를 두고 양립하다고 있다는 점을 안다면 어찌 놀랍지 않겠는가?

더 놀라운 것은 그들이 서로 같은 의미인 것처럼 이해되고 있다는 것이다. 이 점은 아래 5.에서 보자.

58) 응능부담원리를 채택한다면 그들의 담세능력에 따라.

5. 혼동

헌재는 일반론의 설시에 있어서도 위의 각 입론을 혼동하는 듯한 판례를 내고 있다.

> "(i) 헌법 제11조의 평등권은 본질적으로 같은 것은 같게, 본질적으로 다른 것은 다르게 취급할 것을 요구하는 것으로서, (ii) 동일한 법적 효과를 받아야 할 자들에 대해 동일한 법적 효과를 주지 않는 입법을 한 경우에 발생하는 문제라고 할 것인바"[59)]

> "일반적으로 평등원칙은 (i) 본질적으로 같은 것은 같게, 본질적으로 다른 것은 다르게 취급할 것을 요구하는 것으로서, (iii) 일체의 차별적 대우를 부정하는 절대적 평등을 의미하는 것이 아니라 입법과 법의 적용에 있어서 합리적인 근거가 없는 차별을 배제하는 상대적 평등을 뜻한다 할 것이므로 합리적 근거가 있는 차별은 평등원칙에 반하는 것이 아니다."[60)]

위의 설시들 중 첫 번째의 것은 Ca설(i)로 출발했다가 Cc설(ii)로 옮겨갔다. Ca설, Cb설, Cc설은 정의론을 바탕에 두고 있지만, 구체적인 내용에 있어서 서로 다른 입론임에도 불구하고, 그것들이 준별되지 못하고 있다.

다른 한편, 두 번째의 설시는 Ca설(i)에서 출발하여 B설(iii)로 옮겨 갔다. '것으로서'의 의미에 관해 논란이 있을 수 있겠으나, 위 설시는 그 전후의 진술이 같은 것을 의미하는 것을 전제로 설시한 것이다.[61)] B설이 A설을 전제로

---

59) 헌재 2011. 3. 31. 2009헌바351, 판례집 23-1상, 347, 354. 같은 취지의 판례로는, 헌재 2011. 12. 29. 2009헌마476, 판례집 23-2하, 806, 824.

60) 헌재 2018. 1. 25. 2017헌가7, 판례집 30-1상, 1, 8. 인용문 중의 판례는 생략. 헌재 2016. 9. 29. 2014헌마541, 판례집 28-2상, 510, 517; 헌재 2016. 6. 30. 2014헌바456, 판례집 28-1하, 535, 548.

61) 이를 확인하는 방법은 간단하다. 양자 사이에 본질적으로 같고 다름을 판단하는가를 보면 된다. 2017헌가7 결정의 경우 그런 절차가 없었다. 심판대상은 소년범 중 형의 집행이 종료되거나 면제된 자에 한하여 자격에 관한 법령의 적용에 있어 장래에 향하여 형의 선고를 받지 아니한 것으로 본다고 규정한 구 소년법 조항인데, 집행유예를 선고받은 경우에 대해서는 이와 같은 특례조항을 두지 아니하여 불합리한 차별을 야기하고

하는 것이라면, Ca설에서 출발하여 B설을 거쳐 A설에 도달했다. 놀라운 일이다. 세상의 모든 사람을 전부 다르게 취급하여야 한다는 학설(Ca설)에서 출발하여, 세상의 모든 사람을 모두 똑같이 취급하여야 한다는 학설에 도달한 것이다. 필자는 놀랍다.

6. 정리

대충 각 입장이 운영되는 상황을 이해하고 이 책을 읽으면 좋을 것 같다. 이 책에서 A설, B설, C설이 특별한 설명 없이 언급되는 경우가 있는데, 여기에 있는 것들을 참고하면 좋을 것 같다.

헌재가 평등권 침해 여부를 심사함에 있어서 어떤 상태를 평등한 상태라고 할 것이며, 어떤 상태를 차별적인 상태라고 볼 것인지에 대한 입장이 확립되어 있지 못함을 알 수 있다.

A설[62]을 따른다면, 모든 다른 처우가 차별로 인식된다. 같은 처우가 차별로 인식될 수는 없다. 이 주장에 의하면, 입법자는 법을 만들지 않거나, 만들더라도 사람 또는 사태를 구별하지 아니하고 효과를 부여하는 법을 만들어야

있다고 보았다. 다른 취급을 바로 차별로 인식했다. Ca설의 입장이 아니라 A설의 입장에서 차별을 인식했다. 차별을 인식한 후 바로 정당화 심사에 나아갔다. A설을 전제로 B설에 따라 판단한 것이다. 앞에 기재된 Ca설은 작동하지 아니하였다. 2014헌마541 결정의 경우도 마찬가지다. 이 사건은 국가유공자법 제31조 제3항이 가점을 받아 합격하는 사람은 그 채용시험 선발예정인원의 30퍼센트를 초과할 수 없다고 규정함으로써 선발예정인원이 3명 이하인 채용시험의 경우 취업지원 대상자라 하더라도 가점을 받을 수 없게 하는 것이 문제되었다. 그래서 선발예정인원이 3명을 초과하는 경우와 선발예정인원이 3명 이하인 채용시험에서의 다른 취급이 문제되었다. 헌재는 이 상황이 차별이라고 인식하고 바로 정당화 심사에 나아갔다. A설을 전제로 B설에 따라 판단한 것이다. 앞에 기재된 Ca설은 작동하지 아니하였다.

62) 필자의 표현으로는 '바보 같은 명령'에 해당한다.

된다. 이 바보 같은 명령을 따른다면, 세상은 평평(flat)해질 것이다. 이 바보 같은 명령은 부정의를 명령하고, 부도덕을 명령하는 경우도 있다. 법이 정의를 회복하고, 도덕을 회복하면 위헌이 아닌 것으로 판단될 수 있다. 그리고 이 바보 같은 명령은 평등의 모순을 만난다.

A설이 가진 문제점을 해소하기 위하여 합리적 차별이 허용된다는 B설이 대두되었으나, A설이 가진 모순을 그대로 안고 있다.

헌재의 판례 안에는 이 바보 같은 평등의 명령을 거부하고, 정의를 평등의 내용으로 보는 입장도 있다. 정의설(C설)의 계통이 그것이다. 이제 C설은 모든 것을 같게 처우하라는 명령, 바보 같은 명령을 거부한다. 이 입론을 따르면, 다르게 처우하여야 할 것을 같게 처우하면 차별이다. 다르게 처우하더라도 다른 것을 다르게 처우하면 차별이 아니다. 같고 다름의 기준을 누가 결정하는가? 헌재는 헌법재판관이 한다고 본다. 헌법재판관이 헌법을 제정하는 것과 같은 형국이다.[63]

이 극단적인 두 입장이 모두 헌재의 결정문 안에 있다. 두 가지 입장이라 했지만, 좀 더 자세히 보면 4가지 입장이다. 이렇게 다양한 연장이 있으면, 헌재가 자신의 입맛에 맞는 결정을 하기는 편리할 것이나. 그러나 과연 그것을 '헌법' 재판이라 할 수 있을지에 대해서는 의문을 가지지 않을 수 없다.[64]

다른 한편, A설을 기반으로 합리적 이유 있는 차별을 허용한다는 것을 내용으로 하는 입론, 즉 B설도 자신을 상대적 평등설이라고 하고, C설도 자신을 상대적 평등설이라고 한다. 내용이 다른데도 그것을 지칭하는 이름은 같다. 記標(signifiant)는 집중되었으나, 記意(signifié)는 분산되었다.

63) 우리 헌법 제31조 제1항은 "모든 국민은 능력에 따라 균등하게 교육을 받을 권리를 가진다."라고 정하고 있다. 교육이라는 가치의 분배원리를 정하고 있다. '능력'이 기준이 되어야 한다고 본다. 이와 같은 분배원리를 헌법재판관이 정할 수 있다. 예를 들면 세금은 '담세능력'에 따라 배분되어야 한다. 헌법이 이를 정하지 아니하였는데도, 헌법재판관이 이를 선언하면 '헌법'이 된다.

64) '헌법재판관' 재판이라 부를 만하다.

무언가 이 입론들에 근본적인 문제가 있음을 알 수 있다. A설을 따르면 헌법이, 특히 평등이 부정의를 요구한다거나, 입법을 거부한다는 주장을 해소하지 않고는 학설로 성립하기 어렵다. C설, 즉 정의설은 헌법상의 한 조항에 불과한 평등이 정의를 명령하고 있다고 이해하는데, 그것이 헌법 제11조 제1항과 조화로울 수 없다. 헌법 제11조 제1항 후문에 열거된 사유를 설명할 방법이 없다.[65)]

65) C설, 그 중에도 Ca설의 문제점에 대해서는 정주백. 『평등정명론』, 충남대학교출판문화원, 2019, 96 이하(제3장. 제2종 상대적 평등설 비판) 참조. 상세히 설명되어 있다.

제2장

헌법학원론

정종섭

"(c) 「평등」의 의미
a) 상대적 평등[66] (i) 인간은 개성, 성격, 능력, 자질, 품성, 지식, 관점, 교양, 신체적 조건, 사회 · 경제적 조건 등에서 다양한 차이를 가지고 있기 때문에 평등하지 않다. 인간은 기본적으로 다양하게 타고난 개성과 능력과 조건들 속에서 자기의 개성과 능력대로 삶을 영위하여 가며 그 속에서 행복을 추구한다. 따라서 (ii) 국가는 국민을 하나의 기준으로 획일적으로 인간의 삶을 재단할 수 없고, (iii) 절대적 평등(絕對的 平等)으로 다양한 인간의 삶을 하나의 기준으로 평등화 · 획일화할 수 없다.
그러나 모든 인간은 인간으로서의 존엄과 가치를 가지고 각기 행복을 추구한다는 점에서는 가치적으로 평등하고, 기본권 보장의 이념상 (iv) 동일한 조건하에서는 어느 누구의 기본권도 동일하게 대우되어야 하므로 (v) 법 앞의 평등에서 말하는 평등은 인간의 다양한 차이에 무관하게 누구나 인간으로서의 존엄과 가치를 가지고 행복을 추구하되 각기 선천적 또는 후천적으로 가지고 있는 다양한 각자의 몫을 인정하는 것을 말한다. 이를 상대적 평등(相對的 平等)이라고 말한다. (vi) 이러한 상대적 평등에서도 평등이라고 함은 모든 대상을 모든 경우에 상대적으로 평등하게 대우한다는 것이 아니라, 둘 이상의 상이한 대상에 대하여 동일한 조건이나 상황에서 동일한 기준을 적용할 때 그 법적인 효과(권리, 이익, 의무, 불이익의 부여)가 평등한 대우이거나 헌법적으로 허용되는 합리적인 차별이어야 한다는 것을 의미한다."[67]

① 여기서 정종섭 교수는 평등의 '의미'를 다루고 있다. '의미'는 무엇을 의미하는가? 의미는 어떤 것을 표현하거나 드러내는 것이다. 어떤 것을 모르는

---

66) 원문에는 '(i) 상대적 평등'으로 되어 있다. 여기 인용을 하면서는 'a)'라 표시했다. (i), (ii), (iii)…을 필자가 활용하기 위해서다.
67) 정종섭, 『헌법학원론』, 박영사, 2022, 457-458.

사람에게 그 어떤 것을 알게 하는 말이다. 그것이 충분할 수도 있고 불충분할 수도 있다. 그래서 좋은 定義도 있고, 나쁜 定義도 있다.[68]

어떤 말의 뜻이 무엇인가는 가치판단과 절단되어야 한다. 어떤 말의 의미가 이러 저러한 것은 좋지 않으므로 그 말의 뜻은 저러 이러하게 이해되어야 한다고 말할 수 없다. 살인은 '사람을 죽이는 것'으로 이해하면 좋지 아니하므로, '벌레를 죽이는 것'으로 이해하여야 한다고 주장하면 안 된다.

한편, 법에서 사용하는 말의 뜻은 言衆이 사용하는 것과 분리되어서는 곤란하다. 이 점과 관련하여 가장 많은 비난을 받는 말이 '선의'[69]라는 말인 것 같다. 법학, 특히 민법학에서는 '선의'라는 말을 언중과 다른 의미로 사용한다. 그러니 법학을 공부하지 아니한 사람이 민법 제5장 제2절 의사표시에 관한 조문들을 읽고도, 그 조문의 취지를 알기 어렵다. '선의의 제3자'는 암호같이 읽힌다. 필자가 보기에는 차라리 다른 말을 하나 '만들어서' 쓰는 편이 낫다. 다른 말을 사용하면, 찾아보고 물어보아 법의 적절한 의미를 파악할 가능성이 있다. 그런데 선의나 악의처럼 언중이 아는 말을 다른 뜻으로 사용하면, 언중은 계속 오해를 지속할 수밖에 없다.

그러면 평등이라는 말을 언중은 어떻게 사용하는가? 중국 한나라 때 許愼이 편찬한 『說文解字』는 '平'을 '語平舒' 즉, 말을 존대하지 않는다는 의미로 '等'을 '齊簡' 즉, 죽간을 가지런히 정돈함을 의미한다고 한다.[70] 한글학회가

68) 한 번 생각해 보라. '왼쪽'이라는 말을 모르는 사람에게 어떻게 하면 납득시킬 수 있을까? 왼쪽이라는 말을 왼쪽이라는 말을 모르는 사람에게 납득시키는 말이 왼쪽의 의미다. 다음과 같이 다음은 각 왼쪽의 의미다. (a) 오른쪽의 반대쪽? (b) 북쪽을 향했을 때 서쪽과 같은 쪽? (c) 왼손과 오른손 중 왼손이 있는 쪽? (d) 왼쪽 필자가 보기에 (b), (c), (a), (d) 순으로 좋은 것 같다. (d)도 맞는 말이다. 영원히 맞는 말이다. 단지 가치가 없을 뿐이다. 항진명제는 늘 그렇다. 산은 산이요, 물은 물이다. 맞는 말이지만, 적어도 논리적으로는, 무가치하다. 영화 ≪행복한 사전(舟を編む)≫에 '왼쪽'의 정의에 관한 이야기가 나온다. 재미있는 영화다. 이 영화에는 '당신이 보고 있는 이 사전의 홀수가 적혀 있는 면과 짝수가 적혀 있는 면 중에서 짝수가 적혀 있는 면의 방향' 정도의 定義도 나온다.

69) 또는 '악의'.

지은 우리말 큰사전[71]은 평등을 “권리, 자격 따위가 모두에게 고르고 같음”이라 정의하고, 이희승이 편찬한 국어대사전[72]은 “① 차별이 없이 동등한 등급 ② 치우침이 없이 고르고 한결같음. 두루 미쳐 차별이 없음.”이라 하고, 연변인민출판사가 1995년에 편찬한 조선말사전은 “① (주로 지위, 자격, 권리, 의무 등에서) 차별이 없이 같은 것 ② (량이나 질에서) 고르로운 것”이라 한다. 사전적 의미로 보면, ‘같음’을 그 핵심으로 삼아 평등의 의미를 풀이하고 있다. 그러면 평등이라는 말을 법이 사용할 때에도 언중이 이해하는대로 사용하여야 한다.

② 헌법 제11조 제1항은 “모든 국민은 법 앞에 평등하다”고 정하고 있다. 주어는 ‘모든 국민’이고, 술어는 ‘평등하다’이다. ‘모든 국민은 평등하다.’ 우리 헌법 제11조 제1항은 모든 국민은 평등하다, 즉 같다, 차이가 없다, 고르다고 선언하고 있다. 단지 하나의 제약이 있다. (다른 데서는 평등한지, 평등하지 않은지 별론으로 하고) ‘법 앞에서’ 그렇다. 이 말은 ‘법 앞에서’라 할 수 없는 영역에 대해서는 말하고 있지 않다. 다른 영역에서는 평등할 수도 있고, 평등하지 않을 수도 있다. 모른다. 이 부사구가 ‘평등’의 의미를 전환시키지는 않는다. 이 부사구가 있든 없든, 평등의 의미는 변하지 않고, 단지 ‘모든 국민이 평등한 영역’만을 한정한다.

③ (i)에서 “인간은 개성, 성격, 능력, 자질, 품성, 지식, 관점, 교양, 신체적 조건, 사회 · 경제적 조건 등에서 다양한 차이를 가지고 있기 때문에 평등하지 않다.”고 한다. 그것이 헌법 제11조 제1항에 기재된 ‘평등’의 의미에 영향을 미치는가? 미치지 않는다. 인간이 자연상태에서 평등하지 않다고 하여, 헌법 제11조 제1항에서 말하는 평등의 의미가 달라지는 것은 아니다.

---

70) 許愼 撰, 徐鉉 校定, 『說文解字』 中華書局, 1989, 95, 101; 전종익, “정조시대 천주교 전래와 평등”, 『법사학연구』 제40호, 한국법사학회, 2009, 114 재인용.

71) 어문각(1992).

72) 민중서림(1988).

같고, 다름은 관점에 따라 다르다. 예를 들어 '커피잔[73]'과 '도넛[74]'의 모양이 같은가? 일반인에게 이것을 물으면 바보라고 할 것이다. 당연히 다르다고 말할 것이다. 그러나 위상수학[75]을 공부하는 사람에게 물어보라. 그들의 관점에서는 같다고 본다.[76] 그들은 어떤 것과 어떤 것을 (선을 끊거나, 면을 자르거나, 구멍의 개수를 바꾸는 방법을 제외하고) 비틀고, 늘리고, 수축시켜 생긴 또 다른 어떤 것은 같은 모양(동위체, isotope)을 가졌다고 취급한다.

여기에 대하여 우리는 위상수학을 하는 사람들이 틀렸다고 말할 수 없다. 그들은 그들의 관점을 세우고, 그 관점에 따라서 같음과 다름을 판단한다.

그런데, 여기서 정종섭 교수는 '인간은 같지 아니하다'고 말한다. 인간은 '개성, 성격, 능력, 자질, 품성, 지식, 관점, 교양, 신체적 조건, 사회 · 경제적 조건 등'의 관점에서 평등하지 아니하다고 한다. 그래서 어쨌다는 것인가? 인간은 어떤 면에서는 같고, 어떤 면에서는 다르다. 정종섭 교수는 위와 같은 비교의 관점을 내세워 인간은 평등하지 않다고 말하였지만, 어떤 관점에서는 같다고 볼 수도 있지 않겠는가?

다시 돌아가 커피잔과 도넛의 경우에도, 재질이 다르고, 색깔이 다르고, 먹을 수 있는지 없는지가 다르다. 다른 관점을 찾으려면 더 찾을 수 있을 것이다. 그런데 위상수학을 하는 사람들은 커피잔 모양의 흙 반죽을 주무르면, 도넛 모양으로 만들 수 있으므로, 이 관점에서 두 개는 같다고 본다.

④ 그러므로, 인간은 '다르다'는 이야기를 헌법 제11조 제1항 중의 '평등'의 의미를 논하는 데 끌고 오면 곤란하다. 헌법 제11조 제1항 전문은 모든 국민을 평등하다고 선언하고 있는데, 그러면 헌법 제정권력자는 '어떤 관점'을 채택했기에 평등하다고 보는가를 검토하여야 한다. 인간 사이에 9,999 가지 다

73) 손잡이가 달려 있는, 우리가 보통 아는 커피잔.
74) 구멍이 안 뚫린 도넛이 있는지 모르겠지만, 통상의 구멍 뚫린 도넛.
75) 공간 속의 점 · 선 · 면 및 위치 등에 관하여, 양이나 크기와는 별개로, 형상이나 위치 관계를 연구하는 학문.
76) https: · · url.kr · qoppba을 보라.

른 점이 있더라도 그것이 중요하지 않고, 헌법이 같다고, 평등하다고 본 관점을 찾아내야 한다. 다시 한 번 강조하자면, 여기서 다르다고, 평등하지 않다고 볼 관점이 무엇인가는 전혀 중요하지 않다. 이것은 마치 위상수학자 학회에 가서 커피잔과 도넛은 '재질'이 다르지 않냐고 말하는 것과 같다. 아마 그는 그 학회장에서 쫓겨날 것이다. 쫓아내는 사람은 뭐라고 할까? '우리 학회는 당신이 말하는 관점에 대해서는 관심이 없다.'라고 할 것이다.

⑤ 우리 헌법 제11조 제1항은 그 관점을 제시하고 있다. '법 앞에'가 그것이다. 어떤 국민이 다른 국민과 "개성, 성격, 능력, 자질, 품성, 지식, 관점, 교양, 신체적 조건, 사회·경제적 조건 등"이 평등하지 않더라도, 어떤 국민이 다른 국민과 '법 앞에' 섰을 때는 위에서 든 다르게 볼 속성들이 모두 무의미해진다는 점을 헌법 제11조 제1항 전문은 밝히고 있다. 이것을 부정하면 곤란하다. 해석론자가 '해석의 내상'을 고쳐서는 안 된다.

⑥ 이제 우리는 헌법 제11조 제1항에 기재된 평등의 의미를 밝히는데, "인간은 개성, 성격, 능력, 자질, 품성, 지식, 관점, 교양, 신체적 조건, 사회·경제적 조건 등에서 다양한 차이를 가지고 있기 때문에 평등하지 않다."는 말은 전적으로 무의미하다, 또는 이 말은 평등의 의미를 인식하는데 유해하다는 것을 이해할 수 있다. 다만, 이 문장을 통해 정종섭 교수가 평등의 의미를 어떻게 이해하고 있는지는 알 수 있다. 그도 평등을 '동등함, 같음, 고름'으로 이해하고 있다.[77][78]

77) 물론, 그는 '인간은 (…중략…) 다양한 차이를 가지고 있기 때문에 평등하지 않다'고 하여, 다양한 차이를 가지고 있다는 전제사실로부터 평등하지 않다는 판단을 하고 있어서, 평등하지 않다는 말이 고르지 않다는 것으로 바로 연결되지는 않는다. 다만 "절대적 평등(絶對的 平等)으로 다양한 인간의 삶을 하나의 기준으로 평등화·획일화할 수 없다."(iii)는 표현까지 모아보면, 그가 평등을 '획일적'인 것과 유사하게 이해하고 있음을 추론해 볼 수 있다.

78) 참으로 답답한 노릇이다. 헌법이 '모든 국민은 같다'고 선언하고 있는데, 자꾸 '모든 국민은 이러 저러 한 사정에 비추어) 다르다'고 하면 이것이 해석인가? 이것을 해석이라 할 수 있는가? 예를 들어, 어떤 넘볼 수 없는 권위가 '갑돌이와 갑순이는 같다'라고 선

⑦ 법 앞에 "모든 국민이 평등하다"는 것이 법적으로 어떤 의미를 가지는가? 법적 효과는 무엇인가? 누구에게 어떤 의무를 부과하고, 누구에게 어떤 권리를 부여하는가? (iii)에서 정종섭 교수는 "국가는 국민을 하나의 기준으로 획일적으로 인간의 삶을 재단할 수 없"다고 한다. 이 말은 사람을 다루게 취급하여야 한다는 말처럼 읽힌다. 그 근거는 "인간은 개성, 성격, 능력, 자질, 품성, 지식, 관점, 교양, 신체적 조건, 사회·경제적 조건 등에서 다양한 차이를 가지고 있기 때문에 평등하지 않다"(i)는 것이다. 인간은 차이를 가지고 있기 때문에 획일적으로 취급할 수 없다는 것이 그의 의견이다.

당연히 그런 것은 아니다. 법이란 사실을 선언하는 체계가 아니다. 사실을 선언하는 체계는 과학이다. 법은 과학이 아니다. 사실을 선언하지 않더라도, 권리를 부여하고 의무를 부여하면 법으로 된다. 권리를 부여하고 의무를 부과하는데, 왜 그렇게 하는지를 설명할 필요는 없다.[79] 그런데, 헌법 제11조 제1항 전문은 "모든 국민은 법 앞에 평등하다"고 선언하고 있을 뿐이고, 누구에게 권리를 주라거나 누구에게 의무를 부과한다는 것을 밝히고 있지는 않다.[80] 헌법 제11조 제1항 전문은 수범자에게 모든 국민을 획일적으로 취급할 것을 명령하지도 않았고, 획일적으로 취급하지 말 것을 명령하지도 않았다. 단지 "모든 국민은 법 앞에 평등하다"는 것만을 선언할 뿐이다. 이것을 우리 헌법 질서 안의 公理(Axiom)[81]로 받아들이는 것도 생각해 볼 수 있다.[82]

언했다고 하자. 그러면 이 권위를 부정하지 못하는 한 갑돌이와 갑순이는 키가 같다. 그런데 갑돌이와 갑순이는 몸무게가 다르다, 지능이 다르다고 하면 과연 이 사람의 말을 어떻게 이해해야 할까? 필자가 앞의 '넘볼 수 없는 권위자'라면, "내가 언제 몸무게, 지능에 대하여 말하였느냐?"고 말하겠다. 이 점은 이 책에서 여러 번 언급될 것이다.

79) 대개 법률의 제1조에서 입법의 큰 목적을 드러내기는 하나 그것이 모든 법률조항의 목적으로 바로 대입할 수 있는 것은 아니다. 그리고 그 입법목적이 기재되어 있지 않다고 하여 법률로서의 효력이 없어지는 것도 아니다. 행정법으로 분류되는 법률에는 대개 입법목적 조항이 있으나, 민사법이나 형사법 계열의 법률에는 입법목적이 기재되어 있지 않다.

80) 법 내용에 관해 말하고 있지 않다.

81) 주어진 이론 체계 안에서는 참(truth)으로 받아들이는 것, 다른 명제로부터 연역되지 않

⑧ 이야기가 조금 바깥으로 샜다. 다시 정종섭 교수의 말에 집중해 보자. "국가는 국민을 하나의 기준으로 획일적으로 재단할 수 없고,[83)84)] 절대적 평등(絶對的 平等)으로 다양한 인간의 삶을 하나의 기준으로 평등화 · 획일화할 수 없다."[85)]고 한다. 두 개의 구절은 같은 의미로 보인다. 그러면 절대적 평등은 '획일적으로 인간의 삶을 재단하는 것', '다양한 삶을 하나의 기준으로 평등화 · 획일화'하는 것으로 이해된다. 그리고 이 절대적 평등을 받아들일 수 없다고 한다.

필자가 이상하게 보는 것은 이런 것이다. 헌법은 '모든 국민이 같다'고 선언하고 있다. 그런데 정종섭 교수는 인간이 다르다고 한다. 그래서 국민을[86)] 획일적으로 재단할 수 없고, 평등화 · 획일화할 수 없다고 한다. 이상한 해석 아닌가? 필자는 이상한 해석이라고 본다. 헌법은 '인간이 같다'는데, 왜 '다르다'고 보는가? 이런 해석은 곤란하다. 헌법 제11조 제1항 진술은, 어떤 규범력을 가지고 있는가는 별론으로 하고, 적어도 공리로서의 자격은 가지고 있다. 이

는 명제.

82) 미국 독립선언은 다음과 같은 말로 시작된다. "우리는 다음의 진리가 자명하다고 생각한다. 모든 사람은 평등하게 창조되었으며, 이들은 창조주로부터 생명, 자유, 행복의 추구를 포함하는 양도 불가능한 권리를 부여받았다." 이것들을 전제로 하여 앞으로의 논의를 전개해 나가겠다는 것이다. 전제는 증명할 필요가 없다. 그러므로 '모든 사람은 평등하다'고 전제한 후 논의를 진행하여도 논리적으로 문제가 있는 것은 아니다. 물론 전제가 무너지면 이후의 논증도 다 무너진다. 미국 독립선언서는 '모든 사람이 신에 의해 평등하게 창조되었다'는 것이 '진리(truth)'일 뿐만 아니라, '자명하다(self-evident)'고 하였다. 논증을 필요로 하지 않는다고 선언하고, 받아들일 것을 촉구하였다. 즉 모든 인간이 평등하게 태어났다는 전제를 가지고 논의를 하겠지만, 그 전제의 당부에 대해서도 말해 두는데, 그것이 옳다는 것도 선언해 두겠다는 것이다. 독립선언서의 저자는 자신들이 이를 선언할 권위가 부족하다고 느끼고, 종교적 믿음을 끌고 왔다. 기독교 신앙을 끌고 와서 믿게 만들었다. 이를 통해 과학적 논쟁을 거부하였다.

83) (ii).

84) 원문에는 "국가는 국민을 하나의 기준으로 획일적으로 인간의 삶을 재단할 수 없고"라고 기재되어 있다. 목적어가 두 개다. '인간의 삶을' 부분을 뺐다.

85) (iii).

86) 또는 인간을.

것을 부정하면 안 된다. 이것을 부정하면 우리 헌법의 해석론이 아니다.[87]

⑨ 다행히도 헌법 제11조 제1항 전문은 "모든 국민은 평등하다."고 규정하고 있지 않다. 정종섭 교수처럼 이 표현에 반감을 가진 사람이 많은 것을 보면, 다행이다. 헌법은 모든 국민이 평등하다고 말하지 않고, '법 앞에' 평등하다고 말하고 있다. 평등하다는 술어가 미치는 범위가 줄었으므로, 당연히 반감도 줄어들 수밖에 없다.[88]

그러면, 정종섭 교수는 '모든 국민은 '법 앞에' 평등하다'고 하는 말에도 반론을 제기할까? 그는 모든 국민이 법 앞에서도 다르다고 주장할까? '인간은 개성, 성격, 능력, 자질, 품성, 지식, 관점, 교양, 신체적 조건, 사회·경제적 조건 등에서 다양한 차이를 가지고 있다는 것'과 '모든 국민은 법 앞에서 평등하다'는 말도 서로 背馳되는 것일까?

이 점에 대해 우리가 판단하기 위해서는 도대체 '모든 국민은 법 앞에서 평등하다'는 말이 무엇을 의미하는가에 대해서 생각해 보아야 한다.[89] 말 자체

---

87) 마치 위상수학자들의 학회에 가서, 커피잔과 도넛이 이렇게 저렇게 다르지 않으냐, 라고 말하는 것과 같다. 그는 위상수학자들의 학술대회에서 쫓겨날 것이다. 그들은 이렇게 말할 것이다. "우리는 그렇게 약속하고 토론한다." 만약 그 위상수학자가 도자기 공방에 가서 커피잔과 도넛을 같다고 한다면, 그도 똑같이 그 공방에서 쫓겨날 것이다.

88) '○○는 세계에서 가장 아름답다'고 한다면 반론이 무척 클 것이다. 그러나 '어떤 조그만 마을에서' 가장 아름답다고 한다면, 반론은 줄 것이다. 그리고 그 말이 맞을 가능성도 커진다.

89) 많은 교과서들에서 평등의 의미를 다루면서 법 집행과 법 내용을 구별하여 다루지 않는다. 사실 이 점은 상당해 심각한 문제다. 평등이 먼저 문제되었던 것은 법 내용의 불평등이 아니라, 법 집행의 불평등이었다. 법에 대한 懷疑 내지 의심이 논의된 것은 19세기 이후에나 가능했다. 최초의 헌법재판이라 말해지는 Marbury v. Madison 사건이 1803년에 있었음을 기억할 필요가 있다. 미국 수정헌법 제14조가 평등을 정하고 있지만, 그 조항은 법 조항은 법 내용에 관한 것이 아니라 법 집행에 있어서의 평등을 규정하고 있을 뿐이다. ARTICLE XIV All persons born or naturalized in the United States, and subject to the jurisdiction thereof, are citizens of the United States and of the State wherein they reside. No State shall make or enforce any law which shall abridge the privileges or immunities of citizens of the United States; nor shall any State deprive any person of life, liberty, or property, without due process of

는 매우 추상적인 면이 있지만, '모든 국민이 법 앞에 평등하다'를 어떻게 이해하여야 하는가 하는 것에 대해서는 매우 높은 수준의 합의가 있다.

그것은 법에 기재된 대로 집행하여야 한다는 것이다. 즉 수범자인 법집행자는 법에 기재된 대로, 법을 집행함으로써 자신의 임무를 완수하는 것으로 된다.[90]

켈젠은, '그것은[91] 법집행기관은, 적용되지 않으면 안 되는 법이 구별하고 있지 않는 것을 구별해서는 안 된다고 하는 것을 의미한다. 법률이 여성은 아니고 남성에게만, 외국인은 아니고 자국민에게만, 다른 종교나 인종의 멤버는 아니고 특정의 종교나 인종의 사람에만 선거권을 주었을 경우는, 법집행기관이 구체적인 경우에, 여성, 외국인, 특정의 종교나 인종의 구성원에게, 선거권이 없다고 결정했을 때, 그 경우에는, 법 앞의 평등은, 완전하게 달성된 것이다.'[92][93]라고 하였다.[94]

---

law; nor deny to any person within its jurisdiction the equal protection of the laws. 미국 연방최고법원도 초기에는 평등보호조항이 법 집행자에게만 적용된다고 보았다. 문면상 당연하다. 그리고 법리적인 관점에서 보더라도 차별금지 사유가 없이 입법자를 구속할 수 없다. 차별금지 사유를 예시적인 것으로 보든 한정적인 것으로 보든, 법에 대한 평등 명령은 '차별금지 사유'를 구성요건 요소로 사용하면 안 된다는 것이다. 즉 금지된 사유를 구성요건 요소로 하여 법을 만들면 안 된다는 것이다. 그러므로 어떤 법이 금지된 차별 요소를 사용하고 있지 않다면, 차별이 있더라도 평등과 무관하다. 이 논문에서 가장 중요한 포인트다. 이 점을 이해해야 평등은 혼돈(chaos)에서 벗어날 수 있다.

90) "법률이 헌법에 위반되는지 여부는 헌법재판소의 위헌결정이 있기 전까지는 객관적으로 명백한 것이라 할 수 없어, 이를 심사할 권한이 없는 공무원으로서는 그 법률을 적용할 수밖에 없고, 따라서 법률에 근거한 행정처분이 사후에 그 처분의 근거가 되는 법률이 헌법에 위반된다고 선언되어 결과적으로 위법하게 집행된 처분이 된다 할지라도, 이에 이르는 과정에 있어 공무원에게 고의 또는 과실이 있다고 단정할 수 없는 것이므로, 그 법률이 헌법에 위반되는지 여부는 공무원의 손해배상책임이 성립할지 여부에 아무런 영향을 미치지 못한다(헌재 2009. 9. 24. 2008헌바23, 판례집 21-2상, 599, 604; 헌재 2008. 4. 24. 2006헌바72, 판례집 20-1상, 585, 590 참조)."(헌재 2011. 3. 31. 2009헌바286, 공보 174, 572, 574. 밑줄은 필자가 추가하였다.)

91) 적용의 평등은,

92) Hans Kelsen(김선복 譯), 『정의란 무엇인가』, 책과 사람들. 2010, 36.

법은 이미 무언가 구별하고 있다. 구별하여 각 다른 법적 효과를 부여하고 있다. 법 집행자는 입법자가 만들어 놓은 구별 기준을 그대로 존중하여 법적 효과를 부여함으로써 자신의 임무를 다한 것으로 된다.

앞에서 켈젠이 든 예를 들어 생각해 보자. 법이 남성에게만 투표권을 부여하고 있다면, 선거법을 집행하는 자는 그대로 하여야 한다. 여성에게는 투표권을 부여하지 않아야 한다. 그가 그것을 나쁜 것, 더 나아가 남녀평등에 반하는 것이라고 생각하더라도 그대로 집행하여야 한다. 그것이 법 집행자에게 주어진 평등의 명령이다.[95][96]

---

93) Kelsen이 법의 내용과 법의 집행이 준별된다는 점을 설명한 예. "법률이 여자가 아닌 남자에게만 선거권을 보장하는 경우라 하더라도, 즉 법률 안에서의 평등이 지켜지지 않는 경우라 하더라도, 법률 앞에서의 평등은 지켜질 수 있다. 위 법률을 적용하여 남자는 선거권이 있지만, 여자는 선거권이 없다고 결정하는 법관은, 설령 그가 양자를 동일하게 취급하지 않더라도, 결코 법률 앞에서의 평등의 원칙을 침해하지 않는다. 하지만, 그가 백인은 선거권이 있고 흑인은 선거권이 없다고 결정한다면, 그는 법률 앞에서의 평등을 침해한 것이 된다. 왜냐 하면, 이른바 법률 앞에서의 평등은, 그 법률이 어떠한 내용을 갖고 있든 간에, 설령 그 법률이 동일한 취급을 하지 않고 차등적인 취급을 하고 있더라도 법률의 정확한 적용에 다름 아니기 때문이다." Hans Kelsen(김선복 譯), 『정의란 무엇인가』, 책과 사람들. 2010, 580.

94) 정주백, "입법자 구속설 비판", 『법학연구』, 제23권 제2호, 충남대, 2012, 18 이하 참조.

95) 앞의 헌재 2011. 3. 31. 2009헌바286, 공보 174, 572, 574 결정은 이를 보장한다. "법률이 헌법에 위반되는지 여부는 헌법재판소의 위헌결정이 있기 전까지는 객관적으로 명백한 것이라 할 수 없어, 이를 심사할 권한이 없는 공무원으로서는 그 법률을 적용할 수밖에 없고, 따라서 법률에 근거한 행정처분이 사후에 그 처분의 근거가 되는 법률이 헌법에 위반된다고 선언되어 결과적으로 위법하게 집행된 처분이 된다 할지라도, 이에 이르는 과정에 있어 공무원에게 고의 또는 과실이 있다고 단정할 수 없"다고 하였다.

96) 법 집행자는 어떻게 하여야 하는가? 그가 집행을 거부할 수 있는가? 거부할 수 없다. 만약 거부한다면 그것이야 말로 불법행위를 구성할 수 있다. 그런데, 일단 거부하여 상대방이 행정소송을 제기한다면 그때 법 집행자는 법률이 위헌이라 주장할 수 있다. "행정소송의 피고 또는 그 보조참가인인 행정청이 헌법재판소법 제68조 제2항의 헌법소원심판을 청구할 수 있는지 여부에 관하여 본다. 헌법재판소법 제68조 제1항의 헌법소원은 기본권의 주체가 될 수 있는 자만이 청구인이 될 수 있고, 국가나 국가기관 또는 지방자치단체나 공법인은 기본권의 주체가 아니라 국민의 기본권을 보호 내지 실현해야 할 책임과 의무를 지니고 있는 지위에 있을 뿐이어서 그 청구인적격이 인정되지 아니한다(헌재 1998. 3. 26. 96헌마345). 그러나 헌법재판소법 제68조 제2항에 의한 헌법소원

그러면 이 전문은 입법자를 구속하는가? 이것을 입법자 구속설의 문제로 보든 안 보든, 우리는 우리의 문제에 집중하자. 헌법 제11조 제1항 전문은 입법자에게도 적용되는가?

앞에서 본 바와 같이, 법 집행자에 대한 평등 명령은 존재하는 법을 그대로 적용하여야 한다는 것이다. '존재하는 법을 그대로 적용하여야 한다'는 규범이 법집행자 뿐만 아니라, 입법자에게도 적용될 수 있는 것이어야 비로소 헌법 제11조 제1항 전문이 입법자에게'도(also)' 구속력을 가진다고 주장할 수 있는 논리적 기초가 있게 된다. 그러나 그것은 불가능하다. '존재하는 법을 그대로 적용하여야 한다'는 규범은 법을 제정하는 단계에서는 무의미하다. 법이 제정되지도 않았기 때문이다.[97]

입법자에게 요구되는 명령의 내용이, '존재하는 법을 그대로 집행하여야 한다'는 것이 아니라 '모든 사람에게 동일한 법적 취급을 할 것'[98]과 '같은 것은

심판은 구체적 규범통제의 헌법소원으로서, 구체적인 사건에 관하여 법률의 위헌 여부가 재판의 전제로 되었을 경우에 헌법재판소법 제41조 제1항의 규정에 의한 법률의 위헌여부심판의 제청을 신청하였다가 기각당한 당사자가 그 법률의 위헌 여부를 심판받기 위하여 청구하는 것이어서 헌법재판소법 제68조 제1항에 규정된 헌법소원과는 그 심판청구의 요건과 대상이 다르다(헌재 1994. 4. 28. 89헌마221). 헌법재판소법 제68조 제2항은 기본권의 침해가 있을 것을 그 요건으로 하고 있지 않을 뿐만 아니라 청구인적격에 관하여도 '법률의 위헌여부심판의 제청신청이 법원에 의하여 기각된 때에는 그 신청을 한 당사자'라고만 규정하고 있는바, 위 '당사자'는 행정소송을 포함한 모든 재판의 당사자를 의미하는 것으로 새겨야 할 것이고, 행정소송의 피고인 행정청만 위 '당사자'에서 제외하여야 할 합리적인 이유도 없다. 행정청이 행정처분 단계에서 당해 처분의 근거가 되는 법률이 위헌이라고 판단하여 그 적용을 거부하는 것은 권력분립의 원칙상 허용될 수 없지만, 행정처분에 대한 소송절차에서는 행정처분의 적법성·정당성뿐만 아니라 그 근거 법률의 헌법적합성까지도 심판대상으로 되는 것이므로, 행정처분에 불복하는 당사자뿐만 아니라 행정처분의 주체인 행정청도 헌법의 최고규범력에 따른 구체적 규범통제를 위하여 근거 법률의 위헌 여부에 대한 심판의 제청을 신청할 수 있고 헌법재판소법 제68조 제2항의 헌법소원을 제기할 수 있다고 봄이 상당하다."(헌재 2008. 4. 24. 2004헌바44, 판례집 20-1상, 453, 461-462. 밑줄은 필자가 추가한 것이다.)

97) 누가 입법자인가는 기능적으로 '입법' 기능을 하는가에 따라 판단되어야 한다. 국회도 법을 집행하는 경우가 있고, 행정부도 입법을 한다. 대통령령의 제정은 대표적인 행정부의 입법작용이다.

같게, 다른 것은 다르게 처치할 것'[99]이라는 명령이 입법자를 구속하는가 하는 문제로 볼 수 있다는 주장이 있을 수 있다.[100]

그런데, 이것은 헌법 제11조 제1항이 법 집행자뿐만 아니라, 입법자도 구속하는가, 하는 논의의 내용에 포섭될 수 없다. 위와 같은 이해는, 헌법 제11조 제1항 전문의 수범자의 범위를 확장할 뿐만 아니라, 근본적으로 헌법 제11조 제1항 전문이 가지고 있는 명령의 내용을 변질시키는 것이기 때문이다. 이것은 헌법을 해석하는 것이 아니라 헌법을 창조하는 것에 해당한다.

만약 헌법 제11조 제1항 전문이 '법의 집행자는 법을 누구에게나 획일적으로 적용하여야 한다'라는 문언으로 규정되어 있다면, 위 조항을 입법자에게 적용할 수 있겠는가, 또는 위 조항이 법의 내용을 제약하는 규정으로 이해될 수 있겠는가를 생각하여 보면, 그 귀결은 비교적 명확한 것이라 생각된다. 이를 표로 나타내 보면 다음과 같다.

<table>
<tr><th colspan="2">법 집행자 '만' (only) 비구속설[101]</th><th colspan="2">(법집행자 외) 입법자 '도' (also) 구속설[102]</th></tr>
<tr><td>수범자</td><td>명령의 내용</td><td>수범자</td><td>명령의 내용</td></tr>
<tr><td rowspan="2">법 집행자</td><td rowspan="2">존재하는 법을 일률적으로 적용하라</td><td>법 집행자</td><td>존재하는 법을 일률적으로 적용하라</td></tr>
<tr><td>입법자</td><td>→ 모든 사람 · 사물에 대하여 동일한 법적 효과를 부여하는 법을 제정하라(A설)
→ 같은 것은 같게, 다른 것은 다르게 처우하는 법을 제정하라(Ca설)</td></tr>
</table>

98) A설.

99) Ca설.

100) 필자는 이런 주장을 보지는 못하였다. 입법자구속설을 주장하는 학자들도 법 집행자에게 요구되는 평등의 명령과 입법자에게 명령되는 평등의 명령이 어떤 것인가를 논의하는 것 같지는 않다. 보다 근본적인 문제는 학계의 모든 '평등의 의미론'이 집행과 입법의 문제를 준별하여 논의하고 있지 않다는 것이다. 이것을 나누어 보기만 해도 입법자구속설이 옳지 아니함을 쉽게 이해할 수 있을 것이다. 물론 여기서 자꾸 입법자구속설의 문제라 이야기했지만, 정확하게는 헌법 제11조 제1항 전문이 입법자를 구속하는가 하는 문제다. 헌법 제11조 제1항 후문이 입법자를 구속한다는 데에는 필자도 이론이 없다.

위에서, 입법자 구속설은 헌법 제11조 제1항 전문이 전혀 예정하지 아니하였던 전혀 다른 내용의 규율을, 전혀 예정하지 아니하였던 수범자에게 적용시키고 있음을 알 수 있다.

이 부분 논의를 정리하자. 헌법 제11조 제1항 전문은 입법자에게 적용될 수 없다. 입법자에게 주어진 헌법 제11조 제1항의 명령은 없는가? 그렇지 않다. 입법자는 헌법 제11조 제1항 후문으로부터의 명령에 구속된다. 입법자에 대한 헌법 제11조 제1항[103]의 명령은 헌법 제11조 제1항 전문에서 도출되지 않는다. 후문에서 도출된다. 그러므로 헌법 제11조 제1항 전문의 '평등'이 입법자에게 어떤 의미를 가지는가 분석하는 것은 무의미하다. 이 점을 잘 이해하려고 애써보자.

그러면 '평등 정신'[104]은 입법자에게 어떤 것을 요구하는가? 이것을 보이는 것이 헌법 제11조 제1항 후문이다. 후문은 입법자에 대한 명령이다.[105] 입법

---

101) 헌법 제11조 제1항 전문은 법 집행자에게만 적용된다는 입장.

102) 헌법 제11조 제1항 전문이 법 집행자 외에 입법자에게도 적용된다는 입장. 헌법 제11조 제1항 전문으로부터 입법자에 대한 명령도 도출된다는 입장.

103) 이를 일반적으로 평등 조항이라고 한다.

104) 이 논문의 다른 곳에서는 그냥 '평등'이라고 기재된 곳이 있을지도 모르겠다. 그러나 엄밀히 생각해 보면, 헌법 제11조 제1항 전문이 입법자에게 적용되지 않는다고 한다면, 이 전문 중에 기재된 '평등'이라는 말은 입법자와 무관하다고 봄이 옳을 것이다. 그러나 헌법 제11조 제1항 후문에 있는 '차별'이라는 말이 평등과 깊이 연계된 말이어서 '평등정신'이라는 말을 썼다. 평등이 지향하는 어떤 것을 헌법 제11조 제1항 전문에서는 '법 앞에 평등'으로 표현하였고, 후문에서는 '성별 · 종교 · 사회적 신분을 이유로 차별받지 아니한다'고 표현하였다. 넓게 보면 하나의 정신의 發露지만, 평등정신이 집행에 있어서 발현되는 형태와 입법에 있어서 발현되는 형태가 다르다.

105) 물론 법 집행자에게 전혀 의미가 없는 것은 아니다. 법집행자는 법이 구별한 것만을 드러내어 집행하여야 한다. 법이 구별한 것이 그대로 집행되지 아니하면 그것은 법집행의 평등에 어긋난다. 이때는 어떤 요소가 '평등한 법집행'으로부터 멀어지도록 작동하였는가는 문제되지 않는다. '有錢無罪無錢有罪'라는 말은 피고인의 경제력이 작동한 것이고, '黑人有罪白人無罪'는 피고인의 인종이 작동한 것이다. 이런 것이 아니라도 실로 다양한 요소가 작동할 수 있다. 법집행의 평등에서는 어떤 요소가 작동했는가는 문제되지 않는다. 이에 비하여 법 내용에 있어서는 어떤 요소가 작동했는가가 무척 중요하다. 헌법 제11조 제1항 후문에 기재된 성별 · 종교 · 사회적 신분은 입법에 있

자는 어떻게 하여야 하는가?

헌법 제11조 제1항 후문은 "누구든지 성별 · 종교 또는 사회적 신분에 의하여 정치적 · 경제적 · 사회적 · 문화적 생활의 모든 영역에 있어서 차별을 받지 아니한다."고 정하고 있다. '누구든지 차별받지 아니한다'고 정하고 있지 않다. 차별받지 아니할 권리는 두 가지 제한을 충족하였을 때 주어진다.

하나는 차별의 事由이다. 모든 국민은 '성별 · 종교 또는 사회적 신분'에 의하여 차별받지 아니한다. 다른 하나는 영역이다. 모든 국민은 '정치적 · 경제적 · 사회적 · 문화적 생활의 모든 영역에 있어서' 차별받지 아니 한다.

앞에서 본 헌법 제11조 제1항 전문과 비교해 보자. 전문에서는 '모든 국민은 평등하다'고 하였다. 이것이 법 집행자에게 적용되는 것을 드러내기 위하여 '법 앞에'라는 말을 추가하였다. 결국 '모든 국민은 법 앞에 평등하다.'고 하는 말이 완성되었다. 모든 국민은 어디에서나 평등한 것이 아니다. '법 앞'에서만 평등하다. 전문에서는 평등하다는 말을 제약하는 말로, '법 앞에'가 있고, 후문에는 '차별받지 아니한다'는 말을 제약하는 말로 두 가지, 즉 '성별 · 종교 또는 사회적 신분에 의하여'라는 말과 '정치적 · 경제적 · 사회적 · 문화적 생활의 모든 영역에 있어서'라는 말이 있다.

다시 돌아가 정종섭 교수의 말을 보자. "인간은 개성, 성격, 능력, 자질, 품성, 지식, 관점, 교양, 신체적 조건, 사회 · 경제적 조건 등에서 다양한 차이를 가지고 있기 때문에 평등하지 않다"(i)고 하고, "국가는 국민을 하나의 기준으로 획일적으로 인간의 삶을 재단할 수 없고, (iii) 절대적 평등(絶對的 平等)으로 다양한 인간의 삶을 하나의 기준으로 평등화 · 획일화할 수 없다."(ii)고 한

어서 작동해서는 안 되는 요소를 기재한 것이다. 이 말은 입법에 있어 작동해도 문제되지 않는 요소도 있다는 것을 의미한다. 이렇게 보면 헌법 제11조 제1항 후문이 법 집행자에게도 적용된다는 이론구성이 불가능하지는 않으나 무의미하다. 입법에 있어서는 차별 요소가 무엇인지가 중요하나, 법집행에서는 전혀 중요하지 않기 때문이다. 헌법 제11조 제1항 후문의 가장 중요한 포인트는 어떤 것이 헌법이 금지하는 차별 사유인가를 찾아내는 것이다. 기존의 이론은 이 점을 간과하였다.

다.[106)]

이 정종섭 교수의 말을 가지고 필자의 말을 한 번 평가해 보자. 정종섭 교수는 세상 사람들이 각기 얼마나 다른데, 그들을 하나의 기준으로 평등화 · 획일화한다는 것이 말이 되느냐, 하는 주장을 하였다.[107)] 그런데 필자의 위와

106) 법을 해석하는데 자신의 가치관을 주입하면 법은 더욱 법 아닌 것이 된다. 각자의 가치관에 따라 전부 다르게 해석되면 그것은 법이라 불리기 어려운 상태로 된다. 마음에 들든 들지 않든, 법을 문자대로 해석해 보려고 노력하여야 한다. 그것이 피할 수 없는 문제점에 봉착하면 그 때서야 문리에서 좀 떨어져 있더라도 결과적으로 좀 더 나은 결론에 도달할 수 있는 해석방법을 제안해 보는 것이 좀 더 권장되어야 할 법해석론이라 할 수 있다. 여기서 정종섭 교수는 '다양한 인간의 삶을 하나의 기준으로 평등화 · 획일화'할 수 없다고 하는데, 이 말을 하기 전에 검토되어야 할 것은, 헌법 제11조 제1항이 '다양한 인간의 삶을 하나의 기준으로 평등화 · 획일화'하는가 하는 것이다. 필자는 그렇게 이해하지 않는다. 헌법 제11조 제1항은 (입법자가 실시하는) 대부분의 차별에 무관심하다. 오로지 '성별 · 종교 또는 사회적 신분에 의하여' 차별하는 것만을 금지할 뿐이다. 그 사유들을 예시적인 것으로 본다면 그것들과 동등한 사유에 기한 차별이 추가될 수 있다. 그 외의 사유에 기한 차별에 대해서 헌법 제11조 제1항은 무관심하다. 이렇게 본다면 '다양한 인간의 삶을 하나의 기준으로 평등화 · 획일화'한다는 것은 헌법 제11조 제1항의 해석론에서 논의될 필요가 없는 포인트다. 사족으로 하나를 더 붙인다면, 앞의 인용구 중 '하나의 기준으로' 라는 구절은 정종섭 교수가 말하는 절대적 평등, 즉 모든 것을 균일하게 취급하는 것과는 약간의 거리가 있다. 앞의 절대적 평등은 어떠한 기준도 없다. 한 개의 기준도 없다.

107) 헌법은 '모든 사람은 평등하다'고 단순하게 말하고 있지 않음에 대해서는 앞에서도 설명하였지만, 다시 한 번 더 강조한다. 헌법은 그렇게 말하고 있지 않다. '법 앞에'라는 단서가 붙어 있다. 법을 해석하면서 단서를 무시하면 안 된다. 단서 바깥에는 법이 없다. 제법 멋진 말이다. 단서 바깥에는 법이 없다. 갑이 을에게 말했다. '나는 당신과 결혼하겠다.' 이 약속에는 아무 조건이 없다. 갑이 을의 결혼하자는 요청을 거부하면 그는 약속을 파기한 것으로 된다. 다른 약속을 보자. 갑이 을에게 '당신이 백만장자의 아들이라면, 당신과 결혼하겠다'고 하였다고 하자. 그런데 갑이 을과의 결혼을 거부했다. 그는 약속을 파기한 것인가? 앞의 경우와 다르다. 쟁점은 을이 백만장자의 아들인가, 하는 점이다. 누가 입증책임을 지고, 어느 정도의 돈이 있어야 백만장자가 되는지에 대해 논쟁하지 말자. 어떤 경위를 거치든, '을이 백만장자의 아들이라면'이라는 단서가 충족되었을 때, '결혼하겠다'는 약속은 의미를 가진다. '결혼하겠다'는 약속은 '을이 백만장자의 아들일 때에만' 효력이 있다. '을이 백만장자의 아들이라는' 단서의 바깥에는 '결혼하겠다'는 약속은 없다. 당연한 말이다. 지극히 당연한 말이다. 그런데 왜 헌법학에서는 이 당연한 것이 받아들여지지 않는 것일까?

같은 분석에 따르면 헌법 제11조 제1항이 국민을 하나의 기준으로 재단할 것을 명령하고 있지 않다는 결론에 이른다.

필자의 입론은 헌법 제11조 제1항 후문이 '성별 · 종교 · 사회적 신분을 이유로', '정치적 · 경제적 · 사회적 · 문화적 생활의 모든 영역에 있어서' 차별하는 것만을 금지한다는 것이다. 그러면, '성별 · 종교 · 사회적 신분을 이유로' 하지 않거나(or), '정치적 · 경제적 · 사회적 · 문화적 생활의 모든 영역'에 속하지 않는 영역에서 일어나는 '차별'에 대해서는 헌법 제11조 제1항 후문이 말하고 있지 않다, 즉 무관심(indifferent)하다.[108] 정종섭 교수가 (i)에서는 드는, '개성, 성격, 능력, 자질, 품성, 지식, 관점, 교양, 신체적 조건, 사회 · 경제적 조건 등에서 다양한 차이'를 반영하여 법을 만드는 것에 대하여 헌법 제11조 제1항 후문은 무관심하다.[109]

물론, 정종섭 교수가 든 '인간은 개성, 성격, 능력, 자질, 품성, 지식, 관점, 교양, 신체적 조건, 사회 · 경제적 조건 등'이 헌법 제11조 제1항 후문의 '성별 · 종교 · 사회적 신분'에 포섭될 가능성은 있다. 만약 포섭된다면 그것들을 이유로 한 차별이 금지된다.

나아가 헌법 제11조 제1항 후문의 '성별 · 종교 · 사회적 신분'을 예시적 열거로 이해하고, 內包(connotation)를 정하였는데, 위에서 정종섭 교수가 든 사유가 이 내포를 충족한다면, 그 사유에 따른 차별도 금지된 것으로 이해된다.[110]

---

108) 필자는 이 점을 알게 되었을 때 무척 기뻤다.

109) 물론, 이런 사유들에 의한 차별이 다른 헌법 조항들에 위배될 수 있다. 그렇더라도 헌법 제11조 제1항의 문제는 아니다.

110) 최근의 일, 즉 2024. 12. 3.에 있었던, 윤석열 대통령의 비상계엄령 선포는, 예시적 열거설의 의미를 많은 국민들에게 가르쳐 주었다. 이를 조금 설명해 보자. 헌법 제77조 제1항은 "대통령은 전시 · 사변 또는 이에 준하는 국가비상사태에 있어서 병력으로써 군사상의 필요에 응하거나 공공의 안녕질서를 유지할 필요가 있을 때에는 법률이 정하는 바에 의하여 계엄을 선포할 수 있다."고 정하고 있다. 여기서 '전시 · 사변'은 '국가비상사태'의 예시다. 그러므로 헌법 제77조 제1항은, 헌법 제11조 제1항 후문과 달리, (i) 열거된 사유(전시 · 사변)가 한정적인 것이 아니라 예시적인 것이고, (ii) 그 내포(connotation)는 '국가비상사태'임을 분명히 밝히고 있다. 그래서 전시 · 사변에 해당

한편, 금지된 차별이라 하더라도 이른바 차별이 있더라도 예외적으로 허용될 수 있다는 것을 내용으로 하는 상대적 평등설(B설)을 받아들인다면 그 차별이 위헌이 아닌 것으로 판단될 수 있다. 이렇게 이해하는 것이 헌법 제11조 제1항 후문을 옳게 이해하는 것이다.

누군가는 이런 해석을 '법실증주의'에 경도된 해석, 또는 헌법의 자구에 얽매이는 해석이라 비판할지 모른다. 필자는 이렇게 말한다. 좋다. 당신들의 해석도 좋다. 그런데, 당신들은 헌법 제11조 제1항을 문리적으로 해석하는 것에 대해 검토해 본 적이 있느냐. 그 문리적 해석에 어떤 극복할 수 없는 문제점을 발견하고 그 문리적 해석을 배척하고 문제점을 해결한 어떤 다른 해석에 이른 것이냐.

필자의 짐작은 이렇다. 모두 헌법 제11조 제1항을 문리적으로 해석하는 것이 무엇인지 모른다. 따로 따져 보지도 않았다. 통설[111]을 뭔가 멋있어 보이

하지 않더라도, 계엄령을 선포할 수 있는 사유가 더 있을 수 있고, 그 사유는 '국가비상사태'에 포섭되는 것이어야 한다는 결론에 쉽게 이를 수 있다. 그런데, 윤석열 대통령은, 다른 사유들도 들었지만, '선거부정'을 계엄령 선포의 사유로 들었다. 그러면, 우리가 판단하여야 할 것은, (i) 선거부정이 전시나 사변에 포섭되는가? 그렇게 보기는 어렵다. 그러면, (ii) 선거부정이 '국가비상사태'에 해당하는가? 헌법재판소의 결정(2024헌나8)에 의해 판단되겠지만, 그렇게 보기는 어려울 것이다. 이 두 개의 질문에 대해 모두 부정적인 판단을 하면, 윤석열 대통령은 계엄령을 선포할 수 있는 상황이 아닌데도 계엄령을 선포한 것으로 판단될 것이다. 이것이 예시적 열거설이 적용되는 과정이다. 그런데, 통설이나 판례는 헌법 제11조 제1항 후문에 열거된 사유들, 즉 '성별 · 종교 또는 사회적 신분'을 예시적 열거로 이해하면서도, 성별 · 종교 또는 사회적 신분에 속하지 않는 사유에 따른 차별에 대해, (i) 그 내포(connotation)가 무엇인가, (ii) 그 차별 사유가 내포를 충족하는가 하는 점에 대해 전혀 검토를 하지 않는다. 예시적 열거설을 계엄령 선포 사유에 적용한 것과 다르다. 헌법 제11조 제1항 후문의 적용에 있어서는, 예시적 열거설이 제대로 작동하지 않고 있다. 윤석열 대통령의 계엄령 선포가 예시적 열거설의 이해에 도움을 주면 좋겠다.

111) 사실 통설이 무엇인가? 필자는 잘 모르겠다. 오로지 일치된 하나의 입장은, 절대적 평등설이 옳지 아니하고 상대적 평등설이 옳다는 것. 여기에 대해 이론은 없는 것 같다. 그러면 물어보자. 절대적 평등설은 어떤 내용인가? (a) 모든 사람, 사물, 사태에 대하여 균일한 취급을 하는 것인가? (b) 차별의 예외를 허용하지 않는다는 것인가? 두 개는 같은 말인가, 다른 말인가? 통설이 지지한다는 상대적 평등설은 또 어떤 것인가?

고,[112] 판례가 이를 받아들이고 있으며, 그 판례를 통하여 우리 공동체가 더 나은 상태로 나아가기도 하는데, 왜 이 해석에 의문을 가져야 하는가? 이런 정도의 생각을 하였으리라 생각된다.

그리고 필자와 같은 해석에 '법실증주의'라는 烙印을 찍어 두면, 그러한 해

(ㄱ) 합리적 차별이 허용된다는 것인가(B설)? (ㄴ) 같은 것은 같게, 다른 것은 다르게 취급하여야 한다는 것인가(Ca설)? (ㄷ) 같은 것은 같게, 다른 것은 그 비율에 따라 다르게 취급하여야 한다는 것인가(Cb설)? (ㄹ) 같은 것은 같게 취급하여야 한다는 것인가(Cc설)? 어느 것인가? 4개 중 어느 것인가? 안 믿겠지만, 모두들 상대적 평등설을 지지하고 있다고 생각하겠지만, 대부분 (a), 즉 균일취급설에 머물러 있다. 그토록 옳지 않다고 말하는 (a)에 머물러 있다. 그리고 B설과 C설(Ca설, Cb설, Cc설)이 서로 다른 내용의 학설이라는 것도 모르고 있다. 판례도 마찬가지다. 예를 하나 들어 보자. "헌법 제11조 제1항은 "모든 국민은 법 앞에 평등하다. 누구든지 성별.종교 또는 사회적 신분에 의하여 정치적.경제적.사회적.문화적 생활의 모든 영역에 있어서 차별을 받지 아니한다."라고 규정하고 있다. 이러한 평등의 원칙은 일체의 차별적 대우를 부정하는 절대적 평등을 의미하는 것이 아니라 <u>입법과 법의 적용에 있어서 합리적인 근거가 없는 차별을 하여서는 아니 된다는 상대적 평등을 뜻</u>하고, 따라서 합리적인 근거가 있는 차별 또는 불평등은 평등의 원칙에 반하는 것이 아니며(헌재 1998. 9. 30. 98헌가7등, 판례집 10-2, 484, 504; 1998. 11. 26. 97헌바31, 판례집 10-2, 650, 659; 1999. 5. 27. 98헌바26, 판례집 11-1, 622, 627), <u>이러한 평등원칙은 입법자가 본질적으로 같은 것을 자의적으로 다르게, 본질적으로 다른 것을 자의적으로 같게 취급하는 것을 금하고 있다</u>(헌재 1996. 12. 26. 96헌가18, 판례집 8-2, 680, 701; 2001. 11. 29. 99헌마494, 판례집 13-2, 714, 727)."(헌재 2005. 3. 31. 2003헌바34, 판례집 17-1, 363, 369. 밑줄은 필자가 추가한 것이다.) 앞에서는 B설이 옳다고 하고 있다. 뒤에서는 Ca설이 옳다고 하고 있다. 물론, 이론적으로 양자는 모순이 없다. Ca설을 전제로 B설이 받아들여질 수 있다. 그렇더라도 첫째, 두 개가 논의되는 순서가 바뀌어야 한다. Ca설을 먼저 설명하고 이러한 평등의 명령에 벗어나더라도 예외적으로 위헌이 아닌 것으로 판단될 수 있다(B설)는 순으로 설명되어야 한다. 그리고 이 판례의 경우도 마찬가지지만, 서로 다른 취급이 있음을 인식하고 바로 정당화 심사에 나아간다. 이것은 A설과 B설을 결합하였을 때만 가능한 판단방법이다. Ca설을 채택하면, 다른 취급이 있다고 하여 바로 차별이 있다고 말할 수 없다. 본질적으로 같은 것을 다르게 취급하였을 때만 차별이 있다고 인식될 수 있다. 서로 본질적으로 다른 것을 다르게 취급하고 있는 상태라면, 그 상태가 평등한 상태다. 그러나 이 결정에서는 이 부분 판단이 없다. Ca설을 언급하였지만, 이것이 B설과 같은 것으로 오해하고 있기 때문에 이런 기이한 판시를 하게 되었다. 얼마나 혼돈(Chaos)스러운가. 여러분이 믿는 상대적 평등설은 어떤 것인가?

112) 평등이 정의를 보장한다는 말은 상당히 멋있다.

석은 구태의연하고, 낙후되었으며, 전체를 보지 못하고, 사회 변화에 적응하지 못하며, 뒷방 늙은이 잔소리 같은 것으로 된다.113) 이야기가 많이 옆으로 샜다. 다시 본론으로 돌아가자.

⑩ "국가는 국민을 하나의 기준으로 획일적으로 인간의 삶을 재단할 수 없고, (iii) 절대적 평등(絶對的 平等)으로 다양한 인간의 삶을 하나의 기준으로 평등화 · 획일화할 수 없다."(ii)고 할 때의 절대적 평등은 무엇을 말하는가?

절대적 평등과 비교되는 것은 상대적 평등이다. 정종섭 교수는 상대적 평등을 이렇게 말한다. "법 앞의 평등에서 말하는 평등은 인간의 다양한 차이에 무관하게 누구나 인간으로서의 존엄과 가치를 가지고 행복을 추구하되 각기 선천적 또는 후천적으로 가지고 있는 다양한 각자의 몫을 인정하는 것을 말한다. 이를 상대적 평등(相對的 平等)이라고 말한다. 필자가 보기에 이 부분은 B설은 아니다. 즉, 합리적 차별을 허용하는 것을 평등의 의미로 이해한 것은 아니다. (iv)에서 "동일한 조건하에서는 어느 누구의 기본권도 동일하게 대우되어야 하므로"라는 말을 보태어서 보면, 정종섭 교수는 Cc설, 즉 '같은 것은 같게'를 평등의 의미로 이해하는 것으로 보인다.

그런데, '다양한 각자의 몫을 인정하는 것'과 '동일한 조건하에서는 어느 누구의 기본권도 동일하게 대우하는 것'이 같은 것을 의미하는 것인지에 대해서는 의문을 가지지 않을 수 없다. 앞의 것이 Ca설114) 내지 Cb설115)에 해당하는 것이라면,116) 뒤의 것은 Cc설117)에 해당한다. 양자는 그 내용이 다르다.

---

113) 어떤 자의 주장에 반론을 제기할 수 없으면 그 자에게 법실증주의자라는 이름을 붙여주면 된다. 그 후 법실증주의를 비판하면 된다. 그러면 그 주장도 자동적으로 비판받게 된다. 켈젠에게도 그런 이름이 붙어있다. 필자는 그와 같은 쪽에 서 있는 것을 자랑으로 여긴다. 법해석학을 가장하여 철학을 하는 사람들의 반대편에 서 있는 것을 자랑으로 여긴다.

114) 같은 것은 같게, 다른 것은 다르게.

115) 같은 것은 같게, 다른 것은 그 비율에 따라 다르게.

116) 다른 방법으로 이해하면, 이것은 '그에게 그의 것을'의 원리에 해당한다. 아리스토텔레스가 말하는 '같은 것은 같게, 다른 것은 달게'와는 다른 정의의 원리다. 그리고 더 완

다른 조건 하에 있는데 같은 취급을 한다면, Cc설은 거기에 관여하지 않는다. 같은 조건인데, 다른 취급을 하는 경우에만 문제의식을 가진다. 그러므로 '같은 것은 같게'(Cc설)는 '같은 것은 같게, 다른 것은 다르게'(Cc설)의 부분원리이다.

위의 절대적 평등설은 A설로 이해함이 상당하다. 평등이 균일취급을 명령한다는 것. 왜냐 하면, 정종섭 교수는 상대적 평등설을 예외를 허용하는 것이라는 의미로 사용한 것은 아니기 때문에, 정종섭 교수가 사용하는 상대적 평등설에 대립되는 절대적 평등설의 내용은 평등이 균일취급을 명령한다는 것이다.[118)]

Ca설이든, Cb설이든 Cc설이든 이것들이 '상대적 평등설'로 불릴 자격이 있을까? 필자는 없다고 본다. 상대적 평등설과 절대적 평등설을 가르는 말은 '상대적', 또는 '절대적'이라는 말이다. 평등은 고정되어 있고, 그 '평등'의 성격에 상대적, 또는 절대적이라는 말이 붙어 있다. 평등의 속성을 이르는 말이다.

벽한 원리다. 아리스토텔레스의 정의론은 두 개의 집단을 비교할 때만 적용할 수 있다. 하나의 단일한 집단에 대한 취급은 정의로운지 정의롭지 않는지 판단할 수 없다. 이에 비하여 '그에게 그의 것을'의 원리는 비교를 할 수 없는 상황, 즉 하나의 집단에 대한 단일한 처우에 대해서도 정의로운지를 판단할 수 있다. 평등론에서 정의론을 도입하면서도 아리스토텔레스 식의 정의론을 도입한 것은, 평등이 비교를 전제로 한다는 생각 때문이다. 그러나 가만히 생각해 보면, 꼭 그런지는 의문이다. 이념적으로는 평등이 두 개 집단 사이의 간계에서 출발한 말이지만, 실천적으로는 헌법 제11조 제1항 후단에서 정한 사유(예시적 열거설을 받아들인다면 이와 동등한 사유를 포함)를 법의 구성요건 표지로 사용하지 않으면 된다. 비교를 할 필요가 없다. 남자, 여자 이런 말을 법에서 사용하지 않는 것, 이것이 남녀평등이다.

117) 같은 것은 같게.

118) 혹시 이 부분을 읽으면서 절대적 평등설이 한 개가 아니고, 상대적 평등설도 한 개가 아니란 말이냐, 하는 의문을 제기할 수 있다. 필자의 대답은 그렇다는 것이다. 한 개가 아니다. 필자가 파악하기로, 절대적 평등설은 두 개, 상대적 평등설은 네 개가 있다. 이 점은 앞에서 설명하였다. I. 序 2. 차별 부분 참조. 학설이 이렇게 혼선을 빚고 있으니 논의가 잘 진행될 수 없다. 필자는 기표(記標, signifiant)는 집중되어 있으나, 기의(記意, signifié)는 분산되어 있다는 말로 이 상황을 표현한다. 한 개의 말을 사용하지만, 각자가 사용하는 뜻은 다르다는 의미로. 이런 상황에서는 대화가 어렵다.

즉, 평등이라는 헌법의 명령에서 벗어나면 바로 위헌으로 되는가? 아니면 정당화 심사를 정당화되지 아니할 때에 비로소 위헌으로 되는가? 차별에 대해 한 번 더 위헌으로 되지 아니할 찬스를 주는가 안 주는가에 관하여 절대적 평등설과 상대적 평등설이 대립할 수 있다.

그런데, 정종섭 교수가 말하는 절대적 평등설이나 상대적 평등설은 평등의 '속성'에 관한 학설이 아니다. 도대체 평등 어떤 것을 명령하는가? 평등 자체의 '의미'가 무엇인가 하는 것에 관하여 나뉜 의견에 대해 절대적 평등설 또는 상대적 평등설이라는 이름을 붙였다. 필자가 보기에 위의 절대적 평등설이 대응해서는 '균일취급설', 상대적 평등설에 대해서는 '불균일취급설'이라 이름 붙이는 것이 본질에 더 부합한다.

그러면 왜 학자들은 이런 이름을 붙이는가? 이 점에 관하여 필자는 ≪평등의 모순≫에서 설명한 일이 있다.[119)]

> (A)[120)] 하나는 '절대적'이라는 말을 허수아비(strawman)로 내세우고 이를 논박함으로써 자설에 대한 논증부담을 줄이기 위한 의도가 있었을 것이다. 평등의 의미를 바로 C설과 연결시키는 데는 어려움이 있다. 평등이 '같은 것은 같게 취급하고, 다른 것은 다르게 취급'하도록 명령하고 있다는 주장은 아무래도 낯설 수밖에 없다. 게다가 '같은 것은 같게'가 논리적으로는 아무런 작동을 하지 않는 장식적인 句에 불과하다는 것[121)]을 간파한 사람에게는 전혀 설득력을 가질 수 없다.
>
> 그런데, C설과 반대되는 주장으로 절대적 평등을 '절대적으로' 같게 취급하도록 명령한다고 이해하는 학설로 못 박아 두고,[122)] 그 절대적 평등설이 타당하지 않으

119) 정주백, 『평등의 모순』, 충남대학교출판문화원, 2024, 159-161.

120) 원문에는 ①로 되어 있다. (A)로 고쳤다. 이 논문에서 사용하고 있는 넘버링과 혼선이 생길 것을 염려해서다. 아래 (B)도 마찬가지다.

121) 조세부담에 관한 응능부담원리에 따를 때, 물리적으로 부담능력이 같은 사람은 존재할 수 없다. 더 나아가 '같은 것은 같게'는 불필요하다. 부담능력이 같은 상태는 부담능력의 차이가 점점 작아지면서 생길 수 있는 아주 특수한 상황이다. '같은 것은 같게'가 없더라도 '다른 것은 다르게', 좀 더 논리적으로 완전한 주장을 한다면, '다른 것은 그 비율에 따라 다르게'로 얼마든지 설명할 수 있다. 그러므로 '같은 것은 같게, 다른 것은 다르게'는, 완벽하게 모든 사람에 대해 다르게 취급하라는 명령이다.

므로 자설 즉, C설이 타당하다고 논증한다. 이렇게 하면 논증부담이 상당히 줄어든다.

그러나 이것은 충분한(sufficient)[123] 논증으로 이해될 수 없다. 전자 즉 평등을 '절대적으로 동일하게 취급하는 것'이라 이해하는 것이 옳지 않다고 하여, 바로 C설이 옳은 것으로 되는 것은 아니다. 이 논증이 성공하려면 양자가 論理學的으로 矛盾(contradiction)이라는 점을 먼저 논증하여야 한다.

논리학에서는 '두 명제가 동시에 참일 수도, 거짓일 수도 없는 경우'를 矛盾이라 한다. 두 명제가 모순이면, 하나의 명제가 틀렸다는 것을 증명하는 것은 다른 하나의 명제가 옳다는 점에 대한 충분조건(sufficient condition)으로 된다.[124] 즉, (i) 명제1과 명제2는 서로 모순이다. (ii) 명제1은 옳지 아니하다. 이 두 개가 증명되었으면 명제2는 당연히 옳다고 결론낼 수 있다.

그러나, 위의 절대적 평등과 C설은 둘 다 틀릴 수 있다. 둘 다 옳을 수는 없지만, 둘 다 틀릴 수는 있다. 양자는 논리학적으로 모순관계에 있지 않다. 그러므로 앞의 절대적 평등설을 부정하여 바로 자신의 학설이 옳다는 결론에 이를 수 없다. 절대적 평등설이 틀렸다는 것은 자설의 유효함을 논증하는데 필요조건(necessary condition)이기는 하지만 충분조건(sufficient condition)은 아니다.

(B) 다른 하나는 위에서 본 B설[125]의 논증구조를 원용하려는 하는 기능을 한다.

---

122) 그런 학설은 없다. 주장자가 없다.

123) 여기서 '충분하다(sufficient)'는 것은 논리학적 개념이다.

124) 우리가 알고 있는 矛盾故事의 상황은 모순이 아니다. 둘 다 맞을 수는 없지만, 둘 다 틀릴 수 있기 때문이다. '이 창은 모든 방패를 뚫을 수 있다.'와 모순되는 명제는 '어떤 방패는 이 창을 막을 수 있다.'이다. 이 두 명제는 동시에 참일 수도 없고, 동시에 거짓일 수도 없다.

125) 원문에는 Bb설로 되어 있다. 아래의 B설이라 표시된 것도 마찬가지다. ≪평등의 모순≫에서는 B설, 즉 합리적 차별을 허용하는 것이 평등의 의미라는 학설을, Ba설과 Bb설로 나누어 설명했다. 둘 다 위 B설의 내용과 같은 것이지만, 테제(These)를 달리하고 있어서 나누어서 설명했다. 樋口陽一, 『憲法(改訂版)』, 創文社, 2004, 202-203은 "사실상의 차이도 고려하지 않는 균일취급(종종 절대적 평등이라고 불림)을 의미하는 것이 아니라, 사실상의 차이도 고려하여 다르게 취급하는 것 자체를 배제하지 않는다(종종 상대적 평등이라고 불림)." [事実上の差異をも考慮に入れない均一取扱い(しばしば絶対的平等とよばれる)を意味するのでなく、事実上の差異をも考慮に入れて異なった取扱いをすること自体を排除しない(しばしば相対的平等とよばれる)。] 이라고 설명했다. 균일취급을 테제로 하여 합리적 차별을 허용하는 것을 안티테제로 삼았다. 전혀 논리적으로 타당하지 아니한 설명이다. 그냥 무시할까 하다가, 일본에서 이름 높은 학자의 설명이라 그대로 인용하고 비판했다. ≪평등의 모순≫이라는 책의 목적이 학

위에서 본 것처럼 B설이 적어도 논리적으로는 정당하게,[126] 예외의 허부 문제로 절대적 평등설과 상대적 평등설을 대립시켜 두고 논의하였다. 그러나 그것이 평등의 모순을 극복하는데 도움이 되지 않음을 이해하였다. 그런데, 절대적 평등이 수용되기 어렵다, 그래서 절대적 평등을 부정하는 것은 논리적으로 그리 어렵지 아니함도 알게 되었다. 한 가지 더 중요한 것은, 예외의 허부 문제로서의 절대적 평등설과 상대적 평등설은 서로 논리적으로 모순관계다.

절대적 평등은 어떤 경우에도 예외가 허용될 수 없다는 것이고, 상대적 평등설은 예외가 허용되는 경우가 하나 이상 존재한다는 것이다. 그러면 양자는 논리적으로 모순관계에 있다. 전자가 옳으면 후자가 틀린 것이고, 전자가 틀리면 후자가 맞다. 그러므로 전자가 틀렸음을 논증하면, 그것은 후자가 맞다고 것에 대해 논리적으로 충분하다(sufficient).

그래서 예외의 허부 문제로서 다루었던 절대적 평등설을 부정하고 상대적 평등설이 타당하다고 결론을 낸 논증의 형식을 그대로 이용할 수 있으면 상당히 유리하다. 양자의 논증 구조가 거의 유사함을 보면 이 점을 파악할 수 있다.[127]

그러나, 양자는 성격이 다르다. 예외의 허부 문제로 다루었던, 절대적 평등설과 상대적 평등설은 서로 논리적으로 모순관계에 있다. 그러나 평등의 의미에 관하여 다루는 절대적 평등설과 상대적 평등설은 서로 모순관계에 있지 않다. 둘 다 맞을 수는 없지만, 둘 다 틀릴 수는 있다. 그러므로 평등의 의미에 관한 논쟁에서 전자 즉 절대적 평등설이 틀렸다는 것은 상대적 평등설이 옳다는 주장의 충분한(sufficient) 논거가 아니다. 필요한(necessary) 논거일 뿐이다. 예외의 허부에 관한 절대적 평등설과 상대적 평등설의 논증구조를 원용하려는 시도는 타당하다고 평가받을 수 없다.

필자는 아직도 이 설명이 좋은 설명이라고 생각한다. 따로 더 추가할 말도 없다. 잘 생각해 보자.

계에서 얼마나 이상한 방법으로 평등을 이해하고 있는가 하는 것을 보여주는 것이었기 때문에, 이를 드러내는 소재로는 괜찮아 보였기 때문이다. 예외를 허용하지 않는 것이 평등의 의미라는 절대적 평등설의 안티테제는 Bb설이라 이름 붙였다.

126) '절대적'을 예외 없음의 의미로 이해.

127) 양쪽이 모두, 이러 저러한 절대적 평등설은 옳지 않고, 이러 저러한 상대적 평등설이 옳다고 논증하는 점을 눈여겨볼 필요가 있다.

⑪ 정종섭 교수는 "동일한 조건하에서는 어느 누구의 기본권도 동일하게 대우되어야"(iv)한다고 본다. 문맥상 정종섭 교수는 '기본권'의 보장 측면에서 접근하여 말하는 것 같다. 즉, 기본권이 보장되는 방법을 평등이 정하고 있다고 본다는 것이다. 이 말은 기본권이 없으면 평등보장도 없는 것으로 이해한다는 것이다.

우선 판례는 평등권의 적용 범위를 '기본권의 평등한 보장'보다는 멀리 보고 있다. 대표적인 판례는 이른바 주민투표 사건이다.[128]

> "주민투표권은 헌법상의 열거되지 아니한 권리 등 그 명칭의 여하를 불문하고 헌법상의 기본권성이 부정된다는 것이 우리 재판소의 일관된 입장이라 할 것인데, 이 사건에서 그와 달리 보아야 할 아무런 근거를 발견할 수 없다. 그렇다면 이 사건 심판청구는 헌법재판소법 제68조 제1항의 헌법소원을 통해 그 침해 여부를 다툴 수 있는 기본권을 대상으로 하고 있는 것이 아니므로 그러한 한에서 이유 없다. 하지만 주민투표권이 헌법상 기본권이 아닌 법률상의 권리에 해당한다 하더라도 비교집단 상호간에 차별이 존재할 경우에 헌법상의 평등권 심사까지 배제되는 것은 아니다."[129]

주민투표권이 헌법상의 권리, 즉 기본권은 아니지만, 주민투표권의 배분 또는 배정에 있어서 차별이 있다면 평등권의 문제로는 될 수 있다고 판시하였다. 필자는 이론적으로도 판례의 입장이 타당하다고 본다.

짐 크로우 시대에 인종을 이유로 출입문을 제한하고, 수도꼭지 사용을 제한한 것을 두고, 어느 출입문이나 사용할 권리, 어느 수도꼭지나 사용할 권리가 없으므로 평등의 문제도 없다고 할 수는 없다. 필자는 아예 '이익'이란 요소도

---

128) 다른 사례로는 육아휴직신청권 사건이 있다. 헌재는 "육아휴직신청권은 헌법 제36조 제1항 등으로부터 개인에게 직접 주어지는 헌법적 차원의 권리라고 볼 수는 없"(헌재 2008. 10. 30. 2005헌마1156, 판례집 20-2상, 1007, 1019)다고 하면서도 평등권 침해 여부에 대해서는 심사하고 있다.

129) 헌재 2007. 6. 28. 2004헌마643, 판례집 19-1, 843, 850-851. 밑줄은 필자가 추가하였다.

배제하여야 한다고 본다. 어느 쪽에 이익이 크다, 작다 하는 것이 평등의 문제와 연결되지 않는다고 본다. '헌법이 금지한 사유를 사용하여 사람을 구별하는 것'을 금지한다. 평등권은 그런 구별로부터 해방되는 것을 보장하는 기본권이다. 위의 사례에서 어느 출입문이 더 좋고, 어느 수도꼭지가 더 좋은데, 그 쪽을 어느 특정한 인종에게만 허용하는 경우에만 평등권이 문제되는 것이 아니다. 오히려 어느 쪽 출입문이 더 나쁘고, 어느 쪽 수도꼭지가 더 나쁘더라도 '인종을 이유로' 그 쪽을 사용하지 못하게 하면 역시 평등권 침해의 문제는 생긴다.

이와 같은 입장을 헌재가 내보인 적이 있다. 아래 판시가 그것이다.

> "이미 배우자의 직계존·비속의 재산을 등록한 혼인한 여성 등록의무자에게 본인의 직계존·비속의 재산을 다시 등록하도록 하는 것이 등록의무자와 등록기관에게 다소 간의 부담을 야기할 수는 있을 것이나, 절차적 편의의 도모가 혼인한 여성 등록의무자에게 남녀차별적 제도의 수용을 강제할 근거가 될 수는 없다."[130]

법원은 이 사건의 제청 이유에서, "등록의무자의 부담이나 행정비용의 증가 등은 양성평등에 반하는 제도 개선의 적용을 배제하는 정당한 이유가 될 수 없다."[131] 즉, 평등을 회복하는 쪽에서 부담이 있더라도 평등은 회복되어야 한다고 주장하였고, 헌재도 이를 받아들였다.

이 논점이 다루어졌던 다른 사례로는 병역법 사건[132]이 있다. 이 결정에서 민형기 재판관은 평등을 이익과 결부시켜 논의하였다. 민형기 재판관은 남성만 징병의 대상으로 삼고 있는 병역법 조항[133]이 위헌으로 결정된다면 여성

---

130) 헌재 2021. 9. 30. 2019헌가3, 판례집 33-2, 223, 230.
131) 헌재 2021. 9. 30. 2019헌가3, 판례집 33-2, 223, 226.
132) 헌재 2010. 11. 25. 2006헌마328, 판례집 22-2하, 446.
133) 구 병역법(1983. 12. 31. 법률 제3696호로 개정되고, 2009. 6. 9. 법률 제9754호로 개정되기 전의 것) 제3조 (병역의무) ① 대한민국 국민인 남자는 헌법과 이 법이 정하는 바에 따라 병역의무를 성실히 수행하여야 한다. 여자는 지원에 의하여 현역에 한하여

들이 병역의무를 부담하지 않던 혜택이 제거될 뿐이고, 청구인과 같은 남성들의 병역의무에 직접적이고 본질적인 영향을 미치는 것은 아니고, 나아가 위헌결정으로 현재 여성들이 누리고 있는 혜택이 청구인과 같은 남성들에게 그대로 확대될 수 있는 것도 아니라는 것을 근거로, 위 병역법 조항으로 인하여 "청구인의 기본권, 즉 평등권이 침해될 가능성이 있다고 보기 어려울 뿐만 아니라, 설령 그 기본권침해 가능성이 인정된다 하더라도 이 사건 법률조항에 대한 위헌결정으로 인하여 그러한 기본권침해의 상태가 회복되거나 청구인에게 유리한 법적 효과 내지는 법적 지위의 향상을 가져올 것이라고 보기도 어려우므로, 자기관련성 또는 심판청구의 이익이 인정되지 않는다"는 의견을 냈다.[134]

이에 대하여 법정의견이 따로 설시한 바는 없다. 병역의무를 부담시키는 것 자체가 침익적인 것이고, 이 의무가 남성에게만 배분되어 있으므로 이것이 헌법 제11조 제1항 후문에서 정한 성별에 기한 차별이라는 점에 대해 상론할 필요가 없다고 본 것이다. 나아가 의무가 남성과 여성이라는 이유로 서로 다르게 배분되지 아니하는 상태 자체가 평등을 회복하는 것이지, 남성의 부담이 줄어들어야 평등이 회복되는 것은 아니라는 전제를 두었던 것으로 보인다.

헌재도 여러 차례 이와 같은 입론을 전제로 한 판시를 한 일이 있다. 대표적인 것이 수익적 조항이 평등권을 침해하는 경우이다.[135] 이 경우 어떠한

복무할 수 있다. 사실 이 조항이 남자에게만 병역의무를 부과하고 있다는 생각은 허구다. 이 조항은 단지 병역법에 의해 부과되는 병역의무를 성실히 이행할 것을 명령하고 있을 뿐이다. 이 조항이 없더라도 병역법이 이전과 같이 운용되는데 아무런 지장이 없다. 이 점을 절차법적으로 말하면 기본권침해 가능성이 인정되지 않는다고 표현할 수 있다. 만약 이 조항이 직접적으로 기본권을 제한한다면 남자로 태어난 때로부터 기본권이 제한된다. 청구기간도 그 때부터 기산되어야 한다. 여러모로 이해하기 어려운 결정이다.

134) 헌재 2010. 11. 25. 2006헌마328, 판례집 22-2하, 446, 468-469, 민형기 재판관의 각하의견 중.

135) 헌재 2008. 5. 29. 2006헌바5, 판례집 20-1하, 91, 104.

방법으로 평등을 회복할 것인가는 입법자가 다시 결정하여야 하고, 그 대안 중에서는 수익 자체를 폐기하는 것도 포함된다. 반드시 청구인의 실체적 이익이 향상되어야 평등권이 회복되는 것은 아니다.[136]

⑫ "법 앞의 평등에서 말하는 평등은 인간의 다양한 차이에 무관하게 누구나 인간으로서의 존엄과 가치를 가지고 행복을 추구하되 각기 선천적 또는 후천적으로 가지고 있는 다양한 각자의 몫을 인정하는 것을 말한다."(v)는 말에 대해 조금만 더 생각해 보자. 여기서 정종섭 교수는 '법 앞의 평등에서 말하는 평등'을 주어로 삼았다. 그 아래의 내용은 '법 앞의 평등에서 말하는 평등'의 내용이다.

우선 말할 수 있는 것은, 술어부에 있는 내용은 '법 앞의 평등에서 말하는 평등'에 관한 것이라고 말하기 위해서는 상당한 논증을 거쳐야 한다는 것이다. 가장 중요한 것은 헌법 제11조 제1항 전문이 입법자를 구속한다는 것을 논증할 필요가 있다는 것이다. 그것이 성공했다고 하더라도, 술어부의 내용은 '법 앞의 평등'에 관한 것이 아니라 '법 내용의 평등'에 관한 것이라는 점을 지적할 수 있다.

법 앞의 평등, 즉 법 집행의 평등은 전혀 (v) 중의 술어부에 있는 것을 내용으로 하지 않는다. 존재하는 법을 획일적으로, 일률적으로 적용하는 것만을 내용으로 한다. 결국 취급의 내용은 다를 수밖에 없다. 법이 만들어 놓은 차별[137]을 그대로 실현해 내는 것만이 법 집행자에게 주어진 과업이다. 이 점은 앞에서 설명하였다.

적절한 위치인가는 모르겠지만 한 가지를 더 지적하고자 한다. 우리는 지금 평등의 의미에 관하여 이야기하고 있다. 그런데 우리가 대상으로 하는 '평등'

136) 헌법재판소 헌법재판연구원, 『주석 헌법재판소법』, 2015, 536(정태호 집필 부분).

137) 여기서 차별이라는 말은 다른 취급을 의미한다. 사과류 개념. 규범적 평가를 거친 표현이 아니다. 紳士類 概念이 아니라는 뜻이다. 필자는 사과류 개념과 신사류 개념이라는 말을 쓴다. 후자는 가치 평가를 전제로 한 개념이다. 전자는 그렇지 온다. '강아지'는 전자에 해당하고, '귀엽다'는 후자에 해당한다.

이라는 말은 어디에 있는가? 헌법 제11조 제1항 전문에 있다. 우리는 헌법 제11조 제1항 전문에 있는 평등의 의미를 논의하고 있다.

헌법 제11조 제1항 전문은 "모든 국민은 법 앞에 평등하다."고 규정하고 있다. 그러면 우리는 이 문장 안에 앉아 있는, 또는 자리하고 있는, '평등'이라는 말을 어떻게 이해하여야 하는가, 하는 것을 논구하여야 한다. 이 말에 대하여 반대설을 제기할 수 있는 사람이 있을까?

'평등'은 술어에 포함되어 있다. '평등하다'의 주어는 '모든 국민'이다. 그리고 부사구로 '법 앞에서'가 있다. 이런 구조를 가진 문장 안에서 '평등'이라는 말은 어떤 의미를 가지는가? 이것이 헌법 제11조 제1항에 기재된 '평등'의 '의미론'이다.

그런데 가만히 생각해 보면, 우리가 무척 우스꽝스러운 작업을 하고 있음을 알 수 있다. 우리가 평등의 의미로 이해하는 대안들은 모두 이 문장 속의 평등의 의미로 이해될 수 없다.

우선 A설을 보자. '균일취급'을 평등의 의미라고 한다. 그러면 이것을 평등의 자리에 代置해 보자. '모든 국민은 법 앞에 '균일취급'이다.' 이것이 정상적인 말인가? 그렇지 않다. 'A는 B이다.'라는 문장에서 B는 A 자체이거나 A의 속성을 설명하여야 한다. '균일취급'은 '모든 국민' 자체도 아니고, '모든 국민'의 속성을 설명한 것도 아니다. 어느 것도 아니다. 그러므로 A설은 헌법 제11조 제1항 전문에 있는 '평등'의 의미에 관한 주장이라고 할 수 없다. B설이나 C설도 마찬가지다.

헌법 제11조 제1항은 모든 국민의 속성을 설명하고 있다. '모든 국민'은 '평등하다.' 그런데, 아무 데서나 다 평등한 것은 아니다. 헌법 제11조 제1항 전문은 매우 한정된 범위에서 모든 국민은 평등하다고 선언하고 있다. 어느 범위인가? '법 앞에'. 헌법 제11조 제1항 전문은 모든 국민은 평등하다고 하면서도, 모든 국민이 평등하다는 말이 참으로 받아들여질 수 있는 영역을 '법 앞에'로 한정하고 있다.

이 맥락 안에서 우리가 받아들여야 할 평등의 의미는 무엇인가? 여기에 논란이 있기는 어렵다. '같다'는 뜻이다. 고르고 차이가 없다는 뜻이다. '같은 것은 같게, 다른 것은 다르게'로 이해될 수 없다. '합리적인 차별을 허용하는 것'으로도 이해될 수 없다. 그렇게 이해될 수 있다고 말한다면 이상한 사람이라는 손가락질을 받지 않을까?

그러면 우리는 무엇을 하고 있는 것인가? 평등이 균일취급을 의미한다거나, 또는 '같은 것은 같게, 다른 것은 다르게' 취급하는 것을 의미한다는 주장들은 그러면 도대체 무엇인가?

필자의 의견은 이런 것이다. 헌법 제11조 제1항 전문은 "모든 국민은 법 앞에 평등하다."고 규정하고 있다. 이 규정에서 말하는 평등은 '동등함' 이외의 것을 의미할 수 없다. 그런데, 우리가 학문의 주제로 다루는 평등의 의미론은, 헌법 제11조 제1항 전문이 법 집행자나 입법자에게 어떤 것을 명령한다고 해석할 것인가에 관한 논쟁이다. 평등의 의미에 관한 논쟁이 아니다.

헌법 제11조 제1항 전문은 "모든 국민은 법 앞에 평등하다."고 정하고 있는데, (a) 이것이 법 집행자에 대한 명령으로 이해될 수 있는가? (b) 법 집행자에 대한 명령으로 이해될 수 있다면 어떤 내용의 명령인가? (c) 헌법 제11조 제1항 전문이 입법자에 대한 명령으로 이해될 수 있는가? (d) 헌법 제11조 제1항 전문이 입법자에 대한 명령으로 이해될 수 있다면 어떤 내용의 명령인가? 이런 것이다.

그런데 대개의 교과서는 앞의 (a)에서 (c)까지의 논의를 생략하고, 바로 (d)에 관한 입론이 평등의 의미에 관한 것이라고 오해하고 있다. 이 점에 대해 우리는 얼마나 이해하고 있는가?

가장 근본적으로 (a)를 보자. '모든 국민이 평등하다'는 것은 누군가에게 권리를 부여하거나 의무를 부여하지 않는다. 그냥 그렇다고 말하고 있을 뿐이다.[138] 그러면 이 선언으로부터 어떤 규범이 도출될 수 있는가?

이론적으로만 생각해 보면 그렇다고 보기는 상당히 곤란하다. 사실로부터 규범이 나오지는 않는다. 이를 긍정하는 것을 자연주의 오류(naturalistic fallacy)라 한다. 자연주의 오류를 한 마디로 표현하면 '그러하므로(is) 그러하여야 한다(ought).'[139]를 옳다고 믿는 오류이다.[140]

어쨌든 다시 우리의 화제로 돌아가자. 헌법 제11조 제1항 전문의 '평등'은

---

138) 거의 公理(Axiom)처럼 기술되어 있다. 미국 독립선언을 보면 이것을 알 수 있다. 미국 독립선언은 다음과 같은 말로 시작된다. "우리는 다음의 진리가 자명하다고 생각한다. 모든 사람은 평등하게 창조되었으며, 이들은 창조주로부터 생명, 자유, 행복의 추구를 포함하는 양도 불가능한 권리를 부여받았다."

139) "is' implies 'ought".

140) 이런 것을 예로 들 수 있을 것이다. '여성은 아이를 낳을 수 있는 능력이 있다. 그러므로 여성은 아이를 낳아야 한다.' '남성은 힘이 세다. 그러므로 남성이 나라를 지켜야 한다.' 후자의 경우는 우리 헌재가 지지하였다. "일반적으로 집단으로서 남자는 여자에 비하여 근력, 순발력 등이 우수하고, 여자는 남자에 비하여 유연성 등이 우수한 것으로 평가되는 등 서로 다른 신체적 능력을 보유하고 있다고 보인다. 그런데 전투를 수행함에 있어 요청되는 신체적 능력과 관련하여 본다면, 무기의 소지.작동 및 전장의 이동에 요청되는 근력 등이 우수한 남자가 전투에 더욱 적합한 신체적 능력을 갖추고 있다고 할 수 있다. 물론 집단으로서의 남자와 여자가 아니라 개개인을 대상으로 판단하는 경우, 여자가 남자에 비하여 전투에 적합한 신체적 능력이 우월한 사례가 있음은 분명하다. 그러나 개개인에 적용되는 신체적 능력의 구체적인 평가기준을 세우는 것은 곤란하고, 병역기피를 위하여 신체적 능력 측정에 성실하게 임하지 않는 경우가 있을 수 있다는 점을 감안하면, 전투수행을 위한 신체적 능력이 현저하게 부족하여 병역면제 대상임이 명백한 경우를 발견하는 것을 넘어, 보다 구체적으로 개개인의 신체적 능력을 수치화, 객관화하여 비교하는 검사체계를 갖추는 것은 현실적으로 매우 어렵다. 또한 신체적 능력이 매우 뛰어난 여자의 경우에도 그 생래적 특성상 월경이 있는 매월 1주일 정도의 기간 동안 훈련 및 전투 관련 업무수행에 장애가 있을 수 있고, 특히 가임기 여자는 현재 임신상태가 아니라고 하더라도 언제든 임신·출산과 출산 후 수유 등 대체 불가능한 부담을 질 개연성이 있는바, 임신 중이거나 출산 후 일정한 기간은 위생 및 자녀양육의 필요성에 비추어 영내생활이나 군사훈련 자체가 거의 불가능하다. 나아가 여자는 전시에 포로가 되는 경우 등에 있어, 남자에 비하여 성적 학대를 비롯한 위험에 노출될 가능성이 더 크다는 점에서 군사작전 등 실전투입에 부담이 크다. 이러한 신체적 특징의 차이의 기초하여, 입법자가 최적의 전투력 확보를 위하여 남자만을 징병검사의 대상이 되는 병역의무자로 정한 것이 현저히 자의적인 것이라 보기 어렵다."(헌재 2010. 11. 25. 2006헌마328, 판례집 22-2하, 446, 455-456. 밑줄은 필자가 추가한 것이다.) 필자가 보기에 근력이 좋다는 것이 나라를 지켜야 한다는 의무를 근거지울 수는 없다. 그리고 아이를 낳을 수 있는 능력이 있다는 것이 아이를 낳을 의무를 근거지울 수 없다.

'같음' 외의 것을 의미할 수 없다. '평등'을 '균일한 취급'으로 이해할 수 없다. '같은 것은 같게, 다른 것은 다르게 처우할 것'을 의미할 수도 없다. 이 말들을 평등의 자리에 代置하여 의미를 가지는 문장을 이룰 수 없다.[141]

여기서 필자가 이제까지 이루어진 학계의 논의를 전부 폐지할 생각은 없다. 단지 다음과 같은 것들을 확인하고 마치고자 한다.

(a) 우리가 평등의 의미가 무엇인가 하는 문제로 논의해 온 문제가 사실은 헌법 제11조 제1항 전문의 '평등'의 의미가 무엇인가에 관한 것이 아니다.

(b) 헌법 제11조 제1항 전문의 '평등'은 '같다'는 것 외의 다른 것을 의미하지 아니한다.

(c) 우리가 평등의 의미로 논의하는 것은 헌법 제11조 제1항 전문이 입법자에게 어떤 것을 명령하는가 하는 점을 '평등의 의미'에 관한 논쟁이라고 의제하여 다루어 왔다.

(d) 거의 대부분의 교과서는 법 집행자에 대한 명령[142]이 무엇인가에 대한 문제는 다루지 않았다.

(e) 어떤 논리적 경로를 거쳐, 헌법 제11조 제1항 전문이 법 집행자에 대한 명령으로 이해되는지에 대한 설명은 없다. 그냥 그렇다고 한다. 이것은 자연주의 오류(naturalistic fallacy)에 가깝다.[143]

---

141) 양자를 평등의 자리에 넣어보면, '모든 국민은 법 앞에 '균일취급'이다.' 또는 '모든 국민은 법 앞에 '같은 것은 같게, 다른 것은 다르게 처우할 것'이다.'로 된다. 이렇게 해보면 그것들이 평등의 의미가 아니라는 것을 알게 된다.

142) 물론 헌법 제11조 제1항 전문의. 필자가 이렇게 각주로 처리하는 것은 '헌법 제11조 제1항 전문의' 명령이라 하는 것이 맞는지, '헌법 제11조 제1항 전문 중의 평등의'라고 하는 것이 맞는지에 대해 확신이 없기 때문이다. 평등론에서 사용되는 말들은 상당히 까다롭다. 필자는 거의 20년간 이 말들을 쳐다보고 다루어 왔지만, 늘 조심스럽다. 필자가 이번에 교과서들을 분석해 보면서 느낀 것은, 말들이 가진 미묘함이 각 기술에 반영되어 있지 못하다는 것이다. 이 논문이 다루는 내용도 말들을 섬세하게 다루어야 한다는 것을 강조하는 것에 불과하다. 말들을 섬세하게 정의하고, 그것들이 견고하게 맞물려 문장을 만들어 낼 때, 우리는 아름다움을 느낀다.

143) 필자가 '가깝다'고 표현하는 것은 '모든 인간은 같다'는 말이 '그러하다'에 해당하는 말

(f) 헌법 제11조 제1항 전문이 어떻게 입법자에 대한 명령으로 이해되는가? 이것이 입법자 구속 여부에 대한 논란의 요체다.

⑬ "이러한 상대적 평등에서도 평등이라고 함은 모든 대상을 모든 경우에 상대적으로 평등하게 대우한다는 것이 아니라, 둘 이상의 상이한 대상에 대하여 동일한 조건이나 상황에서 동일한 기준을 적용할 때 그 법적인 효과(권리, 이익, 의무, 불이익의 부여)가 평등한 대우이거나 헌법적으로 허용되는 합리적인 차별이어야 한다는 것을 의미한다."(vi)는 말을 분석해 보자. 필자가 보기에는 다루어야 할 논점이 많다.

정종섭 교수는 상대적 평등을 앞에서 설명하였다. (iv)와 (v)가 그것이다. "동일한 조건하에서는 어느 누구의 기본권도 동일하게 대우되어야 하므로 법 앞의 평등에서 말하는 평등은 인간의 다양한 차이에 무관하게 누구나 인간으로서의 존엄과 가치를 가지고 행복을 추구하되 각기 선천적 또는 후천적으로 가지고 있는 다양한 각자의 몫을 인정하는 것을 말한다. 이를 상대적 평등(相對的 平等)이라고 말한다." 그런데 이것과 지금 다루려고 하는 (vi)은 어떤 관계인가?

우선 의문을 가지지 않을 수 없는 것은, "모든 경우에 상대적으로 평등하게 대우하는 것"이 무엇일까, 하는 점이다. 정종섭 교수는 앞의 (iv)와 (v)에서 상대적 평등[144]을 받아들였는데, 여기서는 다시 그것을 부정하는 듯 한 기술을 하고 있다. '상대적 평등을 받아들이는 입장에서도 평등이라고 함은 모든 대상을 모든 경우에 상대적으로 평등하게 대우한다는 것이 아니다'? 필자로서는 그 의미를 파악해 낼 수 없다. 상대적 평등의 부정을 하는 입장을 절대

인가에 대해 확신을 못하기 때문이다. 그래도 가깝다고 표현할 수 있는 것은, 이 선언으로부터 아무런 논증 없이, 또는 이 선언이 당연히 특정한 규범인 것처럼 받아들이는 것이 자연주의 오류와 매우 흡사한 면이 있기 때문이다. 자연주의 오류의 가장 큰 문제는 論證의 不存在다. 논증하지 아니하고 결론을 이끌어 낸다는 것이다.

144) 물론 그것이 '같은 것은 같게'(Cc설)인지 '같은 것은 같게, 다른 것은 그 비율에 따라 다르게'(Cb설)인지에 대해서, 정종섭 교수의 논의 안에 혼선이 있음을 앞에서 보았다.

적 평등으로 이해하면, 위의 말은 '상대적 평등을 수용하는 입장에서는 평등을 절대적으로 평등하게 대우하는 것'으로 이해하는가? 그렇지는 않을 것 같다. 필자는 구문상으로 오류로 본다.

"둘 이상의 상이한 대상에 대하여 동일한 조건이나 상황에서 동일한 기준을 적용할 때 그 법적인 효과(권리, 이익, 의무, 불이익의 부여)가 평등한 대우이거나 헌법적으로 허용되는 합리적인 차별이어야 한다는 것을 의미한다."는 문장을 한 번 살펴보자. 두 개의 대상이 있다. 그것들이 '동일한 조건이나 상황'에 있다. 어떤 관점에서 동일하다고 할 것인지는 별론으로 하고, 일단 그들이 동일한 상황에 있다고 보았다. 이것을 Ca설이나 Cc설의 관점에서 보면, 양자가 '같다'는 것이다.

양자가 본질적으로 같은데, 그들에게 '동일한 기준을 적용한다'는 말이 무슨 말일까? 여기에 사용되는 기준이라는 말이 양자가 본실적으로 같은지, 다른지를 판단하는 기준을 말하는 것일까? 그렇게 보기는 어려울 것이다. 이 기준을 적용하여 이미 '같다'고 판단하였는데, 이들에게 다시 동일한 기준을 적용한다는 말이 나올 수는 없다.

그러면 '동일한 기준'이라는 것이 법적 효과를 말하는 것일까? 그렇게 보기도 어렵다. 양자가 본질적으로 같은데, 그들에게 하나의 법적 효과[145]를 부여하였다면 이미 '같은 것을 같게' 처우한 것이다. 그리고 이렇게 이해하여서는 뒤에 이어지는 말과 전혀 연결이 안 된다. 뒤에 법적 효과에 관한 말들이 나오고 있기 때문이다.

필자가 보기에 '동일한 기준을 적용할 때'는 별 다른 의미를 가진 말이 아닌 것처럼 보인다. 잘못 끼어든 말처럼 보인다. "둘 이상의 상이한 대상에 대하여 동일한 조건이나 상황에서 동일한 기준을 적용할 때" 부분을 필자가 정리한다면 이렇게 하지 싶다. "두 집단에 대해 어떤 기준을 적용하여 본질적으

145) 또는 같은 법적 효과.

로 같다고 판단되었다면". 이런 정도를 표현하고자 하였던 것으로 보인다.

그 뒤를 보자. "그 법적인 효과(권리, 이익, 의무, 불이익의 부여)가 평등한 대우이거나 헌법적으로 허용되는 합리적인 차별이어야 한다는 것을 의미" 부분을 살펴보자. 앞에서 두 개의 집단이 본질적으로 같다는 것이 확정되었다. 그러면 그들에게 어떤 법적 효과가 부여되어야 하는가? 이 점을 여기서 설명하고 있다.

그런데 그들에게 '평등한 대우'를 하거나 '헌법적으로 허용되는 합리적인 차별'이어야 한다고 설명한다. 먼저 앞의 구절을 보자. '평등한 대우'란 무엇인가? 우리는 지금 무엇을 하고 있는가? 평등의 의미[146]을 탐구하고 있다. 그런데 정종섭 교수는 '상대적 평등'이 옳다고 하였다. 그 상대적 평등을 그는 '같은 것은 같게'[147]로 이해하였다. 그는 양자가 같으면, '평등한 대우'를 하여야 한다고 말하고 있다. 그러면 평등은 '같은 것은 평등하게 대우하는 것'으로 된다.

정의하는 말[148] 안에 정의당하는 말[149]이 들어오면 안 된다. 그렇게 되면 정의 당하는 말의 의미는 영원히 알 수 없다. 순환하는 고리에 갇히기 때문이다. "학교는 학생들이 공부하는 학교다."라고 정의하면 안 된다.[150][151]

만약 그가 '평등한 처우'를 같은 처우라고 이해하고 썼다면 상당히 심각한 문제가 생긴다. 피정의항의 '평등'은 '같은 것은 같게'를 의미한다. 이 점은 앞

146) 좀 더 정확하게는 헌법 제11조 제1항이 입법자에게 명령하는 내용.
147) 그가 '같은 것은 같게, 다른 것은 다르게'로 이해하였다고 보아서는 이 구문과 전혀 연결이 안 된다. 그는 여기서 '같은 것'에 대한 취급만을 다루고 있다. '다른 것'에 대한 취급은 다루고 있지 않다.
148) '정의항'이라 한다.
149) '피정의항'이라 한다.
150) 또는 학교는 고등학생이 공부하는 학교다. 이런 것도 말이 안 된다. 가장 보편적인 정의의 방법은 가장 가까운 類概念을 제시하고, 種差를 보이는 것이다. 그런데 정의항 안에 피정의항이 들어서면 피정의항이 피정의항보다 작은 것으로 되어 논리적으로 오류가 발생한다. 사람은 XX 염색체를 가진 사람이다, 라고 하면 옳지 않다.
151) 'A는 A이다'도 마찬가지다. Tautology에 해당한다. 맞는 말이지만, 영원히 맞는 말이지만 무의미한 말이다.

에서 보았다. 그런데, 정의항을 정리하면, '같은 상황에서는 평등한 대우를 하는 것'으로 된다. 이것이 상대적 평등에서 말하는 평등의 의미이다. 그런데 정의한에 피정의항, 즉 '평등'이 들어와 있다. 이것은 구문의 오류다.

다음으로 생각해 볼 수 있는 문제는 무엇인가? '헌법적으로 허용되는 합리적인 차별이어야 한다는 것'에 관한 문제이다. 여기서 그는 상대적 평등은 '같은 것'에 대하여 '합리적 차별이 허용되는 것'을 상대적 평등이라고 설명하고 있다. 이것은 B설에 해당한다.

그런데 구문적으로는 '같은 것을 같게' 취급하거나(Cc설), 합리적 차별을 허용하는 것(B)을 모두 상대적 평등이라고 설명하고 있다. 필자가 보기에는 대단히 큰 혼선이다. 양자는 '또는'으로 연결될 수 없는 말이다. 둘 다 상대적 평등설로 불리니까 그 내용도 같은 것이라 이해한 것일까. 이런 혼선은 헌재의 결정례에서도 많이 보인다.

> "평등의 원칙은 입법자에게 본질적으로 같은 것을 자의적으로 다르게, 본질적으로 다른 것을 자의적으로 같게 취급하는 것을 금하고 있다. 그러므로 비교의 대상을 이루는 두 개의 사실관계 사이에 서로 상이한 취급을 정당화할 수 있을 정도의 차이가 없음에도 불구하고 두 사실관계를 서로 다르게 취급한다면, 입법자는 이로써 평등권을 침해하게 된다."[152)]

물론 위 판시는 Ca설의 입장에서 출발하여 B설로 이끌어 가고 있다. 양자를 같은 의미로 오해하여 이루어진 판시이다. 위에서 본 정종섭 교수의 경우는 Cb설과 B설을 같은 내용으로 혼동한 것이다.

다시 처음의 문제로 돌아가 보자. "이러한 상대적 평등에서도 평등이라고 함은 모든 대상을 모든 경우에 상대적으로 평등하게 대우한다는 것이 아니

152) 헌재 1996. 12. 26. 96헌가18, 판례집 8-2, 680, 701; 2001. 11. 29. 99헌마494, 판례집 13-2, 714, 727-728; 2015. 5. 28. 2013헌바82, 판례집 27-1하, 216, 235; 2018. 7. 26. 2017헌마452, 판례집 30-2, 172, 179.

라,"라는 말이 무슨 뜻일까, 하면서 논의를 시작하였다. '상대적 평등설'을 지지하면서 '모든 경우에 상대적으로 평등하게 대우하는 것이 아니'라고 말하는 것은 서로 모순되는 것 아닌가 하는 의심이 들 수밖에 없기 때문이다.

이 문장 전부를 분석하고 나서 다시 이 구절을 보면 정종섭 교수가 하고자 하였던 말은, "이러한 상대적 평등에서도 평등이라고 함은 모든 대상을 모든 경우에 상대적으로 평등하게 대우한다는 것이 아니라,"가 아니라, "이러한 상대적 평등에서도 평등이라고 함은 모든 대상을 모든 경우에 '균일하게' 대우한다는 것이 아니라," 정도의 말을 하고자 하였던 것 아닐까, 하는 생각을 한다.

문장 전부를 전체적으로 정리하면, "이러한 상대적 평등에서도 평등이라고 함은 모든 대상을 모든 경우에 상대적으로 평등하게 대우한다는 것이 아니라, 둘 이상의 상이한 대상에 대하여 동일한 조건이나 상황에서 동일한 기준을 적용할 때 그 법적인 효과(권리, 이익, 의무, 불이익의 부여)가 평등한 대우이거나 헌법적으로 허용되는 합리적인 차별이어야 한다는 것을 의미한다."는 말은 "이러한 상대적 평등에서 평등이라고 함은 모든 대상을 균등하게 대우하는 것이 아니라, 본질적으로 동일한 둘 이상의 대상에 대하여 동일한 법적인 효과(권리, 이익, 의무, 불이익)가 부여되어야 한다는 것을 의미한다."[153)]정도로 정리되어야 할 것으로 보인다.

"헌법적으로 허용되는 합리적인 차별이어야 한다는 것"은 정종섭 교수의 입장과 和同할 수 없다. 전혀 별개의 말을 붙여 놓은 것이다.[154)] 그는 법적 처치의 내용에 관해서 '같은 취급'을 부정하고 '같은 것은 같게'를 받아들인 것이

153) 헌재가 Cc설을 내보이는 표현은 다음과 같다. "헌법상 문제되는 평등권은 동일한 법적 효과를 받아야 할 자들에 대해 동일한 법적 효과를 주지 않는 공권력행사를 한 경우에 발생하는 문제라고 할 것"(헌재 2017. 7. 27. 2015헌마1094, 판례집 29-2상, 219, 226)

154) 같은 쪽에서 인용하고 있는 97헌가12는 "평등원칙은 입법자가 법률을 제정함에 있어서 법적 효과를 달리 부여하기 위하여 선택한 차별의 기준이 객관적으로 정당화될 수 없을 때에는 그 기준을 법적 차별의 근거로 삼는 것을 금지한다."고 판시하였다. 전혀 다른 취지다. 정종섭 교수의 입장에서는 비판 없이 인용될 수 없는 판례다.

지, 예외의 허부에 관해서, '예외의 부정'을 부정하고 '예외의 허용'을 받아들인 것이 아니다.

아마 그는 상대적 평등설 안에 B설과 C설(Ca설, Cb설, Cc설)이 혼재하고 있음을 인식하고 있지 못한 것 같다. 이런 모습들은 일본의 교과서들에서 매우 자주 보인다. 다음과 같은 표현은 전형적으로 B설과 C설을 혼동한 것이다. Ca설을 주장하다가 이것이 마치 B설과 같은 것처럼 마무리하고 있다.[155)]

> "제14조 제1항이 정하는 '평등'이란 어떠한 경우에도 각자를 절대적으로 동일하게 취급한다는 절대적 평등의 의미가 아니라, '같은 것은 같게, 다른 것은 다르게' 취급하는 상대적 평등을 의미하는 것으로, 합리적인 이유에 의해 다르게 취급하는 것은 허용된다고 해석하는 것이 통설 · 판례의 입장이다(상대적 평등설)."[156)]

첫 번째 밑줄 친 부분은 Ca설에 따른 것이다. 두 번째 밑줄 친 부분은 B설에 따른 것이다. 이것이 마치 같은 것을 가리키는 것처럼 말하고 있다. 그렇지 않다. 다른 말이다. 이런 착각을 일으키는 것은, 두 개의 주장이 모두 상대적 평등설로 불리고 있기 때문이다. 이름이 같으니 내용도 같다고 생각한 所以다.

155) 이와 같은 혼동은 정주백, 『평등의 모순』, 충남대학교출판문화원, 2024, 141 이하를 보면 파악할 수 있다.

156) 辻村みよ子, 『憲法(第7版)』 日本評論社, 2021, 154. "14条1項が定める「平等」とは、いかなる場合にも各人を絶対的に等しく扱うという絶対的平等の意味ではなく、「等しいものは等しく、等しからざるものは等しからざるように」扱うという相対的平等を意味するもので、合理的な理由によって異なる取扱いをすることは許されると解するのが通説・判例の立場である(相対的平等説)。" 밑줄은 필자가 추가한 것이다.

"인간의 평등보호는 성별, 종교, 사회적 신분 이외에 연령, 언어, 인종, 출신지역, 신체적 장애, 정치적 신념, 세계관, 건강 등 자신의 노력으로 극복할 수 없는 사유에 의하여 불합리하게 차별하여서는 안 되기 때문에 이러한 경우에도 평등보호가 인정되어야 한다. 그런데 헌법의 규정형식을 보면, 헌법 제11조 제1항 제2문은 차별금지사유를 몇 가지로 명시하고 있으므로 이는 열거적인 것으로 보되, 이 조문에 명시되지 아니한 차별금지사유는 헌법 제11조 제1항 제1문에 따라 판단되어야 한다고 보는 것이 타당하다."[157]

⑭ 정종섭 교수는 헌법 제11조 제1항 후문[158]에 기재된 차별금지 사유에 관하여 상당히 흥미로운 설명을 한다. 먼저 헌법 제11조 제1항 후문이 '성별 · 종교 · 사회적 신분'을 차별금지 사유로 열거하고 있음을 전제로, 차별이 금지되어야 하는 사유가 추가적으로 있다고 한다. 그는 '연령, 언어, 인종, 출신지역, 신체적 장애, 정치적 신념, 세계관, 건강 등'을 든다.

그런데 그가 설명하는 방식은 다른 교과서의 설명과 상당히 다르다. 통상의 경우 헌법 제11조 제1항 후문에 기재된 차별금지 사유 이외의 사유로서 차별이 금지되어야 할 사유들을 몇 가지 나열한 후, 바로 예시적 열거설이 타당하다고 한다.

그러나 정종섭 교수는 헌법 제11조 제1항 후문에 기재된 차별금지 사유 외의, 차별이 금지된 사유를 열거하면서 그것들의 품성[159]을 명시하였다. '자신의 노력으로 극복할 수 없는 사유'가 그것이다. 이것은 매우 중요하다. 다른 교과서들에서는 이것을 밝히지 않았다.

이것을 있는 것과 없는 것 사이에 어떤 차이가 있는가? 가장 중요한 차이는, 차별금지 사유가 한정되어 있다[160]는 입장에 따르는 경우, 차별이 있으면 그것이 헌법에 의해 금지된 것인지를 심사하여야 하는 문제가 생긴다는 것이

157) 정종섭, 『헌법학원론』, 박영사, 2022, 469-470.
158) 그는 제2문이라 한다. 필자가 전문이라 부르는 부분을 그는 제1문이라고 부른다.
159) 필자가 內包(connotation)이라 표현하는 것.
160) 外延(extension)이 무한대가 아니라는 것.

다. 먼저 헌법 제11조 제1항 후문에 열거된 사유에 따른 차별인가? 헌법 제11조 제1항 후문에 열거된 사유에 따른 차별이 아니지만 그 사유가 '자신의 노력으로 극복할 수 없는 사유'에 따른 차별인가? 이 둘에 대해 모두 부정적인 결론에 이르렀다면, 그 차별에 대해서는 더 이상 헌법 제11조 제1항 위반 여부에 대한 심사를 진행할 수 없다. 심사를 종결하여야 한다. 청구인의 평등권 침해 주장은 기각된다.[161] 필자로서는 지극히 타당한 주장이라고 본다. 그것이 예시적 열거설을 옳게 해석하는 방법이다.[162]

다만 그가 이 입장을 가지고 있다면 이 입장을 따르지 않는 다른 교과서들을 지적하고, 이슈를 만들고 논쟁했어야 하는 것 아닌가 하는 아쉬움은 있다. 그리고 판례는 전혀 이 부분에 관심이 없다. 판례는 차별금지 사유에 한계가 있다[163]는 것을 받아들이지 않는다.[164] 더 정확하게 말하면 이 문제에 대한

161) 각하되어야 하는 것 아닌가 하는 주장이 있을 수 있으나 여기서는 더 이상 살펴보지 않겠다. 이 논문의 주제와는 무관하다.

162) 물론, 그가 설정한 내포가 타당한 것인가에 대해서는 추가적인 검토가 필요하다. 이것은 이 논문의 주제가 아니다. 필자는 그의 주장에 동의한다. 이것이 근대 자유주의에 부합하는 해석이다. 구체적으로 어떤 것이 '자신의 노력으로 극복할 수 없는 사유'인가도 논쟁적이다. '연령'은 어떨까? 나이를 구성요건으로 하는 법이 미리 만들어져 있었다면 그 법은 모두에게 일반적으로 적용될 뿐이고 누군가를 '자신의 노력으로 극복할 수 없는 사유'로써 차별하는 것은 아니다. 누구나 다 똑 같이 나이를 먹는다. 누구나 공포된 법을 전제로 삶의 계획을 만들어 살아갈 수 있고, 그렇게 하여야 한다. 그것이 법치주의다. 어떤 채용시험에 나이 제한에 걸려 응시할 수 없게 되었다 하더라도, 다른 사람도 다 마찬가지다. 그리고 자신이 응시제한에 걸리지 않고 응시할 수 있었을 때, 누군가는 그 응시제한 때문에 응시할 수 없었다. 물론 갑자기 응시제한이 만들어져 응시할 수 없게 되는 경우가 있다. 필자는 신뢰보호의 문제가 생긴다고 본다. 제도가 바뀌면서 생기는 일시적인 문제다.

163) 外延(extension)의 한계.

164) PE관과 PVC관 중 PVC관에 대하여 안전기준을 적용(헌재 2015. 3. 26. 2014헌마372, 판례집 27-1상, 383); 우체국보험과 인보험 중 우체국보험금 및 환급금 청구채권 전액에 대하여 무조건 압류를 금지(헌재 2008. 5. 29. 2006헌바5, 판례집 20-1하, 91); 오토바이와 자동차 중 오토바이에 대해서는 고속도로 또는 자동차전용도로 운행을 금지(헌재 2011. 11. 24. 2011헌바51, 판례집 23-2하, 430; 헌재 2008. 7. 31. 2007헌바90, 판례집 20-2상, 224; 헌재 2007. 1. 17. 2005헌마1111, 판례집 19-1, 110) 등의 사례에

인식 자체가 없다.

⑮ 그런데, 그는 헌법 제11조 제1항 후문에 기재된 사유를 한정적인 것으로 본다. 헌법 제11조 제1항 후문에 기재되지 아니하였으나, 다른 '자신의 노력으로 극복할 수 없는 사유'에 따른 차별은 헌법 제11조 제1항 전문에 의해 금지된다고 본다. 후문이 적용되지 않는다. 여기에 대해서는 몇 가지 논점이 있다.

우선 헌법 제11조 제1항 전문이 적용될 수 있는가 하는 점이다. 그는 헌법 제11조 제1항 전문이 평등에 관한 규범력의 샘(source)이고, 헌법 제11조 제1항 후문은 전문과 별개의 독자적인 규범이 아니라는 것을 전제로 한다. 쉽게 말하면 헌법 제11조 제1항 후문은 없어져도 헌법 제11조 제1항의 내용은 달라지지 않는다는 것이다. 과연 그런가? 헌법 제11조 제1항 전문이 입법자에게도 적용되는가?

가장 근본적인 문제는 '법 앞에'라는 부사구다. 모든 국민은 평등하다. 그러나 한 가지 조건이 있다. '모든 국민은 평등하다'라는 선언은 '법 앞에' 라는 조건이 충족되었을 때에만 의미가 있다. '법 앞에'라는 말이 '법 옆에' 또는 '법 뒤에' 또는 '법 안에'라는 말과 그 의미를 같이 하지 않는다는 것이 받아들여지면, 모든 국민은, '법 옆에' 또는 '법 뒤에' 또는 '법 안에' 어떠한지 단언할 수 없다. 즉 '법 앞에' 평등하다는 선언으로부터 '법 옆에' 또는 '법 뒤에' 또는 '법 안에' 평등하다는 결론이 도출될 수 없다. 헌법은 오로지 '법 앞에' 모든 국민이 평등하다고 말하고 있을 뿐이다. 모든 국민의 지력이나 체력이 평등하다고 말하고 있지 않다. 헌법 제11조 제1항 전문을 두고, 지력이나 체력이 같지 아니함을 지적하는 것은 무의미하다.

있어서도 양자 사이에 있는 다른 취급이 정당화되지 아니하면 위헌이라 보았다. 정종섭 교수의 견해에 따르면 이 사례들의 다른 취급이 헌법이 금지한 사유에 따른 것인가, 즉 '자신의 노력으로 극복할 수 없는 사유'에 따른 다른 취급인가를 판단하여야 할 것이다. 필자가 보기에는 정종섭이 이것들을 헌법이 금지한 사유에 따른 차별이라 보지는 않을 것 같다. 이 점에 관한 정종섭 교수의 입장은 지극히 타당하다.

나아가 '모든 국민은 '법 앞에' 평등하다'는 선언이 그 수범자에게 무엇을 명령하는가? 이 선언이 어떤 범으로서 효력이 있는가도 문제이겠지만, 위 선언을 '모든 국민은 법 앞에서 평등하게 취급받을 권리를 가진다'는 것으로 전환된다고 하더라도, 그 의미가 무엇인가를 분명히 할 필요가 있다. 그 의미는 무엇인가? 모든 국민은 균일한 취급을 받을 권리를 가지는가? 그렇지 않다.

알렉시는, "법 적용의 평등의 명령은 모든 법규범이 그 구성요건에 해당하는 모든 사안에는 적용되어야 하고, 구성요건에 해당하지 않는 어떠한 사안에도 적용되어서는 안 된다는 점을 요청하는 것인데, 이와 같은 요청은 결국 법규범이 준수되어야 한다는 점을 말하는 것이다."라고 한다.[165)]

헌재도 법집행의 평등의 의미에 대해서는 위와 같이 이해한다고 설시한 바 있다. "헌법 제11조 제1항이 규정하고 있는 평등원칙은 법치국가질서의 근본요청으로서 모든 국가기관에게 법을 적용함에 있어서 정당한 근거 없이 개인이나 일정한 인적 집단을 불평등하게 대우하는 것을 금지한다. 따라서 모든 사람은 평등하게 법규범을 통해서 의무를 부담하고 권리를 부여받으며, 반대로 모든 공권력 주체에 대해서는 일정한 사람들에게 유리하거나 불리하게 법을 적용하거나 적용하지 않는 것이 금지된다."[166)]고 본다.[167)] 독일 헌재가 " 법원이 구체적인 개인이나 인적 집단에게 유리하거나 불리하게 현존하는 법을 적용하지 않는 것은 금지된다"[168)]고 하는 것도 같은 취지다.[169)][170)][171)]

---

165) Robert Alexy(이준일 譯), 기본권이론, 한길사, 2007, 462-463. 이 책 463의 각주 6은 Ch. Perelmann, "Eine Studie ueber die Gerechtigkeit," in : Ueber die Gerechtigkeit, Muechen 1967, p.55의 '평등한 대우는 규칙을 준수한다는 사실의 논리적 결과일 뿐이다'를 인용하고 있다.

166) 헌재 2000. 8. 31, 97헌가12, 판례집 12-2, 167, 180.

167) 이에 비하여, "조세평등주의는 헌법 제11조 제1항의 평등원칙에 따라 조세법의 입법과정이나 집행과정에서 같은 것은 같게 취급하고 다른 것은 다르게 취급함으로써 조세정의를 실현하려는 원칙이다(헌재 1989. 7. 21. 89헌마38, 판례집 1, 131, 141-142)."(헌재 2012. 4. 24, 2010헌바448, 공보 제187호, 809, 813) 라는 설시는 입법에 있어서의 평등의 내용과 집행에 있어서의 평등의 내용을 전혀 구별하지 아니한 것이다.

168) BVerfGE 66, 331, 335f.

정의의 여신상으로 알려진 조각의 공통점은, 눈을 가리고, 저울과 칼을 든 모습이다. 이것은 평등한 법집행을 의미한다. 눈을 가린 취지는 법 집행의 상대방이 누구인가를 고려하지 아니하겠다는 것이고, 한 손에 저울을 든 취지는 그 사람이 가진 계량할 수 있는 속성에 따라 법적 평가를 하겠다는 것이며,[172] 다른 손에 칼을 든 것은 그 집행의 엄격함을 상징하는 것이다. 그렇다면, 정의의 여신상은 정확히 법적용에 있어서의 평등 관념과 부합하는 상징이다. 거기에는 법의 내용이 어떠하여야 하는가 하는 것에 대해서는 말하는 바가 없다. 그 조각상이 만들어질 당시에는 법 자체에 대한 懷疑 자체가 없었

---

169) 어떤 교과서에서는 불법의 평등을 논의한다. 전광석, 『한국헌법론』, 집현재, 2018, 218. 그런데 어떤 것이 불법의 평등문제인가? 어떤 경찰관이 똑같이 신호를 위반한, 갑에게는 스티커를 발부하고, 을이라는 사람에게는 스티커를 발부하지 않는다면 불법의 평등이 문제되는가? 전광석 교수는 갑이 평등권 침해를 주장할 수 없다고 한다. 전광석 교수의 입론이 타당하다고 본다. 그런데 보다 근본적으로는 집행에 있어서의 평등은 '비교'와 친하지 아니하다는 것이다. 오로지 어떤 처분이 법에 부합하는가 하는 것만이 문제된다. 적법하다면 평등한 법 집행이 되는 것이고, 위법하다면 법 집행의 평등에 부합하지 않는 것으로 된다. 결국 법 집행의 평등은 법치주의와 그 귀결이 같다. 필자는 법 내용의 평등도 '일반법'에의 요청과 같다고 본다.

170) 이것을 A 정식과 연결시켜 생각해 보면, 가치 또는 부담을 분배하는 기준이 정해지면, 그 기준에 따라 같은 것과 다른 것이 정해지고, 같고 다름에 의해 같은 처우와 다른 처우가 이루어진다.

171) 헌법재판소는 "행정관행이 이룩되게 되면, 평등의 원칙이나 신뢰보호의 원칙에 따라 행정기관은 그 상대방에 대한 관계에서 그 규칙에 따라야 할 자기구속을 당하게 되고, 그러한 경우에는 대외적인 구속력을 가지게 된다 할 것이다"고 판시하였다.(헌재 2002. 7. 18. 2001헌마605, 판례집 14-2, 84, 93) 필자는 법이 무엇인가 하는 문제와 법 집행의 평등이 무엇인가를 혼동한 판시라고 본다. 아래의 일본 판례에서 이 문제를 다룬다.

172) 마틴 루터 킹 목사가 1963년에 한 유명한 연설, 이른바 ' I have a dream' 중 다음 대목은 이 점과 깊은 연관이 있다. 그는, "I have a dream that my four little children will one day live in a nation where they will not be judged by the color of their skin but by the content of their character."이라고 기원하고 있다. 이것을 위 문제와 연관시켜 보면, 그의 4명의 자식들에게 적용될 법이 있고, 그 법이 정한 요건에 따라 평가받고(저울), 그들의 피부색이 평가의 요소가 되지 않아야 한다(안대)는 것이다.

다고 함이 옳을 것이다.

정리하자면 다음과 같다. 법집행의 평등은 존재하는 법을 누구에게나 법이 정하고 있는 바대로 적용하는 것을 의미한다. 둘째, 법적용의 평등은 '처치의 동일성'과는 전혀 관계가 없다. 셋째, 법집행의 평등은 법의 내용과는 전혀 관계가 없다. 넷째, 법집행의 평등은 형식적 법치주의의 귀결이다. 다섯째, 법집행의 평등은 '비교'를 전제로 하지 않는다.[173]

그런데 남는 문제가 있다. 정종섭 교수는 앞의 (i) 이하의 "(c) 「평등」의 의미"[174]에서는 이렇게 설명하지 않았다. 거기서는 '같은 것은 같게, 다른 것은 다르게'(Ca설) 또는 '같은 것은 같게'(Cc설)의 입장에서 평등의 의미를 설명했다. 거기서는 '자신의 노력으로 극복할 수 없는 사유'를 이유로 한 차별적 처우를 금지한다고 설명하지 않았다. 그리고 '차별'을 '다른 처우'와 동일하게 생각한 것도 아니었다,

Ca설의 관점에서 보면, 다른 취급이 차별로 될 수 있음[175]은 물론이고, 같은 취급이라도 차별로 인식[176]될 수 있다. 그리고 다른 취급이라도 (본질적으로 다른 것이라면) 차별이 아닌 것으로 인식될 수 있고, 같은 취급이라도 (본질적으로 같은 것이라면) 차별이 아닌 것으로 인식될 수 있다. Cc설의 관섬에서 다른 취급이라도 양자가 본질적으로 다른 것이라면 차별로 인식될 수 없다. 같은 취급은 무조건 차별로 인식될 수 없다.

그런데, 정종섭 교수가 헌법 제11조 제1항 후문의 차별금지 사유와 관련하여 설명을 함에 있어서는 '다른 취급'을 당연히 차별로 인식하는 것처럼 보인다. '인간의 평등보호는 성별, 종교, 사회적 신분, 연령, 언어, 인종, 출신지역, 신체적 장애, 정치적 신념, 세계관, 건강 등의 사유에 의하여 차별'하는 것은

173) 보다 상세한 것은 정주백, "입법자 구속설 비판", 『법학연구』, 제23권 제2호, 충남대, 2012, 18-22 참조.

174) 정종섭, 『헌법학원론』, 박영사, 2022, 457-458.

175) 본질적으로 같은 것을 다르게 처우하는 경우.

176) 본질적으로 다른 것을 같게 처우.

그 사유들을 '다른 취급'의 구성요건 요소로 하는 것이지, 그것들을 같은 취급의 구성요건 요소로 하는 것을 말하는 것이 아니다. 만약 이것까지도 포함하여 위에서 거론된 사유로 인한 차별이라고 하려면 좀 더 많은 설명을 하여야 한다. 갑에게도 빵 5개를 주고 을에게 빵 5개를 주었다. 이것을 어떤 사유를 이유로 한 차별로 인식할 수 있다는 설명을 그는 하지 않았다.

결국 (i) 이하에서 설명하였던 평등 또는 차별의 내용과 헌법 제11조 제1항 후문에 기재된 차별금지 사유를 설명하면서 전제로 하는 평등 또는 차별의 내용이 서로 다르다.[177] (i) 이하의 설명은 차별금지 사유에 대한 설명 내용을 포함하고 있지 않다. 전문이 입법자에게도 적용되고, 입법자는 '자신의 노력으로 극복할 수 없는 사유'에 따른 '다른 취급'이 금지된다면, 전문의 평등에 대한 설명이 달라져야 한다.

다음으로 실익이 무엇인가? 정종섭 교수는 '자신의 노력으로 극복할 수 없는 사유' 중 헌법 제11조 제1항 후문에 기재된 '성별 · 종교 · 사회적 신분'에 따른 '차별'에는 후문이 적용되고, '자신의 노력으로 극복할 수 없는 사유' 중 '성별 · 종교 · 사회적 신분 외의 사유에 기한 '차별'에는 전문이 적용된다고 보는데, 그렇게 나누어 보는 실익은 무엇인가? 즉 '자신의 노력으로 극복할 수 없는 사유'에 따른 '차별' 전부에 대해 후문이 적용된다고 보지 않아야 하는 이유는 무엇인가?

필자는 후문에 기재된 사유가 예시적인 것으로 본다면, 예시되지 아니하였으나 내포를 공유하는 사유에 따른 차별의 경우도 원래 규범[178]의 적용을 받

177) 필자는 헌법 제11조 제1항 전문은 법 집행자에게만 적용된다고 본다. 후문이 법 집행자에게도 적용되나 무의미하다고 본다. 후문이 법집행자에게 가지는 규범력은 전문에서 나오는 규범력을 벗어나지 않는다. 입법자는 후문에 기속된다. 전문에는 기속되지 않는다. 후문의 해석에 있어서 차별은 다른 취급을 말한다. 그런데, 다른 취급이 전부 후문에 의해 금지되는 것은 아니다. 열거된 차별금지 사유(만약 예시적 열거설을 받아들인다면 그것들과 내포를 공유하는 사유를 더한 사유)에 따른 다른 취급만 금지된다.

178) 여기서는 헌법 제11조 제1항 후문.

는다고 이해하는 것이 간명하다. 달리 이 간명함을 포기하고 복잡하게 설명할 수밖에 없는 이유가 있을 수 있겠으나, 정종섭 교수가 이를 제시한 것 같지는 않다.[179]

179) 오컴의 면도날(Occam's razor)은 논리적으로 더 단순한 것이 진실일 가능성이 높다는 원칙이다. 참 또는 거짓에 관한 말이어서 여기에 적용하는 것이 적절한가 하는 논란은 있을 수 있다. 복잡하게 말할 필요가 없는데, 또는 실익이 없는데 복잡하게 말하는 것은 피해야 한다. 이론 취지로 오컴의 면도날은 나름대로 유용할 수 있다. 단순하게 말할 수 있는데도 복잡하게 말하려면 이를 정당화하는 이유가 있어야 한다.

제3장

한국헌법론

허영

"(1) 평등권의 의미
기본권 실현의 방법적 기초인 동시에 기본권 실현의 방향을 제시해 주는 평등권은 모든 국민에게 여러 생활영역에서 균등한 기회를 보장해 주는 것을 그 내용으로 한다. 평등권을 통해서 모든 국민에게 기회균등을 보장하는 것은 모든 국민으로 하여금 사회통합과정에 능동적으로 참여케 함으로써 기본권의 생활규범성을 높이고 기본권의 동화적 통합효과를 증대시켜 주는 기능을 갖는다. 이처럼 (i) 평등권은 우선 '기회균등'을 그 내용으로 하기 때문에 기회균등의 요청에 반하는 어떠한 자의적인 공권력의 발동도 용납하지 않는다. 평등권이 '기회균등'뿐 아니라 '자의금지'까지도 함께 그 내용으로 하고 있다고 주장되는 이유도 그 때문이다."[180]

"(3) 평등의 규범적 의미
평등권에 내포된 '평등'의 규범적 의미에 대해서는 예로부터 논란이 많았지만, 오늘날 그것이 (ii) 산술적인 의미의 절대적인 평등을 뜻하는 것이 아니라, 아리스토텔레스가 주장한 배분적 정의에 입각한 상대적 평등을 의미한다고 하는 점에 대해서는 학설과 판례에서 이견이 없다. 따라서 평등권은 국가권력이 입법 · 행정 · 사법의 모든 분야에서 '같은 것은 같게, 같지 아니한 것은 같지 않게' 처리함으로써 실현될 수 있다. 다만 (iii) '같은 것'과 '같지 아니한 것'을 구별하는 판단기준을 어떻게 정할 것인가 하는 것이 어려운 문제로 제기된다. 이 문제와 관련해서 영미법상의 '합리성의 원칙'이나 대륙법상의 '자의금지의 원칙' 등이 그 판단기준으로 제시되긴 하지만, 이들 원칙이 모든 문제를 명쾌하게 해결해 주지는 못한다.[주: 【판시】 (iv) 평등원칙은 행위규범으로서 입법사에게, 객관적으로 같은 것은 같게 다른 것은 다르게, 규범의 대상을 실질적으로 평등하게 규율할 것을 요구하고 있다. 그러나 헌법재판소의 심사기준이 되는 통제규범으로서의 평등원칙은 단지 자의적인 입법의 금지기준만을 의미하게 되므로 헌법재판소는 입법자의 결정에서 차별을 정당화할 수 있는 합리적인 이유를 찾아볼 수 없는 경우에만 평등원칙의 위반을 선언하게 된다. 즉 헌법에 따른 입법자의 평등실현

180) 허영, 『한국헌법론』, 박영사, 2022, 360.
181) 허영, 『한국헌법론』, 박영사, 2022, 364-365.

의무는 헌법재판소에 대하여는 단지 자의금지원칙으로 그 의미가 한정축소된다.{헌재결 1997. 1. 16. 90 헌마 110등, 판례집 9-1, 90(115면)}] 왜냐하면 '합리적인 것'과 '불합리한 것', '자의적인 것'과 '그렇지 않은 것'을 구별하는 것은 또 다른 가치판단을 필요로 하는 문제이기 때문이다. 그래서 결국 (v) 평등의 문제는 평균적인 동시대인의 정의감정에 비추어 판단할 수 밖에 없다고 할 것이다. 물론 (vi) '정의'의 실체를 파악하기 위한 철학적인 노력이 아직도 완전히 매듭되지 못했고, '정의'에 관한 연구가 철학의 영원한 과제로 인식되고 있는 오늘날 평등을 그 같은 미지의 정의라는 가치와 연관시키는 것이 문제가 없는 것도 아니다. 그럼에도 불구하고 스위스연방대법원의 유명한 판시에 따라 (vii) '평등은 정의를 뜻하고, 정의에 반하는 것은 자의'라고 인식할 수밖에 없다고 생각한다. '정의'는 역시 정의(定義)할 수 없는 것이라고 믿어지기 때문이다. 결국 평등과 정의는 이처럼 상호 불가분한 표리의 관계에 있기 때문에 평균적인 동시대인의 정의감정을 해치는 진지성의 정도에 따라 평등권의 침해 여부를 결정할 수 밖에 없다고 할 것이다. 예컨대 (viii) '입법권자가 입법에 즈음해서 사항적으로 분리취급해야 할 사항을 분리취급하지 않은 경우'에는 정의감정을 해치는 정도가 크기 때문에 평등권의 침해를 인정해야겠지만, '입법권자가 입법에 즈음해서 사항적으로 분리취급할 수도 있는 사항을 분리하지 않은 경우'에는 정의감정을 해치는 정도가 약하기 때문에 평등권의 침해를 부인해야 하리라고 본다."[181]

① 우선 '평등권의 의미'와 '평등의 규범적 의미'가 나뉘어서 검토될 필요가 있는가에 대해서는 의문을 가지지 아니할 수 없다. '규범적'이지 아니한 것을 '사실적'인 것으로 이해한다면 '평등권의 의미'에서 사실적 문제로서의 평등이 다루어진 것인가를 생각해 볼 수 있으나, 그런 것 같지도 않다. '평등권의 의미'에서도 규범적인 것이 다루어졌다.

물론 전자는 '평등권'을 다룬 것이고, 후자는 '평등'을 다룬 것이므로 따로 검토되어야 한다고 이해할 수도 있으나, '평등'의 실현을 수범자에게 요구할 수 있는 권리가 '평등권'이라 본다면, 결국 핵심은 '평등'의 의미를 검토하는 것이고, 그것이 정해지면 평등권의 의미도 거의 자동적으로 확정된다.

다만, 평등권이 절대권이냐, 상대권이냐를 논한다면 '자의적인 것이 아니라면' 평등에서 벗어난 상태가 위헌이 아니라는 판단을 받아야 한다는 점에서, 평등 자체의 의미와 별도로 논의하는 것이 옳을 수 있다. 그렇게 보더라도 문제가 없는 것은 아니다. 자의금지에 반하지 아니하면 '평등에서 벗어난 상태'가 허용될 수 있다는 것은 평등권의 '의미'가 아니다. 평등권의 '성격'에 해당한다.

더 나아가 그러한 성격에 대한 분석은 평등의 의미에 대한 분석 이후에 이루어질 수 있는 것이지, 평등의 의미가 무엇인지도 분석되기 전에 먼저 다뤄질 수 있는 것이 아니다. 즉 평등의 의미를 먼저 다루고, 그 이후에 평등권의 성격[182]을 다루는 것이 논리적으로 타당하다.

그리고 '기회균등'[183]이라는 관념은 '평등의 의미'에 관한 것인가에 대해서는 약간 논란이 있을 수 있지만, 그것이 '자의금지'와 동렬에 서서 평등권의 의미를 구성할 수는 없다. '기회균등'에 대해서는 다음 항목에서 다시 본다.

② '기회균등'이라는 말이 적절하게 사용된 것인가에 대해서는 의문이 있다. 필자가 보기에 기회의 평등은 '평등권'이나 '평등'의 의미에 포섭될 수 있는 것은 아닌 것 같다. 평등권의 '적용범위'와 관련을 맺는 말이다.

어떤 공동체의 구성원이 공동체 안에서 활동하며 살아간다. 그 공동체에는 공동체의 여러 사태를 규율하는 법이 있다. 기회의 평등은 '누구라도' 그 공동체 안에서, 그 공동체의 법의 규율을 받으면서 자유롭게 활동할 수 있는 기회를 가진다는 것을 의미한다.[184]

그 공동체의 법이 균일취급을 하거나, '같은 것은 같게, 다른 것은 다르게' 규율하고 있어야 기회의 평등이 보장되는 것도 아니다. 예를 들어, 給與의 배분방식에 있어서 成果主義를 채택한다고 하여 어떤 구성원의 기회를 박탈하

---

182) 허영 교수는 '평등권의 의미'라고 표현했다.

183) '평등'이라는 말을 안 쓰고, '균등'이라는 말을 쓴 데에 어떤 특별한 의미가 있는가를 살펴보아도 필자는 그 차이를 알지 못하겠다. 특별히 이를 설명하지도 않았다. 여기서 균등을 평등과 같은 의미로 이해하고 쓴다.

184) 어떤 논자는 기회의 평등이 법 내용에 관한 평등이 아니라 법 적용에 있어서의 평등을 문제 삼는 것으로 본다. 이렇게 본다면, 법 내용에 있어서의 논의는 전적으로 기회의 평등과 무관하다. 허영 교수가 평등의 의미에서 다루는 내용은 법 내용에 관한 것이다.

는 것이 아니다. '누구라도' 성과주의의 규율을 받으면서 활동할 수 있으면 기회의 평등은 보장된 것이다. 인용문 중의, '모든 국민에게 여러 생활영역에서 균등한 기회를 보장해 주는 것'이 이것을 의미한다.

그러면 어떤 상황이 기회의 평등을 보장받지 못한 것으로 이해될 수 있는가? 예를 들면 여성은 공동체 활동에 참여할 수 없다고 하면 그것이야말로 기회의 평등을 훼손하는 것이다. 특정한 신분의 사람은 공동체의 활동에 참여할 수 없다고 하면 그것 또한 기회의 평등을 훼손하는 것이다.

선거범죄를 저지른 사람은 공직선거의 후보자가 될 수 없다고 한다면 이것도 기회의 평등을 박탈하는 것일까? 필자는 그렇게 생각하지 않는다. 그 법이 이미 제정되어 알려진 상황에서 선거범죄를 저질렀다면, 그에게 후보자격을 박탈하더라도 이를 기회의 평등을 훼손하였다고 볼 수 없다.

기회의 평등은 배분질서에 관한 규율을 말하지 않는다. 성과주의, 능력주의, 균일주의 어느 것과도 기회의 평등은 조화롭게 결합할 수 있다. 누구에게나 공동체의 장에서 자유롭게 활동할 수 있는 자유를 주는 것, 그것이 기회의 평등이다.[185]

③ 전반적으로 '평등권의 의미'에서 다루어진 내용과 '평등의 의미'에서 다루어진 내용은 서로 조화롭지 않고 충돌하는 느낌을 받았다. 평등권의 의미에서는 마치 평등이 '기회균등'만을 보장하는 것처럼 기술하였다.

'평등권의 의미' 항목에서는, 기회균등을 보장하여야 하는 논거도 제시했다. (a) 모든 국민에게 여러 생활영역에서 균등한 기회를 보장해 주는 것을 그 내용으로 하고, (b) 평등권을 통해서 모든 국민에게 기회균등을 보장하는 줌으로써 모든 국민으로 하여금 사회통합과정에 능동적으로 참여케 함으로써 기본권의 생활규범성을 높이고 기본권의 동화적 통합효과를 증대시켜 준다는 것이 그것이다.

185) ② 항의 내용은 정주백, 『평등의 모순』, 충남대학교출판문화원, 2024, 156 이하의 내용을 토대로 하였다.

그러나, '평등의 규범적 의미'에서는 전혀 다른 내용의 기술을 하고 있다. 필자의 입장에서 선해한다면, '기회평등'을 보장하는데 있어서의 '평등'의 의미를 분석하는 것으로 이해하면 논리적으로는 문제 없다.[186] 그러나 허영 교수가 이 책에 다루는 논지는 '기회평등'의 문제만을 다루지 않고, 기회평등 이외의 문제에 평등을 적용하는데 대해 아무런 반대가 없다. 판례에 대한 평가를 보면 그것을 알 수 있다.[187]

④ "산술적인 의미의 절대적인 평등을 뜻하는 것이 아니라, 아리스토텔레스가 주장한 배분적 정의에 입각한 상대적 평등을 의미한다고 하는 점에 대해서는 학설과 판례에서 이견이 없다."(ii)고 한다. 과연 그런가? 허영 교수가 말하는 상대적 평등은, 이어서 나온 표현에 따르면, "국가권력이 입법 · 행정 · 사법의 모든 분야에서 '같은 것은 같게, 같지 아니한 것은 같지 않게 처리함'으로써 실현될 수 있다. 그러면, 평등을 같은 것은 같게, 다른 것은 다르게 취급하여야 한다는데, 아무런 이론이 없는가?

필자가 보기에는 전혀 그렇지 않다. '같은 것은 같게, 다른 것은 다르게' 취급하는 것이 평등이라고 이해하고, 평등권 침해 여부에 관한 심사에 나아가려면 먼저 문제되는 가치 또는 부담의 배분질서를 먼저 정하여야 한다. 그것이 정해지지 아니하면 더 심사에 나아갈 수 없다.

예를 들어 조세의 부담에 관해 보자. A가 조세 부담에 있어서 B와의 불평등을 다투었다고 하자.

---

186) 아주 거친 예이지만, 공무담임권을 보장하는데 있어서의 기회평등을 분석하는데 있어서, 평등은 어떻게 이해되어야 하는가. 이것을 '평등의 의미'에서 다루는 것이다. 이렇게 이해하면 논리적으로 완벽하게 양자가 연결된다.

187) 예를 들어 허영, 『한국헌법론』, 박영사, 2022, 366 둘째 줄에서는, 재차 '기회균등'과 공권력의 '자의금지'를 강조하면서도, '조세평등의 원칙'을 언급한다. 조세평등의 원칙이 기회균등 또는 기회평등과 어떤 연관이 있을까? 세상의 일은 전부 서로 연결되어 있겠지만, 너무 멀면 규범적으로 절단한다. 형법에서 조건설을 상당인관관계설이 대체하는 과정을 보면 이 점을 이해할 수 있다.

	부담능력의 양	편익의 양	부담세액
A	100	100	50
B	100	200	50

이 경우 A의 평등권 침해 주장을 심사하기 위해서는, 먼저 조세 부담의 분배원리를 확정하여야 한다. 다른 주장도 있을 수 있겠지만,[188] 응능부담원리, 응익부담원리 중 어느 것을 채택할 것인가.

만약 부담능력에 따라 조세가 부과되어야 한다면, A의 주장은 받아들여지지 않을 것이다.[189] 부담능력이 같은데, 같은 세액을 부담하고 있으므로, 같은 것을 같게 취급하였다고 평가하여야 할 것이기 때문이다. 만약 응익부담원리를 채택한다면[190] A의 주장은 받아들여질 가능성이 있다. 편익의 양이 다

---

188) 예를 들면 均分主義.

189) 헌재는 응능부담원리를 채택하고 있다. "우리 헌법은 제11조 제1항에서 "모든 국민은 법 앞에 평등하다. 누구든지 성별 · 종교 또는 사회적 신분에 의하여 정치적 · 경제적 · 사회적 · 문화적 생활의 모든 영역에 있어서 차별을 받지 아니한다."고 규정하여 평등원칙을 규정하고 있는데 조세평등주의는 평등원칙의 조세법적 표현이다(헌재 2005. 3. 31. 2003헌바55, 판례집 17-1, 371, 383 참조). 그러므로 조세법률관계에 있어서도 과세는 개인의 담세능력에 상응하여 공정하고 평등하게 이루어져야 하고, 합리적인 이유 없이 특정의 납세의무자를 불리하게 차별하거나 우대하는 것은 허용되지 아니한다(헌재 1996. 6. 26. 93헌바2, 판례집 8-1, 525, 535 참조)."(헌재 2009. 12. 29. 2008헌바139, 판례집 21-2하, 800, 813)

190) 부담금에 대해서는 응익부담원리에 가까운 분배원리가 적용된다. "학교시설 확보의 필요성은 개발사업에 따른 인구 유입으로 인한 취학 수요의 증가로 초래되므로, 주택재건축사업의 시행으로 공동주택을 건설하는 경우에는 신규로 주택이 공급되는 개발사업분만을 기준으로 학교용지부담금의 부과 대상을 정하여야 한다. 위 조항이 주택재건축사업의 경우 학교용지부담금 부과 대상에서 '기존 거주자와 토지 및 건축물의 소유자에게 분양하는 경우'에 해당하는 개발사업분만 제외하고, 매도나 현금청산의 대상이 되어 제3자에게 분양됨으로써 기존에 비하여 가구 수가 증가하지 아니하는 개발사업분을 제외하지 아니한 것은, 주택재건축사업의 시행자들 사이에 학교시설 확보의 필요성을 유발하는 정도와 무관한 불합리한 기준으로 학교용지부담금의 납부액을 달리 하는 차별을 초래하므로, 위 조항은 평등원칙에 위배된다."(헌재 2013. 7. 25. 2011헌가32, 판례집 25-2상, 9, 15-17)

름에도 불구하고, 같은 세액을 부담시키고 있으므로. 다른 것을 같게 취급하고 있다고 판단하여야 할 것이기 때문이다.[191)]

그런데, 헌재 결정의 대부분은 분배원리에 대한 판단 없이, 다른 취급이 있으면 바로 차별을 인정하고 정당화 심사에 나아간다.[192)] 이것은 여기서 허영 교수가 말하는 상대적 평등을 채택하지 않았다는 것을 보여준다.

⑤ (iii)에서 "'같은 것'과 '같지 아니한 것'을 구별하는 판단기준을 어떻게 정할 것인가 하는 것이 어려운 문제로 제기된다. 이 문제와 관련해서 영미법상의 '합리성의 원칙'이나 대륙법상의 '자의금지의 원칙' 등이 그 판단기준"으로 제시된다고 한다. 이것은 분명히 틀린 말이다. 위 인용문에서 말하는 '같은 것은 같게, 다른 것은 다르게'는 평등의 명령으로부터 벗어난 상태인가, 아니면 그 자체가 평등한 상태인가를 구별하는 말이다.[193)] 거기에 비하여 '합리성의 원칙'이나 대륙법상의 '자의금지의 원칙'은 평등에서 벗어난 상태가 정당화되는가를 심사하는 단계에서 작동한다.

이 점을 잘 보여주는 판례가 있어서 소개한다. 흔치 아니한 사례인데, 체계

191) 여기서 더 나아가 이러한 상항에 합리저 이유가 있는가에 따라 최종적으로 평등권 침해 여부에 대한 판단이 달라질 것이다.

192) 필자는 이 부분에 대한 사례를 들 필요성을 느끼지 않는다. 거의 모든 판례가 이와 같은 입장에 있기 때문이다. 그래도 굳이 예를 들라고 한다면, (a) '국공립어린이집, 사회복지법인어린이집, 법인 · 단체등어린이집 등과 달리 민간어린이집에는 보육교직원 인건비를 지원하지 않는 법령'에 대하여 본질적 동일성에 대한 논증 없이 바로 차별을 인식하고, 정당화 심사로 나아갔다. 헌재 2022. 2. 24. 2020헌마177, 판례집 34-1, 233, 238. (b) 사실상 노무에 종사하는 공무원에 대하여서만 근로3권을 보장하고 그 이외의 공무원들에 대하여는 근로3권의 행사를 제한하는 법률조항에 대해서도, 양자가 본질적으로 같은지, 다른지에 대한 검토는 전혀 하지 아니하고 바로 차별을 확인한 후 정당화 심사에 나아갔다. 헌재 1992. 4. 28. 90헌바27, 판례집 4, 255, 271 이하.

193) 통상 이를 차별의 존부 문제라고 하나, 필자는 좀 다르게 보는 점이 있어서 이와 같은 표현을 사용한다. 통상적으로는 평등권 침해 여부의 심사를 (a) 차별의 존부와 (b) 정당화 심사로 나누어 2단계로 다루나, 필자는 3단계(아주 이론적으로는 4단계)로 나누어 심사하는 것이 맞다고 본다. 이 점은, 정주백, 『평등의 모순』, 충남대학교출판문화원, 2024, 179 이하 참조.

적으로 '합리성의 원칙'이나 '자의금지의 원칙'을 예외 허부의 판단기준임을 적확히 지적했다.

> "5. 심판대상조항의 평등권 침해 여부
> 가. 차별취급의 존부
> 심판대상조항은 교수에게만 총장선거권을 인정하고 강사에게는 총장선거권을 부여하고 있지 아니하므로 교수와 강사 사이에 차별취급이 존재한다. 한편 대학의 핵심 구성원은 연구 및 교수활동의 주체인 교수라고 할 것이나, 연구보조인력이나 직원, 학생 등도 대학 구성원에 해당한다고 볼 수 있다. 이러한 관점에서 볼 때 강사는 직원, 조교, 학생 등과 함께 대학 구성원에 해당함에도 심판대상조항은 직원, 조교, 학생에게만 총장선거권을 인정하고, 강사에게는 총장선거권을 부여하고 있지 아니하므로 직원, 조교 및 학생과 강사 사이에도 차별취급이 존재한다.
> 나. 심사기준
> **헌법이 요구하는 평등은 일체의 차별적 대우를 부정하는 절대적 평등을 의미하는 것이 아니라, 입법과 법의 적용에 있어서 합리적 근거 없는 차별을 해서는 안 된다는 상대적 평등을 뜻하므로, 합리적 근거가 있는 차별은 평등권을 침해하지 아니한다(헌재 2022. 2. 24. 2020헌마177 참조).**"[194)]

위 '나. 심사기준'에 설시된 부분이 합리적 이유 있는 차별이 예외적으로 허용된다는 점을 밝힌 것이고 이것이 허영 교수가 말하는 '합리성의 원칙'이나 '자의금지의 원칙'에 해당하는 것이다. 이것이 차별취급의 존부 이후에 따로 판단되고 있다는 것이 중요하다.

'가. 차별취급의 존부' 항목을 살펴보면, 교수에게는 총장선거권을 인정하면서, 강사에게는 총장선거권을 부여하지 않았다는 사실을 확인하고 바로 차별을 인정하였다. 이것은 '같은 것은 같게, 다른 것은 다르게'도 받아들이지 아니한 판단이다. '모든 것을 같게' 취급하는 것이 평등의 명령이라는 이해를 전제로 한 것이다.

---

194) 헌재 2023. 9. 26. 2020헌마553, 판례집 35-2, 367, 374-375. 밑줄은 필자가 추가한 것이다. 필자가 굵은 글씨로 바꾸었다.

이에 비하여 "강사는 직원, 조교, 학생 등과 함께 대학 구성원에 해당함에도 심판대상 조항은 직원, 조교, 학생에게만 총장선거권을 인정하고, 강사에게는 총장선거권을 부여하고 있지 아니하므로 직원, 조교 및 학생과 강사 사이에도 차별취급이 존재한다."고 판단하였다. 위의 교수와 강사 사이에 차별이 있다고 판단한 것과는 다르다. 여기서는 '강사는 직원, 조교, 학생 등과 함께 대학 구성원에 해당'한다는 판단이 있다. 이것을 허영 교수의 표현을 빌린다면[195] '양자가 같음에도' 다르게 취급하였으므로 차별이 있다고 판단하였다고 할 수 있다. 이 부분은 어느 정도 '같은 것은 같게, 다른 것은 다르게'를 수용하여 판단한 것이라 이해할 수 있다.[196]

물론 하나의 결정 안에서 평등의 의미를 다르게 이해하여 판단하는 것에 대해서는 당연히 비판이 있을 수밖에 없다. 더 나아가 한 결정 안에서가 아니라 다른 결정에서라 하더라도 그 판단 방법이 다르다면 일관성의 관점에서 비판받을 수밖에 없다.

여기서는 이 논점을 제쳐 두고, '모든 것을 같게' 또는 '같은 것은 같게, 다른 것은 다르게'의 원리와 합리적 근거 있는 차별이 허용된다는 원리는 서로 체계적 지위가 다르다는 점만을 확인하자. 이 점이 확인되면 허영 교수가 마치 '같은 것은 같게, 다른 것은 다르게'가 '합리성의 원칙'이나 '자의금지의 원칙'과 같은 것으로 이해하는 것이 틀린 것이라는 것을 논증하는 충분한 자료

195) 물론 허영 교수의 고유한 표현은 아니다.
196) 이렇게 유보적으로 판단한 것은, '같은 것은 같게, 다른 것은 다르게'를 평등의 의미로 이해하지 않더라도, "헌법상 문제되는 평등권은 동일한 법적 효과를 받아야 할 자들에 대해 동일한 법적 효과를 주지 않는 공권력행사를 한 경우에 발생하는 문제"(헌재 2017. 7. 27. 2015헌마1094, 판례집 29-2상, 219, 226)라고 보는 입장에서도 같은 결론에 이른다. 이 입장을 개념화하면 '같은 것은 같게'로 표현할 수 있다. 양자를 같은 것이라 이해할 수 있는 것 아닌가 하는 반론이 있을 수 있으나, 어떤 명제와 이명제(裏命題, Inverse)는 진리값이 같지 아니하다. 여기서는 이 정도만 설명하기로 한다. 反對解釋은 논리학적인 설명과는 괴리가 있다. 반대해석은 어떤 명제로부터 그 명제의 이명제를 도출해 낼 수 있다고 보는 해석이다.

가 된다.[197)]

⑥ (iv)의 헌재 판시는 당연히 허영 교수의 주장은 아니다. 그러나 비판 없이 인용한 것은 그 취지를 수긍한 것으로 볼 수밖에 없다. 이 판례를 비판적으로 검토해 보자.

이 판례에서 헌재는, 평등원칙이 입법자에게 작동하는 경우와, 헌재에 작동하는 경우에 그 내용이 다르다고 한다. 입법자에게는 행위원칙으로 작동한다고 한다. 그래서 '객관적으로 같은 것은 같게 다른 것은 다르게, 규범의 대상을 실질적으로 평등하게 규율할 것을 요구'한다고 한다. 이에 비하여 헌재에 대해서는 통제규범으로 작동한다고 한다. 그래서 는 '입법자의 결정에서 차별을 정당화할 수 있는 합리적인 이유를 찾아볼 수 없는 경우에만 평등원칙의 위반을 선언하게 된다'고 한다. 즉 입법자의 평등실현의무는 헌재에 대하여는 단지 자의금지원칙으로 그 의미가 '한정축소'된다고 한다.

필자로서는 참으로 납득하기 어려운 말이다. 재판이란 수범자가 그에게 주어진 의무를 충실히 실천하였는가를 심사하는 절차다. 재판기관은 법이 수범

---

197) 이 양자를 혼동하는 모습은 일본의 학설에서 흔히 보인다. 헌재의 결정도 마찬가지인 것 같다. 우선 전자에 대해서는 정주백, 『평등의 모순』, 충남대학교출판문화원, 2024, 141 이하에 상세히 설명했다. 그 중 예를 하나 든다. "14条1項が定める「平等」とは、いかなる場合にも各人を絶対的に等しく扱うという絶対的平等の意味はなく、「等しいものは等しく、等しからざるものは等しからざるように」扱うという相対的平等を意味するもので、合理的な理由によって異なる取扱いをすることは許されると解するのが通説・判例の立場である(相対的平等説)。"(辻村みよ子, 『憲法(第7版)』 日本評論社, 2021, 154)[제14조 제1항이 정하는 '평등'이란 어떠한 경우에도 각자를 절대적으로 동일하게 취급한다는 절대적 평등의 의미가 아니라, '같은 것은 같게, 다른 것은 다르게' 취급하는 상대적 평등을 의미하는 것으로, 합리적인 이유에 의해 다르게 취급하는 것은 허용된다고 해석하는 것이 통설·판례의 입장이다(상대적 평등설).]

후자의 예로는 다음 판례를 들 수 있다. "일반적으로 평등원칙은 본질적으로 같은 것은 같게, 본질적으로 다른 것은 다르게 취급할 것을 요구하는 것으로서, 일체의 차별적 대우를 부정하는 절대적 평등을 의미하는 것이 아니라 입법과 법의 적용에 있어서 합리적인 근거가 없는 차별을 배제하는 상대적 평등을 뜻한다 할 것이므로 합리적 근거가 있는 차별은 평등원칙에 반하는 것이 아니다."(헌재 2018. 1. 25. 2017헌가7, 판례집 30-1상, 1, 9. 인용문 중의 판례는 생략하였다.)

자를 강하게 제약하면 강하게 제약하는 대로, 약하게 제약하면 약하게 제약하는 대로 수범자가 그 의무를 잘 이행하였는가를 심사하여 판단하면 필요하고도 충분하게(necessarily and sufficiently) 자신의 직무를 수행한 것으로 된다.

그런데, 위의 판시는 마치 평등이 수범자는 강하게 제약하지만 재판기관은 약하게 제약하는 것처럼 설시하고 있다. 그럴 수 있을까? 그럴 수 없다. 법이 평등원칙을 위반했는가를 판단하는 재판기관은 평등원칙에 기속되지 않는다. 이 경우 평등원칙은 수범자인 입법기관만을 기속한다. 기속의 강도에 따라 수범자인 입법기관이 자신이 수행하여야 할 직무를 잘 수행했는가가 달라질 수 있지만, 재판규범이 재판기관을 기속하는 것은 아니다.

더 나아가 '평등원칙이 입법자에게, 객관적으로 같은 것은 같게 다른 것은 다르게 규율할 것을 요구'하는 것과 '평등원칙이 헌재에게, 입법자의 결정에서 차별을 정당화할 수 있는 합리적인 이유를 찾아볼 수 없는 경우에만 평등원칙의 위반을 선언'하게 한다는 말은 전적으로 層位를 달리하는 말, 즉 전혀 다른 차원의 문제를 다루는 말이다.

이것을 한 번 설명해 보자. 가장 중요한 포인트는 '차별을 정당화할 수 있는 합리적인 이유를 찾아 볼 수 없는 경우'가 무엇을 의미하는가, 좀 더 나아간다면 앞의 구절 중의 '차별'이 무엇을 의미하는가 하는 문제이다.

앞에서도 언급하였지만, 만약 '차별을 정당화할 수 있는 합리적인 이유를 찾아볼 수 없는 경우'가 "'합리성의 원칙'이나 대륙법상의 '자의금지의 원칙'"을 적용한 심사에 따른 결론이라면, 그 전제로서의 '차별'은 '다른 취급'이다. 그리고 '같은 것을 다르게, 다른 것을 같게'가 아니라는 말이다.

그런데, 평등원칙이 입법자에게는 '같은 것은 같게, 다른 것을 다르게' 처우하라고 명령하였는데, 이것이 헌재에는 평등원칙이 '모든 것을 같게' 취급할 것을 명령하였다는 것을 전제로, 그 명령을 입법자가 지키지 못하였다면,[198)]

---

198) 즉 차별이 있다면.

합리적 이유가 있는지 여부를 심사하여 합리적 이유가 인정되지 아니하는 경우에만 위헌 결정을 하도록 헌재에 명령하고 있다고 이해하는 것이 가능한 것인가? 가능하지 않다.

다른 한편, '차별'을 '같은 것을 다르게, 다른 것을 같게' 취급하는 상태라고 이해하면 어떤가? 그러면 위와 같은 차별[199]에 합리적인 이유가 있는가만 심사할 수 있다는 말은, 마치 같은 것을 다르게 처우한 것 아닌가, 다른 것을 같게 처우한 것 아닌가에 대한 심사는 할 수 없다는 취지로 이해되기 십상이다. 즉, 본질적으로 같고 다름에 대한 판단은 입법자에게 맡겨 두고, 같은 것을 다르게 취급하거나 다른 것을 같게 취급했을 때 거기에 합리적 이유가 있는가만 헌재가 판단할 수 있다는 취지로 이해된다. 그 근거를 댄다면 입법권의 존중을 들 수 있을 것이다.

그런 취지인가? 그런 취지로는 이해하기 어려울 것이다. 합리적 근거가 있는지를 판단하는 국면은 같은 것을 다르게 취급하거나 다른 것을 같게 취급하였을 때이다. 같은 것을 같게 취급하거나 다른 것을 다르게 취급하였다면 합리적 이유의 존부를 판단할 수 없다. 결국 합리적 이유가 있는지 여부를 판단하여야 하는 상황인가를 알기 위해서는 먼저 양자의 같고, 다름을 판단할 수밖에 없다. 그 판단이 있고 난 연후에야 같은 것을 다르게 취급하였는지, 다른 것을 같게 취급하였는지를 알 수 있다. 그러므로 헌재가 양자가 본질적으로 같은지, 또는 다른지를 판단할 수 없다는 입론은 타당하지 아니하다.

다른 한편, 헌재의 판례 중에는 다른 것을 같게 취급하였다는 판단을 한 경우도 여러 건 있다. 예를 들어 다음의 사례는 본질적으로 다른 것을 같게 취급하였다고 보아 차별을 인정하고 정당화 심사를 한 사례이다.

> "(2) 조합 임원의 선출과 관련하여 ① 금품 등을 제공하거나 제공의사를 표시하거나 제공을 약속하는 행위(구 도시정비법 제21조 제4항 제1호, 이하 '금품 등 교

---

199) '같은 것을 다르게, 다른 것을 같게' 처우하는 것.

부행위'라 한다)와 ② 금품 등을 제공받거나 제공의사 표시를 승낙하는 행위(구 도시정비법 제21조 제4항 제2호, 이하 '금품 등 수령행위'라 한다)가 모두 금지되어 있고, 이를 위반하는 경우 동일하게 '5년 이하의 징역 또는 5천만 원 이하의 벌금'에 처해진다(구 도시정비법 제84조의2 제3호).

(3) 정비사업은 정비구역 내 토지 소유자들의 재산권에 중대한 영향을 미칠 뿐만 아니라, 도시환경을 개선하고 주거생활의 질을 높이는 데 이바지한다는 공익적 측면이 있는 사업이다. 따라서 정비사업 진행과정에서 계약체결을 주도하는 조합 임원의 선임에 있어 신뢰 및 그 직무행위의 불가매수성이 엄격하게 유지되어야 할 필요성이 크다. 이에 심판대상조항은 조합 임원의 선출과 관련하여 후보자가 금품을 제공받는 행위를 금품을 제공하는 행위와 똑같이 엄중하게 처벌함으로써, 조합의 의사결정 과정에 금전이 결부되는 것을 사전에 방지하고자 하는 것이다. 즉, 심판대상조항은 정비사업에 참여하여 개발이익의 일부를 향유하는 시공사 및 협력업체와 조합 임원이 되고자 하는 사람 사이의 금품 수수행위를 엄하게 처벌함으로써 정비사업이 공정하고 원활하게 진행될 수 있도록 하는 입법적 결단이므로, 심판대상조항의 필요성과 합리성을 부정하기 어렵다.

(4) 따라서 심판대상조항은 평등원칙에 위배되지 아니한다."[200]

(2)에서 '금품 등 교부행위'와 '금품 등 수령행위'에 대해 같게 취급한 것을 확인하고, 이를 차별로 인식하였다. 다른 것을 같게 취급하는 한 것으로 보았다. (3)에서 그 차별에 대한 정당화 심사를 실시하고 있다.[201][202]

---

200) 헌재 2022. 10. 27. 2019헌바324, 공보 313, 1350, 1356.

201) 다만, 양자가 왜 다른가 하는 점에 대해서는 아무런 설명이 없다. 형벌의 부과에 있어서 같고 나름을 판단하는 기준은 무엇인가? 죄실인가? 죄실이라면 양자 사이에 죄질이 다르다는 점이 논증되었을 때, 비로소 그들에 대한 같은 취급이 차별로 인식될 수 있다. Ca설을 수용하였을 때 이런 논증을 하여야 한다는 말이다.

202) 다른 한편 이 결정에서는 위의 차별이 정당화된다고 보았는데, 그 근거는 오로지 하나뿐이다. '입법적 결단'이 그것이다. 그것을 차별의 정당화 사유로 볼 수 있을까? 법은 입법자의 결단으로 만들어진다. 그런데 그 입법자의 결단이 차별의 정당화 사유로 된다면 세상에 정당화되지 아니할 법이 어디 있을까? 정당화 심사는 입법적 결단을 헌법적으로 수용할 것인가를 심사하는 것이다. 입법자의 결단이 헌법의 명령에 어긋난 것이지만 수용할 것인가를 판단하는 과정이다. 입법적 결단이 왜 수용될 수 있는가? 이것을 설명하여야 한다. 입법적 결단이니까 수용될 수 있다는 것은 논증이 아니다.

아래의 결정도 마찬가지다. 복수면허를 가진 의료인과 단수면허를 가진 의료인은 본질적으로 다름에도 불구하고, 같은 취급을 하고 있으므로 다른 것을 같게 취급하였다고 보아 차별을 인정하고, 정당화 심사에 나아갔다.[203)]

> "이 사건 법률 조항이 의사와 한의사의 복수면허를 가진 의료인이든, 의사 또는 한의사 중 하나의 면허를 가진 의료인이든 '하나의' 의료기관만을 개설할 수 있다는 점에서는 '같은' 대우를 받는다. 그런데 복수면허를 가진 의료인과 단수면허를 가진 의료인은 의료인이라는 점에서는 같지만, 복수면허 의료인은 복수의 면허를 얻기 위하여 의과 대학과 한의과 대학을 각각 졸업하고, 의사와 한의사 자격을 얻기 위한 각각의 국가고시에 합격하는 등 복수의 면허를 얻기 위하여 복수의 절차를 거치게 된다. 따라서 어느 한쪽의 대학과 국가시험에 합격한 단수면허 의료인에 비하여 양방 및 한방의 쌍방 의료행위에 대하여 상대적으로 지식 및 능력이 뛰어나거나, 그가 행하는 양방 및 한방의 의료행위의 내용과 그것이 인체에 미치는 영향 등에 대하여도 상대적으로 더 유용한 지식과 정보를 취득하고 이를 분석하여 적절하게 대처할 수 있다고 평가될 수 있다.
>
> 또한 양방과 한방의 병(의)원이 협진이나 환자의 선택에 의한 교차 또는 순차 진료가 금지되어 있지 않고 그 유용성에 대한 임상사례도 발표되고 있는 상황에서, 복수면허를 가진 의료인에 대하여 교차 또는 순차적으로 이루어지는 양방 및 한방 의료행위를 할 수 없게 하거나, 진찰과 같이 국민 건강에 대한 안전성에 문제가 없는 영역에 이르기까지 무차별적으로 양·한방 의료행위의 결합을 금지하여야 할 것은 아니다.
>
> 이러한 점에서 복수의 면허를 가진 의료인들을 단수의 면허를 가진 의료인들과 동등하게 취급하는 것은 '다른 것을 같게' 대우하는 것이고, 거기에 합리적인 이유가 있다고 하기 어렵다.
>
> 따라서 이 사건 법률조항은 복수면허의 의료인인 청구인들의 평등권을 침해한다."[204)]

---

203) 물론 정당화 심사에 있어서, 논증의 양은 제로(zero)다. 아무런 논증이 없다. 인용문 중 맨 마지막 부분을 보자. '이러한 점에서 복수의 면허를 가진 의료인들을 단수의 면허를 가진 의료인들과 동등하게 취급하는 것은 '다른 것을 같게' 대우하는 것이고, 거기에 합리적인 이유가 있다고 하기 어렵다.' 중, 전단에서 차별을 인식하고, 바로 후단에서 정당한 사유가 없다는 결론을 내고 있다.

204) 헌재 2007. 12. 27. 2004헌마1021, 판례집 19-2, 795, 807-808.

또, 다르게 취급하였다 하더라도, 같은 것을 다르게 취급한 것이 아니므로 차별로 인식할 수 없다는 판례도 상당히 있다. 그 예를 몇 개 들어 보이면 다음과 같다.

산재보험법이 형제자매를 유족으로 규정하고 있는 것과 달리 사학연금법이 유족의 범위에 형제자매를 제외하고 있다 하여 본질적으로 동일한 것을 다르게 취급한다고 볼 수 없어 차별 자체가 존재하지 않는다.[205] 전체이용가 게임물과 청소년이용불가 게임물은 게임물의 본질적 요소인 내용은 전혀 다르므로, 전체이용가 게임물 제공업자에게는 경품제공을 허용하면서 청소년이용불가 게임물 제공업자에게는 경품제공을 금지하였다고 하더라도, 위 양자 사이에 차별취급이 존재한다고 할 수 없다.[206] 환매권은 징발매수된 재산의 원소유자에게 재산을 다시 매수할 수 있는 권리를 인정한 것이므로, 피징발자를 전제로 발생하는 문제이다. 따라서 피징발자와 일반 국민은 본질적 동일성이 없어 평등권의 비교집단에 해당되지 아니한다.[207]

⑦ "평등의 문제는 평균적인 동시대인의 정의감정에 비추어 판단할 수밖에 없다고 할 것이다."(v)는 표현에 대해서는 논의하여야 할 점이 있다.

직전에서 허영 교수는 "'합리적인 것'과 '불합리한 것', '자의적인 것'과 '그렇지 않은 것'을 구별하는 것은 또 다른 가치판단을 필요로 하는 문제"라고 하고 있다. 이 말을 전제로 한다면, 평등의 명령을 지켰는가, 지키지 못하였는가의 문제가 아니라, 다른 처우가 평등의 명령임을 전제로, 정당화 여부에 관하여 동시대의 감정에 따라 판단할 수 밖에 없다는 것은 인정할 수 있다. 그러나, 문맥을 보면 꼭 그런 취지로 설명된 것 같지 않다.

앞에서 설명하였지만, 허영 교수는 (a) '같은 것은 같게, 같지 아니한 것은 같지 않게' 처리하는 것을 평등의 명령으로 이해함을 전제로, '같은 것'과 '같

205) 헌재 2010. 4. 29. 2009헌바102, 판례집 22-1하, 37, 51-52.
206) 헌재 2009. 4. 30. 2007헌마103, 판례집 21-1하, 278, 324-325.
207) 헌재 2009. 5. 28. 2008헌바18, 판례집 21-1하, 694, 707.

지 아니한 것'을 판단하는 기준으로 '합리성의 원칙'과 '자의금지의 원칙'을 들고 있다. (b) 그리고 (v)에 이어지는 (vi)에서 그는 "'정의'의 실체를 파악하기 위한 철학적인 노력이 아직도 완전히 매듭되지 못했고, '정의'에 관한 연구가 철학의 영원한 과제로 인식되고 있는 오늘날 평등을 그 같은 미지의 정의라는 가치와 연관시키는 것이 문제가 없는 것도 아니다."고 한다. 이것은 '정의' 자체의 문제를 다룬다. 정의 자체는 평등의 명령의 문제다.[208)]

위의 말들을 모아 보면, 평등의 문제는 평균적인 동시대인의 정의감정에 비추어 판단할 수밖에 없다'고 할 때의 평등의 문제는 정당화 문제가 아니라, 평등 자체, 즉 평등의 명령이 무엇인가의 문제라고 이해된다. 그는 어떤 것이 평등의 명령인가 하는 문제를 '동시대의 정의감정'에 따라 판단하여야 한다고 설명하고 있는 것으로 보인다. 필자로서는 동의하기 어렵다.

우리가 지금 다루고 있는 문제는 '헌법'의 내용을 다루고 있다. 헌법이 평등조항을 두고 있다. 그런데 '평등'이라는 말이 매우 불분명한 점이 있어서 그 의미를 검토해 보고 있다. 그런데, 평등의 의미 자체가 동시대인의 감정에 따라 판단된다면, 결국 법치는 없는 것으로 된다.

다시 돌아보자. 평등을 '같은 것은 같게 다른 것은 다르게'로 이해하면, 세상에 평등의 문제 아닌 것이 없다. 세상의 모든 법의 문제는 '같음'과 '다름'의 문제로 전환될 수 있다. 이렇게 전환될 수 없는 사안을 모른다.[209)] 그 같고

---

208) '같은 것은 같게, 다른 것을 다르게'를 평등의 내용으로 받아들이면 그렇다.

209) 알란 파커(Sir Alan William Parker) 감독의≪Mississippi Burning≫ 중에 다음과 같은 대화가 나온다. 필자가 본 것은 02:06:21짜리 영상인데, 그 중 00:54:16 경에 나온다. 살화를 배경으로 한 영화다. 1964년, 미시시피주 제섭 카운티에서 민권 운동을 하던 세 사람이 실종된다. FBI가 수사에 나섰다. 각지에서 기자들이 찾아와 취재를 한다. 한 기자가 주민에게 묻고, 그 주민이 답한다.

Q: How do you think the nigroes have been treated here in Mississippi?

A: They're treated about fair. About as good as they ought to be.

그 당시에 백인들은 흑인에 대한 린치가 정당하다고 생각했다. 그 당시에 그 생각이 보편적이라면 법적으로, 적어도 평등의 관점에서 아무 문제도 없는 것이 될까? 여성을 시민으로 취급하지 아니하였던 역사적 경험도 평등의 관점에서 아무 문제가 안 되는 것일까? 필자는

다름의 문제를 그 시대의 감정에 맡겨버린다면, 다시 마녀 사냥이 활개치지 아니하리란 보장을 우리는 할 수 없다.

다시 말한다. 만약 평등을 '같은 것은 같게, 다른 것은 다르게' 취급하는 것이라 이해한다면, 같고 다름의 문제는 헌법이 정하여야 한다. '정의감정'으로 정할 수 없다. 우리 헌법은 이를 정한 조항을 가지고 있다. 헌법 제31조가 그것이다.

헌법 제31조 제1항은 "모든 국민은 능력에 따라 균등하게 교육을 받을 권리를 가진다."고 정하고 있다. 이 조항은 교육이라는 서어비스를 어떤 기준에 따라 분배하여야 하는가를 정하고 있다.[210] 헌법 제41조가 정하고 있는 평등선거도 헌법 제31조 제1항과 같은 성격을 가지고 있다. 선거권 분배의 기준을 정하고 있다. 평등선거는 어떤 사유도 선거권의 부여에 작동하면 안 된다는 것을 밝히고 있다.

더 나아가 누가 그것을 법적으로 승인하는가? 헌법재판관인가? 그러면 헌법재판관이 헌법을 창조하는 것과 무엇이 다를까. 결국 입법이란 같고 다름의 기준을 세우는 것인데, 헌법 차원에서의 같고 다름의 기준을 헌법재판관이 세

그렇게 보기는 어렵다고 생각한다.

210) "헌법은 제31조 제1항에서 교육을 받을 권리를 보장함으로써 국가로부터 교육에 필요한 시설의 제공을 요구할 수 있는 권리 및 각자의 능력에 따라 교육시설에 입학하여 배울 수 있는 권리를 국민의 기본권으로 보장하면서, 국민 누구나 능력에 따라 균등한 교육을 받을 수 있게끔 노력해야 할 의무와 과제를 국가에게 부과하고 있다(헌재 1991. 2. 11. 90헌가27, 판례집3, 11, 18-19 ; 헌재 1992. 11. 12. 89헌마88, 판례집 4, 739, 750-752 참조). 이에 따라 국가는 수학능력에 따른 교육을 가능하게 하는 공교육제도를 제공·정비하고 교육기관을 설립해야 할 의무가 있다."(헌재 2009. 4. 30. 2005헌마514, 판례집 21-1하, 185, 192) 아래와 같은 판시는 이 조항이 평준화 교육을 뒷받침한다고 본다. "헌법 제31조 제1항은 "모든 국민은 능력에 따라 균등하게 교육을 받을 권리를 가진다."라고 규정하고 있는바, 헌법 제31조 제1항의 교육을 받을 권리에는 국민 누구나가 교육에 대한 접근 기회 즉 취학의 기회가 균등하게 보장되어야 하는 것이 포함된다. 헌법 제31조 제1항은 헌법 제11조의 일반적 평등조항에 대한 특별규정으로서 교육의 영역에서 평등원칙을 실현하고자 하는 것이다."(헌재 2022. 3. 31. 2021헌마1230, 판례집 34-1, 317, 322)

울 수 있다[211]고 본다면 그들이 헌법제정권력을 가지는 것으로 된다. 조세부담의 배분 원리에 관한 다음 판시는 이를 잘 보여준다.[212]

"조세의 합형평성의 원칙은 조세관계법률의 내용이 과세대상자에 따라 상대적으로 공평(상대적 평등)하여야 함을 의미하는 것으로서, 비슷한 상황에는 비슷하게, 상이한 상황에는 상이하게 그 상대적 차등에 상응하는 법적 처우를 하도록 하는 비례적·배분적 평등을 의미하며, 본질적으로 불평등한 것을 자의적으로 평등하게 취급하는(내용의) 법률의 제정을 불허함을 의미하는 것이다.

조세부담의 공평기준은 근세초기의 국가로부터 납세자가 받는 이익에 상응하는 부담이어야 한다는 소위 '응익과세'(應益課稅)의 원칙이었으나, 오늘날 소득, 재산, 부(富)와 같은 납세능력 내지 담세력에 따라 부담하여야 한다는 소위 '응능과세'(應能課稅)의 원칙이 강조되고 있으며, 형평의 요건으로 '주관적 자의의 배제' 내지 '자의의 금지'라거나 '차별의 합리성의 유무' 등이 강조되고 있는데, 결국 위 요건을 합하여 조세권자의 자의가 배제되고 객관적인 사실을 기초로 한 합리적인 근거에 의하여 조세가 부과·징수되는 내용의 법률이라고 할 수 있기 위하여서는, 과세대상의 선정규정과 담세력의 산정규정에 합리성이 배려되어, 결국 과세 적격사유가 있는 대상에 대하여 그 능력에 합당한 과세액이 부과·징수되도록 규정되어 있는 것을 의미하는 것이라 할 것이다."[213]

"조세평등주의는 헌법 제11조 제1항이 규정하는 평등원칙이 세법영역에서 구현된 것으로 조세의 부과와 징수는 납세자의 담세능력에 상응하여 공정하고 평등하

211) 확인이라 표현하는 것이 좀 더 부드러울까? 세운다고 하면 형성한다, 창조한다는 의미에 가깝다. 그러나 실제에 있어서 양자 차이는 그리 크지 않다. 관습법의 경우를 보면 이를 알 수 있다. 관습법은 법원이 확인하는 것인가, 형성하는 것인가?

212) 이것이 헌법의 창조인가? 헌법의 해석인가? 혹자는 헌법 제11조 제1항을 해석하여 그 결론에 이르렀다고 말할지 모르겠다. 그러나 그렇지 않다. 헌법 제11조 제1항이 '같은 것은 같게, 다른 것은 다르게' 취급할 것을 명령한다는 것은, 헌법 제11조가 오로지 '형식'만을 제공하고 있고, 그 '내용'에 대해서는 말하고 있지 않다는 것을 의미한다. 그 내용을 채우는 것이 헌법이다. '같은 것은 같게, 다른 것은 다르게'의 틀로써 말한다면, 헌법 제31조 제1항은 '능력'을 교육이라는 가치의 분배 기준으로 삼으라는 것을 정하고 있다. 같고 다름의 기준이 '능력'이라는 말이다. 이와 같은 분배원리를 정하는 것, 그것이 헌법을 제정하는 것이다. 이것을 해석이라 우겨서는 곤란하다.

213) 헌재 1990. 9. 3. 89헌가95, 판례집 2, 245, 254-255.

게 이루어져야 하고 합리적 이유 없이 특정의 납세의무자를 불리하게 차별하거나 우대하는 것은 허용되지 아니한다는 원칙이다. 이러한 조세평등주의에 의해 요구되는 '담세능력에 따른 과세의 원칙'(또는 '응능부담의 원칙')은 한편으로 동일한 소득은 원칙적으로 동일하게 과세될 것을 요청하며(이른바 '수평적 조세정의'), 다른 한편으로 소득이 다른 사람들 간의 공평한 조세부담의 배분을 요청한다(이른바 '수직적 조세정의')."[214]

위의 두 개의 판시를 결합하여 보면, 헌재는 헌법 제11조 제1항으로부터 '응능부담원칙'을 도출해 낸 것을 알 수 있다. 이 말은 무슨 말인가? 우리 헌법전에는 없는 응능부담원리를 헌재가 써넣었다. 우리 헌법은 조세의 부담에 관하여 명문의 규정을 두고 있지 않다.[215] 그런데 헌재가 위와 같은 판시를 통하여 우리 헌법에 "모든 국민은 능력에 따라 균등하게 조세를 부담한다."[216]는 조항을 신설한 것과 같은 결과에 이르게 되었다.[217]

그러면 어떤 문제가 생기는가? 헌법을 제정하는 기관과 헌법을 해석하는 기관이 하나로 합쳐지는 결과에 이르게 된다. 이것이 권력분립에 부합하는가? 그렇지 않다. 당연히 권력분립원리에 어긋난다. 헌법재판관은 헌법을 해석하는 임무를 수행하는 자리이지 헌법을 제정하는 것을 임무로 하는 자리가 이

214) 헌재 2010. 2. 25. 2008헌바79, 판례집 22-1상, 207, 216.

215) "헌법이 과세만을 따로 떼어서 형평주의를 규정하고 있는 것은 아니지만,(후략…)"(헌재 1990. 9. 3. 89헌가95, 판례집 2, 245, 252)

216) 프랑스 인권선언 제13조는 "공권력 유지와 행정비용을 위해서 공공의 조세부담은 불가결하다. 조세부담은 모든 시민들 사이에 공평하게 그 능력에 따라 분배되어야 한다."고 규정하였고, 1919년에 제정된 독일 바이마르 헌법 제134조는 "모든 공민은 그의 자력에 따라 균등하게 법률이 정하는 바에 따라 공적 부담에 기여한다"고 규정하고 있다.

217) 이를 뒤집는 방법은 무엇인가? 헌법을 개정하여 명문으로 다른 배분원칙을 규정하는 수 밖에 없다. 응능부담원칙을 받아들이더라도 이를 헌법상의 원칙으로 이해할 것인가는 또 별개의 문제다. 만약 응능부담원칙을 헌법상의 원칙으로 받아들이지 않는다면, 입법자가 법률에서 이와 배치되는 조세부담을 규정하더라도, 적어도 응능부담원칙에 위배된다는 이유로 위헌 결정을 받지는 않는다. 국회의 자율성이 더 커진다, 더 많이 민주주의가 존중된다. 헌법적 원칙으로 응능부담원칙을 수용하는 것은, 민주주의를 위축시킨다.

니다. 그것, 즉 헌법을 제정하는 것은 국민이 하도록 헌법에 규정되어 있다.[218)]

현실적으로는 어떤 문제가 생기는가? 우리 공동체의 운명이 선출되지 아니한 재판관의 손에 맡겨진다. 우리는 이것을 경험하였다. 수도이전 결정이 그것이다. 헌재는 수도이전 결정에서 헌법을 창조하였다. '서울은 대한민국의 수도이다.'라는 헌법조항을 창조하고, 이 헌법조항에 위배된다는 이유로 수도를 세종시 일원으로 옮기고자 하는, 국회의 민주주의적 결정을 무효로 만들어 버렸다.[219)] 이 결정을 옹호하는 논문은 하나를 제외하고는 알지 못한다.[220)] 거

218) 헌법 제130조 참조.

219) 비교라는 행위는 평가의 기준이 정해졌을 때 가능하다. 어떤 기준을 설정하는가에 따라 결론이 달라진다. 결혼 상대방은 어떤 기준에 따라 선택하여야 하는가? 집안, 외모, 키, 마음가짐, 장래성 등 다양한 요소 중 무엇을 기준으로 삼느냐에 따라 결론이 달라진다. 당신의 기준은 무엇인가?

법공동체가 헌법을 제정하면서 이런 것들을 정해 두는 경우가 있다. 우리 헌법에서는 교육이나 투표권을 배분하는 기준을 정해 두었다. 헌법 제31조 제1항(모든 국민은 능력에 따라 균등하게 교육을 받을 권리를 가진다.)과 헌법 제41조 제1항(국회는 국민의 보통·평등·직접·비밀선거에 의하여 선출된 국회의원으로 구성한다.), 제67조 제1항(대통령은 국민의 보통·평등·직접·비밀선거에 의하여 선출한다.)이 그것이다.

이 말은 교육에 있어서는 '능력'이 다르면 다르게 취급하라는 말이다. '집안'이 다르더라도 그것을 이유로 다르게 취급하면 안 된다는 말이다. 투표에 있어서는 '집안, 외모, 키, 마음가짐, 장래성 등' 어떤 것이 다르더라도 다르게 취급하면 안 된다는 말이다.

헌법이 비교 기준을 정하고 있지 않음에도 불구하고 헌재가 기준을 설정한다면, 이는 곧 헌재가 헌법을 제정하는 것으로 된다. '解釋'이라는 포장을 하고, '制憲'을 하는 것이다. 이는 法治主義에 위배된다. 헌재는 존재하는 헌법을 적용하는 기관이지 헌법을 제정하는 기관이 아니다.

당연히 헌법에서 정하고 있는 비교 기준이 존재한다면, 해당 기준을 따라야 하겠지만, 헌법에 존재하지 않는 비교의 기준을 헌재가 설정하려 들어서는 안 된다. 국회는 당연히 헌법에 있는 비교의 기준을 준수하여야 한다. 그러나 헌법에 없는 것이라면 당연히 국회가 정할 수 있다. 이것이 민주주의다. 민주주의는, 국민 또는 그의 대표가, 헌법의 범위 안에서, 공동체의 의사 결정을 하는 것이다. '헌법재판관의 정의관'은 민주주의를 제약할 수 없다.

국회가 정한 비교의 기준을 헌재가 심사하여 틀렸다고 말하는 것은, 어떤 사람이 결혼 상대방의 비교 기준을 정했는데, 지나가던 아저씨가 틀렸다고 말하는 것과 같다. 그 아저씨의 말은 법이 될 수 없다.

기에 비해 이를 비판하는 논문은 매우 많다.[221)222)]

---

220) 김승대, "헌법관습의 법규범성에 대한 고찰", 『헌법논총』, 제15집, 헌법재판소, 2004, 133 이하. 이 논문은 김승대, 『한반도 헌법국가의 주요문제』, 법문사, 2017, 112 이하에 재록되었다. 이 논문은 관습헌법 이론과 관련하여 매우 중요하다. 김승대 변호사는 이 사건 결정 당시에 헌재 연구부장으로 재직하면서 사실상 헌재의 관습헌법에 관한 논리를 구축하였다.

221) 이부하, "헌법의 개념과 관습헌법 - 헌재 2004. 10. 21. 2004헌마554566 (병합) 결정을 평석하며", 『한양법학』, 제20권 제2집, 한양법학회, 2009, 75 이하; 방승주, "수도가 서울이라는 사실이 과연 관습헌법인가?", 『공법학연구』, 제6권 제1호, 비교공법학회, 2005, 153 이하; 전광석, "수도이전특별법 위헌결정에 대한 헌법이론적 검토", 『공법연구』, 제33집 제2호, 공법학회, 2005, 113 이하; 남복현, "헌법재판소의 이른바 관습헌법 논리에 대한 비판적 분석", 『한양법학』, 제19집, 한양법학회, 2006, 3 이하; 김배원, "국가정책, 관습헌법과 입법권에 대한 헌법적 고찰", 『공법학연구』, 제5권 제3호, 비교공법학회, 2004, 147 이하; 김상겸, "성문헌법국가에 있어서 관습헌법의 의미에 관한 연구", 『헌법학연구』, 제11권 제1호, 헌법학회, 2005, 295 이하; 허완중, "관습법과 규범통제", 『공법학연구』, 제10권 제1호, 비교공법학회, 2009, 161 이하; 조재현, "신행정수도특별법 위헌결정에 대한 비판적 검토 -관습헌법의 변경절차와 국민투표권-", 『토지공법연구』, 제27집, 토지공법학회, 2005, 387 이하.

222) 서울이 수도라는 관습헌법을 창조해 낸 것도 문제지만, 서울이 수도라는 관습헌법을 창조하고도 수도를 이전하는 법률을 위헌으로 결정할 수 없다는 점을 인식하고, 절차법을 뒤튼 것도 작지 않은 과오다. 서울이 수도라는 관습헌법은 수도를 이전하는 특별법을 위헌으로 하는 근거로 될 수 없다. 당해 심판이 헌재법 제68조 제1항의 헌법소원 절차를 따랐기 때문이다. 헌재법 제68조 제1항의 헌법소원에서는 어떤 공권력의 행사가 청구인의 기본권을 침해하는 경우에만 인용 결정을 할 수 있다. 헌재법 제68조 제1항, 제75조 제2항 참조. 그런데 서울이 수도라는 조항은 기본권과 무관하다. 그래서 헌재는 엄청난 논리적 조작 끝에 결국 청구인의 국민투표권을 침해하였다는 이유로 인용결정을 하였다. 논리적으로 전혀 납득할 수 없는 결정이다. 헌재 스스로도 이 결정에 대해 잘못되었다는 취지의 결정을 했다. 이 점에 대해서는 정주백, "지금, 대한민국의 수도는 어디인가", 『법학연구』, 제28권 제2호, 충남대, 2017, 9 이하 참조. 헌재가 반성문을 썼다고 보는 결정은 헌재 2013. 11. 28. 2012헌마166, 판례집 25-2하, 559이다. 특히 562쪽 이하를 보라. "위와 같은 우리 헌법의 개정 절차에 의하면, 성문헌법의 개정은 헌법의 조문이나 문구를 수정, 삭제, 보완, 삽입하는 등의 명시적이고 직접적인 변경을 내용으로 하는 헌법개정안의 제출에 의하여야 하고, 하위규범인 법률의 형식으로, 일반적인 입법절차에 의하여 개정될 수는 없다. 따라서 성문헌법과 양립할 수 없는 내용의 법률이 제정되는 경우라고 하더라도, 그러한 법률은 위헌적인 법률로서 헌법이 정한 규범통제의 대상이 될 뿐 헌법을 개정하는 효력이 없다."는 점을 분명히 밝혔다.(수도이전 결정에서는 수도이전의 특별법 제정이 헌법을 개정하는

필자는 허영 교수의 위와 같은 말이 위험하다고 생각한다. 필자는 헌법이 정하지 아니한 분배의 기준은 입법자, 즉 국회가 스스로 결정할 수 있다고 본다. 당연한 말이다. 공정력을 생각해 보면 당연히 이해할 수 있는 말이다. 국회의 입법은 헌법에 위반되지 않으면 유효하다. 국회가 입법에 있어서 지켜야 할 것은 '헌법'이다. 그 헌법이 말하고 있지 아니한 분배의 룰을 헌법재판관이 창조할 수 있고, 그것으로 국회의 입법을 무효로 할 수 있다는 발상은 민주주의에 위반된다.

물론, 형식적으로만 보면 허영 교수가 헌법재판관의 의지에 의한 재판을 옹

것이라 판단하였음을 기억할 필요가 있다. 수도를 정한 헌법을 개정하는데 국민투표를 안 거쳤으니, 청구인의 국민투표권이 침해되었다는 것이 수도이전 결정의 위헌 이유다. 유일한 위헌 이유다. 관습헌법에 위반되었다는 이유로 특별법을 위헌으로 결정하였다고 생각하면 오해다.) 다만 이 결정(2012헌마166 결정)에서는 수도이전 결정에 정당성을 훼손하지 않기 위하여 불문헌법은 법률로써 개정될 수 있다는, 매우 기이한 판단을 하고 있다. 563쪽에 그런 말이 나온다. "반드시 헌법에 의하여 규율되어 법률에 대하여 효력상 우위를 가져야 할 만큼 헌법적으로 중요한 기본적 사항임에도 불구하고 형식적 헌법전에 기재되지 아니한 사항의 경우, 어떤 사항이 그에 해당하는지 여부를 판단할 수 있는 일반.추상적 기준이 존재하지 아니함에 따라 반드시 헌법에 의하여 규율되고 개정되어야 할 사항을 입법자가 법률의 형태로 규정하여 국민이 헌법 제.개정에 관하여 가지는 권한을 침해할 수 있으나(헌재 2004. 10. 21. 2004헌마554등, 판례집 16-2하, 1, 39-51 참조), 성문헌법 조항의 경우는 그러한 문제가 발생하지 아니한다." 국민들이 깨어있지 아니하면 법을 다루는 사람들이 이렇게 국민을 속인다. 우리 공동체는 똑똑한 사람들에게 지나치게 관대하다. 이에 비하면 자신들이 선출한 국회의원들에 대해서는 지나치게 박하다. 우리 헌법이 민주주의를 채택하였다(헌법 제1조 제2항 참조)는 것은, 우리의 결정, 또는 우리들을 대표하는 사람들의 결정으로써 우리 공동체가 나아갈 방향을 정하여야 한다는 것을 의미한다. 필자는 우리가 우리의 국회를 신뢰하여야 한다고 본다. 나찌의 경험이 독일에서 헌법재판소를 만들게 했고 우리가 이를 수용한 것은 분명하지만, 헌법재판소가 국회의 결정을 무효로 하기 위해서는 분명한 헌법적 근거가 있어야 한다. 그리고 그 결정이 논리적인 것이어야 한다. 재판의 결론은 재판관 또는 법관 자신들의 뜻이 아니라, '헌법'의 의지이어야 한다. 재판을 빙자하여 재판관들의 의지가 결론을 만들면 안 된다. 재판서에 기재된 '이유'는 이것을 담보하기 위해서이다. 그러나, 국민이 깨어 있지 않으면, 수도이전 결정처럼, 재판관은 묘한 말로써 국민을 현혹하고, 자신들의 의지를 헌법의 의지로 바꿔치기 한다.

호한 것은 아니다. 그러나 같고 다름을 '동시대인의 정의감정에 비추어' 결정할 수 있다고 한다면, 종국적으로는 헌법재판관의 의지가 평등이라는 空虛한 메카니즘을 통하여 헌법을 형성하게 될 것임은 거의 자명하다.[223]

⑧ 허영 교수는 (vi)에서 "'정의'의 실체를 파악하기 위한 철학적인 노력이 아직도 완전히 매듭되지 못했고, '정의'에 관한 연구가 철학의 영원한 과제로 인식되고 있는 오늘날 평등을 그 같은 미지의 정의라는 가치와 연관시키는 것이 문제가 없는 것도 아니다."라고 한다. 이렇게 문제가 있다고 하면서도 헌법재판관이 평등을 정의로써 충전하여 우리 법공동체의 운명을 좌우할 수 있다고 보는 것에 대해서는 동의하기 어렵다.

법은 문서로 써진 어떤 것이다. 어떤 경우 써진 법이 우리의 보편적 정의관에 어긋날 수도 있다. 우리 헌법 제29조 제2항[224]에 대해서는 오래전부터

---

223) 같고 다름에 대해 헌재는 일관된 룰을 확보하고 있는 것도 아니다. 같고 다름의 판단이 달라진 아래의 사례는 참고할 만하다. 헌재 2005. 5. 26. 2004헌바27, 판례집 17-1, 644, 656은 "청구인 ○○건설 주식회사는 이 사건 법률조항이 고급오락장으로 사용하지 않을 목적으로 취득하는 경우에도 취득세를 중과세하도록 규정한 것이 평등원칙에 위배된다고 주장한다. 그러나 위에서 본 바와 같이 취득목적이라는 것은 지극히 주관적이어서 이를 객관적으로 확인하는 것은 매우 어려운 일일 뿐 아니라 고급오락장의 취득목적에 따라 취득세 중과세 여부를 달리하는 것은 그 해석과 법집행상의 자의가 개재될 여지가 있으며 유통세인 취득세의 본질과도 상응하지 않으므로 고급오락장의 취득목적이 "본질적으로 다른 두 개의 비교집단"을 나누는 기준은 될 수 없다 할 것이다. 따라서 이 사건 법률조항이 평등원칙을 위반하여 청구인의 기본권을 침해하였다고 볼 수 없다."고 하였다. 어떤 요소가 같고 다름을 가르는 기준으로 될 수 없다고 보았다. 그러나 그 뒤의 헌재 2009. 9. 24. 2007헌바87, 판례집 21-2상, 498, 512-513은 그 요소를 같고 다름을 가르는 요소로 보아야 한다고 판단하였다. "앞서 본 바와 같이 이 사건 법률조항의 주된 목적이 사치성 재산의 소비를 억제하고 국민의 건전한 소비생활 정착을 도모하는 데에 있는 한, '고급오락장으로 사용할 목적을 가지는 취득행위'와 '고급오락장으로 사용할 목적을 가지지 않는 취득행위'는 본질적으로 상이한 집단이라고 하지 않을 수 없다. 그렇다면, 그 취득목적에 따라 취득세 중과세 여부가 달라져야 할 것인바, 이러한 양자의 차이가 반영되지 아니한 채 이 사건 법률조항이 '고급오락장으로 사용할 목적을 가지지 않은 취득행위'에 대하여도 적용되는 것은 불합리한 차별취급에 해당하여 평등원칙에 위반된다 할 것이다."

224) 헌법 제29조 ② 군인 · 군무원 · 경찰공무원 기타 법률이 정하는 자가 전투 · 훈련등 직

논란이 있었다. 이 조항이 국가배상법에 있을 때 대법원이 위헌으로 결정한 조항이라는 점,[225] 그 후 유신헌법에 편입되어 지금까지 유지되고 있다는 점, 문재인 대통령의 개헌안에는 이 조항이 삭제되었다는 점은 비교적 널리 알려진 사실이다. 그렇다고 헌법 제29조 제2항이 우리 헌법의 일부를 구성하지 않는다고 말하지는 않는다.[226]

그리고 씌어져 있지 않은 것이, 우리의 보편적 정의 관념에 부합한다고 하여 법으로 될 수는 없다. 법은 약속이다. 옳으니까, 또는 정의로운 것이니까 법이 되는 것은 아니다. 위에서 본 바대로 옳지 않더라도, 정의롭지 않더라도 권한 있는 기관이 절차에 따라 법으로 공포하였으면 법으로 된다. 옳음, 또는 정의로움을 법의 '성립'과 연결하여 이해하려고 하면 안 된다.

⑨ "'평등은 정의를 뜻하고, 정의에 반하는 것은 자의'"(vii)라는 표현이 대해 생각을 해 보자. 필자가 보기에 허영 교수는 정의와 恣意를 너무 극단적으로 이해하고 있는 것 같다. '恣意'는 쉽게 말하면 제멋대로 하는 생각이다. 恣는 방자하다는 뜻이다. 내키는 대로 한다는 뜻이다.

정의에 반한다고 하여 모두 자의에 해당하는 것은 아니다. 정의에 반하지만 자의에 해당하지 않는 것으로 가장 쉽게 들 수 있는 예는 법적 안정성이다. 법적 안정성을 위한 제도들을 두고 정의에 어긋나니까 恣意的인 것이라 바로 판단할 수는 없다. 공소시효를 두고 생각해 보면 알 수 있다.

무집행과 관련하여 받은 손해에 대하여는 법률이 정하는 보상외에 국가 또는 공공단체에 공무원의 직무상 불법행위로 인한 배상은 청구할 수 없다.

225) 대법원 1971. 6. 22. 선고 70다1010 전원합의체 판결.

226) 이 조항의 문제점을 해소하려는 노력에 대해서는 대법원 2017. 2. 3. 선고 2015두60075 판결 참조. 필자가 보기에 통상적인 법해석은 아닌 것 같다. 배상을 먼저 받았느냐, 보상을 먼저 받았느냐가 그리 중요한 요소는 아닌 것 같다. 그런데 이 판례는 이것을 강조한다. 보상을 받았으면 배상을 청구할 수 없지만, 배상을 먼저 받았으면 보상을 청구할 수 있다고 한다. 배상금보다 보상금이 더 클 수 있다는 것은 우리 나라의 특수한 상황인 것 같다. 그런데 이 판례에서는 이미 받은 배상금을 공제하는 것도 허용되지 않는다고 한다. 법적 근거가 없어서라고 한다. 법적 근거가 없는 것은 당연하다. 입법자는 이런 상황이 있을 예상하지 못했다. 하여간 흥미로운 판결이다.

⑩ "'입법권자가 입법에 즈음해서 사항적으로 분리취급해야 할 사항을 분리취급하지 않은 경우'에는 정의감정을 해치는 정도가 크기 때문에 평등권의 침해를 인정해야겠지만, '입법권자가 입법에 즈음해서 사항적으로 분리취급할 수도 있는 사항을 분리하지 않은 경우'에는 정의감정을 해치는 정도가 약하기 때문에 평등권의 침해를 부인해야 하리라고 본다."(viii)라는 부분을 한 번 생각해 보자.

위와 같은 설시는 평등을 '같은 것은 같게, 다른 것은 다르게 취급하는 것'이라는 이해를 바탕으로 한 것이다. 그런데, 허영 교수는 '다르게 취급하여야 할 것'과 '다르게 취급할 수도 있는 것'이 동일한 국면에서 공존할 수 있는 것처럼 이야기하고 있다. 필자는 그렇지 않다고 본다.

'같은 것은 같게, 다른 것은 다르게'의 논변을 따를 때 가장 먼저 하여야 할 일은, 두 개의 집단이 '같은 것'인가, '다른 것'인가를 구별하는 것이다. 다르게 취급하고 있더라도, 본질적으로 같은 것을 다르게 취급할 때에만 정당화 심사에 나아가고, 본질적으로 다른 것을 다르게 취급하는 것이라면 정당화 심사에 나아갈 필요가 없다.[227] 본질적으로 다른 것이라는 판단으로써 평등권 침해 여부에 대한 심사는 종료된다.

이 경우 같고 다름을 판단하기 위해서는 분배의 룰을 확정하여야 한다. 예를 들어 응능부담원리를 룰로 채택하면,[228] 양자가 본질적으로 같은가, 다른

227) 물론, Cb설, 즉 '같은 것은 같게, 다른 것은 그 비율에 따라 다르게'를 채택하면 다른 것을 다르게 취급하더라도 정당화 심사가 필요한 경우가 있다.

228) 필자는 응능부담원리가 우리 헌법상의 원리라는 점에 대해 의심을 가지고 있다. 헌법 제11조 제1항을 가만히 쳐다보고 있으면 응능부담원리가 도출된다는 헌재의 설명을 도저히 납득할 수 없다. 헌재는 다음과 같이 판시하였다. "조세평등주의라 함은 헌법 제11조 제1항에 규정된 평등원칙의 세법적 구현으로서, 조세의 부과와 징수를 납세자의 담세능력에 상응하여 공정하고 평등하게 할 것을 요구하며 합리적인 이유없이 특정의 납세의무자를 불리하게 차별하거나 우대하는 것을 허용하지 아니한다 (헌재 1997. 10. 30. 96헌바14, 판례집 9-2, 454, 463)." (헌재 1999. 11. 25. 98헌마55, 판례집 11-2, 593, 608) 헌법 제11조 제1항은 텅 비어 있는데, 거기서 응능부담원칙이 도출될 수는 없다. 누군가가 헌법 제11조 제1항에 응능부담원칙을 집어넣었고, 거기서 응능부담원칙

가를 판단하는 기준은 양자의 담세능력이다. 담세능력이 같으면 양자는 같은 것이고, 다르면 다른 것으로 된다. 그러므로 담세능력이 다르면 다르게 취급하여야 한다(should, ought). 담세능력이 다른데 다르게 취급할 수도 있다고 하는 경우는 없다. 다르면 다르게 취급하여야 한다. 적어도 논리적으로는 그렇다.

물론, 담세능력이 다른데도 같이 취급하는 경우가 있을 수 있다. 이 경우에는 정당화 심사를 받아야 한다. 정당한 이유가 있다고 인정되면, 평등권을 침해하지는 않았다, 위헌은 아니라는 판단을 받게 될 것이다.

여기서의 논의를 다음과 같이 정리할 수 있다. 평등을 '같은 것은 같게, 다른 것은 다르게'로 이해하면, 평등권 침해 여부에 대한 심사는 2단계를 거쳐 진행된다. (a) 차별의 존부 (b) 정당화 심사가 그것이다.

(a) 단계에서 차별은, 같은 것을 다르게 취급하거나, 다른 것을 같게 취급하였을 때 인식된다. 다른 것을 다르게 취급하거나, 같은 것을 같게 취급하면 여기서 심사가 종료된다. 이 심사 단계에서는 다르게 취급하여야 할 것을 같게 취급하였는가 하는 논쟁은 있을 수 있겠지만, 다르게 취급할 수도 있는 것을 같게 취급하였는가 하는 논쟁은 있을 수 없다.

(b) 차별이라고 인식된 경우에는 정당화 심사에 나아간다. 같게 취급하여야 할 것을 다르게 취급하거나 다르게 취급할 것을 같게 취급하였다면 정당화 심사를 받는다. 같게 취급한 것이 차별로 인식된 후 정당화될 수 있다. 이 경우도 다르게 취급하였어야 한다는 점은 달라지지 않는다. 단지 차별[229]에 정

이 나왔다고 쇼를 하는 것에 불과하다. 나중에는 응익부담원칙이 도출될 수도 있다. 헌법 제31조 제1항은 교육에 있어서의 능력주의를 선언하고 있다. 이런 조항이 있으면 헌법 제11조 제1항에서 능력주의가 도출된다고 하더라도, 그냥 쇼일 뿐 헌법이 능력주의를 선언하고 있는 것을 평등의 관점에서 확인하는 것에 불과하여 문제가 적다. 그런데 응능부담원칙이 헌법 제11조 제1항에서 도출된다고 할 때는, 헌법 제31조 제1항과 같은 헌법조항이 없는데도 있다고 기만하는 것과 마찬가지다. 누가 그런 헌법원칙이 있다고 선언하는가? 헌법재판관이 그것을 선언하고, 그것이 법적으로 문제가 없다고 보는 것은, 헌법재판관이 헌법제정권력을 가진다는 것을 승인하는 것이다.

당한 이유가 있어서 위헌이라 결정되지 아니할 뿐이다.

필자가 보기에 허영 교수는 이 두 개의 국면을 합쳐서 논의를 한 것 같은데, 필자로서는 납득하기 어려운 이야기다. 위의 인용문을 다시 한번 더 보자.

Ⓐ '입법권자가 입법에 즈음해서 사항적으로 분리취급해야 할 사항을 분리취급하지 않은 경우'에는 Ⓑ 정의감정을 해치는 정도가 크기 때문에 평등권의 침해를 인정해야겠지만, Ⓒ '입법권자가 입법에 즈음해서 사항적으로 분리취급할 수도 있는 사항을 분리하지 않은 경우'에는 Ⓓ 정의감정을 해치는 정도가 약하기 때문에 평등권의 침해를 부인해야 하리라고 본다."

위의 인용문 중 Ⓐ와 Ⓒ가 차별의 존부에 관한 것이고, Ⓑ와 Ⓓ가 정당화 심사에 관한 것이다. 허영 교수는 Ⓒ와 같은 판단이 차별의 존부에 관한 판단 단계에서 있을 수 있다고 이야기하는데, 그렇지는 않다.

"평등권이 요구하는 평등은 절대적 평등이 아니고 상대적 평등을 뜻하기 때문에 '같은 것'과 '같지 않은 것', '같이 취급할 사항'과 '다르게 취급할 사항'을 결정할 수 있는 넓은 형성의 자유가 입법권자에게 허용된다고 하는 점에 대해서도 이론이 없다. 그러나 입법권자의 형성의 자유가 무제한한 것은 아니기 때문에 정의의 관점에서 자의적이라고 평가될 수 있는 경우까지 형성의 자유에 의해서 정당화되는 것은 아니다."[230]

⑪ 위의 인용문을 어떻게 이해하여야 하는가? '같은 것'과 '다른 것'[231]을 결정하는데 입법권자의 넓은 재량이 인정된다고 한다. 과연 그런가? 필자가 보

229) 다른 것을 같게 취급.

230) 허영, 『한국헌법론』, 박영사, 2022, 362-363.

231) 인용문에는 '같지 아니한 것'이라 기재되어 있다. 논리적으로는 다른 표현이다. '양수가 아닌 수'와 '음수'가 같지 아니한 것과 마찬가지다. 그러나 여기서는 양자를 구분하지 아니하고 쓰기로 한다. 통상 Ca설을 이야기할 때에도 '같은 것은 같게, 다른 것은 다르게'라고 이야기하지, '같은 것은 같게, 같지 아니한 것은 같지 아니하게'라고 말하지는 않는다. 양자 사이에 논리적으로 다른 점이 있음을 알지만 혼용한다. 그 다른 점이 의미를 가질 만큼 우리의 논의 수준이 높지는 않다.

기에는 그렇지 않다. 이 점은 평등론에서 상당히 중요한 논점이다.

우리가 지금 헌법을 적용하여 법률[232]의 위헌 여부를 어떻게 판단할 것인가를 다루고 있다. 보다 구체적으로는 법률이 헌법 제11조 제1항에 위배되는가를 어떻게 판단할 것인가를 다루고 있다.

그런데, 허영 교수는 '같은 것은 같게, 다른 것은 다르게' 취급하는 것을 평등 또는 평등의 명령으로 이해한다. 이 말은 '같은 것은 같게, 다른 것은 다르게'가 법률의 위헌 여부를 판단하는 대전제로 된다는 것을 의미한다.

조세의 부담에 관해 응능부담원리를 채택한다는 것은, 응능부담원리를 조세의 부담에 관한 헌법의 명령으로 이해한다는 것, 즉 법률이 지켜야 할 헌법적 명령으로 이해한다는 것을 의미한다. 판례는 헌법 제11조를 검토하면 응능부담원리가 도출된다고 말한다.

> "헌법 제11조 제1항은 모든 국민은 법 앞에 평등하고 누구든지 합리적 이유 없이는 생활의 모든 영역에서 차별을 받지 아니한다는 평등원칙을 선언하고 있다. 이와 같은 평등원칙이 세법 영역에서 구현된 것이 조세평등주의로서, 조세의 부과와 징수는 납세자의 담세능력에 상응하여 공정하고 평등하게 이루어져야 하고, 합리적인 이유 없이는 특정의 납세의무자를 불리하게 차별하거나 우대하는 것은 허용되지 아니한다."[233]

이 판례는 응능부담원리가 헌법 제11조 제1항의 명령을 구성한다는 것을 설명하고 있다. 필자는 이 말이 옳지 않다고 보지만,[234] 여기서 다루는 논점

---

232) 법률 이외의 규범도 문제가 되겠지만, 여기서는 일단 법률만을 논의의 대상으로 한다.

233) 헌재 2014. 6. 26. 2012헌바299, 판례집 26-1하, 506, 514; 헌재 2015. 4. 30. 2011헌바177, 판례집 27-1상, 429, 438-439. 밑줄은 필자가 추가한 것이다.

234) 헌법 제11조 제1항을 분석하여 응능부담원리가 도출되는 것은 아니다. "공공의 무력의 유지를 위해 그리고 행정의 비용을 위해 공공의 기여는 불가결하다. 그것은 모든 시민들에게 그들의 능력에 따라 평등하게 배분되어야 한다."는 프랑스 인권선언 제13조나 "모든 시민은 동등하게, 그의 資力에 비례하여, 법률이 정하는 바에 따라 공적 부담에 기여한다."고 정하고 있는 독일 바이마르 헌법 제134조와 같은 규정이 있었을 때

과 관련하여 응능부담원리가 평등 안에 들어 있다, 그래서 응능부담원리가 헌법 차원의 원리다, 라는 것을 선언하고 있다고 이해하는 그 방법만은 옳다고 본다. 그래야 응능부담원리에 반하는 법률 조항을 위헌이라는 판단을 하는 논리적 구조가 갖추어지기 때문이다. 법률이 정할 수 있는 것을 법률이 위배하였다고 하여 '위헌'으로 되는 것은 아니다.[235)]

'恣意'는 평등에서 벗어난 상태에 대한 평가의 국면에 작동하는 말이다. 차별이 인식되었을 때 그 차별이 정당화될 수 있겠는가를 판단하는 시점에, 그 차별이 자의적인 것이 아니라면 위헌이 아니라거나, 평등권을 침해한 것이 아니라는 판단을 할 수 있다.

그런데, 허영 교수는 같고 다름을 판단하는데 입법자에게 재량이 있다고 본다. 그렇지 않다. 만약 허영 교수의 논지를 그대로 받아들이면, '같은 것은 같게, 다른 것은 다르게'는 헌법을 구성하는 원리가 아닌 것으로 된다. 필사는

비로소 원칙이 존재한다고 말할 수 있다. 헌재는 투표권에 관해서는 헌법 제41조에서 평등선거를 규정하고 있음에도, "헌법 제11조 제1항 평등의 원칙이 선거제도에 적용된 것"(헌재 1998. 11. 26. 96헌마74, 판례집 10-2, 764, 773; 헌재 1998. 11. 26. 96헌마54, 판례집 10-2, 742, 747)이라고 한다. 헌법 제11조 제1항으로부터 평등선거가 도출되는데, 다만 헌법 제41조가 이를 확인하고 있을 뿐이라는 취지이다. 이와 같은 생각은 이해하기 어렵다. 여기서 상론할 문제는 아니지만, 필자는 평등선거는 헌법 제11조 제1항과 무관하다고 본다. 어느 정도 연결의 가능성이 있는 것은 보통선거다. 보통선거는 '사람'에 따라 선거권을 주거나 안 주면 안 된다는 것이다. 이에 비하여 선거는 차등선거에 비교되는 말이다. 필자는 (평등과 무관한) 선거권 배분의 정의원리라고 이해한다. 능력주의 또는 성과주의에 비견될 수 있는 것이다. 뒤에 설명하겠지만, 필자는 정의가 평등을 충전할 수 없다고 본다. 헌법 제11조 제1항 후문에 열거된 사유(+이와 내포를 공유하는 사유, 예시설을 채택한다면)에 따른 '다른 취급'만을 헌법 제11조 제1항 후문이 금지한다고 본다. 전문은 법 집행자에게만 적용된다고 본다. 전문은 법 집행자에게 존재하는 법을 그대로 집행할 것을 명령한다.

235) "어떤 법률조항의 내용이 다른 법률조항의 내용과 서로 충돌된다 하여 원칙적으로 이들 법률조항이 헌법에 위반된다는 등 헌법문제가 발생되는 것은 아니고, 이들 법률조항들을 어떻게 조화롭게 해석할 것인가의 법률해석 문제가 생길 뿐이다."(헌재 2007. 8. 30. 2003헌바51 등, 판례집 19-2, 213, 229. 실제 판례집을 따르면, 215, 231로 기재하여야 한다. 인터넷 자료에 오류가 있다.)

허영 교수가 '자의성 심사'가 작동하는 국면에 대해 오해하고 있다고 본다. 236)237)

236) 허영 교수는 위 인용문에 아래의 판시를 원용하고 있다. "평등의 원칙은 일체의 차별적 대우를 부정하는 절대적 평등을 의미하는 것이 아니라 입법과 법의 적용에 있어서 합리적 근거 없는 차별을 하여서는 아니 된다는 상대적 평등을 뜻하고 따라서 합리적 근거 있는 차별 대지 불평등은 평등의 원칙에 반하는 것이 아니다."(헌재 1994. 2. 24. 92헌바43, 판례집 6-1, 72, 75) 필자가 보기에 위 인용문의 내용과 전혀 관계없다. 내용을 보면, 서로 다른 취급에 대해 바로 차별을 인식하고 정당화 심사를 한 판례다. A설과 B설을 전제로 판단했다. 허영 교수는, 판례에 상대적 평등설이 나오니 같은 취지라고 생각하였는지는 모르겠지만, 완전히 다른 내용이다.

237) 헌재는 다음과 같이 판시한 사례가 있다. "자의의 금지는 입법, 행정, 사법뿐만 아니라 헌법재판에도 모두 적용된다. 평등의 원리로 적용되는 영.미국에서의 적법절차의 조항이나, 서독을 비롯한 대륙법계에서의 자의금지의 원칙은 그 본질에 있어서 사회정의의 실현을 의미한다. 즉 평등한 것은 평등하게, 불평등한 것은 불평등하게 취급되어야 하는데, 평등하게 취급할 것을 불평등하게, 불평등하게 취급할 것을 평등하게 취급하는 것은 정의에 반하는 것으로 자의금지의 원칙에 위배된다."(헌재 1989. 5. 24. 89헌가37, 판례집 1, 48, 63) 표현이 적절하다고 생각되지는 않지만, '평등하게 취급할 것을 불평등하게, 불평등하게 취급할 것을 평등하게 취급하는 것'은 Ca설의 관점에서 보면 '차별'로 인식되는 상태다. 이 차별 상태에 대해 다시 정당한 이유가 있는 차별인가가 검토된다. 이 국면에 자의성 심사가 작동한다. 다음 판례는 이 점을 잘 보여 준다. "헌법상 평등의 원칙은 일반적으로 입법자에게 본질적으로 같은 것을 자의적으로 다르게, 본질적으로 다른 것을 자의적으로 같게 취급하는 것을 금하고 있는 것으로 해석되고, 평등원칙 위반 여부를 심사함에 있어 엄격한 심사척도에 의할 것인지, 완화된 심사척도에 의할 것인지는 입법자에게 허용되는 입법형성권의 정도에 따라서 달라지는데(헌재 1999. 12. 23. 98헌마363, 판례집 11-2, 770, 787 참조), 특별한 사정이 없는 한, 법률의 평등원칙 위반 여부는 입법자의 자의성이 있는지의 여부만을 심사하게 된다. 자의금지원칙의 위반에 대한 심사요건은, ① 본질적으로 동일한 것을 다르게 취급하고 있는가 하는 차별취급의 여부와 ② 이러한 차별취급이 자의적인가의 여부라고 할 수 있다. ①의 기준과 관련하여 두 개의 비교집단이 본질적으로 동일한지의 여부에 대한 판단은 일반적으로 관련 헌법규정 및 당해 법규정의 의미와 목적에 달려 있다. 그리고 ②의 기준과 관련하여 차별취급의 자의성은 합리적인 이유가 결여된 것을 의미한다(헌재 2004. 12. 16. 2003헌바78, 판례집 16-2하, 472, 487 참조)."(헌재 2009. 12. 29. 2008헌바139, 판례집 21-2하, 800, 813) '평등하게 취급할 것을 불평등하게, 불평등하게 취급할 것을 평등하게 취급하는 것'이라는 표현이 적절하다고 생각되지는 않다고 보는 것은, '평등'이라는 말을 설명하는데, '평등'이라는 말이 사용되고 있기 때문이다. 필자의 표현으로 '닫힌 정의(closed definition)'에 해당된다. 이렇게 설명하면 평등의 의미는 영원히 파악할 수 없게 된다. '학교는 공부하는 학교'라고 해서는 학교의 의미

"입법권이 평등권을 침해했는지의 여부는 단순히 제정법률의 형식적인 요건이나 내용보다는 법률의 실질적인 내용을 기준으로 판단해야 하기 때문에, 법률이 형식면에서는 차별대우를 금지하는 것으로 규정하고 있지만, 그 법률의 집행 내지 적용과정에서 차별대우가 불가피하게 되는 경우에는 그것은 역시 평등권을 침해한 입법권의 행사라고 평가할 수 있다고 할 것이다."[238]

⑫ 의미가 분명하지 아니하다. 법률의 내용이 (형식적으로 보아) 평등에 부합한다고 하더라도, 그 법률을 법집행의 평등에 부합하도록 집행하면, 다시 '차별대우가 불가피하게 되는 경우'가 어떤 상황인지 파악하기 어렵다. 이 책에는 더 이상의 설명이 없다. 뭔가 법 내용의 평등과 법 집행의 평등에 혼선이 있는 것처럼 보인다.

법률이 평등에 부합하지 아니하면, 그 법을 그대로 집행하는 경우에 법률의 불평등이 그대로 실현된다. 이 문제는 법률을 개정하여 시정하여야 하고 집행을 통해 시정될 수 없다. 이것이 법 내용의 평등과 법 집행의 평등을 준별하여 이해하는 것이다.

필자가 보기에는 집 집행의 문제를 끌어들이는 것은 부적절한 것 같다. 예를 들어 남성과 여성에게 똑 같은 취급을 하더라도, '실질적으로' 보았을 때 차별로 이해될 수 있는 경우가 있다는 것이 위 인용문의 취지 아닌가 한다. 그러면 헌법은 형식적 평등에 보태어서 실질적 평등도 보장한다고 하는 것이 적절한 표현인 것 같다. 물론 그 주장의 적절성은 별도로 다루어야 할 문제이다.

를 파악할 수 없다.

238) 허영, 『한국헌법론』, 박영사, 2022, 364.

> "차별대우금지는 누구든지 성별 · 종교 또는 사회적 신분에 의하여 정치적 · 경제적 · 사회적 · 문화적 생활의 모든 영역에 있어서 차별을 받아서는 아니된다는 것을 뜻한다. 헌법에 규정된 차별대우사유와 생활영역은 하나의 예시규정에 불과하기 때문에 인종 · 출신지역 등을 이유로 하는 종교적 · 군사적 생활영역에서의 차별대우도 마땅히 금지된다."[239)]

⑬ 허영 교수는 '차별대우 사유는 하나의 예시규정에 불과하기 때문에 인종 · 출신지역 등을 이유로 하는 차별대우도 마땅히 금지된다'고 한다. 필자는 차별금지 사유가 예시적인 것이라는 점에 대해서는 큰 이론이 없다. 필자는 그렇게 볼 수도 있다는 의견을 가지고 있다. 그러나 예시로 볼 만한 문언적 기초가 없는 것은 분명하다.

'남녀고용평등과 일 · 가정 양립 지원에 관한 법률'이 "고용에서 남녀의 평등한 기회와 대우를 보장"하는 것을 목적으로 하고 있다. 제1조, 목적 조항에 이 점을 분명히 밝히고 있다. 그리고 제2조 제1호에서 정하고 있는 차별의 정의도 이를 따르고 있다. ""차별"이란 사업주가 근로자에게 성별, 혼인, 가족 안에서의 지위, 임신 또는 출산 등의 사유로 합리적인 이유 없이 채용 또는 근로의 조건을 다르게 하거나 그 밖의 불리한 조치를 하는 경우[사업주가 채용조건이나 근로조건은 동일하게 적용하더라도 그 조건을 충족할 수 있는 남성 또는 여성이 다른 한 성(性)에 비하여 현저히 적고 그에 따라 특정 성에게 불리한 결과를 초래하며 그 조건이 정당한 것임을 증명할 수 없는 경우를 포함한다]를 말한다."[240)]

이 법은 성별을 이유로 한 차별에 초점을 맞추고 있다. 물론, 위 차별 개념 안에 '혼인, 가족 안에서의 지위'가 차별금지 요소로 적시되어 있고, '등'이 그 끝에 기재되어 있어서 차별금지 사유를 예시적인 것으로 볼 여지가 없는 것은 아니지만, 이를 예시적인 것으로 본다고 하여 '종교' 차별에 대해서도 이

239) 허영, 『한국헌법론』, 박영사, 2022, 366.
240) 밑줄은 필자가 추가한 것이다.

법이 적용된다고 말하는 사람은 없을 것이다.

헌법 제11조 제1항 후문에는 이 법률보다 2 개 더 많은 차별금지 사유가 기재되어있을 뿐인데, 갑자기 세상의 모든 사유에 따른 차별이 모두 적용 범위에 포섭된다는 것은 선뜻 납득할 수 있는 주장이 아니다. 게다가 차별 안에 '다른 처우' 뿐만 아니라 '같은 처우'까지 포함된다는 주장을 만나게 되면, 갑자기 헌법 안에서 BIG BANG이 터진 것 같은 느낌을 갖게 된다. 다만 필자는 이 점에 대해 상론하고 싶은 생각은 없다. 예시적 열거설을 받아들이더라도 예시적 열거설을 법리에 따라 이해해야 된다는 점만 주장한다.

그런데, 허영 교수는 헌법 제11조 제1항 후문에 기재된 차별금지 사유가 (a) 예시규정에 불과하다고 전제하고, (b) 인종 · 출신지역 등을 이유로 하는 차별대우도 마땅히 금지된다는 결론에 이르렀다.

전자에 대해서 논증이 없다. 왜 예시적 규정이라고 보아야 하는가. 이를 받아들인다 하더라도 후자, 즉 '인종 · 출신지역 등을 이유로 하는 차별대우'가 당연히 금지된다고 할 수는 없다. 전자, 즉 헌법 제11조 제1항 후문에 기재된 차별금지 사유가 예시에 해당된다고 하더라도, 그 예시가 드러내고자 하는 내포(connotation)가 무엇인가를 분석하는 과정이 있어야 한다. 그 후 다시 인종이나 출신지역이 앞에서 확정된 내포에 포섭되는가를 검토하여야 한다.

허영 교수는 명시적으로 열거되지 아니하였지만 차별금지 사유로 될 수 있는 것으로서, 인종과 출신지역을 들었지만, PE관과 PVC관 중 PVC관,[241] 우체국보험과 인보험,[242] 오토바이와 자동차[243]에 대한 다른 취급의 경우, 차별

---

241) 헌재 2015. 3. 26. 2014헌마372, 판례집 27-1상, 383.

242) 헌재 2008. 5. 29. 2006헌바5, 판례집 20-1하, 91. 헌재에서 거의 유일하게 이 논점을 두고 논쟁이 있었던 결정이다. 심판대상은 다음과 같다. 우체국예금.보험에 관한 법률 제45조(수급권의 보호) 보험금 또는 제38조의 규정에 의한 환급금을 지급받을 권리는 이를 양도하거나 압류할 수 없다. 이 조항을 두고 법정의견은 '우체국보험 가입자의 채권자를 일반 인보험 가입자의 채권자에 비하여 불합리하게 차별취급하는 것'(헌재 2008. 5. 29. 2006헌바5, 판례집 20-1하, 91, 103-104)이라 하면서 헌법불합치 결정을 했다.

이에 대해 김종대 재판관은 "'우체국보험 가입자의 채권자'와 '일반 인보험 가입자의 채권자'를 비교집단으로 설정하는 것은 무의미하다. 왜냐하면 채권자는 자신의 채무자가 어떠한 보험에 가입할 것인지에 대해 전혀 알 수 없고, 혹시 알게 된다 하더라도 그 행위에 아무런 영향을 미칠 수 없기 때문에, 자신이 우체국보험 가입자의 채권자가 될 것인지 아니면 일반 인보험 가입자의 채권자가 될 것인지, 또는 두 지위를 함께 가지게 될 것인지는 그야말로 채권자의 사정과는 아무런 관련이 없이, 채무자의 보험 가입이라는, 채권자로서는 지극히 우연한 사정에 따라 결정되기 때문에, '우체국보험 가입의 채권자'와 '일반 인보험 가입자의 채권자' 사이에 법적으로 의미있는 구별을 하기가 매우 곤란하기 때문이다. 이러한 상황에서 '우체국보험 가입자의 채권자'와 '일반 인보험 가입자의 채권자'를 차별취급한다면 이는 본질적으로 아무런 차이가 없이 단지 우연한 사정에 의해 나누어지게 되는 두 집단을 차별취급하는 것으로서 그 차별취급이 정당화되기는 매우 어렵다. 이러한 비교집단의 설정에 따라 평등원칙 위반 여부를 심사한다면 모든 압류 금지 조항들이 위헌임을 면하기 어려울 것이다. 왜냐하면 자신의 채무자가 법률에 의해 압류가 금지된 채권을 보유하고 있는지, 압류가 금지되지 않은 채권을 보유고 있는지 여부는 채권자가 전혀 개입할 수 없는 사정임에도 그러한 사정을 들어 채권자들을 서로 차별취급하는 것은 모두 부당하다고 해야 하기 때문이다."(헌재 2008. 5. 29. 2006헌바5, 판례집 20-1하, 91, 11)라고 하면서 법정의견의 분석 방법이 타당하지 않다고 보았다.

필자는 당연히 김종대 재판관의 의견이 타당하다고 본다. 법률은 '일반 인보험'과 달리 '우체국 보험'에 대해 특례를 인정하고 있다. 이것이 (필자의 논지에 따르면) 당연히 차별이고, 헌법 제11조 제1항 후문이 명시적으로 금지한 사유에 기한 차별이거나, 명시적으로 금지하지 않았지만 헌법이 금지한 것으로 보는 차별 사유에 해당한다면(예시적 열거설을 따랐을 때) 정당화 심사에 나아가야 할 것이다. 필자는 헌법이 금지한 차별 사유에 해당하지 않는다고 본다. 만약 법정의견과 같이 이해한다면, 민사집행법 제195조가 정하고 있는 압류금지 물건에 대해서도 똑같이 위의 논리가 적용될 것이다. 이것들을 부정하는 논리는 헌재가 여러 차례 설시한 바 있다. '누구에게나 적용되는 법 이론'이다. "청구인들은 이 사건 법률조항이 기존 정유업체와 비교하여 비정유업체의 생산, 판매를 전면적으로 금지하여 헌법상 평등원칙에 위배된다고 주장하나, <u>이 사건 법률조항은 정유업체와 비정유업체를 구별하지 아니하고 누구든지 유사석유제품의 생산 및 판매를 하지 못하도록 하고 있어 이들 사이의 차별이 존재한다고 볼 수 없으므로 평등원칙에 위배되지 아니한다</u>."(헌재 2009. 5. 28. 2006헌바24, 판례집 21-1하, 484, 498. 밑줄은 필자가 추가한 것이다.) "다른 선거에서는 소선거구제를 채택하면서 기초의원 선거에서만 중선거구제를 채택하였다고 하여도, 공무담임권은 소선거구제를 요구할 수 있는 권능을 포함하지 아니하므로, 청구인들의 공무담임권을 침해할 수 있는 것이라 할 수 없다. <u>중선거구제가 소선거구제보다 후보자의 노력과 비용을 더 많이 들이게 한다고 하더라도, 이는 선거제도의 기본 틀에서 비롯되는 것으로서 모든 후보자들에게 동등하게 적용되는 것이므로 특정 후보자를 불리하게 차별하</u>

사유는 무엇이고 그 차별 사유가 헌법에 의해 금지되는 것인지에 대해서는 어떤 의견을 가지고 있을지 궁금하기는 하다.

거나 공무담임권을 제한하는 것이라 볼 수 없으므로 이에 대한 심판청구는 기본권침해 가능성이 없어 부적법하다."(헌재 2007. 11. 29. 2005헌마977, 판례집 19-2, 645, 651-652. 밑줄은 필자가 추가한 것이다.) "공선법 제93조 제1항은 행위주체에 관하여 아무런 제한도 가하고 있지 아니하여 청구인들로서는 이 규정에 의하여는 그 누구와 대비하여서도 부당한 차별대우를 받지 아니하므로 일반인들과 비교하여 또는 현직 의원들과 비교하여 선거운동에 있어서의 평등권을 침해하는 것이 아니고, 다만, 현직 의원의 경우 제111조 제1항에 의하여 선거기간 개시일부터 선거일까지의 기간 이외에는 의정활동 보고를 할 수 있어 제93조 제1항의 금지의무를 회피하는 수단으로 이를 이용하여 선거운동을 할 가능성이 있다는 점에서 결과적으로 원외 후보자 또는 후보자가 되고자 하는 자에 대하여는 선거운동의 기회균등을 보장하지 못하게 되는 차별의 문제가 발생하고, 나아가 이로 인하여 원외 후보자 또는 그 후보자가 되고자 하는 자의 국회 또는 지방의회 진출에 제한이 되어 공무담임권을 침해할 소지가 있으나, 이는 제111조 제1항이 선거기간 개시일 전일까지 현직 의원들에게는 의정활동 보고를 허용하면서도 원외 후보자들에게는 이와 유사한 보고 등의 홍보행위를 허용하지 않는 데서 비롯되는 차별의 문제일 뿐이다. 따라서 공선법 제93조 제1항이 평등의 원칙에 위배된다거나 공무담임권을 침해하는 규정이라고 볼 수 없다."(헌재 2001. 10. 25. 2000헌마193, 판례집 13-2, 526, 540-541. 밑줄은 필자가 추가한 것이다.)

243) 헌재 2011. 11. 24. 2011헌바51, 판례집 23-2하, 430; 헌재 2008. 7. 31. 2007헌바90, 판례집 20-2상, 224; 헌재 2007. 1. 17. 2005헌마1111, 판례집 19-1, 110.

제4장

기본권론

장영수

1. 평등한 대우의 내용

헌법상의 평등원칙은 일차적으로 평등한 대우를 의미한다. (i) 모든 사건, 모든 사람을 획일적으로 같게 취급하는 기계적 평등이 아니라 같은 것을 같게, 다른 것을 다르게 취급하는 상대적·비례적 평등의 관점에서 같은 사안은 같게, 다른 사안은 다르게 취급하도록 요구하는 것이다.

또한 (ii) 헌법상의 평등원칙은 형식적 의미의 평등뿐만 아니라 실질적 의미의 평등까지도 적극적으로 실현시킬 것을 요구하고 있다. 즉 국가에 의한 불평등한 법적용을 금지할 뿐만 아니라 법의 내용 또한 평등의 원칙에 부합하여야 하며, 나아가 평등의 실현을 위한 국가의 적극적인 활동까지도 요청하는 것이다.

이처럼 (iii) 자의적 차별의 금지를 내용으로 하는 평등대우의 요청은 헌법적 평등원칙의 가장 기본적인 요소이다. 하지만 (iv) 구체적인 경우에 어떤 것이 같은 것으로서 평등하게 취급되어야 하고, 또 어떤 것이 서로 다른 것으로 차별되어야 하는지는 법률에 의한 구체화를 고려하는 가운데 헌법의 전체적인 맥락에 따라서 개별적으로 판단할 수밖에 없다.[244)]

① 장영수 교수는 '같은 것은 같게, 다른 것은 다르게' 취급하는 것을 평등의 의미로 이해한다. 필자의 표현으로 Ca설이다. 그런데, 평등이 비례적 평등까지도 포함한다고 보면, '같은 것은 같게, 다른 것은 그 비율에 따라 다르게'로 설명하는 것이 타당하다. 필자의 표현에 따르면 Cb설이다.

Ca설과 Cb설이 다른 것은 다음과 같은 점이다. Ca설은 다른 것을 다르게 취급하기만 하면 평등이 충족된 것으로 이해한다.[245)] 그러나, Cb설에 따르면 다른 것을 다르게 취급하더라도 평등이 실현되지 아니한 것으로 받아들여질

244) 장영수, 『기본권론』, 홍문사, 2003, 246-247.
245) '같은 것은 같게'는 논외로 한다.

수 있다. 다른 비율에 따라 다른 취급이 이루어 졌을 때 평등이 실현되었다고 이해되고, 다른 비율에 따라 다른 취급이 이루어지지 아니하면 평등하지 아니한 상태로 판단된다. Cb설은 Ca설보다 훨씬 엄격하다.

累進稅制度를 예로 들어보자. 세금의 분배원리로 應能負擔原理를 받아들이면, 누진세제도는 '같은 것은 같게, 다른 것은 다르게'를 평등으로 이해하는 Ca설에 의해서는 평등한 취급을 하는 제도로 이해될 수도 있을 것이지만,[246] Cb설에 의하면 평등한 취급을 하는 제도로 이해될 수 없다.[247] 누진세는 담세력이 다른 程度와 조세부담이 다른 정도가 일치하지 않기 때문이다. 이 입론에 부응하는 조세제도는 累進稅制度가 아니라 單一比例稅(FLAT TAX) 제도이다. 단일비례세제도야말로 담세력의 같지 아니한 정도와 조세부담의 같지 아니한 정도가 일치하는 조세제도다.

② (iii)에서 '자의적 차별의 금지를 내용으로 하는 평등대우의 요청'이라는 표현은 어떤가? 이것이 '평등한 대우의 내용'에 관한 설명인가? 자의적인 차별의 금지는 여기서 다루고 있는 평등한 대우의 내용을 논하는 말이 아니다. 평등한 대우의 내용이 정해진 다음 그 평등한 대우로부터 벗어난 상태를 어떻게 평가할 것인가에 관한 문제를 논하는 말이다.

평등으로부터 벗어난 상태가 되면 바로 위헌으로 되는가? 아니면 자의적인지 아니하다고 볼 이유가 있으면 위헌이 아니라고 볼 것인가? 이 물음에 대

246) 이 입론에서는 담세능력이 다른 사람에게, 서로 다른 세액을 부담시키기만 하면 다른 것을 다르게 취급한 것으로 된다.

247) 이 입론을 따르면, 다른 것을 다르게 취급하더라도 차별로 될 수 있다. 다름의 비율과 취급의 비율이 다르면 그 상태는 평등에서 벗어난 상태다. 같은 것은 같게, 다른 것은 그 비율에 따라 다르게 취급하여야 한다는, 이른바 아리스토텔레스의 정의론을 그대로 받아들인다면, 담세능력의 다름의 비율과 세액의 다름의 비율이 일치하여야 한다. 예를 들어 담세력의 비율이 1:2라면, 세액의 비율도 1:2이어야 한다. 이것이 正義라고 아리스토텔레스는 이해했다. 그런데, 누진세 제도는 그 비율을 달리한다. 예를 들면 담세력의 비율이 1:2라면 부담하는 세액의 비율은 1:2가 아니라 1:3 또는 1:4가 되어야 한다고 본다. 이것은 아리스토텔레스가 이해한 正義에 반한다. Cb설에 따르면, 이것은 차별로 인식될 수밖에 없다.

하여 후자 쪽에 긍정하는 아이디어가 이른바 자의금지원칙의 내용이다.

위 인용문의 기술에서 장영수 교수가 자의금지원칙의 체계적 지위를 오해하였다는 점을 추단케 하는 것은, 자의금지에 관한 기술 밑에 다시 (iv)와 같은 기술을 하였다는 것이다. 장영수 교수는 (iv)에서 다시 어떤 상태가 평등한 대우를 한 상태인가, 즉 '같은 것은 같게, 다른 것은 (그 비율에 따라) 다르게 대우하고 있는가를 판단하는 어려움을 이야기하고 있다. 만약 자의금지원칙이 평등한 처우의 내용에 관한 문제를 논하는 개념이 아니라는 것을 인식하였다면 이런 구조로 문단이 만들어지지는 않았을 것이다.

③ (iv)에서 '평등'과 '차별'이라는 말이 적확하게 사용된 것으로 보이지 않는다. 여기서 우리는 평등이라는 말이 수범자에게 어떻게 할 것을 명령하는가 하는 문제를 다루고 있다. 장영수 교수는 '같은 것은 같게, 다른 것은 (그 비율에 따라) 다르게' 취급하는 것이 평등 명령의 내용이라 보았다.

그런데 (iv)에서 평등을 '같은 것을 평등하게', '다른 것을 차별적으로' 취급하는 것이라는 취지로 표현한 것은 매우 적절하지 아니하다. '평등' 안에 다시 '평등'이 들어 있는 형국이 된다.[248] '평등'을 "같은 것을 평등하게', '다른 것을 차별적으로' 취급하는 것'으로 이해한다면, 앞의 평등[249]은 "같은 것을 평등하게', '다른 것을 차별적으로' 취급하는 것'을 의미하고, 뒤의 평등[250]은 '같음'을 의미하는 것으로 된다. 하나의 말이 서로 다른 의미로 사용되었다.

나아가 평등을 "같은 것을 평등하게', '다른 것을 차별적으로' 취급하는 것'으로 이해하면, 차별은 "같은 것을 차별적으로', '다른 것을 평등하게' 취급하는 것'이라 이해될 수밖에 없다. 이 경우에도 위에서 본 바와 같이 하나의

248) 어떤 것은 어떤 것 안에 들어 있을 수 없다. 집합 A는 집합 A의 부분집합일 수 있다는 예를 들어 반대 주장을 한다면, 집합 A 안에 집합 A, 그리고 '다른 어떤 것'이 함께 들어 있을 수 없다고 완화된 주장을 하겠다. 장영수 교수는 '평등' 안에 '평등'과 '차별'이 들어 있다고 주장하고 있다. 이것은 비교적 분명하게 옳지 못하다.

249) 피정의항의 평등을 말한다.

250) '같은 것을 평등하게' 중의 평등.

'차별'이라는 말을 서로 다른 의미로 사용하는 것으로 된다.[251]

④ 평등은 평등을 명령한다. 이것을 뒤집을 수는 없다. 평등하지 아니한 상태를 차별이라 한다면, 평등이 차별, 즉 평등하지 아니한 것을 명령할 수는 없다. (iv)에서 평등이 '차별'을 명령하는 것처럼 기술하는 것은 논리적으로 받아들여질 수 없다. '서로 다른 것'이므로 차별받을 수 있다고 주장할지 모르겠으나, 그렇지 않다. 평등이 차별을 명령하지는 않는다. 헌법 제11조 제1항 후문에는 분명하게, '차별받지 아니한다'고 써져 있는데, 평등이 차별할 것을 명령하고 있다고 해석할 수는 없다.

장영수 교수는 차별이 정당화되어, 그 차별이 위헌이 아니라고 판단되는 경우가 있지 않느냐고 반론할지 모르겠다. 타당하지 아니한 반론이다. '차별'이 허용되는 것과 차별이 명령되는 것은 다르다. 차별이 허용될 수 있다는 말은 차별이 금지되어 있음을 전제로 한다. 차별이 금지되지만, 특별한 경우에 차별이 '예외적으로' 허용될 수 있음을 말하는 것 뿐이다.

위 (iv)에서 장영수 교수는 차별이 명령된다고 썼다. 비록 조건이 붙어 있지만, 차별이 명령된다고 쓴 것은 분명하다. 허용될 수 있다고 쓴 것이 아니다.

이런 경우를 생각해 보자. 형법 제250조 제1항이 살인하지 말 것을 명령하고 있다. 이 조항을 두고 '죽이지 말아야 할 사람은 죽이지 말고, 죽여야 할 사람은 죽여라'는 명령으로 이해할 수 있다, 살인하지 말라는 명령은 특별한 경우에 살인하라는 명령으로 이해된다고 주장하면 이 주장이 타당한가? 그렇지 않다. (iv)는 타당하지 아니한 이 주장을 하고 있다.[252]

---

251) 정의항 안에 피정의항이 들어 있으면 정의 자체가 틀렸다고 말할 수밖에 없다. 우리는 평등이라는 말을 상대방에게 이해시키려고 정의항을 만들었는데, 거기에 다시 상대방이 모르는 피정의항이 들어 있다. 이것은 헌법학의 문제가 아니다. 단순한 논리학의 문제이다.

252) 필자는 평등을 같은 것은 같게, 다른 것을 다르게, 라는 말에 대해서는 이와 같은 비판을 하지 않는다. 여기서는 차별이라는 말을 쓰지 않고, '다르게'라는 말을 쓰고 있기 때문이다. 헌법 제11조 제1항 후문은 차별을 금지하고 있다. 이 차별의 해석론에 따라서 극단적으로 '다르게 처우하는 것'이 명령된다고 해석할 수 있음을 부정하지는 않는

⑤ (iv)에서 어떤 것이 서로 같고 어떤 것이 서로 다른 것인가에 관한 문제 있어서는 헌법 전체적인 맥락에 따라서 개별적으로 판단 할 수밖에 없다고 한다. 결국 뭔가? 법을 해석하는 권한을 가진 사람이 정하면 된다는 말과 다르지 않다. 물론, 적절히. 이것은 법치주의, 법에 의한 재판이란 관점에서 보면 상당히 심각한 말이다.

장영수 교수의 표현대로, '같은 것을 같게, 다른 것을 다르게'로 평등을 이해하면, 이 규범은 세상의 모든 사람, 사태, 상황에 적용될 수 있다. 그런데, 같고 다름을 판단하는 기준을 헌법재판관이 세운다는 말은 헌법재판관의 마음에 안 들면[253] 모두 위헌으로 결정할 수 있다는 말이다. 같고 다름의 법은 그때 그때 다를 수 있다. 같다고 한 판례가 있더라도 뒤집으면 된다.

필사가 고급 오락장 사건이라고 부르는 아래 판례를 보자. 앞의 판례는, '고급오락장의 취득목적이 "본질적으로 다른 두 개의 비교집단"을 나누는 기준은 될 수 없다'고 보았으나, 뒤의 판례는 이를 뒤집었다.

"청구인 ○○건설 주식회사는 이 사건 법률조항이 고급오락장으로 사용하지 않을 목적으로 취득하는 경우에도 취득세를 중과세하도록 규정한 것이 평등원칙에 위배된다고 주장한다. 그러나 위에서 본 바와 같이 취득목적이라는 것은 지극히 주관적이어서 이를 객관적으로 확인하는 것은 매우 어려운 일일 뿐 아니라 고급오락장의 취득목적에 따라 취득세 중과세 여부를 달리하는 것은 그 해석과 법집행상의 자의가 개재될 여지가 있으며 유통세인 취득세의 본질과도 상응하지 않으므로 고급오락장의 취득목적이 "본질적으로 다른 두 개의 비교집단"을 나누는 기준은 될 수 없다 할 것이다. 따라서 이 사건 법률조항이 평등원칙을 위반하여 청구인의 기본권을 침해하였다고 볼 수 없다."[254]

다. 단지 타당하지 아니한 주장이라고 반론할 뿐이다. 그런데, 헌법 제11조 제1항 후문이 분명하게 차별을 금지하고 있는데, 차별이 명령된다고 이해하는 것은 법을 전적으로 무시하는 것이다.

253) 말이 좀 거칠지만, 헌법재판관이 생각하는 정의에 부합하지 아니하면.

254) 헌재 2005. 5. 26. 2004헌바27, 판례집 17-1, 644, 656.

그런데 동일한 법률 조항이 문제된 사건에서 다음 판례는 다르게 말하였다. "앞서 본 바와 같이 이 사건 법률조항의 주된 목적이 사치성 재산의 소비를 억제하고 국민의 건전한 소비생활 정착을 도모하는 데에 있는 한, '고급오락으로 사용할 목적을 가지는 취득행위'와 '고급오락장으로 사용할 목적을 가지지 않는 취득행위'는 본질적으로 상이한 집단이라고 하지 않을 수 없다. 그렇다면, 그 취득목적에 따라 취득세 중과세 여부가 달라져야 할 것인바, 이러한 양자의 차이가 반영되지 아니한 채 이 사건 법률조항이 '고급오락장으로 사용할 목적을 가지지 않은 취득행위'에 대하여도 적용되는 것은 불합리한 차별취급에 해당하여 평등원칙에 위반된다 할 것이다."[255]

이에 대하여 앞의 판례에 따라야 한다는 이공현, 김종대 재판관의 반대의견이 있다. "'취득목적'에 따라 취득세의 과세 여부를 달리 하는 것은 유통세인 취득세의 본질과 상응하지 않는다는 점은 앞서 본 바와 같고, 따라서 고급오락장의 '취득목적'이 고급오락장에 대한 취득세 중과세에 있어 '본질적으로 다른 두 개의 비교집단'을 나누는 기준은 될 수 없다 할 것이다. 사치성 재산인 고급오락장의 취득에 대해 통상보다 높은 세율의 취득세를 부과하는 이 사건 법률조항의 입법취지가 전통적인 조세의 기능인 지방자치단체의 재원조달 기능에 있는 이상, 취득목적이 무엇인지에 상관없이 '고급오락장 취득 행위'는 모두 본질적으로 동일한 집단이라고 보아야 할 것이다. 따라서 이 사건 법률조항은 고급오락장으로 사용할 목적 없이 고급오락장을 취득한 경우에 적용되더라도 평등원칙에 위반되지 아니한다."[256]

헌재는 조세의 부담에 관하여 응능부담원리를 채택하고 있다. 다음과 같은 설시는 이를 보여준다. "조세 평등주의 또는 응능부담원리에 관해서는, "헌법 제11조 제1항은 모든 국민은 법 앞에 평등하고 누구든지 합리적인 이유 없이

255) 헌재 2009. 9. 24. 2007헌바87, 판례집 21-2상, 498, 512-513.
256) 헌재 2009. 9. 24. 2007헌바87, 판례집 21-2상, 498, 515. 인용문 중의 줄바꾸기는 무시하였다.

는 생활의 모든 영역에 있어서 차별을 받지 아니한다는 평등의 원칙을 선언하고 있고, 이와 같은 평등의 원칙이 세법영역에서 구현된 것이 조세평등주의이다. 즉, 조세평등주의는 조세의 부과와 징수는 납세자의 담세능력에 상응하여 공정하고 평등하게 이루어져야 하고, 합리적인 이유 없이 특정의 납세의무자를 불리하게 차별하거나 우대하는 것은 허용되지 아니한다는 원칙이다."[257]

그러면 (평등을 '같은 것은 같게, 다른 것은 다르게'로 이해한다고 하더라도) 조세의 부담에 관하여 같고, 다름을 정하는 기준은 담세능력이다. 담세능력 이외의 자료로써 같고, 다름을 나누면 평등에서 벗어난 것이다. 정당화 심사를 받아야 한다. 이 사건에 문제된 '취득목적'은 담세력과 무관하다.[258] 무관하지 않다면 무관하지 아니함을 논증하여야 한다. 뒤의 판례에서는 이 논증을 하지 않았다.[259]

---

257) 헌재 2011. 7. 28, 2009헌바311, 공보 178, 1104, 1107. 인용문 중의 참조 판례는 생략하였다. 다음과 같은 판례가 인용되어 있다. 헌재 1996. 6. 26. 93헌바2, 판례집 8-1, 525, 535; 헌재 1999. 11. 25. 98헌마55, 판례집 11-2, 593, 608; 헌재 2000. 2. 24. 98헌바94, 판례집 12-1, 188, 227.

258) 이를 뒷받침하는 판례를 하나 든다. 意思는 세액 결정에 작동할 수 있는 요소가 아니다. "수용의 경우 양도 여부를 스스로 결정할 수 없다는 이유만으로 자의에 의한 일반 양도의 경우와 달리 양도소득세를 부과할 수 없다고 보아야 하는 것은 아니다. 양도 및 양도소득의 개념, 양도소득세의 본질과 특성 등에 비추어 보면, <u>당사자의 의사에 의한 양도인지 여부가 양도소득세의 과세에 있어 다르게 취급하여야 할 본질적 요소의 차이라고 할 수 없다</u>. 일반 양도로 인한 양도소득뿐만 아니라 수용으로 인한 양도소득에 대해서도 동일하게 양도소득세를 부과하는 것은 본질적으로 같은 것을 같게 취급하는 것으로서, 평등원칙에 반하지 않는다."(헌재 2011. 10. 25. 2010헌바134, 판례집 23-2상, 857, 867. 밑줄은 필자가 추가한 것이다.) 양도소득세 결정에 영향을 미칠 수 없으면 취득세에도 영향을 미칠 수 없다.

259) 한 가지 더 지적한다. 뒤의 판례에서, '이 사건 법률조항의 주된 목적이 사치성 재산의 소비를 억제하고 국민의 건전한 소비생활 정착을 도모하는 데에 있'다고 전제하고 이 관점에서 보면 '고급오락으로 사용할 목적을 가지는 취득행위'와 '고급오락장으로 사용할 목적을 가지지 않는 취득행위'는 본질적으로 상이한 집단이라고 한다. 이상한 말이다. 뭐가 이상한 말일까?

헌재의 위 판시는 '법률 안에서의 일관성'을 심사 기준으로 삼고 있다. 법률 안에서의 일관성이 위헌 심사의 기준, 특히나 평등권 침해의 심사 기준으로 될 수는 없다.

필자가 생각하기에, '같은 것은 같게, 다른 것은 다르게'를 평등의 내용으로 충전한다고 하더라도, 같고 다름의 기준은 헌법에 있어야 한다. 그것이 지켜져야 위헌 심사로 남을 수 있다.

그런데, 헌법이 조세 부담에 관해 같고 다름을 정하는 기준을 담세능력이라고 보았다는 것은 그것을 헌법의 원리로 받아들였다는 것을 의미한다. 이것을 지키지 못하면, 위헌으로 판단될 수 있다. 그러나 법률 안에서의 일관성은 위헌 심사의 기준으로 될 수 없다. 어떤 법률 조항이 다른 법률 조항에 위배된다고 하여 위헌으로 결정될 수 없다는 점은 헌재가 여러 차례 판시하였다. "어떤 법률조항의 내용이 다른 법률조항의 내용과 서로 충돌된다 하여 원칙적으로 이들 법률조항이 헌법에 위반된다는 등 헌법문제가 발생되는 것은 아니고, 이들 법률조항들을 어떻게 조화롭게 해석할 것인가의 법률해석 문제가 생길 뿐이다. 다른 한편, 노동조합법 제5조 단서는 공무원과 교원에 대해서는 따로 법률로 정한다고 규정하고 있으므로, 노동조합법 제5조가 법 제66조 제1항과 충돌한다고 보기도 어렵다 할 것이다."{헌재 2007. 8. 30. 2003헌바51, 판례집 19-2, 213, 229. 인터넷에서는 페이지가 이렇게 보이나, 실물 책을 보면 재 2007. 8. 30. 2003헌바51, 판례집 19-2, 215, 231로 인용하는 것이 맞다.}

헌재의 아래와 같은 판시는 '법률'이 정하는 바에 따라 본질이 정해질 수 있다는 것을 보여 준다. 필자로서는 동의하기 어려운 판시다. "평등의 원칙은 입법자에게 본질적으로 같은 것을 자의적으로 다르게, 본질적으로 다른 것을 자의적으로 같게 취급하는 것을 금하고 있다. 그러므로 비교의 대상을 이루는 두 개의 사실관계 사이에 서로 상이한 취급을 정당화할 수 있을 정도의 차이가 없음에도 불구하고 두 사실관계를 서로 다르게 취급한다면, 입법자는 이로써 평등권을 침해하게 된다. 그러나 서로 비교될 수 있는 사실관계가 모든 관점에서 완전히 동일한 것이 아니라 단지 일정 요소에 있어서만 동일한 경우에, 비교되는 두 사실관계를 법적으로 동일한 것으로 볼 것인지 아니면 다른 것으로 볼 것인지를 판단하기 위하여는 어떠한 요소가 결정적인 기준이 되는가가 문제된다. 두 개의 사실관계가 본질적으로 동일한가의 판단은 일반적으로 당해 법률조항의 의미와 목적에 달려있다."(헌재 1996. 12. 26. 96헌가18, 판례집 8-2, 680, 701; 헌재 2001. 11. 29. 99헌마494, 판례집 13-2, 714, 727-728; 헌재 2015. 5. 28. 2013헌바82등, 판례집 27-1하, 216, 235; 헌재 2018. 7. 26. 2017헌마452, 판례집 30-2, 172, 179; 헌재 2022. 2. 24. 2020헌가12, 판례집 34-1, 138, 143. 밑줄은 필자가 추가한 것이다.)

무엇이 본질인가를 알려면 원칙을 골라야 한다. 프레드 로델(이승훈 譯), 『저주받으라 너희 법률가들이여』, 후마니타스, 2014, 183. 이 말을 잘 기억하고 분석할 필요가 있다.

1. 법의 이념으로서의 정의

정의가 법의 제1차적인 이념이고, 법이 정의의 실현을 지향해야 한다는 점에 대하여는 오늘날까지 이론(異論)이 없다. 정의는 실정법의 가치표준이고 입법자의 목표인 것이다.

그러나 수천 년에 걸쳐 정의의 구체적 내용을 밝히고자 하는 많은 노력들에도 불구하고 정의가 보편타당하게 밝혀지지는 못했다. 즉 누구나 이의 없이 인정하는 보편타당한 절대적 정의는 아직 확인되지 않고 있는 것이다.

각자에게 그의 (정당한) 몫을 주는 것이 정의라는 식의 형식적 개념 정의는 널리 받아들여지기도 하지만, 그것은 정의의 실체를 밝혀주지 못하는 빈 껍질(Leerformel)에 불과하다. 정의의 이름하에 서로 다른 내용들이 주장될 경우에도 어느 쪽이 옳은지를 판단할 수 있는 실질적 기준을 내포하지 못하고 있기 때문이다. 그 결과 한 쪽에서 정의라고 믿는 것이 다른 쪽에서는 불의로 규정되고, 어디서든 비난의 대상이 되는 것이 다른 곳에서는 정당한 것으로 인정되기도 한다.

결국 우리가 정의롭다고 일컫는 것들은 우리가 옳다고 생각하는 사회질서에 대한 관념, 즉 각 시대에서 달리 통용되는 정의관념에 기초하고 있으며, 이에 따라 정의의 실체에 대한 생각은 시대와 장소에 따라, 그리고 개개인의 신념체계에 따라 다르게 나타났던 것이다.[260]

장영수 교수의 위와 같은 기술은, 그가 채택하고 있는 '같은 것은 같게, 다른 것은 다르게'의 기준이 얼마나 허약한 논리적 기반을 가지고 있는가를 스스로 보여주고 있다. 이와 같이 기술하면서도 '같은 것은 같게, 다른 것은 다르게'를 평등의 내용으로 충전하고, 이 평등으로써 민주주의적 결정, 국민의 대표인 국회의 결정을 무효로 할 수 있다는 발상은 놀랍다. 위와 같은 장영수 교수의 기술은 '같은 것은 같게, 다른 것은 다르게'가 평등권의 내용으로 채택되지 말아야 하는 이유로 된다.

'빈 껍질'이라는 말은 위의 말들을 대표한다. 상징적인 말이다. '빈 껍질'이 법인가? 헌법은 헌법재판관에게 '빈 껍질'만을 던져두고 '내용'은 헌법재판관이 그때그때 적절하게, 상황에 대응하여(ad hoc) 채운 후에 재판하도록 정하고 있는가? 이것이 법치인가? 王의 人治에서 憲法裁判官의 人治로 전환하였을 뿐

---

260) 장영수, 『기본권론』, 홍문사, 2003, 236-237.

아닌가?

결국 평등은 논쟁의 도구, 논쟁의 틀을 제공해 줄 뿐이고, 그 도구, 틀 안에서 당사자들은 자신의 주장이 관철되어야 하는 이유를 설명하고 헌법재판관은 이것들을 들은 후에, 자신의 정의관에 따라, 어느 한 쪽의 손을 들어 주는 것을 정당한 것으로 만들어 주었다.

헌법재판이 '헌법'을 적용하여 재판을 하는 것이 아니라, 헌법은 '빈 껍질'을 제공하고, '내용'은 '헌법재판관의 정의관'으로 채워 결론을 내는 절차로 되었다. 아니, 그렇게 되어야 헌법에 따른, 평등의 명령에 따른 재판이 되는 것이라고 장영수 교수는 주장하고 있다.

그런데 그 정의는 시대에 따라[261] 장소에 따라[262] 다르다. 그렇게 장영수 교수는 말한다. 헌법재판관도 사람이므로, 헌법재판관으로 된 자가 누구인가에 따라 그 재판의 결론도 달라질 수밖에 없다. 王의 人治는 믿지 못하여 법치를 도입하였는데, 憲法裁判官의 人治는 믿을 만하니 그들을 믿고 맡겨 보자고 장영수 교수는 주장하고 있다. 물론 그의 말이겠는가? '같은 것은 같게, 다른 것은 다르게'를 평등의 의미로 받아들이면 이런 결과가 된다.

이미 룻소(J. J. Rousseau)의 사회계약론에서도 이러한 생각을 찾아볼 수 있다. 룻소는 대의제도에 대해 상당한 불신을 표명한 반면(사회계약론 제3편, 제15장), 법률이란 일반 의사의 표현이고, 법의 대상이 일반적이기만 하면 평등은 확보된다고 생각하였다. 즉 법은 특권을 얼마든지 정할 수 있지만 그 누구를 지명하여 특권을 줄 수는 없고, 법은 계급을 만들거나 각 계급에 들어갈 수 있는 자격을 정할 수 있지만, 누구는 들어갈 수 있다고 개별적인 대상을 지정할 수는 없다는 것이다(사회계약론 제2편 제6장).[263]

---

261) 우리는 이전의 상황을 부정의하다고 말할 수 있을까? 그 때는 그 때의 정의에 따랐던 것 아닐까? 지금의 시각으로 그 때의 일들을 재단할 수 있을까?

262) 급여는 어떻게 제공되어야 하는가. 일한 양에 따라야 하는가, 필요한 야에 따라야 하는가?

263) 장영수, 『기본권론』, 홍문사, 2003, 243, 주25.

필자는 위의 장영수 교수의 지적에 동의한다. 필자가 생각하는 헌법 제11조 제1항 후문의 내용과 일맥상통한다. 헌법 제11조 제1항 후문은 성별 · 종교 · 사회적 신분에 따라 사람을 차별하지 말 것을 명령하고 있다.[264)][265)] 만약 이것들을 예시적인 것으로 보더라도 예시적으로 열거된 것들과 동등한 성격을 가진 것들만이 차별금지 사유로 추가될 수 있다. 그렇다면 (i) 예시적으로 열거된 사유 + (ii) 예시적으로 열거된 것들과 동등한 성격의 사유에 기한 차별만이 헌법에 의해 금지된다. 그리고 이것들[266)]에 해당하지 아니하는 사유에 기한 차별은 헌법에 의해 금지되지 아니한다. 헌법이 차별을 명령하지 않고 차별을 금지하지 않는 사유들이 있고, 이 사유들에 기한 차별은 헌법 제11조 제1항 후문이 무관심하다.[267)]

장영수 교수가 말하는 일반법은 헌법 제11조 제1항 후문이 무관심한 사유에 기한 차별을 하는 법이다. 또는 이에 近似한 법이다. 이 말은 헌법 제11조 제1항 후문에 열거된 차별금지 사유는,[268)] 그것들이 법의 구성요건적 표지로 사용될 경우 법의 일반성을 해치는 것들이다. 예를 들어, "시간당 임금은 1만원으로 한다."는 법은 일반성을 갖추고 있다. 그런데, 단서에, "다만 남성의 경우는 그 반액으로 한다."고 규정하였다면, 이 단서 조항은 법의 일반성을 해친다. 단서 조항은 헌법 제11조 제1항 후문에 위배된다.[269)]

헌법 제11조 제1항 후문에 열거된 사유들의 內包(connotation)를 어떻게 이해할 것인가에 대해서는 논란이 있을 수 있다. 그러나 분명한 것은, 헌법 제11조 제1항에 명시적으로 열거된 사유들이 법의 일반성을 해치는 요소임은

264) 물론, 헌법 제11조 제1항 후문은 권리 형식으로 규정되어 있다. 이를 뒤집으면 그 수범자는 열거된 사유들을 근거로 한 차별을 하지 말아야 할 의무를 부담한다. 누가 수범자인가는 이 논문의 주제가 아니어서 다루지 아니한다.
265) 차별금지 영역도 규정하고 있으나 이것이 문제된 사례는 없다.
266) (i) + (ii).
267) 물론 다른 헌법 조항의 문제로도 되지 않는다는 것은 아니다.
268) 이와 동등한 성격의 사유를 포함하여.
269) 물론, 합리적 이유 있는 차별이 허용된다고 본다면, 정당화 심사를 거쳐야 할 것이다.

분명하다.

중요한 것은 장영수 교수가 법상의 차별이 법의 일반성을 해치지 않는 차별에 대해서는 차별이 있더라도 평등권 침해의 이슈를 제기하지 아니한다는 루소의 주장을 소개하고 있다는 것이다. 이 주장을 소개하면서도 헌법 제11조 제1항의 평등의 의미를 '같은 것은 같게, 다른 것은 다르게'로 이해하는 것은 의아하다.[270]

> 헌법 제11조 제1항 제2문이 예시하고 있는 차별금지사유는 성별, 종교, 사회적 신분이다. 즉 그동안 많은 논란이 된 바 있던 남녀차별의 금지, 종교에 따른 차별의 금지, 사회적 신분에 따른 차별의 금지를 명시한 것이다.
> 그러나 이러한 차별금지사유는 말 그대로 예시적인 것에 지나지 않는다. 즉 성별이나 종교, 사회적 신분이 아닌 다른 기준에 따른 차별도 역시 평등위반으로서 금지되는 것은 마찬가지이다. 또한 차별금지사유에 해당되는 것이라 할지라도 합리적인 차별은 평등에 위반되지 않는다. 예컨대 남녀의 생리적 구조의 차이에 따라 여성에게만 생리휴가를 인정하는 것이 남녀평등에 반한다고 보기는 어려운 것이다.[271]

장영수 교수는 헌법 제11조 제1항 후문에 열거된 차별금지 사유가 예시적인 것에 불과하다고 한다. 필자는 예시적 열거설 자체에 대해서는 별 이견이 없다. 그렇게 볼 수도 있다고 생각한다.[272]

예시적 열거라고 이해하면 예시되지 아니한 사유라도, 어떤 것이라도, 제한 없이 차별금지 사유로 편입되는 것인가? 필자는 이 점에 대해 여러 차례 다

---

270) 소개만 하였을 뿐 수용한 것은 아니라 볼 여지도 있으나, 소개하면서도 수용하지 아니한다면 그 점을 밝혀야 할 것이다.

271) 장영수, 『기본권론』, 홍문사, 2003, 252.

272) 그렇게 안 볼 이유는 어떤 것이 있을까? '남녀고용평등과 일·가정 양립 지원에 관한 법률'은 남녀차별만을 다루고 있다. 이것을 예시라 이해하여 종교나 사회적 신분에 따른 차별을 이 법이 커버한다고 이해하는 사람은 없다. 한 개를 열거한 것과 3개를 열거한 것이 그리 큰 차이를 불러오는 이유로 되는 것일까? 여러 의문이 있지만, 이것은 이론의 문제는 아닌 것 같다. 그렇게 보면 볼 수 있을 것 같다.

루었다. 그렇게 볼 수 없다. 그렇게 보는 것은 예시적 열거설의 본질에 어긋난다.

당연히 예시된 사유들로부터 內包(connotation)을 추론해 내려는 노력을 하여야 한다. 장영수 교수가 위에서 루소의 말을 인용하고 있는데, 예를 들면 일반법의 요청을 부정하는 사유라고 내포를 획정해 낼 수도 있을 것이다.

필자는 이 논문에서 무엇을 내포로 이해하여야 하는가 하는 점을 논하지 않는다. 단지, 예시적 열거설에 따르더라도 적어도 1개 이상 내포를 공유하지 아니하는 사유가 있다는 것만이 논증의 목표다. 그것이 받아들여지면 '금지되는 차별의 사유'와 '금지되지 아니하는 차별의 사유'를 가르는 기준에 대한 논의가 시작되어야 한다. 그 때 가서 비로소 무엇을 내포로 이해하여야 하는가 하는 점이 논의될 수 있다.

지금 장영수 교수의 입장은 헌법 제11조 제1항에 열거된 사유가 예시적인 것이라 보면서도, 금지되지 아니하는 차별 사유가 하나도 존재하지 않는다는 주장을 하는데,[273] 그것은 당연히 틀린 주장이다. 헌법학 외에서 어느 누구도 그렇게 주장하지 않는다.

헌법 제29조 제2항은 "군인 · 군무원 · 경찰공무원 기타 법률이 정하는 자가 전투 · 훈련등 직무집행과 관련하여 받은 손해에 대하여는 법률이 정하는 보상외에 국가 또는 공공단체에 공무원의 직무상 불법행위로 인한 배상은 청구할 수 없다."라고 정하고 있다. 여기서 '군인 · 군무원 · 경찰공무원'이 예시적인 것임은 분명하다. '기타 법률이 정하는 자'가 이것을 분명히 보여준다. 그렇다고 하여, 법률에서 '모든 사람'을 적용의 대상으로 규정할 수 없다. '공무원'으로 한정하더라도 '모든 공무원'이 이 헌법조항의 적용을 받도록, 법률에서 정할 수 없다.

장영수 교수는 "남녀의 생리적 구조의 차이에 따라 여성에게만 생리휴가를

273) 內包를 영(zero)으로, 외연(extension)을 無限大로 보는 입장이다.

인정하는 것"이 남녀평등에 반한다고 보기 어렵다고 한다. 살펴보자. 근로기준법 73조는 "(생리휴가)"라는 표목 아래, "사용자는 여성 근로자가 청구하면 월 1일의 생리휴가를 주어야 한다."고 규정하고 있다. 장영수 교수는 이 조항이 남녀를 차별하는 것이지만, 정당화된다고 본다.

필자는 여러 가지 문제가 검토되어야 할 것이라고 본다. '생리'를 하는 사람의 집단과 '여성'이라는 집단은 완전히 일치하지 않는다. 조금은 성격이 다를지도 모르겠지만, 여성을 생리하는 사람으로 이해하는 것은 스테레오타입(sterotype)에 해당된다. 여성 중에도 생리를 하지 않는 사람이 있고, 이론상 남성 중에도 생리를 할 수 있다.[274)]

만약 근로기준법 제73조가 생리로 인한 생활상의 불편을 해소해 주기 위한 조항이라면, 바로 그것을 구성요건으로 하여 법문을 구성하는 것이 성중립적인 규율로 된다. 이것이 성별에 근거한 차별금지의 이상이다.

나아가 장영수 교수는 평등을 '같은 것은 같게, 다른 것은 다르게'로 이해했다. 그러면 남성과 여성이 본질적으로 같은가, 다른가를 판단하는 것이 평등권 심사의 첫 단추다. 물론, 이 판단을 하기 위해서는 가치 또는 부담의 배분질서 또는 배분 기준이 먼저 확정되어야 한다. 살펴보자. 이 휴가는 어떤 기준에 의하여 배분되어야 하는가? 生活上의 不便의 程度인가? 생활상의 불편의 정도에 있어서 남성과 여성은 하나의 그룹으로 카테고라이징하여도 좋을 만큼 동질적인가? 남성과 여성은 生活上의 不便의 程度에 있어서 같은가, 다른가?

만약 남성과 여성은 生活上의 不便의 程度에 있어서 다르다는 결론에 이르렀으면, 정당화 심사에 나아가 합리적 이유가 있는가, 없는가는 따져 볼 이유가 없다. 본질적으로 다른 것을 다르게 처우한 것에 불과하여, 아예 차별이 없는 것으로 되기 때문이다.

---

274) 여성에서 남성으로 성별정정된 경우를 예로 들 수 있다. 물론 이것이 가능한가 하는 질문을 할 수 있겠지만, 불가능하다고 보이지는 않는다.

그런데도 장영수 교수는 남성과 여성을 달게 취급한다는 것을 확인하고 바로 차별이 있다고 보고 정당화 심사에 나아갔다. 이것은 장영수 교수의 평등론과는 어울리지 않는 논증이다. 위에서 보인 논증은 '모든 것을 같게' 취급하여야 한다는 A설을 기반으로 한 것이다.

그런데 장영수 교수는 (i)에서 "모든 사건, 모든 사람을 획일적으로 같게 취급하는 기계적 평등"을 부정했다. 그리고 '같은 것을 같게, 다른 것을 다르게' 취급하는 것이 평등의 내용이라고 주장했다. 이 주장과 이 휴가에 관한 결론은 서로 어울리지 않는다. 앞에서 스스로 부정하였던 기계적 평등을 채택하고, 앞에서 스스로 옳다고 보았던 상대적·비례적 평등을 폐기했다. 도대체 그는 어느 주장을 하는가?

제5장

헌법학신론

김철수

"(3) [평등]의 의미

(i) 평등에는 평균적 정의의 요청과 배분적 정의의 요청이 혼재한다. (ii) 일반적으로 평등을 이야기할 때에는 기회의 평등 · 조건의 평등 · 결과의 평등이 중시된다.

(iii) 결과의 평등을 주장하는 것은 능력주의의 부정이고 자유를 부정하게 된다. 공산주의자들이 결과의 평등을 주장하여 인간의 존엄성을 침해했었다. (iv) 우리 헌법상의 평등은 기회의 평등과 조건의 평등을 의미한다고 보아야 할 것이다. (v) 헌법이 실현하여야 할 [평등]의 의미에 관해서는 절대적 평등설과 상대적 평등설이 있다. (vi) 평등의 실현을 위하여 [평등]이란 절대적 평등이냐 상대적 평등이냐 하는 문제가 더욱 중시되었고, 평등의 원칙에 반하는 입법에 대한 위헌심사에의 요청이 점차 강해지고 있다."[275]

① 평등의 의미를 다루면서 정의론을 그대로 끌고 들어오는 것에 대해서는 의아함을 느낀다. 게다가 김철수 교수가 정의론을 기반으로 한 평등[276]을 수용한 것으로도 보이지 않는데, 바로 정의를 평등의 의미에 수용하였다.

평등에 평균적 정의의 요청과 배분적 정의의 요청이 혼재한다, 또는 모두 들어 있다는 말을 어떻게 이해하여야 할까. 필자가 보기에, 평균적 정의는 평등과 무관하다. 평균적 정의는 사인간에 적용된다. 주고 받을 것이 없는 상태를 의미한다. 예를 들어 A의 물건을 B가 가져갔으면, 이 상태는 평균적 정의에서 벗어난 것이다. B가 A에게 그 물건을 돌려줌으로써 A와 B 간의 평균적 정의가 회복되었다고 본다. 이것은 공동체의 자산 또는 부담의 배분의 문제와 무관하다.

275) 金哲洙, 『憲法學新論』, 박영사, 2013, 467.
276) C설.

배분적 정의는 부나 지위 등 공동체의 자산이나 부담을 배분하는 원리다. 이 원리가 평등의 룰로 수용될 수 있다고 보는 것이 C설이다. 헌법상의 평등은 공동체의 편익이나 부담의 배분에 관한 것이다. 왜 공동체의 편익은 평등하게 배분되어야 하는가?[277] 공동체의 자산이기 때문이다. 배분을 결정하는 자는 단지 '권한'을 가지고 있을 뿐, '권리'를 가지고 있지는 않기 때문이다.

그런데 김철수 교수는 평등의 요청 안에 평균적 정의의 요청과 배분적 정의의 요청이 혼재한다고 하는데 그렇지는 않다. 헌법 제11조 제1항의 문제는 오로지 공동체의 자산이나 부담을 어떻게 배분할 것인가의 문제만 다룬다.[278]

---

277) 사실 여기서 이 물음을 던지는 것이 적절한가에 대해서는 반론이 있을 수 있다. 아직 평등의 의미가 규명되어 있지 않기 때문이다. 다만 이런 말은 할 수 있다. C설을 받아들인다 하더라도 왜 공동체의 자산은 정의롭게 분배되어야 하는가? 동어반복일 수 있지만, 공동체의 자산이기 때문이다. 만약 그 자산이 개인의 소유물이라면 그는 그 자산을 정의롭게 분배할 의무를 지지 않는다. 자유롭게 분배할 수 있다. 예를 들어 어떤 개인은 자신의 돈을 자신의 마음에 드는 학생에게 주더라도 문제되지 않는다. 그것이 장학금이든, 장학금이 아니든 상관없다. 물론 계약이나 법상의 제약이 따르는 것이라면 따라야 한다. 예를 하나 들어 보자. 포도밭의 비유(마태복음 20장 1절-16절)를 분배 문제와 연결하여 이해하려는 노력이 많은 것 같은데, 필자가 보기에는 그렇지 않다. 13절을 보라. 13절은 매우 분명하게 계약법에 기반한 진술을 하고 있다. "주인이 그 중의 한 사람에게 대답하여 가로되 친구여 내가 네게 잘못한 것이 없노라 네가 나와 한 데나리온의 약속을 하지 아니하였느냐"고 한다. 고 한다. 주인이 먼저 온 자의 불평을 배격하면서 한 말은, 먼저 온 자와 나중 온 자에게 다 똑같이 한 데나리온을 주는 것이 정의롭다는 것이 아니다. 그렇게 계약을 하였기 때문이다.

278) 간접적용설은 기본권의 정신이 일반조항을 통하여 적용되는 것이지 기본권 자체가 적용되는 것은 아니라는 설이다. 대법원은 이 입장이다. 대법원 2011. 1. 27. 선고 2009다19864 판결 "헌법상의 기본권은 제1차적으로 개인의 자유로운 영역을 공권력의 침해로부터 보호하기 위한 방어적 권리이지만 다른 한편으로 헌법의 기본적인 결단인 객관적인 가치질서를 구체화한 것으로서, 사법을 포함한 모든 법 영역에 그 영향을 미치는 것이므로 사인간의 사적인 법률관계도 헌법상의 기본권 규정에 적합하게 규율되어야 한다. 다만 기본권 규정은 그 성질상 사법관계에 직접 적용될 수 있는 예외적인 것을 제외하고는 사법상의 일반원칙을 규정한 민법 제2조, 제103조, 제750조, 제751조 등의 내용을 형성하고 그 해석 기준이 되어 간접적으로 사법관계에 효력을 미치게 된다. 헌법 제11조는 "모든 국민은 법 앞에 평등하다. 누구든지 성별·종교 또는 사회적 신분에 의하여 정치적·경제적·사회적·문화적 생활의 모든 영역에 있어서 차별을 받지 아니한다."라고 규정하여 평등의 원칙을 선언함과 동시에 모든 국민에게 평등권

② (ii)에서 기회의 평등·조건의 평등·결과의 평등이 중시된다고 하다가, (iii)에서는 결과의 평등을 부정하는 것에 대해서는 의아함을 느낀다.

③ (iv)에서 "우리 헌법상의 평등은 기회의 평등과 조건의 평등을 의미한다고 보아야 할 것이다."라고 한다. 다른 교과서들도 거의 마찬가지이지만, 필자로서는 이런 서술 방식에 대해 동의하기 어렵다. 우리 헌법상의 평등이 무엇을 의미하는가를 다루는데, 그러면 평등의 의미가 무엇인가를 말하여야 하는 것 아닌가? 왜 기회의 평등, 조건의 평등을 의미한다고 하는가?

필자는 비교적 오래 평등이라는 말이 어떻게 사용되는가를 살펴보았지만, 필자도 잘 모르겠다. 기회의 평등이 무엇을 의미하는지, 조건의 평등은 또 무엇을 의미하는지. 학술적 진술은 그 의미가 명확하여야 한다. 그런데 위의 진술들은 그 의미가 명료하지 않다.

맞는지 틀리는지는 미뤄두고, 다음과 같이 말하면 어떨까? '평등은 모든 사람에게 기회를 똑 같이 나눠주는 것을 의미한다.' 또는 '평등권은 모든 사람에게 똑같은 조건 아래에서 공동체의 자산에 대해 접근할 수 있는 권리를 의미한다.' 이런 것이 평등이라는 말의 의미를 밝히는 기술로서의 자격을 가지는 것 아닐까?

이것은 법학의 문제가 아니고, 논리나 언어의 문제다. 법학을 하는 사람도 논리와 어법에 맞게 말을 하여야 한다. 논리와 어법에 맞지 아니하는 말로써 학문을 할 수는 없다.

평등의 의미를 밝히는 서술부에 그 의미를 밝히고자 하는 말 자체가 다시 들어가면 안 된다. 필자는 이것을 닫힌 定義라 부른다. '평등은 기회의 평등

을 보장하고 있다. 따라서 사적 단체를 포함하여 사회공동체 내에서 개인이 성별에 따른 불합리한 차별을 받지 아니하고 자신의 희망과 소양에 따라 다양한 사회적·경제적 활동을 영위하는 것은 그 인격권 실현의 본질적 부분에 해당하므로 평등권이라는 기본권의 침해도 민법 제750조의 일반규정을 통하여 사법상 보호되는 인격적 법익 침해의 형태로 구체화되어 논하여질 수 있고, 그 위법성 인정을 위하여 반드시 사인간의 평등권 보호에 관한 별개의 입법이 있어야만 하는 것은 아니다."

을 의미한다.' 이것은 닫힌 정의다. 이 정의를 통해 우리는 '평등'의 의미를 얻어낼 수 없다. 우리는 평등의 의미를 알고 싶은데, 술부에 다시 평등이 들어 있으면, 우리는 영원히 평등의 의미를 알아낼 수 없다. 가장 극단적인 모습이 '평등은 평등을 의미한다.'이다. 이 말은 맞는 말이다. 항상 맞다(恒眞). 그러나 우리는 이 진술을 통해 아무 것도 얻어낼 수 없다.

다른 한편 '어떤 것'이 '어떤 것 안에 있는 것'을 의미할 수는 없다. 예를 들어 '충남대학교는 충남대학교 법학전문대학원을 의미한다', 이렇게 말하면 모두 웃을 일 아닌가? 그런데 평등은 기회의 평등을 의미한다거나, 평등은 조건의 평등을 의미한다고 하면 구조적으로는 앞의 말과 똑 같다.[279]

④ (i)에서 (iv)까지 평등의 의미를 밝히기 위하여 여러 가지 말을 했다. 그런데, 다시 "헌법이 실현하여야 할 [평등]의 의미에 관해서는 절대적 평등설과 상대적 평등설이 있다"(iv)는 말을 또 하여야 하는 것일까? 그리고 이 절대적 평등설, 상대적 평등설이 평등의 의미에 관한 학설일까? 뒤의 문제부터 보자. 절대적 평등설이나 상대적 평등설은 평등의 의미에 관한 학설이 아니다. 평등한 상태에 벗어났을 때, 바로 위헌으로 결정하여야 한다(절대적 평등설), 정당화 심사를 거쳐 정당화되지 않을 때 비로소 위헌이라 결정할 수 있다(상대적 평등설)는 주장일 뿐이다.

이 주장들은 평등의 의미에 관한 어떤 주장과도 결합할 수 있다. 모든 사람이나 사물, 사태에 대하여 같은 취급을 하여야 한다는 학설,[280] 같은 것은 같게 다른 것은 다르게 취급하여야 한다는 학설,[281] 같은 것은 같게, 다른 것

279) 가장 가까운 類概念과 種差를 제시함으로써 어떤 말을 정의할 수 있다. '남자는 XX 염색체를 가진 사람이다.'(이 정의가 옳은지 그른지는 논외로 하자.) 남자의 가장 가까운 유개념은 사람이다. 사람 중에서 남자만이 가진 고유한 특성을 보임으로써 남자를 정의할 수 있다. 그런데 '남자는 목소리가 큰 남자이다.'라고 정의해서는 남자가 무엇을 의미하는지 알 수 없다.

280) A설.

281) Ca설.

은 그 비율에 따라 다르게 취급하여야 한다는 학설,[282] 같은 것은 같게 취급하여야 한다는 학설[283] 중 어느 것과도 논리적 모순 없이 결합할 수 있다.

돌아가 앞의 문제를 보자. (i)에서 (iv)까지 평등의 의미를 밝히기 위하여 여러 가지 말을 했다. 그런데, 다시 "헌법이 실현하여야 할 [평등]의 의미에 관해서는 절대적 평등설과 상대적 평등설이 있다"(iv)는 말은 또 하여야 하는 것일까?

또 할 수 있는 말이다. 앞에서 평등의 의미를 다루었다면, 그 의미를 전제로 평등한 상태로부터 벗어나면 바로 위헌인가 하는, 평등의 의미와는 다른 주제이기 때문에 당연히 앞의 평등의 의미와 별개로 다루어질 수 있다.

다만, 이 주제가 평등의 의미를 다루는 것이 아니므로, '평등의 의미'라는 표목 아래에서 다루어질 주제는 아니다. 이 점은 바로 위에서 서술하였다. 그러면 적절한 위치는 어디인가? 평등의 의미에 관해서 전부 설명하고 나서 그러한 내용의 평등으로부터 벗어났을 때 바로 위헌으로 되는가. 즉 '평등권의 성격'이라는 표제 아래에서 다뤄지는 것이 타당하다.

그러나 반드시 다뤄야 하는 주제는 아니나. 일반적인 기본권의 성격에서 다루고 평등권에서 따로 다뤄지지 않을 수도 있다. 예를 들어 우리 헌법상 절대권은 존재하지 않는다고 하면,[284] 이미 평등권이 상대권이라는 설명을 한

---

282) Cb설.

283) Cc설.

284) 헌재는 우리 헌법에 절대적 기본권은 존재하지 않는다고 선언하였다. 헌재 2010. 2. 25. 2008헌가23, 판례집 22-1상, 36, 56-57. "인간의 생명에 대하여는 함부로 사회과학적 혹은 법적인 평가가 행하여져서는 아니되고, 각 개인의 입장에서 그 생명은 절대적 가치를 가진다고 할 것이므로 생명권은 헌법 제37조 제2항에 따른 제한이 불가능한 절대적 기본권이 아닌지가 문제 될 수 있다. 그런데 우리 헌법은 절대적 기본권을 명문으로 인정하고 있지 아니하며, 헌법 제37조 제2항에서는 국민의 모든 자유와 권리는 국가안전보장.질서유지 또는 공공복리를 위하여 필요한 경우에 한하여 법률로써 제한할 수 있도록 규정하고 있는바, 어느 개인의 생명권에 대한 보호가 곧바로 다른 개인의 생명권에 대한 제한이 될 수밖에 없거나, 특정한 인간에 대한 생명권의 제한이 일반국민의 생명 보호나 이에 준하는 매우 중대한 공익을 지키기 위하여 불가피한

것으로 된다.285)

⑤ (vi), 즉 "평등의 실현을 위하여 [평등]이란 절대적 평등이냐 상대적 평등이냐 하는 문제가 더욱 중시되었고, 평등의 원칙에 반하는 입법에 대한 위헌심사에의 요청이 점차 강해지고 있다."는 기술은 반드시 있어야 하는 것일까? (차별이 허용되는 경우가 있는가의 문제로서의) 절대적 평등설과 상대적 평등설은 원리론적인 문제이다. 갑자기 최근에 와서 중요성이 더 커질 문제가 아니다. 이전에도 차별이 있었을 것이고 그 때에도 절대설과 상대설 사이의 논란은 있었을 수밖에 없다.

논란이 크기는 '평등의 의미'에 따라 달라졌을 것이다. A설을 받아들이면 논란이 있기 어렵다. 당연히 상대적 평등설이 채택될 수밖에 없다. 차별로 인식되는 처우에는 '정의로운' 것도 있기 때문이다. 차별로 인식되는 폭이 좁아지면 좁아질수록 절대적 평등설의 목소리가 커질 수 있을 것이다.286)

경우에는 비록 생명이 이념적으로 절대적 가치를 지닌 것이라 하더라도 생명에 대한 법적 평가가 예외적으로 허용될 수 있다고 할 것이므로, 생명권 역시 헌법 제37조 제2항에 의한 일반적 법률유보의 대상이 될 수밖에 없다."(밑줄은 필자가 추가한 것이다.)

285) 물론 심사기준의 강도와 관련하여서는 따로 설명될 필요성은 있다.

286) 헌재는 연좌제를 아주 좁게 인정한다. "헌법 제13조 제3항은 '친족의 행위와 본인 간에 실질적으로 의미 있는 아무런 관련성을 인정할 수 없음에도 불구하고 오로지 친족이라는 사유 그 자체만으로'불이익한 처우를 가하는 경우에만 적용된다. 배우자는 후보자와 일상을 공유하는 자로서 선거에서는 후보자의 분신과도 같은 역할을 하게 되는바, 공직선거및선거부정방지법 제265조 본문 중'배우자'에 관한 부분은 배우자가 죄를 저질렀다는 이유만으로 후보자에게 불이익을 주는 것이 아니라, 후보자와 불가분의 선거운명공동체를 형성하여 활동하게 마련인 배우자의 실질적 지위와 역할을 근거로 후보자에게 연대책임을 부여한 것이므로 헌법 제13조 제3항에서 금지하고 있는 연좌제에 해당하지 아니한다."(헌재 2005. 12. 22. 2005헌마19, 판례집 17-2, 785, 792-794. 밑줄은 필자가 추가한 것이다.) 이렇게 좁게 해석함으로써 연좌제에 해당하면 바로 위헌이라 판단할 수 있는 토대는 마련되었다 할 수 있다. 아직 판례는 없다. 반대의견에서 연좌제에 해당됨을 확인하고 바로 위헌이라 판단한 사례들은 있다. 헌재 2011. 9. 29. 2010헌마68, 판례집 23-2상, 692, 709-712, 김종대, 목영준, 송두환, 이정미 재판관의 반대의견; 헌재 2016. 9. 29. 2015헌마548, 판례집 28-2상, 532, 546-548 이정미, 안창호 재판관의 반대의견)

"평등의 원칙에 반하는 입법에 대한 위헌심사에의 요청이 점차 강해지고 있다."는 말은 어떤 뜻일까? 필자에게는 평등권 침해 주장이 많아졌다는 의미로 이해된다.[287] 이것은 평등권의 적용 범위를 거의 무한대로 확장해 두었기 때문이다. 김철수 교수가 C설을 수용하는가와는 별개로 헌재가 이를 수용하고 있으므로, 세상 삼라만상의 법적 쟁점은 평등의 문제로 전환될 수 있다. 그러니 당연히 주장이 많을 수밖에 없다.

평등권 침해의 주장이 많아지니, 그 주장에 대한 취급이 소홀해질 수밖에 없다. 평등권을 기본권 중의 기본권이 하면서도[288] 심사에 대해서는 인색하다. 우선 심사 기준이 박하고,[289] 차별이 있지만 다른 기본권 침해 여부 판단

287) '요청이 강하다'는 표현은 잘 이해가 안 간다. '요청이 많아졌다'고 이해되기도 하고, 개별 요청의 강도가 높아졌다는 뜻으로도 이해되기도 한다. 위헌 심사의 강도가 높아졌다는 뜻일까? 그렇게 보기는 어려울 것 같다. '위헌심사의 요청'은 청구인이나 제청법원이 한다. 그들이 심사강도를 정할 수는 없다. 필자는 법학에 쓰는 말은 분명해야 한다고 생각한다. 아주 사소한 말이지만, '요청하다'는 타동사다. 그러면 목적어가 있어야 한다. '위헌심사에의'가 목적어인가? 그런 것 같지는 않다. 또 하나 사소하지만, '입법'에 대한 위헌 심사 제도는 현행법 안에는 없다. '입법'의 결과물(즉, 법률)에 대한 위헌 심사만 인정된다. 헌법소원의 경우 '입법'이 공권력의 행사라 하면서도 '법률'을 대상으로 하는 헌법소원을 적법하다고 본다. "헌법소원심판의 청구사유를 규정한 헌법재판소법 제68조 제1항 본문에 규정된 공권력 가운데는 입법권도 당연히 포함되고 따라서 법률에 대한 헌법소원도 가능하다고 할 것이나 모든 법률이 다 헌법소원의 대상이 되는 것이 아니고 그 법률이 별도의 구체적 집행행위를 기다리지 않고 직접적으로, 그리고 현재적으로 헌법상 보장된 기본권을 침해하는 경우에 한정됨을 원칙으로 한다."(헌재 1990. 6. 25. 89헌마220, 판례집 2, 200. 밑줄은 필자가 추가한 것이다.) '입법'이 바로 '법률'이라 하고 있다. 당연히 타당하지 아니한 주장이다. 입법부작위가 헌법소원의 대상으로 되기는 한다. 그러나 입법부작위 사건에서는 '법률의 부존재'가 심판의 대상으로 되지 않는다. 현행 헌법재판 실무상 '입법'과 '입법부작위'는 매우 다르게 처리되고 있다.

288) "평등의 원칙은 국민의 기본권 보장에 관한 우리 헌법의 최고원리로서 국가가 입법을 하거나 법을 해석 및 집행함에 있어 따라야 할 기준인 동시에, 국가에 대하여 합리적 이유 없이 불평등한 대우를 하지 말 것과, 평등한 대우를 요구할 수 있는 모든 국민의 권리로서, 국민의 기본권중의 기본권인 것이다."(헌재 1989. 1. 25. 88헌가7, 판례집 1, 1, 21. 밑줄은 필자가 추가한 것이다.)

289) 기본권 중의 기본권이라 침해 여부에 관한 심사에 있어서는 그저 자의적이지 않으면

에 얹어서 판단하겠다는 판시[290]들이 그러한 입장을 내보인다. 평등의 면전에서는 '황후'라 높이 부르다가 실제로 심사를 할 때에는 다른 기본권의 '시녀'처럼 취급된다.

그렇더라도 이런 것들이 평등의 의미라는 표제 아래에서 논의될 성격을 가지고 있지는 않다. 이것은 분명하다.

족하다거나 그저 합리적 이유가 있으면 족하다고 한다. 위헌이 아니라고 한다. 그런데 기본권 중의 기본권이 아닌 기본권들에 대해서는 침해 여부를 심사함에 있어서 과잉금지원칙을 적용한다. 이것보다 더 엄격한 심서기준은 상정하기 어렵다. 조금이라도 덜 침해적이면서 입법목적을 달성할 수 있는 다른 대안이 있으면 바로 위헌으로 결정된다.

290) "청구인은 헌법소원심판청구서에서 평등권도 침해되는 기본권으로 언급하고 있다. 그러나 청구인이 이 부분에서 다투고자 하는 것은 광고사업자가 사업용 자동차등을 이용한 광고는 할 수 있음에도 비사업용 자동차를 이용한 광고를 할 수 없도록 제한하는 것은 자신의 직업의 자유를 침해한다는 주장에 다름 아니라 할 것이고, 이는 심판대상조항이 직업의 자유를 침해하는지 여부에 관하여 판단하는 과정에서 함께 살필 수 있으므로 이 부분 주장에 관하여는 별도로 판단하지 않기로 한다."(헌재 2022. 1. 27. 2019헌마327, 공보 304, 280, 281-282); "청구인은 이 사건 법률조항이 의료법상 의료인과 그에 해당하지 아니하는 자를 합리적인 이유없이 차별하여 평등원칙에 위반된다고 주장한다. 그러나 이러한 주장은 이 사건 법률조항이 의료법상 의료인에 해당하지 아니하는 자의 표현의 자유 및 직업수행의 자유를 침해한다는 주장에 포섭될 수 있는 내용이므로, 과잉금지원칙 위배 여부를 판단하는 이상, 평등원칙 위배 여부에 대해서는 별도로 판단하지 아니한다."(헌재 2014. 3. 27. 2012헌바293, 판례집 26-1상, 473, 479); "청구인의 평등권 침해 주장은 승진임용에 평등한 기회를 제공하지 않는 것이 위헌이라는 것으로, 이 부분에 대한 판단은 공무담임권 침해 여부에 대한 판단과 중복되므로 별도로 다시 판단하지 않는다."(헌재 2018. 7. 26. 2017헌마1183, 판례집 30-2, 184, 190); "또한 청구인들은 선거권제한조항이 청구인들의 평등권을 침해한다고 주장하나, 이는 양형에 따른 차별을 두지 않고 과도한 제재를 함으로써 과잉금지원칙을 위반하여 선거권을 침해한다는 주장에 포함되는 것이므로, 이에 대하여는 따로 판단하지 않는다."(헌재 2018. 1. 25. 2015헌마821, 판례집 30-1상, 111, 121) 필자는 이런 판례들을 발견하면 모아 둔다. 이것들 외에도 상당히 많다. 필자가 보기에는 거의 대부분 평등의 문제가 아닌 사안을 평등의 문제로 끌여들여서는 이렇게 다른 기본권에 얹혀내보낸다. 이래도 좋은가 하는 질문을 여기 하나 던져 놓는다. 필자는 헌법 제11조 제1항이 대부분의 법상의 차별에 무관심하다고 본다. 금지하지도 않고 조장하지도 않는다.

"(3) [평등]의 의미

…중략…

1) 학설

(a) 절대적 평등설

(vii) 절대적 평등설은 평등원칙의 입법권에 대한 구속을 절대적으로 인정하는 것이다. (viii) 어떠한 경우에 있어서도 모든 사람을 모든 점에 있어서 항상 무차별·균등하게 대우하려고 하는 무제한적 절대적 평등설과 신분적 사항에 관한 범위 내에서만 절대적 평등을 인정하는 제한적 절대적 평등설이 있다.

(b) 상대적 평등설

입법권에 대한 평등원칙의 구속을 널리 인정하되, (ix) 절대적인 무차별의 평등을 의미하는 것이 아니고, 정당한 이유가 있고 합리적인 근거에 기한 차별입법은 허용되는 것이라고 해석하는 것이다.

…중략…

3) 사견

생각건대 (x) 평등원칙의 절대적 보장은 불가능하고 불합리하기 때문에 상대석 평등설이 타당하다고 보며, 헌법재판소 판례와 대법원 판례 및 통설의 입장도 그러하다. 다만, 상대적 평등설을 따르는 경우에도 평등의 기준을 어디에서 발견하여야 할 것인가가 문제된다."[291]

⑥ "절대적 평등설은 평등원칙의 입법권에 대한 구속을 절대적으로 인정하는 것"(vii)이라는 기술은 다른 교과서에서는 보지 못하는 표현이다. 독특한 표현이다. 그런데 그 의미는 명료하지 않다. 평등원칙이 입법자를 구속한다고 할 때,[292] '평등원칙의 입법권에 대한 구속을 절대적으로 인정'한다는 것이 무

291) 김철수, 『헌법학신론』, 박영사, 2013, 467-469.

292) 사실 이 문제가 그리 간단한 것은 아니다. 이른바 입법자 구속 여부의 문제가 무엇을 말하는가부터 시작하여 논의를 하자면 상당히 많은 논의가 필요하다. 이 점에 대해서는 정주백, "입법자 구속설 비판", 『법학연구』, 제23권 제2호, 충남대, 2012, 11 이하

슨 의미인지 불명료하다. 그러면 상대적 평등설은 '상대적으로' 구속력을 인정한다는 말인가?[293)]

그러면 먼저 상대적 평등설을 살펴보자. 그는 상대적 평등설이 "절대적인 무차별의 평등을 의미하는 것이 아니고, 정당한 이유가 있고 합리적인 근거에 기한 차별 입법은 허용되는 것"(ix)이라고 한다. 차별이 예외적으로 허용되는 것을 의미한다. 이를 뒤집으면 절대적 평등설은 '차별을 허용하지 않는 것, 차별이 인식되면 바로 위헌으로 결정하여야 한다는 것'을 의미하는 것으로 된다.

그러면 다시 돌아가 보자. '입법권에 대한 구속을 절대적으로 인정하는 것'

참조. 만약 김철수 교수가 말하는 입법자 구속설이 헌법 제11조 제1항 전문이 입법자를 구속하는지 여부를 논하는 것이라면 그 논의는 무의미하다고 본다. 필자는 헌법 제11조 제1항 전문이 입법자를 구속한다고 보지 않지만, 당연히 같은 조 후문이 입법자를 구속한다고 보기 때문에 양자에 있어서 실천적 차이는 없다. 필자는 헌법 제11조 제1항 전문의 문언('법 앞에')을 무시하면서까지 '헌법 제11조 제1항 전문이' 입법자를 구속한다고 주장하는 것을 이해할 수 없다. 아무런 실익이 없다고 본다. 굳이 실익이라고 할 만한 것을 하나 든다면, 헌법 제11조 제1항 후문에 기재된 사유 외의 사유로 차별을 하는 것에 대해서는, 후문이 적용되지 않고 전문이 적용된다는 정도인 것 같다. 그럴 필요가 있을까? 그리고 그것이 가능할까? 법의 집행과 달리 법의 내용에 관해서는 차별금지 사유가 반드시 필요하다. 법의 집행에 있어서의 평등은 '획일적 집행', '법에 기재된 대로의 집행'을 의미하는 것이므로 차별금지 사유라는 관념이 들어설 자리가 없다. 그러나 법의 내용에 있어서는 '차별금지 사유'가 중요하다. 이 사유에 제한이 없으면 평등의 모순, 평등의 딜레마를 만난다. 그러므로 관념적으로 헌법 제11조 제1항 전문은 입법자를 구속할 수 없다. 한편 헌법 제11조 제1항 후문에 기재된 차별금지 사유를 예시로 이해하면 그것들 외의 사유에 의한 차별도 헌법 제11조 제1항에 의해 금지된다고 이해된다. 헌법 제11조 제1항 전문에 의지할 이유가 없다. 필요가 없다.

293) 절대적 구속력을 인정한다는 것을 예외를 허용하지 않는다는 뜻으로 이해할 수 있을까? 생각해 보면 그럴 수 있을 것 같기도 하다. 입법자에 대한 평등원칙의 명령이 절대적인 것이다, 철칙(iron rule)이라는 것으로 이해할 수 있을 것 같기도 하다. 그렇다고 그 표현이 좋다고 하기는 어렵다. 상대적 평등설과 비교해 보자. 학설에 절대적 평등설, 상대적 평등설이라 이름붙였으면 상대적 평등설도 절대적 평등설과 같은 패턴으로 설명하는 것이 옳다. 상대적 평등설은 '입법권에 대한 구속을 ('절대적으로'가 아니라) 상대적으로 인정하는 것'이라 설명하는 것이 옳다. 그래야 비교가 분명하다. 이 논문에서는 절대적 평등설의 뜻을 상대적 평등설의 뜻을 뒤집어서 추론해 내었다.

이 '차별을 허용하지 않는 것, 차별이 인식되면 바로 위헌으로 결정하여야 한다는 것'으로 이해되는가? 필자로서는 구문상의 어려움이 있지만, 그렇게 이해할 수밖에 없다고 본다.

상대적 평등설의 의미를 통하여 절대적 평등설의 의미를 되짚어 보면 '차별을 허용하지 않는 것, 차별이 인식되면 바로 위헌으로 결정하여야 한다는 것'을 의미한다고 이해하여야 함을 살펴보았다. 그런데 김철수 교수는 이 절대적 평등설 안에 "어떠한 경우에 있어서도 모든 사람을 모든 점에 있어서 항상 무차별·균등하게 대우하려고 하는 무제한적 절대적 평등설과 신분적 사항에 관한 범위 내에서만 절대적 평등을 인정하는 제한적 절대적 평등설이 있다."(viii)고 한다.

상대적 평등설을 뒤집어서 이해해 본 절대적 평등설[294]과 (viii)은 전혀 다른 내용이다. (viii)은 예외가 허용되지 않는다는 의미와는 관련이 없다. (viii) 중 전단은 A설을 말하는 것이다. 평등이 모든 사람, 사물, 사태에 대하여 같은 취급을 하도록 명령하고 있다는 학설이다. 이에 비하여 (viii) 중 후단은 헌법 제11조 제1항 후문에 기재된 성별·종교·사회적 신분의 내포를 '신분적 사항'이라 이해하고 이 신분적 사항을 사유로 하는 차별만이 헌법 제11조 제1항에 의하여 금지된다고 보는 학설이다. (viii)에 기재된 것은 예외의 허부 문제를 다루는 학설이 아니다. 헌법 제11조 제1항이 입법자에게 어떤 것을 명령하고 있는가를 다루고 있다.

(viii)에 기재된 입장 중 어느 쪽을 취하든, 여기에 대해 다시 평등의 명령에서 벗어난 상태, 즉 차별이 있으면 바로 위헌으로 되는가의 논점은 그대로 남아 있다.

그리고 (vii)에서 말하는 '절대적'이란 말과 (viii)에서 말하는 '절대적'은 전혀 다른 의미다. (vii)의 '절대적'은 예외를 허용하지 않는다, 즉 평등의 명령이

294) 차별이 있으면 바로 위헌으로 된다는 것 또는 예외를 허용하지 않는다는 것.

철칙(iron rule)이라는 것을 의미한다. 이에 비하여 (viii)의 '절대적'은 그런 뜻이 아니다. '均一'을 의미한다.

다시 보자. "어떠한 경우에 있어서도 모든 사람을 모든 점에 있어서 항상 무차별 · 균등하게 대우하려고 하는 무제한적 절대적 평등설과 신분적 사항에 관한 범위 내에서만 절대적 평등을 인정하는 제한적 절대적 평등설이 있다."(viii) 중에서 전단과 후단 사이에 '예외의 허부'와 관련된 대비점이 있는가? 없다. 절대적 평등설 중에, 즉 평등이 균일취급을 명령한다는 학설 중에, '무제한적' '절대적 평등설'과 '제한적' '절대적 평등설'이 있다고 말할 뿐이다. 여기서 말하는 '절대적 평등설'을 평등이 균일취급을 명령한다는 뜻이지 예외가 없다는 뜻이 아니다. 같은 말을 쓰고 있지만, 그 의미는 다르다.[295)]

⑦ (x)에서는 "평등원칙의 절대적 보장은 불가능하고 불합리하기 때문에 상대적 평등설이 타당하다"고 한다. '절대적 보장'은 무엇을 의미하는 것일까? 절대적 평등설을 말하는 것일까? 그렇게 보는 것이 옳을 것이다. 여기서 김철수 교수는 절대적 평등설과 상대적 평등설을 대비시켜 두고 논의를 진행하였고, 그 중 상대적 평등설이 옳다고 말하고 있기 때문이다.

그런데, 그가 말하는 절대적 평등설 안에는 세 가지가 있다. (a) 예외를 허용하지 않는다. (b) 모든 사람, 사물, 사태에 대하여 균일한 취급을 한다.[296)] (c) 신분적 사항을 이유로 한 차별을 하지 않는다.

그가 부정한 것은 (a)뿐이다. 그가 분명하게 절대적 평등설이라 부르지도 아니한 내용이다.[297)] 그래도 좋은가? 그가 절대적 평등설이라 부른 (b)와 (c)

---

295) 기표(記標, signifiant)는 집중되어 있으나, 기의(記意, signifié)는 분산되어 있다. 같은 말을 다른 뜻으로 쓴다는 뜻이다. 이런 상황에서라면 당연히 의사소통의 문제가 생길 수 밖에 없다.

296) 어떠한 사유로도 다른 취급을 하지 않는다.

297) 그가 상대적 평등설을 합리적 차별을 허용하는 것이라 하였으니, 이를 뒤집으면 절대적 평등설은 합리적 차별도 허용하지 않는 것, 즉 차별이 인식되면 바로 위헌으로 결정하여야 한다는 것으로 된다.

에 대해서도 "불가능하고 불합리하"다고 평가할 수 있을까? 그는 이 평가를 하고 상대적 평등설이 옳다는 결론에 이른 것일까? 그런 것 같지는 않다.

필자가 보기에 그가 말하는 상대적 평등설과 그가 절대적 평등설이라 부른 (b)와 와 (c)는 전혀 동일한 차원에서 비교될 수 있는 학설이 아니다.

한편 '예외를 허용하고 안 하고'는 '평등의 의미와 무관하다. 평등 의미가 정해지고 나서, 그것이 예외 없이 관철되어야 하는가, 아니면 특별한 경우에는 차별이 위헌이 아닌 것으로 판단될 수 있는가 하는 문제일 뿐이다. A설을 채택하고도 예외의 허부에 관한 논쟁이 있을 수 있고, C설을 채택하고도 예외의 허부 문제는 그대로 남는다.

평등의 의미에 관한 유의미한 논쟁은 A설, 즉 균일취급설과 C설,[298] 즉 정의설 사이의 논쟁 뿐이다. B설, 즉 합리적 차별을 허용한다는 학설은 전혀 평등의 의미에 관한 학설이 아니다. 평등의 성격에 관한 주장일 뿐이다.

필자가 보기에 김철수 교수는 이 점을 완전히 오해하고 있다. 위에서 본, (viii)의 전단과 후단을 비교해 보면, 이 양자 사이에는 균일한 처우를 하여야 하는 범위에 관한 다툼이다. 평등이 균일한 처우를 명령하고 있음을 전제로, 차별 사유가 어떠한 것이든 모두 금지되는가,[299] 아니면 차별 금지 사유에 한도가 있는가[300] 하는 점에서 서로 의견을 달리하는 것이다.

그러므로 (viii)의 전단과 후단 사이에는 A설, 즉 균일취급설을 전제로 균일취급의 범위에 관하여 서로 다른 의견을 내보인 것이고, (vii) · (viii) 그리고 (ix) 사이에는 예외의 허부에 관하여 서로 다른 의견이 있는 것이다. 이 둘을 한꺼번에 섞어 놓으니 도저히 이해하기 어려운 서술이 되었다.[301]

298) 여기에는 Ca설, Cb설, Cc설을 포함한다.

299) 外延이 無限大인가? 또는 內包가 零인가?

300) 外延이 無限大가 아닌가? 內包가 零이 아닌가?

301) 생각해 보자. (ix)의 상대적 평등설 안에도 (viii)의 전단과 후단 사이의 논쟁은 별도로 있을 수 있다. 그러므로, 이 부분을 논리적으로 정리하자면, (a) 균일취급의 범위 (b) 예외의 허부라는 별도의 목차 아래서 이 문제들이 논의되어야 한다. (a) 아래에 다시

⑧ 그러면 합리적 차별을 허용하지 않는다는 의미의 절대적 평등설은 “불가능하고 불합리”한가? 앞에서도 이야기했지만[302] 절대적 평등설이 불가능하고 불합리한지 여부는 평등의 의미, 즉 평등이 입법자에게 어떤 것을 요구하는가에 따라 달라진다. 그 요구가 작으면 작을수록 (예외를 허용하지 않는) 절대적 평등이 덜 불가능하고 덜 불합리해 진다.

아마 김철수 교수는 위에서 본 (b) 모든 사람, 사물, 사태에 대하여 균일한 취급을 한다[303]를 평등의 의미로 이해하고, 위와 같이 말한 것 같다. 그러나 그 전제를 받아들이지 않는 쪽에서는 다르게 이해할 수 있다.

(viii)의 전단과 후단 사이의 학설 대립이 있다. 그런데 더욱 혼란을 부추기는 것은, 김철수 교수가 뒤에서는 균일취급을 부정하고 C설, 그 중에서도 ‘같은 것은 같게, 다른 것은 다르게’ 채택하고 있다는 점이다.

302) 앞의 ⑤ 참조.

303) 어떠한 사유로도 다른 취급을 하지 않는다.

"(4) 형식적 평등과 실질적 평등

1) 학 설

(xi) 평등이 절대적인 평등으로 이해된다면 각인에게 동등한 대우를 하면 된다. 그러나 상대적 평등의 경우에는 사정의 차이에 따라서 처우를 달리할 수 있다. 여기서 형식적 평등설과 실질적 평등설이 대립된다.

(a) 형식적 평등

(xii) 이 설은 모든 사람은 평등하게 다루어야 한다고 한다. 예를 들어 소득세율은 그 소득의 고하를 물론하고 동일액으로 정하여야 한다고 한다. 근대적인 평등은 각자를 추상적으로 파악하여 각자의 평등을 인정하여 각인의 평등을 추구하기 위하여 형식적 평등설이 주장되었다.

(b) 실질적 평등설

이 설은 각자의 재산상태에 현격한 차이가 생겨 가난한 자는 생존이 위협되게 되어 생존에 대한 배려가 요구되게 되었다. 그리하여 (xiii) 소득세의 경우에는 누진과세의 원칙이 적용되어 0%에서 40%까시의 편차가 생기게 되었다. (xiv) 이 밖에도 그 사람 개개인의 사회적 상태에 따라서 처우를 달리하는 것을 인정하였다.

…중략…

3) 사견

(xv) 형식적 평등설은 인간의 존엄과 가치·행복추구권, 자유권, 참정권 보장에 있어서 원칙적으로 적용된다. 이 설은 산술적 평등설, 기계적 평등설에 입각하고 있다. 이에 대하여 생존권의 보장과 같은 경우에는 개인의 차이를 인정하여 실질적 평등을 적용해야 한다. 이 설은 비례적 평등, 배분적 정의설에 입각하고 있다. 원칙적으로는 형식적 평등이 요구되나 사회적 약자 등을 배려하여서는 실질적 평등설이 타당하다고 하겠다. (xvi) 예를 들어 의무교육의 무상을 이야기할 때 형식적으로는 수업료의 무상으로만 족할 것이나 실질적으로는 학용품교과서까지 무상배분이 요구된다."[304]

⑨ 위에서 이미 평등의 의미에 관하여 두 가지 입장을 내세웠다. (viii)에서 "어떠한 경우에 있어서도 모든 사람을 모든 점에 있어서 항상 무차별·균등하게 대우하려고 하는 무제한적 절대적 평등설과 신분적 사항에 관한 범위 내

304) 金哲洙, 『憲法學新論』, 박영사, 2013, 469-470.

에서만 절대적 평등을 인정하는 제한적 절대적 평등설이 있다."고 하였다. 물론 김철수 교수가 이 학설들에 대해 평가를 하지는 않았다. 하지만 여기서 파악할 수 있는 것은 김철수 교수가 평등을 '균일취급'으로 이해한다는 것이다. (viii)에서는 균일취급의 범위에 관하여 언급하였다.

그런데, 여기서 갑자기 형식적 평등설과 실질적 평등설에 관한 논의를 새로 한다. 우선 형식적 평등설은 어떤 내용이고, 실질적 평등설은 또 어떤 내용일까?

(xii)에서 그는 형식적 평등이 '모든 사람은 평등하게 다루는 것'이라고 한다. 그런데 (xi)에서는 절대적인 평등이 '각인에게 동등한 대우'를 하는 것이라고 한다. 필자가 보기에는 내용은 같은데 다른 이름을 붙여 놓았다.

그러면 실질적 평등의 내용은 무엇인가? 김철수 교수는 그 내용에 대해 설명하지 않았다. 누진세 제도가 생겼다고 한다. "그 사람 개개인의 사회적 상태에 따라서 처우를 달리하는 것을 인정하였다."(xiv)고 한다. 이것이 실질적 평등의 내용인가? '개인의 사회적 상태에 따라서 처우를 달리하는 것을 인정'하는 것이 실질적 평등인가?

우선 '인정한다는 것'이 무엇을 의미하는가? 명령하는 것인가? 그렇지는 않은 것 같다. '허용된다(permit)' 정도의 의미를 가진다. 그러면 실질적 평등설은 "그 사람 개개인의 사회적 상태에 따라서 처우를 달리하더라도, 즉 차별을 하더라도 위헌이 아니라는 것"을 의미한다. 이 내용은 바로 위에서 본 상대적 평등설[305)]의 내용과 다르지 않다. 왜 여기서 상대적 평등 외에 다시 실질적 평등을 논하는지를 이해하기 어렵다.[306)]

---

305) (xi) 평등이 절대적인 평등으로 이해된다면 각인에게 동등한 대우를 하면 된다. 그러나 상대적 평등의 경우에는 사정의 차이에 따라서 처우를 달리할 수 있다.

306) 형식적 평등과 실질적 평등을 다르게 이해하는 방법도 있다. 형식적 평등은 집행에 있어서의 평등을, 실질적 평등은 법 내용에 있어서의 평등을 의미하는 것으로 이해하기도 한다. "그러므로, 모든 국민이 법 앞에 평등하다는 것도 형식적인 법적용상의 평등만을 뜻하는 것이 아니라 법의 제정까지도 포함한 모든 국가작용의 실질적인 평등원

⑩ 필자로서는 (xiii)에서, "소득세의 경우에는 누진과세의 원칙이 적용되어 0%에서 40%까지의 편차가 생기게 되었다."라는 기술을 하였어야 하는지도 의문이다. 우선 실질적 평등에 의하여 누진세제가 명령되는가? 앞에서 본 바대로 "그 사람 개개인의 사회적 상태에 따라서 처우를 달리하는 것을 인정"(xiv)하는 것이 실질적 평등이라면, 모든 사람에게 동일한 세액을 부담시키지 않고 부자에게는 많은 세금을, 빈자에게는 적은 세금을 부담시키는 것도 허용된다는 취지라면, 여기서 굳이 실질적 평등을 설명하고 누진세제를 설명할 필요는 없다. 상대적 평등에서 차별을 정당화하는 논리 중의 하나일 뿐이다.

그런데 만약 누진세제가 명령되어진다는 취지라면 많은 논의가 필요하다. 누진세제는 정의론을 기반으로 하는 평등에 의하더라도 헌법 제11조 제1항에 의해 명령되지 않는다.

'같은 것은 같게, 다른 것은 그 비율에 따라 다르게'[307]를 따랐을 때, 누진세제는 차별이다. 담세력이 다른 비율과 부담하는 세액이 다른 비율이 일치하지 않기 때문이다. 이론적으로는 단일비례세제도가 '같은 것은 같게, 다른 것은 그 비율에 따라 다르게'에 부합하고 누진세제도는 '같은 것은 같게, 다른 것은 그 비율에 따라 다르게'와 조화롭지 않다.

'같은 것은 같게, 다른 것은 다르게'의 관점에서 보더라도 누진세제도는 명령되어지는 稅制는 아니다. 단일비례세나 누진세제 모두 이 평등원리[308]에 부합한다.[309] 누진세제뿐만 아니라 단일비례세제도 Ca설, 즉 '같은 것은 같게,

---

리의 구현을 목표로 하는 의미로 이해되며, 이러한 의미에서 평등권의 보장은 형식적으로만 파악할 수 없는 것이고 법의 실질적 내용까지 종합적으로 살핀 뒤에 합리적으로 판단할 것을 요구한다."(헌재 2007. 8. 30. 2003헌바51, 판례집 19-2, 213, 231)

307) Cb설.

308) 같은 것은 같게, 다른 것은 다르게.

309) 헌재는 마치 단일비례세제도는 응능부담원리에 부합하지 않고, 누진세제도가 응능부담원리에 부합한다고 보는 듯한 판시를 하였다 "초과누진세율의 체계는 담세능력에 상응한 공평과세의 원칙을 관철함으로써 오히려 실질적 평등에 이바지하고자 하는 제도라고 볼 수도 있다."(헌재 2001. 2. 22. 99헌바3, 판례집 13-1, 226, 249); "이자소득세나

다른 것은 다르게'에 부합한다.

⑪ (xv) 부분에 관해 생각해 보자. 실질적 평등을 이해하는 일반적 방법은, 평등이 균일취급이라는 '형식적 평등'을 넘어서 '정의'를 디딤돌로 하여 다른 취급을 명령하는 것으로 이해하는 것이다. C설, 즉 정의론을 기반으로 한 평등이 실질적 평등으로 이해된다.[310]

배당소득세와 같이 개인의 이득에 대한 조세에 있어서도 단일비례세를 채택하고 있는 예가 없지는 아니하다. 그러나 적어도 토초세와 같은 이득에 대한 조세에 있어서는, 조세의 수직적 공평을 이루어 소득수준이 다른 국민들 사이의 실질적인 평등을 도모하여야 한다는 점에서, 누진세가 아닌 단일비례세를 적용하는 것은 입법정책으로 보아도 결코 바람직스러운 것이 될 수 없다. 더욱이 토초세는 토지에 관한 자본이득에 대한 과세라는 점에서 실질적으로 보아 양도소득세와 그 궤를 같이 하는 조세이고, 어느 의미에서는 양도소득세의 예납적 성격을 띠고 있다고 보아도 과히 잘못이 없다. 그럼에도 불구하고 굳이 토초세의 세율 체계를 이렇다 할 합리적인 이유도 없이 양도소득세와는 달리 단일비례세로 한 것은, 단순한 입법정책의 문제를 떠나 소득이 많은 납세자와 소득이 적은 납세자 사이의 실질적인 평등을 저해하는 결과를 낳고 있다고 볼 수 있다. 따라서 토초세법 제12조는 헌법상의 재산권 보장규정과 평등조항에 위배된다."(헌재 1994. 7. 29. 92헌바49, 판례집 6-2, 64, 109-110). 헌재가 오해한 것이다. 특히 후자는 단일비례세는 평등에 부합하지 않고, 누진세제야 말로 평등에 부합한다고 한다. 필자가 보기에는 심각한 오해다. 필자는 헌법 제11조 제1항으로부터 응능부담원리가 도출된다는 것 자체가 오해하고 본다. 우리 헌법에는 이를 뒷받침할 조항이 없다. 아주 넓게 보면 경제민주화 조항이 근거로 될 가능성이 있으나, 아주 약한 근거다. 헌재는 헌법 제11조 제1항에서 응능부담원리가 도출된다고 본다. "조세평등주의는 헌법 제11조 제1항이 규정하는 평등원칙이 세법영역에서 구현된 것으로 조세의 부과와 징수는 납세자의 담세능력에 상응하여 공정하고 평등하게 이루어져야 하고 합리적 이유 없이 특정의 납세의무자를 불리하게 차별하거나 우대하는 것은 허용되지 아니한다는 원칙이다(헌재 1996. 8. 29. 95헌바41, 판례집 8-2, 107, 116). 이러한 조세평등주의에 의해 요구되는 '담세능력에 따른 과세의 원칙'(또는 '응능부담의 원칙')은 한편으로 동일한 소득은 원칙적으로 동일하게 과세될 것을 요청하며(이른바 '수평적 조세정의'), 다른 한편으로 소득이 다른 사람들 간의 공평한 조세부담의 배분을 요청한다(이른바 '수직적 조세정의'). 그러나 이러한 담세능력에 따른 과세의 원칙이라 하여 예외 없이 절대적으로 관철되어야 한다고 할 수 없고, 합리적 이유가 있는 경우라면 납세자 간의 차별취급도 예외적으로 허용된다 할 것이다(헌재 1999. 11. 25. 98헌마55, 판례집 11-2, 593, 608 참조)."(헌재 2010. 2. 25. 2008헌바79, 판례집 22-1상, 207, 216. 밑줄은 필자가 추가한 것이다.)

310) 예를 들어, "토초세는 토지에 관한 자본이득에 대한 과세라는 점에서 실질적으로 보아

이를 토대로 헌법 제11조 제1항이 '실질적 평등'을 보장하느냐, 즉 '같은 것은 같게' 類의 정의론을 평등의 의미로 편입시킬 수 있느냐, 하는 것이 핵심적인 논점이다. 여기에 대해서는 긍정하는 입장[311]과 부정하는 입장[312]이 있을 수 있다.

'실질'은 법학에 유익한가? 법의 불충분함을 메꾸는 가장 유용한 개념인 것은 맞다. 법이 규정하였어야 할 내용들을 해석으로써 '형성'하면서 사용되는 전형적인 표현이 '실질'이라는 말이다. 실질적 법치주의,[313]실질적 법치국가[314]

양도소득세와 그 궤를 같이 하는 조세이고, 어느 의미에서는 양도소득세의 예납적 성격을 띠고 있다고 보아도 과히 잘못이 없다. 그럼에도 불구하고 굳이 토초세의 세율체계를 이렇다 할 합리적인 이유도 없이 양도소득세와는 달리 단일비례세로 한 것은, 단순한 입법정책의 문제를 떠나 소득이 많은 납세자와 소득이 적은 납세자 사이의 실질적인 평등을 저해하는 결과를 낳고 있다고 볼 수 있다. 따라서 토초세법 제12조는 헌법상의 재산권 보장규정과 평등조항에 위배된다."(헌재 1994. 7. 29. 92헌바49, 판례집 6-2, 64, 109-110. 밑줄은 필자가 추가한 것이다.) 여기서 실질적 평등은 달성하여야 할 목표이고, 이상이다. 아래 판례는 조금 다른 취지이다. 앞의 판례 논지를 따른다면 실질적 평등에 부합하므로 아예 차별이 없다고 하여야 할 것이나, '다른 취급'이 차별이라는 점을 확인하고, 실질적 평등을 정당화 사유로 삼았다. "현재 도서 · 벽지 · 접적지역과 특수학교에 한하여 의무교육을 실시하고 있는 것은 그러한 경우에는 지리적 여건이나 피교육자의 특성상 교육을 받을 기회가 상대적으로 불리하다는 점을 고려한 것으로 이는 오히려 실질적 평등의 원칙에 부합된다고 할 수 있다. 따라서 교육법 제8조의 2는 헌법 제11조 제1항에 정한 평등의 원칙에 위반되지 아니한다."(헌재 1991. 2. 11. 90헌가27, 판례집 3, 11, 25-26)

311) 위의 주 참조.

312) "법 앞에 평등하다는 것은, 법적 취급의 불평등의 금지를 의미하는 데 그치고, 현실로 사회에 존재하는 경제적, 사회적 기타 여러 가지의 사실상 불균등을 시정하여 그 실질적 평등을 보장하여야만 하는 것은 아니기 때문에, 언어장애자인 후보자와 비장애인 후보자 사이의 실질상의 불균등이 있음에도 동일하게 취급하였다고 하여 곧바로 이 사건 법률조항을 평등의 원칙에 위반되는 것이라고 할 수는 없는 것이다."(헌재 2009. 2. 26. 2006헌마626, 판례집 21-1상, 211, 229)

313) "헌법 제38조는 "모든 국민은 법률이 정하는 바에 의하여 납세의 의무를 진다"고, 제59조는 "조세의 종목과 세율은 법률로 정한다"고 각 규정하여 조세법률주의를 선언하고 있는바, 오늘날의 법치주의가 단순히 형식적 법치주의에 그치지 아니하고 실질적 법치주의를 지향하고 있는 점에 비추어 볼 때, 위 헌법규정들이 선언한 조세법률주의도 과세요건이 형식적 의미의 법률로 명확히 정해질 것을 요구할 뿐 아니라, 조세법의

실질적 조세법률주의,[315] 실질과세[316] 등. 이 경우들에 있어서 '실질'은 논의의 frame을 바꾸지는 않는다. 형식으로써 포섭하지 못하는 것들을 추가적으로 포섭시키는 역할을 할 뿐이다.

그런데 평등은 그렇지 않다. 논의의 틀 자체를 바꾸어 버린다. 예를 들어 평등이 모든 것을 같게 취급할 것을 명령한다고 보는 A설을 '형식적'인 것으로 이해한다면, 실질적 평등은 어떤 특별한 경우에는 '다르게 취급'하는 것이 평등에 부합하는 것이라고 본다.

> "형벌이 죄질과 책임에 상응하도록 적절한 비례성을 지켜야 하며, 헌법 제11조의 실질적 평등의 원칙에 부합하여야 한다."[317]
>
> "이러한 규정은 '평등한 것은 평등하게, 불평등한 것은 불평등하게'라는 실질적 평등원칙에 어긋나고, 형벌체계상 균형을 잃은 입법형태라 하지 않을 수 없다."[318]

목적이나 내용이 기본권 보장의 헌법이념과 이를 뒷받침하기 위하여 헌법상 요구되는 제 원칙에 실질적으로 합치될 것도 아울러 요구하는 것으로 보아야 한다(헌법재판소 1994.6.30. 선고, 93헌바9 결정 참조)."(헌재 1995. 11. 30. 91헌바1 등, 판례집 7-2, 562, 584. 밑줄은 필자가 추가한 것이다.)

314) "우리 헌법은 국가권력의 남용으로부터 국민의 기본권을 보호하려는 법치국가의 실현을 기본이념으로 하고 있고, 법치국가의 개념은 범죄에 대한 법정형을 정함에 있어 죄질과 그에 따른 행위자의 책임 사이에 적절한 비례관계가 지켜질 것을 요구하는 실질적 법치국가의 이념을 포함하고 있다."(헌재 2003. 11. 27. 2002헌바24, 판례집 15-2하, 242, 252)

315) "헌법규정들이 선언한 조세법률주의는 과세요건이 형식적 의미의 법률로 명확히 정해질 것을 요구할 뿐 아니라, 조세법의 목적이나 내용이 기본권 보장의 헌법이념과 이를 뒷받침하기 위하여 헌법상 요구되는 제 원칙에 실질적으로 합치될 것도 아울러 요구하는 실질적 조세법률주의를 추구하고 있는 것으로 보아야 한다는 것이다."(헌재 2006. 7. 27. 2004헌바70, 판례집 18-2, 94, 106)

316) "실질과세원칙이라 함은 헌법상의 조세평등주의의 이념을 실현하기 위한 수단으로서 국세기본법 제14조에서 이를 규정하고 있으며, 법률상의 형식과 경제적 실질이 서로 부합하지 않는 경우에 그 경제적 실질을 추구하여 그에 과세함으로써 조세를 공평하게 부과하겠다는 것이다(헌재 1989. 7. 21. 89헌마38, 판례집 1, 131, 142-143; 헌재 2004. 7. 15. 2003헌바45, 판례집 16-2, 95, 110 참조)."(헌재 2006. 7. 27. 2004헌바70, 판례집 18-2, 94, 105)

317) 헌재 2006. 12. 28. 2005헌바35, 판례집 18-2, 589, 596.

"헌법은 실질적 평등, 사회적 법치국가의 원리에 입각하여 이들의 권익을 국가가 적극적으로 보호하여야 함을 여러 곳에서 천명하고 있다. 성별에 의한 차별을 금지하고 있는 헌법 제11조, 인간다운 생활을 할 권리를 보장하고 있는 헌법 제34조 제1항 외에도, 위에서 본 헌법 제32조 제4항, "국가는 여자의 복지와 권익의 향상을 위하여 노력하여야 한다"고 규정하고 있는 헌법 제34조 제3항, "신체장애자 및 질병·노령 기타의 사유로 생활능력이 없는 국민은 법률이 정하는 바에 의하여 국가의 보호를 받는다"고 규정하고 있는 헌법 제34조 제5항, "국가는 모성의 보호를 위하여 노력하여야 한다"고 규정하고 있는 헌법 제36조 제2항 등이 여기에 해당한다."[319]

그러면, 실질적 평등의 관념을 헌법적으로 채택한 것으로 보면, 실질적 평등에 부합하는 상태는 '차별이 없는' 상태로 이해함이 상당하다. 그러나 판례들을 보면 꼭 그렇지도 않다. 아래의 각 경우들은 실질적 평등에 부합한다는 점을 (차별의 부존재 사유로 사용한 것이 아니라) 존재하는 차별을 정당화하는 사유로 삼고 있다. 개념상의 혼선을 보여 준다.

"시각장애인 안마사제도는 바로 이러한 현실에서 시각장애인의 생계 및 인간다운 삶을 보장하기 위한 최소한의 우선적 처우이며 시각장애인에게 가해진 사회적 차별을 보상해주고 실질적인 평등을 이룰 수 있는 수단으로 채택된 것이라고 평가할 수 있을 것이다."[320]

"현재 도서 · 벽지 · 접적지역과 특수학교에 한하여 의무교육을 실시하고 있는 것은 그러한 경우에는 지리적 여건이나 피교육자의 특성상 교육을 받을 기회가 상대적으로 불리하다는 점을 고려한 것으로 이는 오히려 실질적 평등의 원칙에 부합된다고 할 수 있다."[321]

"독립유공자들이 우리나라의 자주독립을 위하여 "공헌하고 희생한 정도"는 각자에 따라 다르며 이에 따라 보상금액에 차등을 두는 것은 실질적 평등의 구현이라는 면에서 합리적인 이유가 있고"[322]

---

318) 헌재 2006. 12. 28. 2005헌바35, 판례집 18-2, 589, 598.
319) 헌재 1999. 12. 23. 98헌마363, 판례집 11-2, 770, 790.
320) 헌재 2008. 10. 30. 2006헌마1098, 판례집 20-2상, 1089, 1108.
321) 헌재 1991. 2. 11. 90헌가27, 판례집 3, 11.

다시 돌아가 김철수 교수의 주장을 보자. “형식적 평등설은 인간의 존엄과 가치 · 행복추구권, 자유권, 참정권 보장에 있어서 원칙적으로 적용된다. 이 설은 산술적 평등설, 기계적 평등설에 입각하고 있다. 이에 대하여 생존권의 보장과 같은 경우에는 개인의 차이를 인정하여 실질적 평등을 적용해야 한다. 이 설은 비례적 평등, 배분적 정의설에 입각하고 있다. 원칙적으로는 형식적 평등이 요구되나 사회적 약자 등을 배려하여서는 실질적 평등설이 타당하다고 하겠다.”

우선 실질적 평등설과 별개로 형식적 평등설이 존재할 필요가 있겠는가 하는 점을 본다. 김철수 교수가 말하는 실질적 평등설 안에는 당연히 형식적 평등설도 포함되어 있다. 비례적 평등, 배분적 정의 안에서는 당연히 획일적 취급도 포함되어 있다. 개념적으로 형식적 평등설은 실질적 평등설의 일부분이다.

예를 ‘차이를 인정한다’는 말은 차이가 있을 때 이를 인정한다는 것을 의미한다. 그런데 만약 차이가 없다면 다른 처우를 할 것도 없다. 평등선거의 경우를 보더라도, 이를 김철수 교수가 말하는 형식적 평등설을 원용하지 않더라도 설명할 수 있다. 실질적 평등설에 의하더라도 ‘모든 국민’은 다르지 아니하고, 같으므로 모두에게 같은 양의 투표권을 부여하여야 한다는 논리가 모순 없이 성립할 수 있다.

그러면 문제는 다시 배분적 정의설에서 말하는 ‘같은 것’과 ‘다른 것’을 구분할 수 있는가 하는 문제로 돌아간다. 언제 같게 취급하여야 하고, 언제 다르게 취급하여야 하는가? 이 문제는 ‘그에게 그의 것’을 주는 것이 정의롭다는 주장과 거의 같다.[323] 우리는 그것을 알 수 없다.

---

322) 헌재 1997. 6. 26. 94헌마52, 판례집 9-1, 659, 66.

323) 양자가 다른 점은, 취급하여야 할 대상이 1명일 때, ‘그에게 그의 것을’은 작동할 수 있는 반면, ‘같은 것은 같게, 다른 것은 다르게’는 작동할 수 없다는 것이다. 그러므로 후자는 전자에 비해 열등한 정의의 원리다. 평등은 두 개의 집단이라는 관념을 전제로 하므로, 전자를 평등의 내용으로 수용하기가 적절하지 않았다.

만약 그것을 알 수 있다면, 즉 논리적으로 추론해 낼 수 있다면, 법이 필요할 리 없다. 추론능력이 뛰어난 사람들로 하여금, 정의를 추론케 환 후 그것을 그대로 법으로 삼으면 된다. 나아가 국회에서 국민의 대표들이 '타협'을 통해 결론을 도출해 내면 곤란하다. 정의를 추론하여 내었으면 그것을 그대로 법으로 삼아야지 정의로부터 벗어난 타협의 결과물을 법으로 삼을 수 없다. 국회를 구성하는데 민주적 정당성을 요소로 삼을 필요도 없다. 정의를 잘 추론해 낼 사람으로 국회를 구성하여야 한다.

필자는 비례적 평등, 배분적 정의설을 주장하기 위해서는 헌법 교과서의 별책으로 정의론을 따로 내야 된다고 생각한다. 철학과에서는 아직도 정의론을 한 학기 내내 배우지 싶다. 그것이 언제부터인가? 오래되었지 싶다. 그래도 찾아내지 못한 정의를 말 한마디로 정리하여 알 수는 없다. '같은 것은 같게, 다른 것은 다르게'는 정의로 나아가는 추론의 FRAME일 뿐이지, 그것이 정의는 아니다. 그 프레임 안에 채워나가는 것이 (틀이 아닌) 평등의 내용을 찾아가는 것이다.

예를 들어 교육이라는 가치는 어떻게 배분되어야 하는가? 세금은 어떻게 배분되어야 하는가? 투표권은 어떻게 배분되어야 하는가? 형벌은 어떻게 배분되어야 하는가? 이런 것들의 구체적인 내용은 하나도 가르쳐 주지 않으면서 '같은 것은 같게, 다른 것은 다르게'의 틀로써 정의를 찾아내고, 그것이 평등의 내용이라고 하는 것은 기만에 가깝다.[324)]

어떤 하나의 관념에 능한 학자는 자꾸 그것이 적용 범위를 확장하고자 한다. 거기에 가장 많이 원용되는 것이 '實質'이라는 말이다. 자유에 '실질'을 갖

---

324) 이 책에서 다루지 못할 것 같지만, 이준일, 『헌법학강의』, 홍문사, 2023, 407 이하는, 정의로써 평등을 충전하는 경우, 즉 '같은 것은 같게, 다른 것은 다르게'를 평등의 의미로 이해하는 경우, 뒤따르는 문제들을 상당히 상세하게 설명하고 논증하고 주장하고 있다. 필자는 평등을 '같은 것은 같게, 다른 것은 다르게'로 이해하는 입론이 타당한 것이든 아니든, 적어도 이 주장을 하기 위해서는 이 정도의 노력이 필요하다고 본다. 맨 먼저 이슈로 될 것은 논증책임이다. 누가 같고 다름을 논증하여야 하는가?

다 붙여서 모든 문제를 자유의 문제로 만들고, 법치주의에 '실질'을 갖다 붙여서 모든 문제를 법치주의의 문제로 만든다. 민주주의를 공부한 사람은 민주주의에 '실질'을 갖다 붙인다.

그러면 그것들[325]이 커버할 수 없는 문제가 없다. 부조리한 것이라 보이면, 그것을 '실질'의 이름으로 재단할 수 있다. 이 개념들은 이제 만능키가 된다. 열지 못할 문이 없다. 요술 방망이가 된다. 해결하지 못할 문제가 없다.

평등도 마찬가지인 것 같다. 평등에다 정의를 갖다 붙이고, 실질을 갖다 붙여서 만능키로 쓰고 요술 방망이로 쓰고 싶은 유혹을 학자들이 만나지 않을 수 없다. 이것은 학자들을 유혹하기도 하지만, 법관[326]을 유혹하기도 한다. 양자의 이해가 완벽히 일치한다. 그러면 뭐가 되는가? 통설과 판례가 된다.

그러나 위에서 보았지만, 법관인들 정의를 알겠는가. 의견을 낼 수는 있겠지만 그것이 정의라는 것을 논증할 수는 없다. 결국은 법관의 '정의에 관한 의견'이 '정의'로 포장되어 재판의 결론을 좌우할 것이다. 나아가 정의라는 이름으로 모든 법적 문제에 헌법을 개입시킬 것이다.

필자는 헌재에서 연구관으로 재직하면서, 현직 재판관으로부터 너무도 이론적으로 중요한 말을 들었다. 누구인지는 밝히지 않겠다. 그 재판관은 다음과 같이 말하였다. '평등은 무척 유용하더라. 평등을 이용하면 어떤 결론이라도 낼 수 있다. 그런데, 나는 평등이 뭔지 모르겠더라.' 쌍따옴표까지 할 정도는 아니지만, 필자는 이렇게 들었다. 평등 문제에 관심을 가지고 있던 필자는 '평등의 핵심'을 들었던 것 같아 반가우면서도 놀랐다. 재판관의 통찰에 대해서도 무척 놀랐다.

앞 문장 중 '평등을 이용하면 어떤 결론이라도 낼 수 있다.'는 말은 어떤 심판대상이라도 평등의 심사 메카니즘을 이용하면 위헌이라는 결론을 낼 수 있다는 말로 이해된다. 위헌이 아니라는 결론을 내는데, 평등이 크게 활약하

325) 자유, 법치주의, 민주주의.
326) 헌법재판관을 포함한다.

지는 않는다. 현실적으로 생각해 보면, 사회권 조항을 적용하여 위헌이라는 결론에 이르기는 쉽지 않다.[327] 사회권의 법적 성격 때문이다. 그래서 대개 사회적 급부 또는 부조와 관련된 사안이 위헌으로 결정되는 데에는, 사회권보다는 평등권이 작동하는 경우가 많다. 사회권에 관련된 이슈임에도 평등권 침해 여부만 심사하여 위헌으로 결정한 사례는 다음과 같다.[328]

(1) 헌재 2010. 6. 24. 2008헌바128 [1차 퇴직군인 상이연금 사건][329]

"청구인은 주로 공무원연금법에서 정한 장해급여수급권의 혜택을 받는 일반 공무원과의 차별을 문제 삼고 있는 점 등을 고려해 볼 때 이 사건 법률조항이 헌법에 위반되는지 여부는 헌법 제11조 제1항의 평등원칙과 가장 밀접한 관계가 있으므로, 이 사건 법률조항이 평등원칙에 위배되거나 청구인의 평등권을 침해하는지 여부를 중심으로 살펴보기로 한다."[330]고 판시하면서 평등권 침해 여부에 대한 심사만 하였다. 사회적 기본권과의 관계를 따로 언급하지는 않았다.

(2) 헌재 2016. 12. 29. 2015헌바208 [2차 퇴직군인 상이연금 사건][331]

이 결정은 위 2008헌바128 결정의 후속 결정이다. 위 2008헌바128 불합치 결정에 따른 후속입법이 있었는데, 개정된 규정을 개정법 시행일 이후부터 적용하도록 한 것이 문제되었다. 행복추구권에 관한 주장도 있었으나, 다음과 같이 설시하면서 평등권 침해 여부만 다루었다. "청구인 윤○진은 심판대상조항이 청구인의 행복추구권을 침해한다고 주장하나, 청구인이 주장하는 사안과 가장 밀접한 관계가 있는 평등권에 대하여 그 침해 여부를 판단하는 이상 이에 대하여는 따로 판단하지 않는다."[332]

---

327) 사회적 기본권 자체로는 특정한 급부를 요구할 수 없다. '국가가 최저생활보장에 관한 입법을 전혀 하지 아니하였다든가 그 내용이 현저히 불합리하여 헌법상 용인될 수 있는 재량의 범위를 명백히 일탈한 경우'(헌재 2004. 10. 28. 2002헌마328, 판례집 16-2하, 195, 207; 헌재 2011. 3. 31. 2009헌마617, 판례집 23-1상, 416, 423) 외에는 인정되기 어렵다.

328) 이 점에 대해서는 정주백, "평등을 통한 사회적 기본권 실현에 대한 우려", 『헌법재판연구』, 제9권 제1호, 헌법재판연구원, 2022, 135 이하 참조.

329) 헌법불합치 결정.

330) 헌재 2010. 6. 24. 2008헌바128, 판례집 22-1하, 473, 483.

331) 헌법불합치 결정.

332) 헌재 2016. 12. 29. 2015헌바208, 판례집 28-2하, 456, 463.

(3) 헌재 2016. 9. 29. 2014헌바254 [2차 출퇴근 재해 사건][333)]

다음과 같이 판시하면서 사회적 기본권 판단을 하지 않았다. "청구인은 심판대상조항이 사회보장·사회복지 증진에 노력할 국가의 의무를 게을리한 것이어서 헌법 제34조 제2항에 위배되고, 산재보험에서 불평등한 결과를 가져옴으로써 공정한 재판을 받을 권리와 행복추구권을 침해한다는 주장도 한다. 그러나 청구인 주장의 실질적 취지는 결국 심판대상조항이 평등원칙에 위배된다는 내용과 다름없으므로 이 부분은 별도로 판단하지 아니한다."[334)]

(4) 헌재 2018. 1. 25. 2015헌마1047

이 결정에서는 우리 국적을 가지고 있는 영유아 중에서 재외국민인 영유아를 보육료·양육수당의 지원대상에서 제외하는 것이 문제되었다. 헌재는 사회적 기본권에 대해서는 전혀 언급하지 아니하고, 청구인들의 평등권 침해 여부만을 다루었다. 이 사건에서는 헌법불합치 결정을 하지 않고 위헌 결정을 하였다. 심판대상은 "(단, 주민등록법 제6조 제1항 제3호에 따라 주민번호를 발급받거나, 동법 제19조 제4항에 따라 재외국민으로 등록·관리되는 자는 제외)"라고 규정되어 있다. 재외국민 영유아에 대한 보육료·양육수당 지급 배제 규정을 위헌 결정함으로써 우리 국적을 가진 영유아와 같은 처우를 받게 할 수 있게 되었다. 헌재가 평등을 실현하는 여러 가지 방법 중 하나를 선택한 형국이다.

결국 사회권이 문제되는 영역에서도, 평등권이 위헌 결정을 이끌어내는 데 유효하게 작동하고 있음을 알 수 있다. 사회권만을 적용하여 위헌결정을 한 사례는 없는 것으로 보인다.[335)][336)] 평등권이 (a) 어떤 문제에나 적용되어서 (b) 어떤 대상에 대해서라도 위헌으로 결정할 수 있는 만능키의 성격을 간취할 수 있다. 그런데, 우리는 평등의 무엇인지를 모른다. 실질적 평등론자는

333) 헌법불합치 결정.

334) 헌재 2016. 9. 29. 2014헌바254, 판례집 28-2상, 316, 323.

335) 평등권 심사를 배제한 채 사회권 침해 여부만 검토하고 위헌이라 결정한 사례(헌재 2003. 12. 18. 2002헌바1, 판례집 15-2하, 441)가 발견되기는 하나, 문제가 의료보험수급권은 재산권적 성격이 강하여 이 결정을 두고 순수한 사회적 기본권 침해를 이유로 위헌 결정을 한 사례로 볼 수 있을지는 의문이다.

336) 필자는 이러한 상황을 '평등을 통한 사회적 기본권의 실현'이라 부른다. 이 문제를 다룬 앞의 논문(정주백, "평등을 통한 사회적 기본권 실현에 대한 우려", 『헌법재판연구』, 제9권 제1호, 헌법재판연구원, 2022, 135 이하) 제목이 이를 드러내고 있다.

이런 운용이 아무 문제없다는 주장을 한다. 명시적으로 아무 문제가 없다고 한 것은 아니지만, 실질적 평등론, '같은 것은 같게, 다른 것은 다르게'의 평등론이 이끌어낼 결론이 이것인데도, 실질적 평등론을 주장하는 것은 이 상황을 용인하는 것과 다르지 아니하다. 과연 아무 문제가 없는가?

⑫ "예를 들어 의무교육의 무상을 이야기할 때 형식적으로는 수업료의 무상으로만 족할 것이나 실질적으로는 학용품교과서까지 무상배분이 요구된다."(xvi)는 記述이 왜 여기에 있는지 필자는 알 수 없다. 필자는 모르겠다. 현재 논의되고 있는 평등론과는 전혀 무관한 이야기다.

"(5) 상대적 평등의 심사기준

1) 외국의 이론

이 점에 관해 독일에서는 자의의 금지(Willkürverbot)를 그 기준으로 들고 있다. 독일판례의 입장에 의하면 (xvii) 「본질적으로 평등한 것을 자의적으로 불평등하게 취급하거나, 본질적으로 불평등한 것을 자의적으로 평등하게 취급하는 것의 금지」라고 하여, 이 자의의 금지를 이중적인 의미로 객관화시키고 있다. (xviii) 근자에는 상대적 평등의 기준을 강화하여 엄격심사를 하고 있다. 엄격심사는 비례원칙, 과잉금지원리라고도 한다. 이를 비례적 평등이라고 한다. 이 경우 평등권과 이를 제한하는 입법 간에 입법목적이 정당성이 있는가, 또 비례성이 있는가를 엄격하게 심사한다. (xix) 최종적으로는 그 제한이 정의의 이념에 합치하는가 하는 체계정당성과 결과정당성의 심사가 이루어지게 된다.

미국에서도 「법의 평등한 보장이란 평등한 법의 보장」이란 판례가 있고, 평등보호조항은 개별적인 차별은 금지하나 어떠한 경우에도 차별을 인정하지 아니하고 모든 사람을 동일하게 취급하는 것을 요청하는 것이 아니며, 합리적(reasonable)인 차별은 가능하다고 한다. 이 밖에도 엄격한 심사기준(strict scrutiny)을 적용하고 있다. 이는 의심스러운 차별기준(suspect classification test)과 불가결한 정부의 이익(government's compelling interest test)이다. (xx) 이 밖에도 경제적 사회적 약자의 지위를 향상하기 위한 우선처우(preferential treatment) 이론이 나왔다. 이는 일반적으로 인종 · 소수민족 · 여성에 대하여 호의적인 평등시책을 펴고 있다. 그러나 이에 따라 오히려 역차별(reverse discrimination)의 문제가 나타나고 있다."[337]

---

337) 金哲洙, 『憲法學新論』, 박영사, 2013, 470.

⑭ "「본질적으로 평등한 것을 자의적으로 불평등하게 취급하거나, 본질적으로 불평등한 것을 자의적으로 평등하게 취급하는 것의 금지」"(xvii)를 한 번 보자. 김철수 교수는 자의금지를 '같은 것은 같게, 다른 것은 다르게'를 전제로 설명을 하고 있다. 과연 그런지는 잘 모르겠다. A설, 즉 '모든 것을 같게'를 전제로 하고도 자의금지는 작동할 수 있다. 단지 '차별'의 정당화 논리로 자의금지가 있는 것이지, Ca설을 전제로 하여서만 자의금지가 이야기되는 것은 아니다.338)

⑮ "근자에는 상대적 평등의 기준을 강화하여 엄격심사를 하고 있다. 엄격심사는 비례원칙, 과잉금지원리라고도 한다. 이를 비례적 평등이라고 한다."(xviii)고 하는데, 앞에서는 Ca설을 비례적 평등이라 이야기하였다. (xv)에 이어지는 부분 참고. 통상 학계에서도 이런 의미로 사용한다.

⑯ "최종적으로는 그 제한이 정의의 이념에 합치하는가 하는 체계정당성과 결과정당성의 심사가 이루어지게 된다."(xix)는 표현은 그의 주장, Ca설과 부합하지 않는다. Ca설은 정의로운 것을 평등한 것이라고 이해한다. 그런데, 차별이 있다는 것은 이미 정의로부터 벗어났다는 것을 의미한다. 그런데 다시 정의의 이념에 합치하여야 정당화된다는 것은 납득하기 어려운 것이다. Ca설을 전제로 했을 때, 가장 대표적으로 들 수 있는 정당화 사유는 법적 안정성을 보장하기 위한 제도적 장치이다. 공소시효를 예로 들 수 있다.

A설을 전제로 할 때에도, 반드시 정의가 회복되어야 차별이 정당화되는 것

338) 사실이 문제를 온전히 설명하기 위해서는 Gerhard Leibholz의 박사논문을 검토할 필요가 있다. 그것이 아니더라도 그의 같은 제목의 논문 Die Gleichheit vor dem Gesetz. Ein Nachwort zur Auslegung des Art. 109 Abs. 1 RV(Archiv des öffentlichen Rechts, Vol. 51 (N.F. 12), No. 1 (1927), pp. 1-36 (36 pages), Published By: Mohr Siebeck GmbH & Co. KG, https:··www.jstor.org·stable·44303385)이라도 검토해 보면 어느 정도 분명하게 이야기할 수 있는 부분이 있을 것이라고 생각한다. 이 부분을 공부하면서 그의 박사 논문을 검토하지 못한 것에 대해서는 좀 부끄럽다. 필자는 필자가 말하는 평등론의 혼란이 그의 박사 논문에서 기인한 것이라고 짐작하고 있다. 그가 25살 때, 두 번째로 쓴 박사 논문이다.

은 아니다. '모든 것을 같게' 취급하는 것이 정의로울 때도 있고, 그렇지 않을 때도 있다. '같게' 취급하는 것이 정의로움에도 차별이 있고 정당화될 수 있다. 만약 정의가 회복되어야 정당화된다고 본다면 심각한 문제에 봉착하게 될 것이다. 헌법이 온전히 부정의를 명령하고 있는 것으로 되기 때문이다.

⑰ "이 밖에도 경제적 사회적 약자의 지위를 향상하기 위한 우선처우(preferential treatment) 이론이 나왔다. 이는 일반적으로 인종 · 소수민족 · 여성에 대하여 호의적인 평등시책을 펴고 있다. 그러나 이에 따라 오히려 역차별(reverse discrimination)의 문제가 나타나고 있다."(xx)라는 표현은 헌법학적인 관점에서는 적절하지 아니하다. '우선처우'가 헌법적인 善으로 오해될 수 있기 때문이다. '우선처우'를 (헌법적 관점에서) 차별로 인식한다면, 우선처우가 정당화 사유로 작동할 수 있음은 별론으로 하고, 마치 우선처우가 있고 이로 인하여 역차별이 문제된다고 해서는 곤란하다. 선후가 뒤집어져 있다. 헌법 제11조는 차별의 철폐를 목적으로 한다.

물론, 우선처우가 Ca설, 즉 평등을 '같은 것은 같게, 다른 것은 다르게'로 이해함을 전제로, '다른 것을 다르게' 처우한 예로 받아들여질 가능성이 전혀 없는 것은 아니다. 그러나 김철수 교수는 이와 같은 이해를 바탕으로 위의 서술을 한 것이 아니다. 그는 분명하게 우선처우를 차별이라고 인식했다. 다른 한편 우선처우는 법적 개념으로 수용하기에는 너무 모호한 표현이다.

이러한 혼선이 있는 것은, '어떤 것이 좋은 세상인가' 하는 관점과 '헌법이 무엇을 명령하고 있는가'를 섞어서 다루었기 때문이라고 생각한다.

필자의 관점에서는 다음과 같이 분석할 것이다, 헌법은 모든 국민을 다르게 취급하지 말 것을 명령한다. 다만, 조건이 있다. 어떠한 차별 기준, 또는 사유로도 다른 취급을 하지 말도록 금지하고 있지 않다. '성별 · 종교 · 사회적 신분'을 차별의 기준 또는 사유로 차별하는 것을 금지하고 있다.[339] 예시적

---

339) 물론, 조건이 하나 더 있다. 차별 영역이 그것이다. 헌법 제11조 제1항 후문은 '정치적 · 경제적 · 사회적 · 문화적 생활의 모든 영역에 있어서' 차별을 금지하고 있다. 여기

열거설을 채택하면 이 사유들 외에도 차별금지 사유가 추가될 수 있다.

우선처우의 문제에 관하여 보면 다음 단계의 심사를 하게 된다. (a) 일단 다른 처우가 있으므로 차별로 인식된다. (b) 차별의 사유가 무엇인가가 검토된다. 위의 김철수 교수가 든 사유중 '여성'을 우대한 것이라면, 성별에 따른 차별로 인식된다. '소수민족'이나 '(소수)인종[340]'에 대한 차별은 논의의 여지가 있다. 우선 이 차별이 성별이나 종교에 따른 차별은 아니다. 그러면 사회적 신분에 따른 차별인가를 검토하여야 한다. '소수민족'이나 '(소수)인종'에 속하는 것을 '사회적 신분'이라 할 수 있는가?

그러면 사회적 신분이 무엇인가를 다시 검토하여야 한다. 어떤 것이 사회적 신분인가? 헌재는 "사회적 신분이란 사회에서 장기간 점하는 지위로서 일정한 사회적 평가를 수반하는 것을 의미한다."[341] 만약 이 정의를 수용한다면, '소수민족'이나 '(소수)인종'이 여기에 포섭되는가를 검토하여야 할 것이다.

만약 '소수민족'이나 '(소수)인종'이 사회적 신분에 포섭되지 않는다면, '소수민족'이나 '(소수)인종'에 대한 차별이 헌법 제11조 제1항과 무관한 것으로 되는가?

여기에 작동하는 것이 '예시적 열거설'의 수용 여부이다. 만약 예시적 열거설을 수용한다면, 명시적으로 열거된 사유들로부터 內包(connotation)를 획정해 내고, '민족'이나 '인종'이 그 내포를 충족시키는가가 검토된다. 만약 충족

에 해당하지 않는 영역에서는 차별이 있더라도 헌법적으로 문제되지 않는다. 다만, 이들 영역 외에서 차별이 문제되는 상황을 상정하기는 무척 어렵다. 아직 이 영역이 문제된 사례는 없는 것으로 안다. 여기서는 다루지 않는다.

340) 사실 '소수'라는 말은 논쟁적이다. 물리적인 숫자로 따져 보았을 때 다수를 점하는 인종이 물리적 수자로 다져을 때 소수인 인종에 의해 차별을 당할 수 있다. 남아프리카 공화국의 사례는 여기에 포함될 수 있다. 여기서는 이 문제를 논쟁하고 싶지 않다. 다만, 김철수 교수가 '인종'이라고 하면서 '인종에 대하여' 차별한다고 표현하고 있는데, '인종'은 차별의 기준이 될 수는 있으나, 차별의 대상으로 될 수는 없다. 대상성을 확보하기 위하여 '(소수)인종'이라 표시하였을 뿐이다. 민족이 차별의 대상으로 될 수 없음을 생각해 보면 알 수 있다.

341) 헌재 1995. 2. 23. 93헌바43, 판례집 7-1, 222, 236.

한다면, 이 사유들로 차별을 하는 것은 헌법에 의해 금지된 것이라고 판단될 것이고, 충족되지 아니한다면 심사는 여기서 종료될 것이다. 위헌 주장은 기각될 것이다.

헌법 제11조 제1항 후문에 명시적으로 열거된 사유,[342] 또는 (예시적 열거설을 전제로) 명시적으로 열거되지 아니하였으나 헌법에 의해 금지된 차별금지사유로 인정된 사유에 따른 차별이 있었다고 판단된다면 다음 단계로 정당화 사유에 대한 심사가 이루어질 것이다.

김철수 교수가 든 우선처우의 이론은 이 단계, 즉 정당화 심사 단계에서 원용될 여지가 생긴다.

> "(4) 기타 기준에 의한 차별대우의 금지
> 위에 예시하지 않은 여러 가지 기준, 예를 들면 언어 · 인종 · 학력 · 건강 · 연령 · 정치관 · 출신지역 등 어떠한 기준에 의하더라도 불합리한 차별대우는 이를 할 수 없다."[343]

⑱ 헌법 제11조 제1항 후문에 기재된 차별금지 사유를 예시로 보면서도, 外延(extension)에 한계는 없다는 입장이다. 內包(connotation)의 양을 零으로 본다. 따로 예시된 것 외의 사유에 의한 차별은 헌법 제11조 제1항 전문의 규율을 받는다는 입장도 아니다.

앞의 (viii)에서는 "어떠한 경우에 있어서도 모든 사람을 모든 점에 있어서 항상 무차별 · 균등하게 대우하려고 하는 무제한적 절대적 평등설과 신분적 사항에 관한 범위 내에서만 절대적 평등을 인정하는 제한적 절대적 평등설이 있다"고 하여 헌법 제11조 제1항 후문에 기재된 차별금지 사유에 의미를 부여하는 학설[344]이 있다고 하고도, 여기서는 당연히 (viii) 중 전단의 학설이

342) 여기서는 성별.
343) 김철수, 『헌법학신론』, 박영사, 2013, 491.
344) (viii) 중 후단.

당연히 옳다고 한다.

필자는 위의 주장이 헌법 제11조 제1항 후문에 기재된 사유의 성격을 잘못 이해하여서 위와 같은 주장을 한 것이라고 본다. 헌법 제11조 제1항 후문에 기재된 차별금지 사유를 예시적인 것이라 보더라도, 그 차별금지 사유의 外延이 무한대로 될 수는 없다. 이 점은 뒤에서 다시 본다.[345)]

---

345) 예시적 입법에 관한 다음 헌재 판례를 이해할 필요가 있다. 헌법 제11조 제1항 후문은 내포를 표시하지 아니한 예시적 입법이다. "규율대상인 대전제를 규정함과 동시에 구성요건의 외연(外延)에 해당되는 개별사례를 예시적으로 규정하는 예시적 입법형식의 경우, 구성요건의 대전제인 일반조항의 내용이 지나치게 포괄적이어서 법관의 자의적인 해석을 통하여 그 적용범위를 확장할 가능성이 있다면, 죄형법정주의원칙에 위배될 수 있다. 따라서, 예시적 입법형식이 법률명확성의 원칙에 위배되지 않으려면, 예시한 개별적인 구성요건이 그 자체로 일반조항의 해석을 위한 판단지침을 내포하고 있어야 할 뿐만 아니라, 그 일반조항 자체가 그러한 구체적인 예시를 포괄할 수 있는 의미를 담고 있는 개념이 되어야 한다."(헌재 2002. 6. 27. 2001헌바70, 판례집 14-1, 601, 608; 헌재 2009. 3. 26. 2007헌바72, 판례집 21-1상, 406, 418; 헌재 2009. 5. 28. 2007헌바24, 판례집 21-1하, 599, 609; 헌재 2009. 7. 30. 2007헌마718, 판례집 21-2상, 311, 320-321; 헌재 2011. 3. 31. 2008헌가21, 판례집 23-1상, 178, 187-188; 헌재 2014. 7. 24. 2013헌바169, 판례집 26-2상, 115, 120-121; 헌재 2016. 7. 28. 2012헌바258, 판례집 28-2상, 1, 8-9)

제6장

헌법학

성낙인

"(i) 평등은 결코 일체의 차별적 대우를 부정하는 절대적 평등을 의미하는 것이 아니라 입법과 법의 적용에 있어서 합리적인 근거가 없는 차별을 하여서는 아니 된다는 상대적 평등을 뜻한다. 상대적 평등의 기준으로는 합리성, 자의금지의 원칙, 형평과 정의 등이 있다. (ii) 평등의 원칙은 입법자에게 본질적으로 같은 것을 자의적으로 다르게, 본질적으로 다른 것을 자의적으로 같게 취급하는 것을 금하고 있다. 그러므로 비교의 대상을 이루는 두 개의 사실관계 사이에 (iii) 서로 상이한 취급을 정당화할 수 있을 정도의 차이가 없음에도 불구하고 두 사실관계를 서로 다르게 취급한다면, 입법자는 이로써 평등권을 침해하게 된다. 그러나 서로 비교될 수 있는 두 사실관계가 모든 관점에서 완전히 동일한 것이 아니라 단지 일정 요소에 있어서만 동일인 경우에 비교되는 두 사실관계를 법적으로 동일한 것으로 볼 것인지 아니면 다른 것으로 볼 것인지를 판단하기 위하여는 어떠한 요소가 결정적인 기준이 되는가가 문제된다. (iv) 두 개의 사실관계가 본질적으로 동일한가의 판단은 일반적으로 당해 법률조항의 의미와 목적에 달려 있다"(헌재 1996. 12. 26. 96헌가18, 주세법 제38조의 7등위헌제청(자도소주구입명령제도)(위헌)).

3. 평등원칙 위배의 심사기준

(1) 독일의 경우

독일 연방헌법재판소는 초기부터 자의금지의 원칙에 따라 평등원칙위배의 심사기준을 정하여 왔다. (v) 자의금지원칙이란 본질적으로 서로 같은 것을 자의적으로 불평등하게 또는 본질적으로 서로 다른 것을 자의적으로 평등하게 취급하는 것을 금지하는 원칙이다. 그러나 자의금지원칙에 따른 평등심사를 통하여 입법자의 구속을 실효성 있게 관철할 수 없다는 비판이 제기됨으로써, '인적 평등'의 경우에는 보다 엄격한 비례성의 심사기준을 적용하고(비례성심사), '물적 평등'의 경우에는 여전히 전통적인 자의금지원칙을 적용하려는 '새로운 정식'을 채택한 바 있다.

하지만 인적 평등의 침해와 물적 평등의 침해를 서로 명확하게 구별하는 것은 불가능하다는 비판이 제기되었다. 이에 따라 '최신의 정식'을 통하여 일반적 평등 원칙은 규율대상과 차별기준에 따라서 각각 단순한 자의금지로부터 비례성의 요 청에 이르기까지 입법자를 구속하는 다양한 한계가 도출된다고 한다(계희열(중) 237-240면)."[346]

① '의미(meaning)'라는 무엇인가? 필자가 생각하기에 의미란 '어떤 말을 통하여 전달하고자 하는 어떤 것'을 의미한다(mean).[347][348] 어떤 사람이 '텔레비전'에 관한 이야기를 하고 싶다. 그런데 상대방이 텔레비전을 모른다면[349] 텔레비전을 사용하여 서로 의사를 전달하고 전달받을 수 없다.[350] 그러면 텔레비전이라는 말을 사용하여 상대방과 의사를 주고받고자 하는 사람은, 자신이 텔레비전으로 인식하고 있는 어떤 것을, 상대방도 똑 같이 텔레비전으로 인식하도록 만들고 싶을 것이다. 그는 상대방이 이미 알고 있는 말들을 연결하여 텔레비전을 인식하도록 만들 수 있다.[351]

그는 어떻게 하여야 하는가? 사람들에게 말들의 의미를 모아놓은 책이 辭典이다. 사전을 보자. 사전에 텔레비전은 명사이고, '사물의 광학적인 상을 전파에 실어 보내어 수신 장치에 재현하는 전기 통신 방식. 또는 그 영상을 받는 수상기.'라고 설명하고 있다.[352] 간단하지만 이 말을 상대방에게 해 주면, 상대방은 사물, 광학적, 상, 전파, 수신 장치, 전기 통신, 방식, 영상, 수상기

---

346) 성낙인, 『헌법학』, 법문사, 2019, 1027.

347) 인터넷으로 찾아본 Webster Dictionary에는 meaning이 'the thing one intends to convey especially by language'을 의미한다(mean)고 기재되어 있다. 이것을 참고하였다. 링크는, https: · · www.merriam-webster.com · dictionary · meaning. cambridge dictionary에는 다음과 같이 설명되어 있다. The meaning of something is what it expresses or represents:

348) 말은 눈에 보이고 귀에 들린다. 그러나 의미는 눈에 보이지 않고 들리지 않는다. 어떤 것이 있으면 그것을 가리키는 말이 생기지만, 처음부터 정확하게 정의되어 사용되는 경우는 드물다. 의미는 변화하고 발전한다.

349) 이미 상대방도 알고 있으면 문제되지 않는다.

350) 코끼리를 보지 못한 사람에게 코끼리를 이해시키는 것을 생각해 보아도 좋을 것 같다.

351) 상대방이 알지 못하는 말들을 연결하여서는 텔레비전을 인식하도록 만들 수 없다. 상대방이 이미 많은 말들을 알고 있다면 어떤 새로운 말을 이해하는데 큰 도움이 될 것이다. 타임머신을 타고 중세기로 가서 텔레비전이라는 말을 설명하는 것은 현세대에 살고 있는 사람에게 설명하여 이해시키는 것보다 훨씬 어려울 것이다. 아무래도 중세기의 사람은 텔레비전이라는 개념을 구성하는 말들에 대해 현세대 사람보다 훨씬 적게 알고 있을 것이기 때문이다.

352) 인터넷판 네이버 사전에 있는 내용이다. 이 정의가 좋은 것인가는 이 글의 주제와 무관하다.

를 연결하여 텔레비전이라는 관념(concept)을 체득할 수도 있다. 만약 사용된 관념을 이해하지 못하면, 물을 것이다. 電波는 무엇인가?

다시 電波를 사전에 찾아보면, '전기 · 전자 전하의 진동 또는 전류의 주기적 변화에 의해 에너지가 공간으로 방사되는 현상'이라고 설명되어 있다.[353] 또, 상대방은 電荷를 물을 수 있다. 그러면 다시 電荷 항목을 찾아 의미를 파악해 볼 수 있다. 이렇게 하나 하나 말들을 찾아 설명해 주면, 어느 순간 상대방도 텔레비전을 이해하고 대화하는데 활용할 수 있게 된다.[354][355]

그런데, '어떤 말'의 뜻을 구성하는 말에 '그 어떤 말' 자체가 들어 있으면 어떻게 될까? 텔레비전의 의미를 묻는데, 텔레비전이라 함은 삼성전자가 만든 텔레비전을 의미한다고 설명하면 그 상대방은 텔레비전이라는 말을 이해할 수 있을까? 필자는 불가능하리라고 생각한다.[356]

필자의 설명이 추상적이어서 어려우면, 좀 더 쉬운 예를 들어보자. 우리가 누군가에게 모기(mosquito)를 설명한다고 생각해 보자. 모기란 무엇인가. 그런데 누군가 '모기는 유해한 모기다'라고 정의했다고 생각해 보자. 그 사람은 유해한가, 무해한가는 나중에 생각하고 싶고, 우선 모기 자체를 이해하고 싶다. 상대방에게 위의 정의는 아무런 도움이 안 된다. 모기가 무엇인지 모르는

---

353) 역시 인터넷판 네이버 사전에 있는 내용이다. 이 정의가 좋은 것인가는 이 글의 주제와 무관하다.

354) 흥미롭게도 한국계 미국인으로서 필즈상을 탄 허준이 박사가 위에서 본 방식대로, 반복하여 사전을 뒤적이는 방법으로 공부를 하였다고 한다. 물론 어릴 때의 이야기다. 유튜브를 통해 보았는데 그 영상을 다시 찾지는 못하였다. 여러분이 한 번 찾아보시라.

355) 양자역학(量子力學, quantum mechanics)의 개념들을 사람들이 잘 체득하지 못하는 것은 그 개념들이 현실 생활에서 보이거나 들리거나 만져지지 않기 때문이다.

356) 평등이라는 말을 이해하기 위하여 평등이라는 말을 이해하고 있어야 하는 것으로 되는데, (定義 중의) 평등을 알지 못하므로 결국 알고자 하는 대상이 되는 평등을 알 수 없다. 이런 상황은 '닫혀 있다(closed)'고 표현할 수 있다. 물론 언젠가는 닫힐 것이다. 단지 우리는 언제 닫힐지 모르는 세상에서 열려 있다고 생각하면서 살 뿐이다. 가장 빨리 닫힌 세상을 들라면, '평등은 평등이다'를 들 수 있다. 틀린 말은 아니지만, 우리는 어떠한 것도 얻을 수 없다. 닫혀 있으면 지식이 확장될 수 없다.

데 그것이 유해하다는 것이 의미[357]를 가질 수 없다.[358]

여기 성낙인 교수가[359] 평등을 설명하는 방법이 위의 설명 방법과 유사하다. '평등'은 '상대적 평등'을 의미한다. 평등의 뜻을 설명하는데 다시 평등을 끌고 오고 있다. 제 자리로 돌아 왔다.

차라리 '평등은 입법과 법의 적용에 있어서 합리적인 근거가 없는 차별을 하여서는 아니 된다'는 것을 의미한다는 설명이 조금 더 낫다. 그런데 조금 더 나을 뿐이다.

평등에 관한 의미를 설명하는 말 중 '차별'은 무엇인가? 헌법 제11조 제1항의 구조를 보면, 평등은 차별의 반대편에 앉아 있는 말이다.[360] 그러면 앞의 말은 '평등은 입법과 법의 적용에 있어서 합리적인 근거가 없는 '평등하지 아니한 취급'[361]을 하여서는 아니 된다'는 것을 의미한다, 로 전환된다. 다시 평등의 定義 안에 평등이 들어 있는 형국이 된다.

평등은 차별하지 않는 것이다. 그래도 이 정의는 꽤 좋다. 그러면 다시 차별하는 무엇인가를 물음으로써 우리의 평등에 대한 이해는 더욱 폭 넓어질 수 있다. 차별은 무엇인가? 여기서 차별은 평등하지 아니한 취급을 하는 것이다, 라고 설명해 버리면 다시 평등으로 돌아간다. 순환하고 우리의 앎은 진보

---

357) 여기서의 '의미'는 중요성이나 가치(importance or value)를 의미한다.

358) 정유연은 멋진 사람이다, 라는 말은 대부분의 사람에게 무의미하다. 정유연이 누구를 가리키는지 모르기 때문이다. 그런데 필자의 가족에게는 그렇지 않다. 우리 가족에게 앞의 말은 의미를 가진다(meaningful). 정유연이 지칭하는 대상을 알기 때문이다. 그들은 앞의 말에 찬성한다. 그런데, 세종대왕이 한글을 만들었다는 것을 안다는 것이 어떤 의미일까? 우리는 길을 걷다가 세종대왕을 만나더라도 그가 한글을 만든 사람임을 알지 못한다. 세종대왕이 가리키는 구체적인 사람을 우리는 알지 못하기 때문이다.

359) 앞에서도 이야기했지만, 이 말들을 꼭 여기서 하여야 할 필요는 없다. 성낙인 교수만 이렇게 설명하는 것이 아니다. 거의 모든 교과서들이 다 이렇게 설명하고 있다. 이 책의 다른 부분들을 보시라.

360) 사실 엄밀히는 평등은 형용사적 성격을 가지고 있고 차별은 동사적 성격을 가지고 있다. 양자를 동일한 차원에서 비교하기는 어렵다. 같이 동사적 성격을 가진 말로 통일하면, '평등한 취급을 하는 것'의 반대말이 '차별하는 것'이라 할 수 있다.

361) 차별.

하지 못하고 정체한다.

평등이라는 말을 쓰지 않고 차별을 정의하면 어떻게 할 수 있는가? '다르게 취급하는 것'이다. 이것은 알맹이 있는 설명이다. 그러면 평등은 '다르게 취급하지 않는 것'으로 전환하여 설명할 수 있다. 이제 평등이 무엇인가를 이해하지 못하였던 사람도 어느 정도 감을 잡을 수 있다.

그러면 위의 정의는 타당한가? 여기에 대해서는 논란이 있을 수 있다. 평등은 '다르게 취급하지 않는 것'[362]을 의미하는 것이 아니라, '같은 것은 같게 취급하고, 다른 것은 다르게 취급하는 것'[363]을 의미한다는 새로운 주장이 나올 수 있다. 이들은 논쟁할 것이다. 여러 가지 논거를 댈 것이다. 필자 나름의 의견이 있지만 여기서는 그것을 말할 필요는 없다.

다시 돌아와 성낙인 교수의 '평등은 결코 일체의 차별적 대우를 부정하는 절대적 평등을 의미하는 것이 아니라 입법과 법의 적용에 있어서 합리적인 근거가 없는 차별을 하여서는 아니 된다는 상대적 평등을 뜻한다'는 말을 분석해 보자. 이 중 '결코 일체의 차별적 대우를 부정하는 절대적 평등을 의미하는 것이 아니라' 부분은 큰 의미가 없다. 물론 어떤 말의 의미를 얻는데, 거기에 해당하지 않는 것들을 소거(消去, extinction)하는 방법도 무의미한 것은 아니지만 아무래도 효율이 떨어진다. 적극적인 정의가 있다면 먼저 거기에 기대어 이해를 얻어 보는 것이 훨씬 효율적이다.[364]

다시 '평등은 입법과 법의 적용에 있어서 합리적인 근거가 없는 차별을 하여서는 아니 된다는 것을 뜻한다'로 정리해 보자. 여기 차별의 자리에, '평등하지 아니한 취급'을 넣어보자. 그러면 '평등은 입법과 법의 적용에 있어서 합리적인 근거가 없는 '평등하지 아니한 취급을 하는 것'을 하여서는 아니 된다

362) 차별은 '다르게 취급하는 것'.

363) 차별은 '같은 것을 다르게 취급하고, 다른 것은 같게 취급하는 것'.

364) 어떤 그룹에 있는 사람이 30명인데, 그 중에 도둑이 있다고 하자. A, B가 아니라 C가 훔쳐 갔다는 말에서 'A, B가 아니라'는 부분은 큰 의미가 없다. 'C가 훔쳐 갔다'는 말 속에 'A, B가 훔쳐 가지 않았다'는 의미가 들어 있다.

는 것을 뜻한다'라고 정리된다. 이 중 '입법과 법의 적용에 있어서'를 빼보자.[365] 그러면 평등은 합리적 이유 없이 평등하지 아니한 취급을 하지 않는 것을 의미한다, 로 정리된다.

자, 이제 우리는 어떤 것을 알아낼 수 있는가? 위 문장은 전혀 평등의 의미에 관하여 말하고 있지 않다. 문면상 '뜻한다'가 서술어로 기재되어 있지만, 전혀 평등의 의미를 구체화하여, 평등의 내용을 이해할 수 있는 알맹이를 제시하지는 못하였고, 단지 (평등의 의미, 또는 차별의 의미가 무엇이든 간에) 평등은 합리적 근거가 있으면 지켜지지 않아도 좋은 규범이라는 메시지만 우리에게 전해 준다. 이것이 사실이다. 위 문장은 우리에게 평등 자체를 이해하는데 아무런 도움을 주지 못하고 있다. '모기는 유해한 모기다' 수준의 문장이다.

물론, 합리적 근거가 있다면 수범자가 평등 명령을 지키지 않아도 좋다는 메시지도 중요하다. 중요하지 않다고 말하는 것이 아니다. 여기서 필자가 말하고자 하는 것은, 위 문장[366]에 평등의 의미(meaning)에 대해 말하는 바가 없다는 것이다. 이것이 중요하다.

다시 한 번 더 필자의 논지를 요약해 보자. (i) 문장 즉, "평등은 결코 일체의 차별적 대우를 부정하는 절대적 평등을 의미하는 것이 아니라 입법과 법의 적용에 있어서 합리적인 근거가 없는 차별을 하여서는 아니 된다는 상대적 평등을 뜻한다."는 문장이 평등의 의미를 잘 설명해 주는 문장인가를 분석하는 것이 우리의 주제다.

여기서 우리는 '결코 일체의 차별적 대우를 부정하는 절대적 평등을 의미하는 것이 아니라 입법과 법의 적용에 있어서'를 제거해도 우리의 분석에 영향

---

365) 이 말은 평등의 적용 범위를 말할 뿐, 평등 자체의 의미와는 무관하다.

366) "평등은 결코 일체의 차별적 대우를 부정하는 절대적 평등을 의미하는 것이 아니라 입법과 법의 적용에 있어서 합리적인 근거가 없는 차별을 하여서는 아니 된다는 상대적 평등을 뜻한다."는 문장이.

을 주지 않을 것이라고 보았다. 그것은 다음의 두 가지 이유를 근거로 한다.

첫째, 뒤에 적극적인 표현이 있으므로 '결코 일체의 차별적 대우를 부정하는 절대적 평등을 의미하는 것이 아니라'는 소극적 표현을 삭제하더라도 문장 전체의 구조는 달라지지 않는다. 둘째, '입법과 법의 적용에 있어서'는 평등의 적용범위를 드러내는 말일 뿐이다. 평등의 의미와는 무관하다.

그러면 (i)은 "평등은 합리적인 근거가 없는 차별을 하여서는 아니 된다는 상대적 평등을 뜻한다."로 정리할 수 있다.

여기서 '차별'의 자리에 '평등하지 아니한 처우를 하는 것'을 대체할 수 있다. 차별을 '평등하지 아니한 처우를 하는 것'으로 이해함을 전제로 한다. 그러면 (i)은 "평등은 합리적인 근거가 없는 '평등하지 아니한 처우를 하는 것'을 하여서는 아니 된다는 상대적 평등을 뜻한다."로 정리할 수 있다.

한편, '합리적인 근거가 없는 '평등하지 아니한 처우를 하는 것''은 '상대적 평등'과 동치이다. 같은 말이다. 그러면, 두 개의 句 중 하나를 생략하여도 의미가 달라지지 않는다. '상대적 평등'을 삭제하여 보자. 그러면 논리적으로 (i)은 다음과 같이 정리될 수 있다.

> "평등은 합리적인 근거가 없는 '평등하지 아니한 처우를 하는 것'을 하여서는 아니 된다는 것을 뜻한다."

또, '합리적인 근거가 없는 '평등하지 아니한 처우를 하는 것'을 하여서는 아니 된다는 것'을 생략하여 보자. 그러면 다음과 같이 정리된다.

> "평등은 상대적 평등을 뜻한다."

여기에는 평등이 무엇을 의미하는가를 밝혀줄 내용이 전혀 없다. 零(zero)이다. 오로지 (평등이 무슨 의미인가와 상관없이) 평등의 수범자가 평등하지 아니한 취급을 하더라도, 합리적 근거가 있으면 위헌으로 판단되지 않는다는 내용만 있다.[367] 이것은 평등의 의미와 무관하다. 문장의 끝에 '뜻한다'고 기재되어 있지만, 평등이 뜻하는 바는 전혀 기재되어 있지 않다.

② 결국 성낙인 교수는 평등에 관한 논의를 하면서도 정작 평등이 무엇을 의미하는가에 관하여서는 아무 것도 말하지 아니하고 논의를 시작하였다. 단지 (평등이 무엇을 의미하는지와 관계없이) 평등의 수범자가 평등하지 아니한 취급을 하더라도, 합리적 근거가 있으면 위헌이라 판단받지 아니한다는 말로써 평등론을 시작하였다.

이 점을 좀 더 분명하게 보여주는 것이 (i) 다음에 이어진 문장이다. "상대적 평등의 기준으로는 합리성, 자의금지의 원칙, 형평과 정의 등이 있다." '합리성, 자의금지의 원칙, 형평과 정의 등'은 수범자가 평등하지 아니한 취급을 한 경우에, 바로 위헌이라 판단하지 않고, 위헌이 아니라고 판단해 줄 수 있는 메카니즘을 제공해 주는 개념들이다. 평등 자체의 의미와는 무관한 개념들이다.

③ 그렇다고 성낙인 교수에게 평등 또는 차별에 대한 인식이 없었을까? 그렇지는 않을 것이다. 그가 쓰지는 않았지만 그가 생각하는 평등 또는 차별은 그의 머리 속에 들어 있다. 필자가 보기에는 '균일 취급'을 평등의 의미로 이해했다.[368] 차별은 '다른 취급'이라 이해했다. 그런데 왜 안 썼을까? 이것이

367) '재산은 상대적 재산이다', '표현은 상대적 표현이다'라는 식의 말이다. 전부 재산권 또는 표현의 자유가 절대적이지 않다, 즉 제한가능하다는 의미다. 그런데 이들 기본권을 설명하면서 누구도 이런 식의 설명을 하지 않는다. 왜 그런가?

368) 長谷部恭男, 『憲法(第7版)』 新世社, 2018, 168는 "평등은 언뜻 보면 알기 쉬운 관념이다. 사람은 선천적으로 평등하며, 따라서 평등하게 취급되어야 한다."[平等は一見するとわかりやすい観念である。人は生来平等であり、したがって平等に取り扱われなければならない。]라고 한다. 이때 쉽게 이해되는 평등의 의미는 균일취급일 것이다. 물론 그도 뒤에 가서 이것을 부정하는 듯한 말을 하지만, 온전히 부정하지도 않았다. 어떻게 보면 어정쩡하다. 그렇다는 말도 안 하고 안 그렇다는 말도 안 한다. 그런데, 長谷部는 균일취급이 정의로운가를 물으면서(위 인용문의 뒤에는 "평등하다고는 할 수 없다"[平等とは限らない]라는 표현이 있는데, 이때의 평등은 正義를 의미한다. 결국 균일한 취급이 안 좋다는 말을 그는 이렇게 돌려서 말한다. 그의 말을 곧이 곧대로

이 논문을 이끌어가는 핵심적인 문제의식이다. 왜 안 썼을까? 한 마디로 하면, 말하기가 껄끄러웠기 때문이라 본다. 필자는 이 점에 대하여 이미 《평등의 모순》에서 서술하였다. 아래의 서술은 앞의 책의 것을 근간으로 하여 조금 고쳤다.

④ 평등이란 平하고 等한 것을 의미한다. 다르지 않고 層이 없음을 의미한다. 빵을 두 개 주고, 하나 주면 그 배분은 평등하지 않다. 이러한 이해는 평등이라는 말의 분석적 정의에도 잘 어울린다. 그러나, 학설과 판례는 이 단순하고 명료한 定義를 푸른 하늘 아래 드러내어 말하기를 꺼린다. 그렇게 생각하면서도 입으로 또는 글로 말하기를 꺼린다.

왜 우리는 평등을 논의하면서 평등은 입법자에게[369] 균일취급을 명령한다고 쉽게 말하지 못하는 것일까?[370] 그것은 입법자에게 위와 같은 내용의 평등한 법을 제정하도록 요구하는 것이 과연 옳은가? 하는 의문 때문이다.[371]

이해하면 이상한 말이 된다. 평등한 취급이 평등한 취급인가를 묻는 것이라면, 당연히 그렇다고 대답할 수밖에 없다. A=A를 틀렸다고 할 수는 없다.

369) 법집행자에 대한 명령은 다르다. 여기에는 '균일취급'이라는 관념이 들어설 수 없다. 법의 집행에서 평등의 주체는 '국민'이다. 국민이 평등한 것이고, 각 국민에게 주어지는 '취급'은 다를 수 있다. 법의 내용이 그것을 결정한다. 법에 규정된 대로 그대로 집행되는 것, 그것이 법의 집행에 대한 평등의 명령이다.

370) 필자는 지금 평등의 의미와 헌법 제11조 제1항 후문의 명령을 애써 구별하여 이해하려고 노력한다. 필자는 평등의 명령과 헌법 제11조 제1항 후문의 명령을 다르게 이해함으로써 이 논문에서 제시하는 평등의 모순을 벗어날 수 있음을 논증하고자 한다. 그 실마리는 헌법 제11조 제1항 후문에 열거된 사유들이다.

371) 그 의문을 長谷部 교수는 다음과 같이 제기한다. 그는 이런 어처구니없는 상황을 받아들일 수 없다고 소리 높여 외친다. "모든 사람을 평등하게 취급해야 한다고 해서 범죄를 저질렀는지 아닌지에 관계없이 모든 사람을 감옥에 보내야 한다고는 할 수 없고, 재산이나 소득의 다과에 관계없이 모든 사람으로부터 같은 금액의 세금을 징수하는 것이 평등하다고는 할 수 없다. 수입, 재산, 체력, 지력, 사회적 지위 등 사람이 처한 다양한 상황이나 특징의 차이에도 불구하고 사람을 평등하게 취급하는 것은 애초에 가능할까."[すべての人を平等に扱うべきだからといって、犯罪を犯したか否かにかかわらず、あらゆる人を刑務所に入れるべきだとはいえないし、財産や所得の多寡にかかわらず、あらゆる人から同額の税を徴収することが平等とは限らない。収入、財産、体力、知力、社会的地位など、人の置かれたさまざまな状況や特徴の違い

正義를 '각자에게 그의 것을'로 이해하는 관점에서 보면, 각자에게 그들이 받아야 할 것을 주지 않고, 모두를 '균일하게' 취급한다는 것은 不正義한 것이다. 예를 들어 일을 많이 한 사람이나 일을 적게 한 사람에게 똑같은 급료를 지급하는 것을 不正義하다고 이해하는 입장에서는[372] 모든 사람, 사태, 사물에 대해 균일한 취급을 하도록 헌법 제11조가 명령하고 있다는 해석은 불편할 수밖에 없다.[373]

にもかかわらず、人を平等に扱うことは、そもそも可能だろうか。」(長谷部恭男, 『憲法(第7版)』新世社, 2018, 167)

그는 가능한가를 물었지만, 가능하다는 점에 대해서는 의문이 있을 수 없다. 그는 아마 타당한가를 묻고 싶었을 것이다. 그가 주장하는 Ca설이야말로 技術的으로 실현이 불가능하다. Ca설은 (i) 가치 또는 부담의 배분의 질서를 정하고, (ii) 各人의 품성의 양을 확인하고, (iii) 各人의 품성의 比率에 따라 가치 또는 부담을 배분하여야 한다. 이것이 技術的으로 가능할까?

정의론의 관점에서 그것이 옳은가 하는 것이 문제될 뿐이지, 균일취급이 불가능하지는 않다. 기술적으로 불가능하다고 표현은 다른 방향으로 해석한다면, 평등을 균일취급 명령으로 이해하는 것이 입법자의 역할과 모순을 일으킨다는 것으로 이해할 수 있다. 이 논문에서 말하는 '평등의 모순'을 만난다는 것이다.

입법자는 균일취급 명령을 수행할 수 없다. 법의 본질에 어긋나는 명령이기 때문이다. 그러나 Ca설로 가야만 평등의 모순을 해결할 수 있는 것은 아니다. 필자는 평등의 개념을 파괴하지 않으면서 평등의 모순을 해소하는 방안을 제시한다. 헌법 제11조 제1항 후문에 게기된 사유의 성격을 잘 이해하면 모순에서 탈출할 수 있다.

372) 물론, 다른 입장도 있을 수 있다. 그들의 필요에 따라 급여의 양을 정해야 한다는 입장도 있을 수 있다. 어떤 기준으로 급여의 양을 정하여야 하는가는 이 논문의 주제가 아니다. 어떤 자는 균등하게 급여를 주는 것이 정의롭다고 주장할 수도 있다. 그렇다고 필자가 그들과 논쟁하고 싶지 않다. 필자는 그들에게 다른 분야를 예로 들겠다. 살인을 한 사람과 절도를 한 사람을 같게 취급하는 예를 든다면 그들도 이해하리라 본다.

373) 필자는 이렇게 이해되는 헌법 제11조 제1항의 명령을 '바보 같은 명령'이라고 말하고 싶다. 이 바보 같은 명령에서 벗어나 보려고 노력한 것이 B설이고, C설이다. 그러나 이 주장들이 바보 같은 명령을 벗어나지 못하였고(B설), C설은 헌법 제11조 제1항의 해석론으로 받아들여질 수 없다고 본다. 헌법 제11조 제1항은 이렇게 바보 같은 명령을 하지 않는다. C설과 같이 이해하여서가 아니다. 성실히 읽어 보면 헌법 제11조 제1항은, 특히 제11조 제1항 후문은 차별에 거의 무관심하다. 오로지 몇 가지 사유를 들어서 차별을 금지하고 있을 뿐이다. 이 점을 이해하면 평등론의 거의 대부분의 문제는 해결된다.

다른 하나는 법이 가진 성격 때문이다. 법은 기본적으로 '요건'과 '효과'로 구성되어 있다. 요건을 설정하고 거기에 효과를 연결하여 놓은 것이 법의 가장 기본적인 모습이다. 예를 들어 공직선거법 제15조 제1항 본문은 "18세 이상의 국민은 대통령 및 국회의원의 선거권이 있다."라고 규정하고 있다. 단서에서 국회의원 선거권에 관해서는 주민등록에 의한 제한이 있으므로,[374] 대통령 선거에 관해서만 본다면, '18세 이상의 국민은 대통령의 선거권이 있다.'고 정리할 수 있다.

여기서 요건은 '18세 이상의 국민'이고, '대통령의 선거권이 있다'가 그 효과로 규정되어 있다. 다른 법률 조항의 적용을 염두에 두지 아니한다면, 공직선거법 제15조에서 정한 효과는 "18세 이상의 국민"에게만 부여될 수 있다. 만약에 국민이 아니거나(or) 18세 미만인 사람에 대해서 대통령의 선거권을 인정하면 위법한 법집행이 된다. 그러므로 공직선거법 제15조 제1항 본문 중의 대통령선거권 부분은 는 '18세 이상의 국민'과 이를 충족하지 못한 자를 구별하여 법적 효과를 부여한다.

입법자는 법을 만드는 사람이다. 법을 만든다는 것은 요건과 효과의 체계를 만드는 것이다. 요건과 효과의 체계를 만든다는 것은 사태를 구획하여 그 이외의 사태에 대해 부여된 효과와 다른 효과를 부여하는 것을 의미한다. 따라서 입법자는 '차별의 체계'를 만드는 사람이다.[375]

여기서 평등을 설명하는 사람들은 난관에 봉착하게 된다. 헌법 제11조 제1항은 평등한 법 또는 차별하지 아니하는 법을 만들도록 명령하고 있는데, 均

---

374) 다만, 지역구국회의원의 선거권은 18세 이상의 국민으로서 제37조제1항에 따른 선거인명부작성기준일 현재 다음 각 호의 어느 하나에 해당하는 사람에 한하여 인정된다. (각호 생략)

375) 本秀紀編, 『憲法講義(第2版)』 日本評論社, 2018, 334는 "또한 대략 입법은 일정한 요건을 설정하여 그것을 충족하는 자와 충족하지 않는 자에게 다른 법적 효과를 인정하는 것"[また、およそ立法は一定の要件を設定してそれを満たす者と満たさない者とに異なった法的効果を認めるものであり]이라 한다.

一取扱을 평등한 취급이라고 이해하면, '불균일한 내용의 법'을 만드는 것을 과업으로 하는 사람에게 '균일한 법'을 만들라는 명령을 하는 상황으로 된다.

즉, (i) 평등이 均一取扱'를 명령한다, (ii) 법은 요건과 효과의 체계, 즉 '不均一取扱'의 체계이다. 그러므로 헌법이 평등조항을 통하여 입법자에게 均一取扱을 명령하는 것은 입법자의 課業에 모순된다. 이것을 이 논문에서는 '平等의 矛盾'이라 부르기로 한다.[376)]

물론, 법체계 안에서 서로 모순되는 규율이 있다 하여 바로 큰 문제가 생기는 것은 아니다. 법단계상 상위의 법과 하위의 법이 서로 모순적인 상황으로 되면, 하위법이 효력을 상실한다.[377)] 규범 심사의 문제로 다루어진다. 同位의 법이 서로 모순적인 상황에 있으면, 신법이 우선 적용된다거나, 특별법이 우선 적용된다는, 해석의 이론으로 대응한다.

이 논문에서 다루는 평등의 모순은 (i) 동위의 규범 안에서의 문제이므로, 규범 심사의 문제가 아니다. (ii) 두 명령[378)] 중 어느 하나의 명령이 신법으로 이해되거나 구법으로 이해되어 신법우선의 원칙으로 모순을 해결할 수도 없다. 하나의 헌법 안에서의 명령이기 때문이다. (iii) 특별법 우선의 원칙으로도 대응할 수 없다. 어느 하나의 명령을 특별법이라 할 수 없다. 양자는 '全面的으로' 충돌하고, 모순적이다.

이 상황은 입법자에게 이럴 수도 없고, 저럴 수도 없는 상황에 빠뜨린다.

---

376) 長谷部恭男, 『憲法(第7版)』 新世社, 2018, 170은 다음과 같이 기술하고 있다. 이 논문에서 정의한 평등의 모순을 인식하고 있는 것처럼 보인다. "하지만, 입법자에 대해 요구되는 평등의 내용은, 앞에서 말한 것처럼, 일견 명확하다고는 말하기 어렵다. 법은 일정한 요건에 일정한 법적 효과를 연결시키는 것이기 때문에 모든 법은 넓은 의미에서는 차별을 하고 있는 것이 된다."[もっとも、立法者に対して要求される平等の中身は、前述したように、一見して明らかとはいいにくい。法は、一定の要件に一定の法的効果を結びつけるものであるから、あらゆる法は、広い意味では差別をしていることになる。]

377) 당연히 심사 절차를 거쳐야 할 것이다. 헌법 제107조 제1항, 제2항 참조.

378) 차별의 체계로서의 법률을 제정하라는 명령과 차별하는 법률을 제정하지 말라는 명령.

법을 만들자니 평등의 명령에 어긋나는 것이 되고, 법을 안 만들자니 자신에게 주어진 과업을 거부하는 것으로 된다. 평등의 명령을 준수하려면 모든 사람과 사태, 상황에 대해 같은 법적 효과를 부여하는 수 밖에 없는데, 대개의 경우 이것은 정의에 어긋난다. 정의로운 분배를, '각자에게 그의 것을'이라고 이해하든 '같은 것은 같게, 다른 것은 다르게'로 이해하든 그것들이 '모든 사태와 사람을 같게 취급할 것'이라는 평등의 명령과 조화롭기는 어렵다.[379] 이러한 상황을 '평등의 딜레마(dilemma)'라고 하자.[380]

이런 어려움들이 평등을 동등함으로 이해하고, 차별을 달리 취급하는 것이라고 이해하는 것을 주저하게 만든다. 그래서 그렇게 생각하면서도 그렇다는 말을 하지 못하게 만든다. 성낙인 교수의 경우도 그러하다고 필자는 본다.

⑤ 그런데 그가 인용[381]하는 판례 중의 표현들은 그의 (i)에서 보인 말과는 다르다. 우선 (ii)를 보자. (ii)는 평등의 의미에 관한 것이다. 헌법상의 평등이 수범자에게 명령하는 내용이다. "평등의 원칙은 입법자에게 본질적으로 같은 것을 자의적으로 다르게, 본질적으로 다른 것을 자의적으로 같게 취급하는 것을 금하고 있다"는 말은 평등의 원칙이 입법자에게 어떻게 할 것을 명령하고 있는가를 설명한다.[382] '본질적으로 같은 것을 자의적으로 다르게, 본질적으로 다른 것을 자의적으로 같게 취급하는 것을 금한다'고 한다. 이것은 (i)과는 전혀 다른 층위의 말이다. 논리적으로만 보면 (ii)가 먼저 언급되어야 하고, (i)

379) 정치적 권리의 경우 균일 취급이 정의에 부합할 가능성이 크다, 대개의 경우 그렇게 이해한다. 평등선거(one man, one vote)는 이를 반영한 것이다.

380) 엄밀히는 '입법자의 딜레마'라고 하는 표현이 더욱 적확할 것이다. 여기서는 평등을 주제로 삼고 있으므로 '평등의 딜레마'라고 이름 붙인다.

381) 반대 없이 인용하였다는 것은 인용된 내용의 취지를 수용한다고 이해되어야 할 것이다.

382) 이 말은 차별이 있더라도 예외가 허용될 수 있다는 말이 아니다. 이 두 개의 말을 혼동하니 혼란에서 벗어날 수 없다. 정주백, 『평등의 모순』, 충남대학교출판문화원, 2024, 141 이하는 일본의 교과서들이 이 점을 이해하지 못하여 갈팡질팡하는 모습을 보였다. 일본에서의 혼선이 우리에게도 영향을 미치지 않았을까?

이 나중에 언급되어야 한다. 즉 평등의 의미가 먼저 논의되고(ii) 수범자의 공권력 행사가 평등으로부터 벗어났을 때, 바로 위헌으로 되는가, 예외적으로 정당화되어 위헌이 아니라고 판단될 수 있는가(i)가 다루어지는 것이 정상적이다.

⑥ 그러면 성낙인 교수는 (i)에서 평등의 의미를 내보이지 않았지만, (ii)을 통해서 자신의 평등의 의미론을 내보인 것인가? 그렇게 볼 수 있는가? 필자는 그렇게 보기 어렵다. (i) 뒤에 보인 말, 즉 "상대적 평등의 기준으로는 합리성, 자의금지의 원칙, 형평과 정의 등이 있다."는 말은 상대적 평등을 평등의 의미로 사용하지 않았고, 예외의 허부에 관한 말로 사용하였음을 보여준다. 그는 B설을 지지한 것이다.

왜 그런가. 합리성이나 자의금지는 전혀 평등 자체의 의미와 무관하다. 평등에서 벗어났더라도 합리성이 인정되거나 자의적이지 않다면 위헌이 아니라는 의미로만 쓰일 수 있다. 물론, 평등의 의미를 '균일취급'으로 이해할 때만 합리성이나 자의금지가 작동하는 것은 아니지만, 통상적으로는 그랬다.[383)]

⑦ 성낙인 교수의 평등론을 검토하는 자리에서 다루어야 할 문제인가, 하는 생각이 들기는 하지만, 그가 반대 없이 인용하였으므로 그의 생각을 반영한다고 보아 논의를 계속한다.

(iii) 즉 "상이한 취급을 정당화할 수 있을 정도의 차이가 없음에도 불구하고 두 사실관계를 서로 다르게 취급한다면, 입법자는 이로써 평등권을 침해하게 된다"는 말은 (ii), 즉 "평등의 원칙은 입법자에게 본질적으로 같은 것을 자의적으로 다르게, 본질적으로 다른 것을 자의적으로 같게 취급하는 것을 금

---

383) 다른 것을 같게 취급하는데 합리적인 이유가 있으면, 또는 자의적이지 않다면 위헌이 아니라는 형식으로 논증되는 경우는 별로 없다. 이에 비해 다른 취급이 있으면 바로 차별을 확인하고(A설), 바로 합리적인 이유가 있는가? 자의적인 것 아닌가를 심사하는 것이 통례다. 좀 더 근거를 대야 하는 것 아닌가 하는 생각이 들기도 하지만, 어느 정도 이해할 수 있는 부분이라고 생각한다. C설을 채택하고도 의식 속에는 A설이 잠재해 있어서 그런 현상이 생긴 것으로 보인다.

하고 있다."와 다른 말이다. 비슷한 말이지만 다른 말이다.

필자의 구분에 의하면 (ii)는 Ca설에 해당하고, (iii)은 Cb설에 해당한다. 다르다. Cb설은 다르게 취급하는 것만이 차별의 의심을 받는다. 같게 취급하면 차별의 의심을 받지 않는다. (a) 다르게 취급하였는데, (b) 그들이 본질적으로 같지 아니하다면 비로소 차별로 인식된다. 만약 같게 취급하고 있다면 바로 차별이 없음을 확인한다. Ca설에서는 같이 취급하든, 다르게 취급하든 모두 차별로 인식될 수 있다. 같게 취급하고 있더라도 본질적으로 다른 것을 같게 취급하고 있다면 차별로 인식된다. Cb설과 다른 점이다.

(iv) "두 개의 사실관계가 본질적으로 동일한가의 판단은 일반적으로 당해 법률조항의 의미와 목적에 달려 있다."는 말은 체계적으로 매우 이상한 말이다. 간단히만 말한다면, 이 말을 그대로 수용하면, 평등원칙에서 평등의 명령을 이행하였는가, 이해하지 않았는가는 어떤 법률이 자기 안에서 얼마나 체계적으로 조문을 구성했는가의 문제로 돌아간다. 당해 법률조항의 의미와 목적으로 설정하고, 그 의미와 목적에 부합하도록 각 조문들이 구성되어 있다면 각 조문들은 평등에 부합한다. 평등을 실현하였다, 다른 취급을 하더라도 차별로 인식될 수 없다는 것으로 된다. 이것이 타당한 말인가?

평등은 헌법의 명령이다. ('같은 것은 같게, 다른 것은 다르게'를 평등의 의미로 수용한다고 하더라도) 헌법이 입법자에게 같게 취급하도록 명령하고 있는가, 다르게 취급하도록 명령하고 있는가를 파악하고 이 명령을 이행하고 있는가를 판단하여 입법자가 평등명령을 수행하고 있는가를 판단하여야 한다.

헌법 제31조 제1항은 "모든 국민은 능력에 따라 균등하게 교육을 받을 권리를 가진다."고 정하고 있다. 필자는 이 조항이 교육이라는 서어비스를 어떤 분배원리에 따라 배분하여야 하는가? 교육이라는 서어비스의 분배에 있어서 같고 다름을 정하는 기준이 무엇인가를 정하고 있다고 생각한다. 그것은 '능력'이다. 능력에 따라 교육이라는 서어비스가 분배되어야 한다고 헌법 제31조가 정하고 있다.[384] 그렇다면 법률이 능력에 있어서 같음에도 다른 교육 서어비스를 제공하거나, 능력에 있어서 다름에도 같은 교육 서어비스를 제공한다면 평등에 어긋난 것이다. 위 원리를 따르면 평준화 교육은 평등에서 벗어난 상태이고, 정당화 심사를 받아야 한다.

그런데, 헌재의 위와 같은 판시는 위와 같은 헌법상의 분배원리에 대한 탐구 없이, 법률의 의미와 목적에 따라 같고 다름을 판단하여야 한다고 기술하고 있다.[385] 물론 근본적으로는 이와 같이 혼선을 일으키고 있는 헌재가 비판을 받아야 하겠지만, 이를 비판 없이 수용하고 있기에 여기서 지적하였다.

⑧ (v)에서 보이는, 자의금지원칙에 관한 이해는 상당히 당혹스럽다. "자의금지원칙이란 본질적으로 서로 같은 것을 자의적으로 불평등하게 또는 본질적으로 서로 다른 것을 자의적으로 평등하게 취급하는 것을 금지하는 원칙이다."라고 하는데 앞에서 본 바대로,[386] 자의금지원칙은 평등의 의미, 즉 평등이 수범자에게 주는 명령에 관한 것이 아니다. 명령에서 벗어났을 때의 후속조치에 관한 것을 다룬다. 그러므로 자의금지원칙을 마치 Ca설[387]인 것처럼 기술하는 것은 매우 이해하기 어렵다.

더 나아가 '불평등하게', 또는 '평등하게'라는 표현은 논리적으로 상당히 부당한 것이다. 지금 우리가 다루고 있는 것은 '평등'의 의미인데,[388] 평등이 평

---

384) "헌법 제31조 제1항은 "모든 국민은 능력에 따라 균등하게 교육을 받을 권리를 가진다."라고 규정하고 있는바, 헌법 제31조 제1항의 교육을 받을 권리에는 국민 누구나가 교육에 대한 접근 기회 즉 취학의 기회가 균등하게 보장되어야 하는 것이 포함된다. 헌법 제31조 제1항은 헌법 제11조의 일반적 평등조항에 대한 특별규정으로서 교육의 영역에서 평등원칙을 실현하고자 하는 것이다."(헌재 2022. 3. 31. 2021헌마1230, 판례집 34-1, 317, 322) 고 본다. 크게 오해한 것이다. 세금의 분배원리를 정한 바이마르 헌법 제134조와 우리 헌법 제31조는 구문의 구조가 같다.

385) 평등으로부터 응능부담원리가 도출된다면 법률은 조세 부담을 배분함에 있어서 응능부담원리를 같고 다름의 기준으로 삼아야 한다.

386) ⑥에서 본.

387) 같은 것은 같게, 다른 것은 다르게.

388) 물론 여기서 형식적으로 보면 '자의금지원칙'이 被定義語이다. 그러나 "본질적으로 서로 같은 것을 자의적으로 불평등하게 또는 본질적으로 서로 다른 것을 자의적으로 평등하게 취급하는 것을 금지"라는 말이 아리스토텔레스의 정의론, 필자의 구분에 따르

등을 명령하고, 불평등을 명령한다는 것은 매우 이해하기 어렵다. 앞의 ①에서 설명한 바와 같이, 定義하는 말[389] 안에 定義당하는 말[390]이 들어 있으면 안 된다.

> "(4) 기타 사유
> 기타 사유로는 언어 · 인종 · 출신지역 등에 의한 차별금지를 들 수 있다. 단일 민족국가인 우리나라에서는 언어나 인종차별과 같은 문제는 별로 없다. 그러나 다민족국가인 미국에서는 특히 흑백인종차별문제가 평등권의 주된 쟁점으로 제기되어 왔다. 이러한 문제를 해결하기 위하여 국가적 차원에서 '적극적 평등실현 조치'(affirmative action)를 입법화하기도 하였다."[391]

⑨ 성낙인 교수는 헌법 제11조 제1항 후문에 기재된 차별금지 사유에 관하여 설명하고, 거기에 기재되지 아니한 것이면서 차별이 금지되는 사유로 '언어 · 인종 · 출신지역 등'을 든다. 헌법 제11조 제1항 후문에 열거된 사유가 예시적인 것임을 전제로 한 것이다.

그런데, 열거된 사유를 예시로 보면서도 그것들의 내포(內包, connotation)을 확정해 내려는 노력은 하지 않았다. 그러면 차별금지 사유는 무한한 것인가? 어떠한 사유에 기한 차별이라 하더라도 전부 헌법 제11조 제1항의 명령에 반하는 것인가? 이 부분에 대한 설명은 없지만 그러하다는 것을 전제로 하였다고 볼 수밖에 없다.

면 Cb설과 밀접한 관련을 맺고 있음은 두 말을 필요로 하지 않는다. 필자의 논지를 좀 더 분명하게 드러낸다면, '평등이란 본질적으로 서로 같은 것을 자의적으로 불평등하게 또는 본질적으로 서로 다른 것을 자의적으로 평등하게 취급하는 것을 금지'하는 것, 이런 식의 표현을 하면 안 된다는 것이다. 평등 안에 평등이 있고, 불평등이 있으면 곤란하다.

389) 定義語.

390) 被定義語.

391) 성낙인, 『헌법학』, 법문사, 2019, 1034.

그러나, 법이 어떤 것을 예로 들었다는 것은 무언가를 지시하기 위해서다. 무언가를 지시할 필요가 없다면 예를 들 필요가 없다. 입법자는[392] 무언가 지시하고 싶은 것들 중에서 일부를 명시적으로 거시함으로써[393] (a) 거시되지 아니하였지만 열거된 것과 같이 취급되어야 할 어떤 것이 있다는 점과 (b) 거시된 것들과 같은 법적 효과를 부여할 요소들에 한도가 있다는 점을 드러낸다. 아래 판례는 비교적 분명하게 이 점을 판시하고 있다.

> "(i) 규율대상인 대전제를 규정함과 동시에 구성요건의 외연(外延)에 해당되는 개별사례를 예시적으로 규정하는 예시적 입법형식의 경우, 구성요건의 대전제인 일반조항의 내용이 지나치게 포괄적이어서 법관의 자의적인 해석을 통하여 그 적용범위를 확장할 가능성이 있다면, 죄형법정주의원칙에 위배될 수 있다. 따라서, 예시적 입법형식이 법률명확성의 원칙에 위배되지 않으려면, (ii) 예시한 개별적인 구성요건이 그 자체로 일반조항의 해석을 위한 판단지침을 내포하고 있어야 할 뿐만 아니라, (iii) 그 일반조항 자체가 그러한 구체적인 예시를 포괄할 수 있는 의미를 담고 있는 개념이 되어야 한다."[394]

(i)은 예시적 입법을 의미한다. (ii) 중의 '예시한 개별적인 구성요건'이 거시된 사유에 해당하는 것이고, 우리 헌법 제11조 제1항 후문의 경우에는 '성별·종교·사회적 신분'이 여기에 해당한다. (ii) 중의 '일반조항'이 위에서 말

392) 여기서는 헌법제정권력자가 될 것이다.

393) 이렇게 이해하는 방법을 예시적 열거설이라고 한다. '지시하고 싶은 것 전부'를 거시하였다고 보는 학설을 한정적 열거설이라고 한다. 필자는 나름대로의 생각을 가지고 있지만, 이 논문의 논지와는 무관하므로 언급하지 않는다. 필자는 예시적 열거설도 의미 있고, 찬동할 부분이 있다고 생각한다. 필자가 여기서 다루는 것은 예시적 열거설이 옳다, 한정적 열거설이 옳다 하는 것이 아니다. 예시적 열거설이 무엇인가, 예시적 열거설을 받아들이면 어떤 후속 작업이 필요한가를 논의한다. 필자가 반대하는 것은 예시적 열거설이 아니라, 예시적 열거설을 받아들이면서 외연(外延, extension)을 획정하려는 노력을 하지 아니하는 입장이다. 그것은 예시설을 받아들이는 태도가 아니다.

394) 헌재 2002. 6. 27. 2001헌바70, 판례집 14-1, 601, 608; 헌재 2022. 2. 24. 2018헌바146, 판례집 34-1, 162, 170. 밑줄은 필자가 추가한 것이다.

한 內包에 해당된다.

위의 판례는 거시된 사유와 일반조항 사이의 관계를 말하고 있는데, 헌법 제11조 제1항 후문의 경우에는 일반조항 또는 내포가 기재되어 있지 않다. 기재하여 두는 것이 원칙이지만 기재되어 있지 않다. 그렇다고 일반조항 또는 내포에 대한 분석과 검토를 하지 아니하면 외연에 한도가 없어진다. 그것은 예시설의 관념과 충돌한다.

필자는 이 논문에서 일반조항 또는 내포를 어떻게 설정하여야 하는가를 다루지 않는다. 단지 하나를 확인한다. 예시설은 외연이 무한대가 아님을 전제로 한다. 그러므로 헌법 제11조 제1항 후문여 열거된 성별·종교·사회적 신분이 예시라는 말은, 헌법 제11조 제1항이 금지하지 아니하는 차별 사유가 '적어도 하나 이상' 존재한다는 뜻이다. 이 말은 헌법 제11조 제1항이 금지하는 차별 사유와 금지하지 아니하는 차별 사유를 구분하는 기준이 있어야 한다는 말과 같다. 그것이 內包다. 내포가 정해지면 外延도 정해진다. 헌법 제11조 제1항 후문에 게기된 사유를 예시라 보면서도 내포를 정하고자 노력하지 않는 것은 예시적 열거설의 취지에 어긋난다.

제7장

헌법 제11조 제1항의 문리해석

제7장 헌법 제11조 제1항의 문리해석

1. 도입

헌법 제11조 제1항의 해석에 있어서 평등이라는 말, 또는 차별이라는 말을 어떻게 이해하여야 하는가? 또는 헌법 제11조 제1항을 어떻게 이해하여야 하는가? 여기서는 문리를 중심으로 생각해 보기로 한다. 필자는 작금의 통설이나 판례가 전혀 문리적 기초가 없는 해석이라고 생각한다.

법학 분야 중에서 특히 헌법학에서 두드러진 특징은 문리를 무시한다는 것이다. 헌법의 문장을 분석하여 그 의미를 추출해 내기보다는, 어떤 해석이 더 좋은 세상을 만드는데 도움이 되는가, 또는 당해 헌법 조항의 역사가 어떠한가[395] 하는 것에 더 많이 의지하는 것 같다.

---

395) 이 점에 대한 대표적인 사례는 적법절차에 대한 해석론인 것 같다. 헌재는 "헌법 제12조 제1항 후문은 "모든 국민은 …… 법률과 적법절차에 의하지 아니하고는 처벌·보안처분 또는 강제노역을 받지 아니한다"고 규정하고 있다. 위 헌법조항이 규정한 적법절차의 원칙은, 절차는 물론 법률의 실체적 내용도 합리성과 정당성을 갖춘 것이어야 한다는 것으로서, 공권력에 의한 국민의 생명, 자유, 재산의 침해는 합리적이고 정당한 법률에 의거하여 정당한 절차를 밟은 경우에만 유효하다는 원리"(헌재 1997. 5. 29. 96헌가17, 판례집 9-1, 509, 515)라고 한다. 미국 헌법의 영향을 강하게 받고 있다. 실체적 적법절차 이론은 우리 헌법을 앞에 두고는 나오기 어려운 해석이다. 미국에서는 왜 이런 해석론이 필요한가?

이를 잠시 설명해 보자. 주의 행위가 수정헌법 제1조에 위배되면 최고법원(Supreme Court)은 위헌으로 결정할 수 있는가? 또, 연방의 행위가 수정헌법 제14조의 평등조항에 위배되면 최고법원은 위헌으로 결정할 수 있는가?

원칙적으로 최고법원은 어느 쪽도 위헌이라고 결정할 수 없다. 주는 수정헌법 제1조에 기속되지 않고, 연방은 수정헌법 제14조에 기속되지 않기 때문이다.

여기서 최고법원의 재판관(Justice)들이 꾀를 내었다. 수정헌법 제14조의 적법절차

이런 생각은 헌법을 '실정법'이라 이해하지 아니하고, '보편적 이념의 덩어리'로 보는 데서 비롯된다. 필자는 그렇게 이해하면 곤란하다고 생각한다. 독일의 민법과 우리의 민법이 다르듯이, 독일의 헌법과 우리의 헌법이 다르다. 미국을 독일의 자리에 집어넣어도 마찬가지다. 그 자리에 프랑스를 넣어도 마찬가지다.[396)]

라는 꾸러미 안에 수정헌법 제1조 등 연방을 기속하는 조항들이 다 들어있다고 하자. 그리고 수정헌법 제5조의 적법절차조항 안에 수정헌법 제14조가 정하고 있는 평등조항이 들어있다고 하자. 재판관들에게는 어려운 일이 아니다. 재판관들에게는 코끼리를 냉장고에 집어넣는 것도 식은 죽 먹기다. "냉장고 안에 코끼리가 들어가 있는 것으로 볼 수 있다." 그러면 된다. 그러면 들어가 있는 것이다.

그러면 이제 문제는 다 해결되었다. 주의 행위가 수정헌법 제1조에 위배되더라도, 말미에는 수정헌법 제1조에 위배되어 위헌이라 하지 아니하고, 수정헌법 제1조에 위배되어 결국은 수정헌법 제14조의 적법절차에 위배된다고 선언할 수 있다. 왜 그런가? 수정헌법 제14조의 적법절차 안에 수정헌법 제1조부터 제13조까지, 제15조부터 제27조까지가 다 들어있기 때문이다. 또, 연방의 행위가 평등에 위배되면, 내용상 수정헌법 제14조의 평등조항에 위배되어, 결국 수정헌법 제5조의 적법절차조항에 위배된다는 결론에 이를 수 있다.

이제 미국 헌법에서 이른바 실체적 적법절차가 어떻게 작동하는지를 이해할 수 있게 되었을 것이라 짐작한다. 이런 미국의 판례이론을 들여와 우리의 문제에 적용하여야 한다는 것이 실체적 적법절차이론이다. 우리에게 실체적 적법절차이론이 필요한가? 없다. 단언코 불필요하다. 어떤 법률이 표현의 자유를 침해하면 그냥 표현의 자유를 침해하여 위헌이라고 말하면 충분하다. 미국의 학자도 실체적 적법절차를 '초록 빨간색' 즉 형용의 모순이라 말하는데, 우리의 판례이론은 이를 그대로 수입하여 적용하자고 말해 두고는, 그 실천에 있어서는 어떻게 처리하여야 하는지도 모르고 우왕좌왕하고 있는 형국이다. 미국에서 이렇게 이해해야 하는 헌법적 상황 등은 정주백, 『憲法記事』, 박영사, 2021, 168 이하 참조. 이 주석의 내용은 172 이하에 있다. 미국에서 이렇게 해석한다는 것은 '사실'에 해당하는 것이고, 그것이 옳은 해석인가는 또 다른 문제다. 이론가 또는 실무가들이 자신의 의지를 관철하여 세상을 이롭게 해 보겠다는 생각은 법치주주의, 민주주의를 훼손한다.

396) 이렇게 말하면 필시 법실증주의자라는 딱지를 필자의 이마에 갖다 붙이고 필자의 아이디어를 무시할 것이다. 이름을 붙이면 비판하기 쉽다. "원래 쟤들은 그래." 라고 할 수 있다. '법실증주의'는 가장 애용되는 이름이다. 필자는 좀 더 논리적인 비판을 듣고 싶다. 필자는 법실증주의자로 불리는 것을 부끄러워하지 않는다. 자랑스럽다. 법학을 하는 사람이 자신을 철학자라 생각하면 안 된다. 해석법학은 학자가 넘어설 수 없는 한계를 가지고 있다. 法이다. 철학은 그것이 없다. 법의 문언을 무시하고 자신의 생각

2. 맥락

사실 이 점에 있어서 필자도 자유롭지 못한 면이 있다. 필자도 자주 A설 등 언급된 학설을소개할 때 평등이 균일취급을 명령한다고 보는 학설이라든지, 평등이 '같은 것은 같게, 다른 것은 다르게' 취급할 것을 명령한다고 보는 학설이라는 등의 표현을 자주 사용했다.

그러나, 법해석학에서는 해석의 대상으로 되는 단어나 구절, 문장이 어떤 맥락 속에서 사용되고 있는가 하는 것을 검토하는 것은 무척 중요하다. 맥락을 떠난 말을 해석하는 것은 무의미하다. 예를 들어 민법 제107조 이하에 써진[397] '선의'라는 말을 '착한 마음'이라고 이해하지는 않는다. 어떤 말이 다양한 의미로 이해될 수 있을 때는 최대한 그 맘이 사용된 맥락을 존중하면서 그 의미를 이해하고자 노력하여야 한다. 그러면, 헌법 제11조 제1항 진문에 기재된 '평등'이라는 말을 위에서 말한 방법대로 이해하는 것이 적절한가? 또, 헌법 제11조 제1힝 후문의 차별이라는 말은 어떤가?

3. 헌법 제11조 제1항 전문

으로 법을 충전하고자 한다면, 법학의 옷을 입은 철학을 하는 것이다.

397) 제107조(진의 아닌 의사표시) ①의사표시는 표의자가 진의아님을 알고 한 것이라도 그 효력이 있다. 그러나 상대방이 표의자의 진의아님을 알았거나 이를 알 수 있었을 경우에는 무효로 한다.
②전항의 의사표시의 무효는 선의의 제삼자에게 대항하지 못한다.
제108조(통정한 허위의 의사표시) ①상대방과 통정한 허위의 의사표시는 무효로 한다.
②전항의 의사표시의 무효는 선의의 제삼자에게 대항하지 못한다.
제109조(착오로 인한 의사표시) ①의사표시는 법률행위의 내용의 중요부분에 착오가 있는 때에는 취소할 수 있다. 그러나 그 착오가 표의자의 중대한 과실로 인한 때에는 취소하지 못한다.
②전항의 의사표시의 취소는 선의의 제삼자에게 대항하지 못한다.
제110조(사기, 강박에 의한 의사표시) ①사기나 강박에 의한 의사표시는 취소할 수 있다.
②상대방있는 의사표시에 관하여 제삼자가 사기나 강박을 행한 경우에는 상대방이 그 사실을 알았거나 알 수 있었을 경우에 한하여 그 의사표시를 취소할 수 있다.
③전2항의 의사표시의 취소는 선의의 제삼자에게 대항하지 못한다.

가. '평등하다'

헌법 제11조 제1항은 전문은 "모든 국민은 법 앞에 평등하다."고 규정하고 있다. '평등하다'는 용언에 해당한다. 용언을 구성할 수 있는 품사는 동사와 형용사이다. 동사는 명령형(가라), 청유형(가자), 진행형(가고 있다)로 활용할 수 있지만 형용사는 명령형(예뻐라)이나 청유형(예쁘자), 진행형(예쁘고 있다)으로 활용할 수 없다.

헌법 제11조 제1항 전문의 '평등하다'는 명사에 '하다'가 붙은 형태이고, 형용사[398]에 해당한다. 辭典에는 그 말의 의미를 '권리, 의무, 자격 등이 차별 없이 고르고 한결같다.'로 설명한다.

'평등하다'가 형용사이므로, 평등해라(명령형), 평등하자(청유형), 평등하고 있다(진행형)으로 사용될 수 없다. 체언의 상태를 드러낼 뿐이다. 그러므로 ' 평등하다'는 말을 사용하여 어떤 인격에게 권리나 의무를 부여하는 말로 사용될 수 없다.

이 평등하다의 주어는 '모든 국민'이다. 모든 국민이 평등하다. 공권력 행사 또는 처치의 내용이 평등하다고 말하고 있지 않다. 평등을 '같은 것은 같게, 다른 것은 다르게'로 이해한다는 쪽에서는, '모든 국민은 같은 것은 같게, 다른 것은 다르게 한다.'라는 문장이 잘 성립하는가를 살펴볼 필요가 있다. 呼應의 관점에서.

헌법은 '모든 국민은 평등하다'고 말하였다. 그러면 이제 이 헌법을 수용하고 해석하는 입장에서는 '모든 국민이 평등하다'는 점을 부정하면 곤란하다. 국민의 몸무게, 지능, 체력, 경제적 상황을 들어서 국민이 다르다고 주장하면 들어서 헌법 제11조 제1항을 해석하려는 시도는 불온하다. 여기서 불온하다는 것은 헌법을 존중하지 않는다는 것을 의미한다.

그러면 자연적으로 보았을 때 인간은 서로 다르다. 지력이 다르고 체력이

398) 사람이나 사물의 성질 · 상태 · 존재를 표현하는 품사.

다르다. 이 밖에도 다른 품성은 얼마든지 댈 수 있다. 그런데, 왜 헌법은 모든 국민을 평등하다고 선언하는가를 검토하여야 한다. 어떤 비교의 관점을 제한함으로써 '모든 국민은 평등하다'는 선언이 자연적으로 평등하지 아니하다는 사실과 모순 없이 유효할 수 있는가를 검토하여야 한다.

이런 예를 앞에서 들었다. 커피잔과 도넛은 (현재의) 모양, 재질과 식용가능성 등 여러 가지 면에서 다르다. 그러나, 어느 한 개를 주물러서 다른 한 개의 모양으로 전화시킬 수 있다는 점에서 두 개는 같다. 그러므로, '커피잔과 도넛은 位相數學的으로[399] 같다(isotope).'라고 말한다면 이 말을 틀린 말이 아니다. 커피잔과 도넛이 재질이 다르다거나 식용가능성에 있어서 다르다는 주장은 전적으로 무의미한 것이다.

그러므로, 인간은 수만 가지의 관점에서 다르지만, '법 앞에'라는 제한을 걸면 '평등하다'고 헌법 제11조 제1항은 정하고 있다. 이것을 정확하게 이해하는 것이 중요하다. 이 관점, 즉 '법 앞에'를 떠나면 모든 국민이 평등한지, 평등하지 아니한지에 대하여 헌법은 밝히고 있지 않다. 같을 수도 있다. 머리(head)의 수, 심장(heart)의 수라는 관점[400]에서 보면 그렇다. 다를 수도 있다. 재력, 지능, 키, 몸무게의 관점. 그러나, 헌법 제11조 제1항 전문은 이것들에 대해 말하고 있지 않다.

나. '모든 국민'

헌법 제11조 제1항 전문의 주어는 '모든 국민'이다. '평등하다'는 형용사의

---

399) topologically.

400) 머리가 두 개 있는 사람도 있다, 이런 주장은 하지 말자. 이런 주장을 하는 사람은 필자가 무엇을 말하고자 하는지에 대해 관심을 기울이지 않고, 무작정 시비를 걸려는 사람이다. 이 예가 마땅치 않으면, 모두 죽는다는 점을 들자. 물론 이것도 논란이 있을 수 있다. 경험적으로 그러하지만, 장래 반례가 나올 가능성이 0은 아니다. 부디 논점에 집중하자.

주체가 모든 국민이다. '모든 국민'이 '평등하다'는 것을 선언하고 있다.

다시 품사 부분의 설명을 끌고 와 연결해 보면, '모든 국민은 평등하라'든지 '모든 국민은 평등하자'든지, '모든 국민은 평등하고 있다'는 형태로 사용할 수 없다. 오로지 '모든 국민은 평등하다', 즉 주체의 '성질이나 상태'를 나타낼 뿐이다.

평등하다는 형용사의 주체는 '공권력 행사' 또는 '처치'가 아니다. 문법적으로만 보면, '공권력 행사' 또는 '처치'가 '평등하다'라는 형용사의 주체로 될 수 있다. 그러나 헌법 제11조 제1항 전문은 '공권력 행사' 또는 '처치'가 평등하다고 정하고 있지 않고, '공권력 행사' 또는 '처치'의 상대방으로 되는 '모든 국민'이 평등하다고 정하고 있다.

그러면 '평등하다'는 말은 '모든 국민'의 술어로서 의미를 가지도록 이해되어야 한다. 예를 들어 평등이 '같은 것은 같게, 다른 것을 다르게' 취급할 것을 명령한다는 말은 헌법 제11조 제1항의 해석론으로 전혀 어울리지 않는다. 헌법 제11조 제1항에서 평등은 무언가를 명령하고 있지 않다. 평등의 자리에 그 의미를 대치하여 보면 그 기이함을 알 수 있다. 대치해 보면, '모든 국민은 법 앞에 '같은 것은 같게, 다른 것을 다르게' 취급할 것을 명령한다.'라고 재구성된다. 이것을 좋은 구문이라 하기 어렵다.

그러면 왜 이런 문제가 생겼는가? 평등의 의미를 잘못 이해했기 때문이다. 이와 같은 점은 Cc설, 즉 '같은 것은 같게'라고 하여 다를 것이 없다. 헌법 제11조 제1항의 평등의 의미를 이해하는데 있어서, 그 주체가 '모든 국민'이라는 점을 간과해서는 안 된다. '모든 국민'이 '평등하다'고 할 때의 평등은 무엇을 의미하는가?[401] 필자가 보기에 여기서 평등은 '같다', '고르다'는 것 이외의 것을 의미한다고 보기 어렵다.

그러므로, 헌법 제11조 제1항의 문언을 떠나, '공권력 행사' 또는 '처치'가

401) 필자는 헌법 제11조 제1항 전문에 있는 평등의 의미와 헌법 제11조 제1항 전문이 규범적으로 명령하는 바는 분리하여 다루어야 한다고 본다.

평등하여야 하고, 평등은 정의로 이해될 수 있으니까, '공권력 행사' 또는 '처치'가 정의로운 것이어야 한다는 주장은 전혀 문언적 기초가 없다. 가사 '공권력 행사' 또는 '처치'를 주어로 본다고 하더라도, '평등하라', '평등하자', '평등하고 있다'는 형태로 사용될 수 없다.

다. '법 앞에'

헌법 제11조 제1항 전문은 '모든 국민은 평등하다'라고 기술되어 있지 않다. "모든 국민은 법 앞에 평등하다."라고 기술되어 있다. "모든 국민은 평등하다."라고 문장과 "모든 국민은 법 앞에 평등하다."라는 문장은 같은 의미인가?

'법 앞에'는 부사에 해당한다. 그 중에는 性狀副詞에 해당하다. 헌법 제11조 제1항 전문 중의 '법 앞에'는 '평등하다'는 형용사를 한정한다. '모든 국민은 평등하다'고 말하지 않고, '모든 국민은 법 앞에 평등하다'고 말함으로써, 화자[402]는 용언이 참된 범위를 축소하였다. 이 말은 '모든 국민이 평등한' 영역이 감축됨을 의미한다. '법 앞에'에 해당하지 아니하는 영역에 대해서, 헌법 또는 헌법제정권력자는 말하는 바가 없다.

즉 '법 앞에'에 해당하지 않는 영역에서는, (a) 반대해석의 논리를 따르면 '법 앞에'가 아닌 영역에서, '모든 국민이 평등하지 않다'고 이해되어야 한다. 공직선거법 제15조 제1항 본문은 "18세 이상의 국민은 대통령 및 국회의원의 선거권이 있다."라고 규정하고 있는데, '18세 이상의'를 반대해석하면, '18세 미만의' 국민은 '대통령 및 국회의원의 선거권이 없다.'고 해석된다.

논리학적인 해석방법을 따르더라도, 화자는 '법 앞에'에 해당되지 아니하는 영역에 대해서는 '모든 국민이' '평등하다'고 말하지 않는다. 열려 있다. '평등할 수도 있고, 평등하지 아니할 수도 있지만, 화자는 그것을 말하지 않았다.

402) 여기서는 헌법 또는 헌법제정권력자.

"모든 국민은 다르다." 이 말은 타당한 말일까? 맞을 수도 있고 틀릴 수도 있다. 그들이 가진 능력이나, 신장, 몸무게 등등 다르다고 볼 만한 요소들은 얼마든지 많다. 그 요소들을 두고 국민을 보면 다르다.

그런데 그들을 같다고 볼 요소들도 많다. 머리의 수, 눈의 수, 입의 수로써 국민을 나누면 그 관점에서 모든 국민은 같다.

한편 위에서 다르다고 볼 수 있는 요소들을 들었는데, 그것들을 재는 척도를 어떻게 설정하는가에 따라 같다고 볼 여지도 생긴다. 키가 3미터를 넘지 않는다는 면에서, 몸무게가 1톤을 넘지 않는다는 면에서, 재산이 100조원을 넘지 않는다는 면에서 모두 같다.

사람이 같다, 다르다는 말은 조건에 따라 맞는 말이기도 하고 틀린 말이기도 하다. 그러나 명제로서 모든 국민은 같다, 또는 다르다고 말하면 그 명제는 틀린 것으로 된다. 그 명제를 충족하지 아니하는 사례, 즉 반례가 있기 때문이다.

그러면 우리 헌법 제11조 제1항 전문은 틀린 말인가? 만약 "모든 국민은 평등하다."고 말하였다면 그 말은 틀린 말이다. 평등하지 아니한 경우가 있기 때문이다.[403] 그러나, 위에서 보인 바처럼 어떤 특정한 관점에서 보면 맞을

---

403) 커트 보네거트의 〈해리슨 버거론〉이라는 掌篇小說은 다음과 같은 말로 시작한다. "2081년, 마침내 모든 사람이 평등해졌다. 그들은 하나님과 법 앞에서만 평등하지 않았다. 그들은 모든 면에서 평등했다. 누구도 다른 누구보다 똑똑하지 않았다. 누구보다 잘생긴 누구는 없었다. 누구도 더 강하거나 빠르지 않았다. 이 모든 평등은 헌법 수정안 211, 212, 213조와 미국 평등국 요원들의 줄기찬 노력에 의지하였다. 하지만 여전히 삶에 관한 몇 가지 사항은 옳지 않았다. 예를 들자면 4월은 여전히 봄이 아니어서 사람들을 미치게 만들었다. 그리고 평등국 남자들이 조지 버거론과 헤이즐 버거론의 14세 아들 해리슨을 데려간 것은 그 축축한 달이었다. 그것은 비극적이었다. 하지만 조지와 헤이즐은 그것에 대해 깊이 생각할 수 없었다. 헤이즐은 완벽하게 평균적인 지능을 가졌다. 그녀는 짧은 순간을 제외하고는 아무것도 생각할 수 없었다. 그리고 조지의 지능은 정상치보다 훨씬 높았다. 그래서 그의 귀에는 정신적 핸디캡 수신기가 끼워져 있었다. 법은 그에게 그것을 항상 착용하도록 요구했다. 그것은 정부의 송신장치에 연결되어 있었다. 송신장치는 약 20초마다 날카로운 소음을 내보냈다. 그래서 조지와 같은 사람들은 부당하게 자신의 두뇌를 이용할 수 없다."

수 있다. "모든 국민은 '머리(head)의 숫자에 있어서' 평등하다."고 한다면 분명히 맞는 말이다.

헌법 제11조 제1항 전문은 하나의 관점을 세웠다. '법 앞에'가 그것이다. 그러면 우리는 '모든 국민은 법 앞에 평등하다.'라는 말을 쉽사리 틀렸다고 말하지 못한다. 앞의 경우, 즉 '모든 국민은 평등하다.'를 비교적 쉽게, 반례를 제시함으로써 틀렸다는 점을 논증할 수 있었는데, "모든 국민은 법 앞에 평등하다."는 문장이 틀렸다고 말하기 위해서는 조건, 즉 '법 앞에'를 충족하면서 평등하지 아니한 사례를 들어야 한다.

그리고 우리가 "모든 국민은 법 앞에 평등하다."는 말을 두고, 사람들은 몸무게가 다르네, 지능이 다르네, 가진 돈의 양이 다르네 이런 말을 하면 곤란한다. 그 말이 틀린 말은 아니지만, 헌법 제11조 제1항 전문과는 무관한 말이기 때문이다. 헌법 제11조 제1항 전문과 앞의 말들은 전혀 모순되지 않고 병존할 수 있다. 그러므로 이 말들이 헌법 제11조 제1항 전문의 가치를 훼손하거나, 헌법 제11조 제1항 전문을 다른 취지로 주장하기 위한 논거로 사용되어서는 곤란하다.

소설의 주인공인 해리슨에게 부담시킨 핸디캡을 설명한 부분을 보이면 다음과 같다. "해리슨 버거론의 경찰 사진이 화면 위쪽에 플래시로 표시되었다. 아래로, 옆으로, 다시 거꾸로, 오른쪽 위로. 사진은 눈금이 있는 배경 앞에 선 해리슨의 전신을 보여 주었다. 그의 키는 정확히 7 피트였다. 해리슨의 나머지 사진은 할로윈 축제 분장 같았고, 철물 덩어리였다. 어느 누구도 그보다 심한 핸디캡을 부담하지 않았다. 그는 평등국 사람들이 생각한 것보다 더 빨리 핸디캡을 극복했다. 그는 정신적 핸디캡을 주는 작은 라디오 수신기 대신, 엄청나게 큰 이어폰과 두꺼운 웨이브 렌즈를 가진 안경을 썼다. 안경은 그를 반쯤 눈이 멀게 만들 뿐만 아니라 머리가 깨어지는 두통을 주었다. 고철이 그의 온몸에 매달려 있었다. 보통 힘 센 사람에게 주어지는 핸디캡에는 어떤 대칭성과 군대의 깔끔함이 있었다. 그러나 해리슨은 걸어 다니는 쓰레기장처럼 보였다. 삶의 경주에서 해리슨은 300 파운드를 몸에 달고 뛰었다. 그리고 그의 잘생긴 외모를 상쇄하기 위해, 평등국 사람들은 코에 빨간 고무공을 붙이고, 눈썹을 밀고, 하얀 이빨에 검은 덮개를 여러 개 덧씌웠다."

모든 사람을 똑같이 만드는 것이 가능할까? 같게 만들려고 노력하였지만, 물리적으로 보면 전혀 같지 아니할 것이다.

이 글을 읽는 어떤 사람은 말할 것이다. 왜 이리 우스꽝스러운 이야기를 하느냐고. 그런데 우스꽝스러운 이야기가 아니다. 학계에서 거의 정설로 이해되는 이야기다. 그러면 학계의 이야기는 어떤 것이냐.

학계의 정설을 헌법 제11조 제1항 전문에 대입하여 이야기해 보자. 우선 헌법 제11조 제1항 전문에 있는 '법 앞에'라는 말을 무시한다. 그래서 '모든 국민은 평등하다.'를 제한하는 '법 앞에'를 무시함으로써 '평등하다'는 말의 적용범위를 넓혔다.

왜 무시하는가? "법 앞에"라는 말이 붙은 채로 헌법 제11조 제1항 전문을 해석하면, 헌법 제11조 제1항 전문이 '일단 법이 만들어졌음을 전제로' '그 법의 적용에 있어서' '모든 국민은 평등하다'라고 이해될 여지가 크기 때문이다.

그러면 "법 앞에"를 무시하고, 법 내용에 있어서도 '모든 국민은 평등하다.'라고 이해하면, 도대체 법 내용은 어떻게 만들라는 것으로 이해되는가?

가장 먼저 들었던 생각은, 모든 국민이 평등하니까, 법의 내용에 있어서도 모든 국민을 똑 같이 취급하여야 한다는 생각이었다. 이렇게 말해 놓고도, 이 생각을 했던 사람들은 좀 이상하다고 생각했던 것 같다. 모든 사람을 똑같이 취급한다? 그러면 빵을 나눠 주는 경우에도 다 똑같이 나눠 주어야 하고, 형벌을 부과하는 경우에도 똑같은 형벌을 부과하여야 한다.

살인을 한 자에게도, 배가 고파 빵 하나를 훔쳐 먹은 자에게도 다 똑같은 형벌을 부과하여야 한다. 조금 더 나아가 생각해 보면, 살인한 자에게는 형벌을 부과하고, 살인도 안 하고, 빵도 훔치지 않은 사람에게는 아무 형벌도 부과하지 않는 것도 평등하지 아니한 취급이다. 모두 똑같이 처벌을 하든지, 모두 똑같이 처벌을 하지 아니하여야 한다.

그러면 법을 만드는 사람[404]은 아예 법을 안 만들든지, 어떤 법적 효과를 부여하는 내용의 법을 만든다면 사람을 구획하여서는 곤란하다. 모든 사람은

404) 법률이라면 국회의원.

징역 1년에 처한다고 하든지, 모든 사람에게 빵 1개씩을 준다는 형식으로 법을 만들어야 한다. 이런 생각을 이 논문에서는 A설이라고 불렀다.

이것은 좀 이상하다. 국회의원은 법을 만드는 사람이고, 법이라는 것은 어떤 부분을 구획하여 그 구획된 부분에, (구획되지 아니한 부분에는 부여하지 않는) 어떤 특별한 효과를 부여하는 체계이다. 그런데 위에서 본, 헌법 제11조 제1항 전문의 해석에 따르면, 결국 법을 만들지 말라는 것과 같은 말이 된다. 이 상황에서 입법자는 당황스러울 수밖에 없다. 필자는 이런 상황을 '평등의 모순', 또는 '평등의 딜레마'라고 이름붙였다.

이에 당황한 학자들이 다시 머리를 맞대고 궁리하기 시작했다. 원래 헌법 제11조 제1항이 모든 것에 대해 똑 같은 법적 효과를 부여하여야 한다고 명령한 것은 맞지만, 특별한 사정이 있으면, 다른 법적 효과를 부여하더라도 위헌은 아니라는 결론을 낼 수 있는 것 아니냐, 하는 생각에 이르게 되었다. 이런 생각을 이 논문에서는 B설이라 이름붙였다.

필자의 생각은 그런다고 문제가 해결되냐는 것이다. 임시방편으로 다르게 취급하더라도 위헌이 아니라고 해 줄게, 라는 논리를 만들었지만, 헌법이 말도 안 되는, 바보 같은 명령을 하고 있다는 것은 그대로 남아 있다. 나름대로 문제를 해결해 보기 위하여 아이디어를 냈지만, 불완전하고 불충분한 아이디어였다.

그런데, 문제는 아직도 실무계나 학계는 이 생각에서 벗어나지 못하고 있다. 어떤 두 개의 집단에 데해 다른 취급이 있다는 점을 확인하고 바로 정당화 심사에 나아가는 심사 체계는 전적으로 이 아이디어에 기반한 것이다.

앞의 생각[405]이 이상하다고 생각한 사람들은 다른 아이디어를 냈다. 그러지 말고 '같은 같게, 다른 것은 다르게' 취급하는 것이 평등의 명령이라고 이해하면,[406] 다르게 처우하는 것도 평등의 명령을 이행한 것으로 이해할 수 있다는

---

405) B설. 합리적 차별을 허용한다는 입장.
406) C설. 그 중에서도 Ca설.

생각이다. B설에서는 '다르게 취급할 수도 있다(may)'고 이해하였는데, 여기서는 (두 집단이 본질적으로 다른 어떤 특별한 상황에서는) '다르게 취급하여야 한다(should)'고 이해하였다. 이렇게 하는 것이 평등의 명령을 이해한 것으로 보았다. 이 경우에는 당연히 정당한가 여부도 심사받을 필요가 없다.[407] 쾌재를 부를 만하다.[408]

그런데 이것은 어떤 문제가 있을까? 앞에서도 이야기하였지만, 헌법은 '모든 국민은 평등하다'고 했다. 이를 부정하면 안 된다. 이를 부정하는 것은 헌법에 대해 불온한 태도를 보이는 것이다. 헌법이 같다고 선언하였는데, 다르다고 우기면 곤란하다. 헌법을 부정하는 것이다.

그리고 헌법 제11조 제1항 전문은 '법 앞에' 서 있는 모든 국민은 같다고 선언하고 있다. 이 부사구[409]가 유효하지 아니한 영역에 대해서는 말하고 있지 않다. 말하고 있지 않으면 어떻게 해석하여야 하는가? 논리학적인 방법으로 해석하면 열려 있다. 평등할 수도 있고 평등하지 아니할 수도 있다. 반대논리를 원용하면, '모든 국민은 '법 앞이 아닌 영역에 있어서는' 평등하지 않다.'라고 이해하여야 한다.

그러면 반대해석을 채택할 수 있는가? 그렇지 않다. 모든 사람이 평등한 경우도 있다. 머리(head)의 수에 있어서, 심장(heart)의 수에 있어서. 그리고 죽는다는 점에 있어서. 그러면 반대해석을 채택하기도 어려워진다. 그러면 논리학적인 해석에 따라 헌법 제11조 제1항 전문은 '법 앞' 이외의 영역에 있어서는 말하고 있지 않다고 이해할 수밖에 없다. '어떤 국민은 다르다'는 점에 대해서 헌법 제11조 제1항은 말하고 있지 않다. 그들에 대하여 어떤 취급을 하여야 하는가에 대해서도 말하고 있지 않다.

---

407) '다른 것을 다르게' 취급한 상황이다.

408) 여기서는 C설 중 대표적인 Ca설을 두고 논의하였다. Cb설이나 Cc설도 큰 차이는 없다.

409) '법 앞에'

라. '은'

이 논문의 주제와 관련 없지만, '모든 국민은' 중의 '은'도 검토되어야 할 말이다. 문법적으로 '은'은 주격조사라 불리지 않는다. 주제적 조사라 불린다. 주제격 조사는 대개 (a) 주제 표시 내지 보편적 속성을 나타내거나('사람은 죽는다.'), (b) 대조 배타의 뜻을 나타내거나('산은 높고 물은 깊다.'), (c) 강조하는 뜻을 나타낸다('자주는 못 간다.') 주제격 조사가 쓰였다는 것은, 주제격 조사가 없는 형태에 비하여 무언가 추가적인 의미가 있다는 것을 뜻한다.

"버려진 섬마다 꽃이 피었다." 이것은 김훈의 장편소설 『칼의 노래』의 첫 문장이다. 그는 처음에 '꽃은 피었다'라고 썼다가 고심 끝에 '꽃이 피었다'로 고쳤다고 한다. 兩者는 무엇이 다르기에 그가 고심하였을까. 그는 아래와 같이 말하였다. ""꽃이 피었다"는 사실의 세계를 진술한 언어이고 "꽃은 피었다"는 의견과 정서의 세계를 진술한 언어이니, 이것을 구별하지 못하면 문장과 소설은 몽매해진다."[410)]

김훈은 "꽃이 피었다."는 사실을 진술한 것이고, "꽃은 피었다."는 의견과 정서를 진술한 것이라고 하였으나. 정확한 표현은 아닌 것 같다. 전자와 후자의 표현은 서로 배타적인 것이 아니다. 전자는 후자의 일부분을 구성한다. 다시 말하면 후자는 전자의 내용을 전부 포함하고 있고, 거기에 보태어서 전자가 가지고 있지 아니한 어떤 것, 추가적인 의미를 가지고 있다. 즉, "꽃은 피었다."는 진술 안에는 "꽃이 피었다."는 의미와, 그 밖의 어떤 것이 들어 있다. 어떤 것이 들어 있을까? 그것을 보는 화자의 쓸쓸한 마음, 즉 꽃은 피었는데, 화자는 쓸쓸하다는 정도의 마음을 드러낸 것일까?

"모든 국민은 법 앞에 평등하다."라는 진술 안에도, "모든 국민이 법 앞에 평등하다."라는 의미와 그 밖의 어떤 것이 들어 있다. 그 밖의 어떤 무엇일까? 논리적으로 추론할 수 있는 것은, '모든 국민'은 평등하지만, 모든 국민에

---

410) https: · · url.kr · ylcob9

포섭되지 않는 사람은 그렇지 않다는 것이다. '모든 국민'에 포섭되지 않는 사람을 외국인이라 한다면, 외국인은 평등하지 않다고 말하고 있다.

다시 돌아가 '모든 국민이 평등하다'고 한다면 어떨까? 논리적으로는 '모든 국민'이 아닌 사람 즉 '외국인'에 대하여는 위 문장은 말하고 있지 않다. 평등할 수도 있고, 평등하지 아니할 수도 있다. 이 점은 위의 '마'에서 살펴 본 바와 같다.

그러면 이런 질문이 있을 수 있다. 평등하고 안 하고를 우리 헌법이 정하면, 그것이 외국인에게도 효력이 미치느냐, 갑자기 평등하지 아니하였다가, 우리 헌법이 평등하다고 하면 평등한 것으로 되느냐.

헌법은 국가의 기본법이다. 국가의 통치구조를 정하고, 국민들이 기본적으로 가지는 권리를 정하는 법이다.[411] 그 법은 당연히 국가의 구성원인 국민에 대해서만 미친다. 국민 외의 사람에게 국민의 합의를 적용할 수 없다. 그래서 헌법 제6조, 특히 제2항은 외국인에 대해 (헌법이 적용되지 않고) 국제법과 조약이 정하는 바에 따른다고 정하고 있다.[412]

---

411) 엄밀히는 전자만을 본질로 한다고 본다. constitute, constitution이라는 말의 의미가 '구성하다', '구성'을 의미하기 때문이다. 뭔가를 구성하는 것에 관한 법이라 이해될 수 있는 요소이다. 거기에 기본권 조항을 두어야 한다는 것은, constitution의 관점에서 보면 본질적인 것이라 하기 어렵다. 미국 헌법도 처음 제정될 당시에는 통치기구의 구성에 관한 것만을 담았고, 기본권 조항은 增補(amendment)를 통해 추가된 것임을 보아도 이를 이해할 수 있다. 물론, constitution을 분석해서 나온 결론이다. 우리 말, 憲法을 분석하여서도 그런 결론이 나올 수 있을까? 그렇게 보기는 어려울 것이다. 憲이라는 글자나 法이라는 글자가 법의 내용에 관하여 추론할 수 있는 근거를 내포하고 있지는 않다. 憲이라는 글자도 法이라는 의미를 가진 것으로 이해되고 있다. 굳이 憲法을 문자적으로 이해해 보자면, '法 중의 法'이라 할 수 있을까? 다만 憲法이라는 개념이 우리들이 창안한 것이라기 보다는 서양의 constitution을 번역한 말이라는 점에서 constitution의 본질에 관한 논의가 어느 정도는 憲法에도 적용될 수 있을 것이라고 본다.

412) 헌법 제6조 ① 헌법에 의하여 체결·공포된 조약과 일반적으로 승인된 국제법규는 국내법과 같은 효력을 가진다.
② 외국인은 국제법과 조약이 정하는 바에 의하여 그 지위가 보장된다.

우리 헌법은 외국인에 대하여 이러쿵 저러쿵 말할 자격이 없다. 헌법적 합의에 참가한 사람들, 즉 우리 국민들[413)]에 대해서만 말할 수 있을 뿐이다. 그러므로, 헌법 제11조 제1항이 모든 국민'만' 평등하다고 말하는 것은 지극히 당연하다.

마. 의미

헌법 제11조 제1항 전문은 '모든 국민은 평등하다.'고 선언하고 있다. 그러나 이것은 자연적으로 타당하다고 이해되기 어렵다. 모든 사람은 여러 가지 관점에서 평등하지 아니하다. 물론 같다고 볼 관점도 존재한다. 그러므로 모는 국민은 평등하기도 하고, 평등하지 아니하기도 하다. 그러므로 '모든 국민은 평등하다.'는 말은 틀렸다.

그런데 헌법 제11조 제1항 전문은 하나의 부사구를 붙여 두었다. '법 앞에'. 그래서 "모든 국민은 법 앞에 평등하다."고 선언하고 있다. 이렇게 되면 이 선언이 타당성을 가질 가능성은 커진다. 부사구가 용언이 참인 범위를 축소하기 때문이다.

이제 우리는 "모든 국민이 법 앞에 평등하다."는 말의 의미를 찾아야 한다. 모든 국민이 법 앞에 평등하다는 것은 규범인가? 규범이라면 누구에게 어떤 것을 명령하는가? 또는 누구에게 어떤 권리를 부여하는가?

형식으로 보면 헌법 제11조 제1항 전문은, 모든 국민을 평등하게 대우하여야 한다고 규정하고 있지 않다. '평등하다'고 하여 사실을 선언하는 형식을 채

---

413) 사실 이 점이 그리 단순하지는 않다. 헌법 제2조 제1항은 "대한민국의 국민이 되는 요건은 법률로 정한다."고 정하고 있다. 그런데 국적법은 제정 헌법이 시행된 날, 즉 1948. 7. 17. 이후인 1948. 12. 20. 제정되어 같은 날 시행되었다, 그러면 우리 제정 헌법은 누가 제정했는가? 국민이 제정했는가 하는 문제가 생긴다. 법은 늘 격변기에 약한 모습을 보여준다.

택하고 있다. 그러면 우리는 이 구문을 전제로 하여 평등을 이해하여야 한다.

모든 국민은 법 앞에 평등하다는 말은 누구에게 권리를 부여하지도 않고, 누구에게 의무를 부여하지도 않는다. 단지 그렇다는 점을 선언할 따름이다. 미국 독립선언은 다음과 같은 말로 시작된다. "우리는 다음의 진리가 자명하다고 생각한다. 모든 사람은 평등하게 창조되었으며,[414] 이들은 창조주로부터 생명, 자유, 행복의 추구를 포함하는 양도 불가능한 권리를 부여받았다." 이것들을 전제로 해 앞으로의 논의를 전개해 나가겠다는 선언이다. 공리다. 공리는 증명할 필요가 없다.

헌법 제11조 제1항 전문은 미국 독립선언의 첫 문장과 유사한 성격을 가지고 있다고 볼 여지가 있다. 그러나 다른 점도 있다, 하나는 전문도 아니고, 부칙도 아닌 본칙의 일부를 구성한다는 것이고, 다른 하나는 문언상 비교적 분명하게 적용 영역을 밝히고 있다. 문리상 '법 앞에'를 '법 집행에 있어서'의 의미로 새기는 데에는 이견이 없다.[415]

법 집행에 있어서의 평등은 무엇을 의미하는가? 켈젠은 '그것은[416] 법집행기관은, 적용되지 않으면 안 되는 법이 구별하고 있지 않는 것을 구별해서는 안 된다고 하는 것을 의미한다. 법률이 여성은 아니고 남성에게만, 외국인은 아니고 자국민에게만, 다른 종교나 인종의 구성원은 아니고 특정의 종교나 인종의 사람에만 선거권을 주었을 경우에는, 법집행기관이 구체적인 경우에 여성, 외국인, 특정의 종교나 인종의 구성원에게 선거권이 없다고 결정했을 때, 그 경우 법 앞의 평등은 완전하게 달성된 것이다'[417][418]라고 하였다.[419]

---

414) 우리가 위에서 논의한 것을 두고 살펴보면 이 말이 맞다고 보기 어려운 바가 있다. 우리 헌법 제11조 전문과 달리 아무런 한정 문구가 없이 선언되어 있으므로, 하나의 반례만 만나도 틀린 것으로 된다. 이 경우 '존엄에 있어서' 정도의 부사구를 넣어서 이 문제를 해결한다.

415) 물론, 더 나아가 '법 내용에 있어서'로 확장될 수 있는가 하는 문제가 있을 수 있지만, 이것과 별론으로 '법 앞에'가' 문언상 '법 집행에 있어서'로 이해된다는 점에 대해 이론이 없다.

416) 문맥상 '법 집행의 평등은'이라는 뜻이다.

법 집행의 평등은 법 내용이 평등한가, 하는 것과 무관하다. 법의 내용이 평등하지 않더라도, 그것을 그대로 집행함으로써 법 집행의 평등은 완성된다. 법이 정당하지 아니한 차별을 하고 있더라도 법 집행자는 당연히 그 차별을 실현하여야 한다. 법 집행자는 법을 집행할 의무를 진다. 이 상황은 법의 내용을 교정하여 개선되어야 한다. 법의 내용이 잘못되었다고 하여, 법 집행자가 그 법의 집행을 거절할 수 없다.

헌재는 이 점을 말한 바 있다. "법률이 헌법에 위반되는지 여부는 헌법재판소의 위헌결정이 있기 전까지는 객관적으로 명백한 것이라 할 수 없어, 이를 심사할 권한이 없는 공무원으로서는 그 법률을 적용할 수밖에 없고, 따라서 법률에 근거한 행정처분이 사후에 그 처분의 근거가 되는 법률이 헌법에 위반된다고 선언되어 결과적으로 위법하게 집행된 처분이 된다 할지라도, 이에 이르는 과정에 있어 공무원에게 고의 또는 과실이 있다고 단정할 수 없는 것이므로, 그 법률이 헌법에 위반되는지 여부는 공무원의 손해배상책임이 성립할지 여부에 아무런 영향을 미치지 못한다."고 판시한 바 있다.[420)]

---

417) Hans Kelsen(김선복 譯), 『정의란 무엇인가』 책과 사람들. 2010, 36.

418) Kelsen이 법의 내용과 법의 집행이 준별된다는 점을 설명한 예. "법률이 여자가 아닌 남자에게만 선거권을 보장하는 경우라 하더라도, 즉 법률 안에서의 평등이 지켜지지 않는 경우라 하더라도, 법률 앞에서의 평등은 지켜질 수 있다. 위 법률을 적용하여 남자는 선거권이 있지만, 여자는 선기권이 없다고 결정하는 법관은, 설령 그가 양자를 동일하게 취급하지 않더라도, 결코 법률 앞에서의 평등의 원칙을 침해하지 않는나. 하지만, 그가 백인은 선거권이 있고 흑인은 선거권이 없다고 결정한다면, 그는 법률 앞에서의 평등을 침해한 것이 된다. 왜냐하면 이른바 법률 앞에서의 평등은, 그 법률이 어떠한 내용을 갖고 있든 간에, 설령 그 법률이 동일한 취급을 하지 않고 차등적인 취급을 하고 있더라도 법률의 정확한 적용에 다름 아니기 때문이다." Hans Kelsen(김선복 譯), 『정의란 무엇인가』 책과 사람들. 2010, 580.

419) 법 집행의 의미에 관한 다른 학자들의 표현은 정주백, 『평등정명론』, 충남대학교출판문화원, 2019, 247 이하 참조. 그 내용이 다르지 않다.

420) 헌재 2011. 3. 31. 2009헌바286, 공보 174, 572, 574. 다음 판례는 인용 판례에서 참조한 판례이다. 헌재 2009. 9. 24. 2008헌바23, 판례집 21-2상, 599, 604; 헌재 2008. 4. 24. 2006헌바72, 판례집 20-1상, 585, 590.

4. 헌법 제11조 제1항 후문

헌법 제11조 제1항 후문은 "누구든지 성별 · 종교 또는 사회적 신분에 의하여 정치적 · 경제적 · 사회적 · 문화적 생활의 모든 영역에 있어서 차별을 받지 아니한다."고 정하고 있다. 그 구체적인 내용은 아래에서 상세히 살펴볼 것이다. 여기서는 전문과의 관계에 초점을 맞추어 살펴보기로 하자.

우선 이 조항의 수범자는 누구인가? 입법자인가, 법 집행자인가? 또는 양자 모두를 수범자로 하는가? 앞에서 본 것처럼 '법 앞에'는 일단 만들어진 법이 존재하고, 그 법 앞에 서 있는 모든 국민이 평등하다는 것을 의미한다고 이해할 수 있다. 그리고 '법 앞에'라는 표현으로 말미암아 이 조항[421]이 입법자에게 적용되기 어렵다는 점에 대해서도 큰 이견은 없다. 그러나, 이러 저러한 이유를 들어서, 헌법 제11조 제1항 전문이 입법자에게도 적용될 수 있다고 본다.[422] 이에 비하여 헌법 제11조 제1항 후문은 수범자를 한정하여 이해할

---

421) 헌법 제11조 제1항 전문.

422) (a) 법 내용이 불평등하면, 법을 평등하게 집행하더라도 불평등은 그대로 남게 되는 것이므로, 법의 집행뿐만 아니라 법의 내용에 있어서도 평등하여야 한다는 주장이다. 그러나 이와 같은 견해는, 법집행자에 대한 헌법 제11조 제1항 전문의 의미를 이해하지 못한 견해이다. 법을 그대로 집행함으로써 법 앞의 평등은 실현되었다. 다시 말하면 헌법 제11조 제1항 전문의 명령은 완수되었다. 헌법 제11조 제1항 전문에 의하여 요구되는 바가 충족되더라도 다시 불평등이 있을 수 있다는, 즉 헌법 제11조 제1항 전문의 명령이 충족되지 아니한 바가 있다는 결론은 전혀 논리적으로 납득할 수 없는 것이다. 필자가 자주 드는 예가 있다. 화물을 부치는 자가 화물운송업자에게 화물운송을 부탁한 경우, 화물운송업자로서는 부탁받은 화물을 그대로 수화자에게 전달함으로써 그의 임무는 종료되는 것이다. 그런데 입법자 구속설의 논리는, 화물운송업자가 화물을 잘 운송하더라도 화물을 부치는 자가 나쁜 화물을 맡긴다면 수화자는 나쁜 화물을 받을 수밖에 없으므로, 화물운송업자에 대한 규범은 화물을 부치는 자에게도 적용되어야 한다고 주장하는 것과 같다.

(b) 어떤 연구자는 입법자 비구속설이, "법률만능주의에 의한 평등원칙의 침해를 방지할 수 없고, 실질적 평등에의 확대도 불가능하다"고 비판하나, 타당하지 아니하다. 법률만능주의가 문제된다면, 그것을 제어할 수 있는 다른 헌법적 심사기준들이 만들어져야 할 것이고, 기실 많은 헌법 규정들, 그리고 헌법재판제도가 법률만능주의를 견제하고 있다. 왜 법률만능주의를 헌법 제11조 제1항 전문이 전적으로 통제하여야 하는가

수 있는 어떠한 문언적 기초가 없다. 문언상으로 보면 '누구든지 '누구로부터도' (…중략…) 차별을 받지 아니한다'고 이해될 수 밖에 없다.

다만, 기본권의 일반이론상 기본권 조항의 수범자는 공권력행사 주체를 벗어날 수 없다는 점을 수용하면, 헌법 제11조 제1항 후문의 수범자는 '공권력행사 주체 일반'으로 된다. 이를 법을 개입시켜 설명해 보면 입법자와 법 집행자 모두라 할 수 있다.

그러면 '입법자는 누구라도 그 사람의 성별 · 종교 또는 사회적 신분에 의하여 정치적 · 경제적 · 사회적 · 문화적 생활의 모든 영역에 있어서 차별을 하여서는 아니 된다.'는 의무를 부담하고, '법 집행자도 마찬가지로 누구라도 그 사람의 성별 · 종교 또는 사회적 신분에 의하여 정치적 · 경제적 · 사회적 · 문화적 생활의 모든 영역에 있어서 차별을 하여서는 아니 된다.'는 의무를 부담한다.

하는 물음에 대하여 위 견해는 따로 대답한 바가 없다. 한편, '실질적 평등의 확대'가 여기서 문제될 것은 아니다. 실질적 평등의 확대가 필요하다면, 그것을 뒷받침하는 입법을 하여야 할 것이지, '실질적 평등의 확대'와 무관한 조항으로부터 해석을 통해 이를 실현할 일이 아니다. 우리 헌법 안에도 사회권에 관한 조항들을 두고 있으므로, 그 조항들을 통하여 '실질적 평등의 확대'가 도모되어야 할 것이다. 사회권 조항들에 대하여는 구체적 규범성을 부인하면서, 평등조항에서 '실질적 평등'이라는 모호한 개념을 이용하여 사회권의 내용을 실현하려는 시도에 찬동하기는 어렵다. 통틀어서 말하자면, 위 견해는 '법이 필요하므로' '법이 존재한다'는 주장으로 판단할 수 있고, 그것이 타당하지 아니함은 두 말을 필요로 하지 않는다.

(c) 우리 헌법 제111조가 위헌법률심사제를 규정하고 있으므로 헌법 제11조 제1항 전문이 입법자를 구속한다는 주장도 있다. 그러나 위헌심사제가 확립되었다고 하여 모든 헌법조항이 당연히 입법에 대한 위헌심사의 기준이 되어야 하는 필연성은 없다. 헌법의 개별 조항 하나하나가 모든 사람이나 사상에 적용되는 것은 아니다. 각 조항은 각각의 적용영역을 가지고 있다. 예를 들어 직업의 자유는 직업의 문제에 대해서만 적용되는 것이지, 예술의 영역과는 1차적으로 무관하다. 한편 의회만능에 대한 불신에서 위헌심사제가 도입되었으므로 평등조항이 입법자를 구속한다는 견해도 있다. 의회만능의 불신에서 위헌심사제도가 도입된 것은 동의할 수 있으나, 의회만능의 불신으로부터 평등이 입법자를 구속하여야 한다는 결론이 도출되는 것은 아니다. 주석 등 상세한 것은, 정주백, 『평등정명론』, 충남대학교출판문화원, 2019, 259 이하 참조.

이를 뒤집으면 '기본권의 주체는 누구라도, 입법자나 법 집행자로부터, 성별 · 종교 또는 사회적 신분에 의하여 정치적 · 경제적 · 사회적 · 문화적 생활의 모든 영역에 있어서 차별을 받지 아니할 권리를 가진다.'

이렇게 되면 헌법 제11조 제1항 후문 중, 수범자를 법 집행자로 하는 부분은 헌법 제11조 제1항 전단과 중복되는 것 아닌가 하는 문제가 생길 수 있다. 먼저 법이 '성별 · 종교 또는 사회적 신분에 의하여' 어떤 국민을 차별하지 아니하고, 그 법에 기재된 대로 집행된다면 모든 국민은 '성별 · 종교 또는 사회적 신분에 의하여' 차별받는 상황이 벌어지지 않는다.

아래에서 다루겠지만, 헌법 제11조 제1항 후문의 성별 · 종교 또는 사회적 신분을 예시적인 것으로 보더라도, 內包가 零이 아니고, 外延에 한계가 있다면, 그래서 차별이 금지되지 아니하는 사유가 적어도 한 개 이상 있다면, '열거되지 아니하였으나 헌법에 의해 금지되는 사유에 따른 차별'에 대해서도 위의 논의는 그대로 유효하게 적용될 것이다.[423)]

그러면 차별이 금지되지 아니하는 사유[424)]는 어떤가? 앞에서 말했지만, 헌법 제11조 제1항 후문에 기재된 사유를 한정적 열거로 보든, 예시적 열거로 보든 적어도 한 개 이상 차별이 금지되지 아니하는 사유가 존재하여야 한

423) 예를 들어, 인종은 헌법 제11조 제1항 후문에 열거된 사유가 아니라 하더라도(사회적 신분에 포섭될 가능성이 없는 것은 아니다. 여기서는 이 논의를 하지 않는다.), 그것이 '헌법에 열거되지 아니하였으나 차별이 금지되는 사유'로 인식되었다면. 그 법적 효과는 성별 · 종교 또는 사회적 신분에 관한 것과 같다. 물론, 헌법에 열거된 사유에 기한 차별에 대해서는 보다 엄격한 심사를 하여야 한다는 주장이 있을 수 있으나, 여기서는 다루지 않는다. 이 책은 차별의 정당화에 관심을 가지고 있지 않다. 헌법 제11조 제1항은 어떤 것을 이상적인 것으로 보고 있는가, 어떤 행위를 하지 말아야 한다고 보고 있는가 하는 점에 관심을 가지고 있다. 그 상황에서 벗어나면 바로 위헌으로 되는가? 정당한 사유가 있으면 위헌으로 되지 아니한다고 할 때 어떤 경우에 정당한 사유가 인정될 것인가는 이 책의 주제가 아니다. 이 책 안에 정당한 사유가 있으면 위헌으로 디지 않는다는 것을 전제로 하고 논의하는 경우도 있으나, 그것이 이 책의 주제는 아니다.

424) 여기에는 헌법 제11조 제1항 후문에서 명시적으로 금지한 사유

다.[425]

그러면 그 사유들[426]을 들어서 차별을 하더라도, 입법자에게 주어진 헌법 제11조 제1항의 의무를 위반한 것으로 이해될 수 없다. 그 차별은 '헌법에 의해 금지된 차별이지만 정당한 것'이 아니라 헌법 제11조 제1항이 무관심한 차별이기 때문이다. 즉 그 차별[427]은 헌법이 명령하지도 않지만 금지하지도 않는 것이다.

사물 또는 사건에 관한 규율은 모두 여기에 해당한다. 사물 또는 사건에 관한 규율을 억지로 사람에 대한 규율로 전환하여 이해하려는 시도들이 있다. 대표적으로는 우체국보험 사건이다. '우체국예금 · 보험에 관한 법률' 제45조는 "보험금 또는 제38조의 규정에 의한 환급금을 지급받을 권리는 이를 양도하거나 압류할 수 없다."고 정하고 있다. 이 법에 정한 보험금 또는 환급금에 대해 특례를 인정한 것이 문제되었다.

위 법률조항이 우체국보험과 다른 인보험을 다르게 취급하는 것은 맞다. 헌법 제11조의 관점에서는 이들을 다르게 취급하는 사유는 무엇인지, 그 사유가 헌법에 의해 금지된 것인지를 검토해 나가면 된다. 그러니 판례는 이렇게 하지 않고, "우체국보험 가입자를 보호함으로써 우체국보험 가입자의 채권자를 일반 인보험 가입자의 채권자"[428] 사이에 차별이 있다고 본 후, 이 차별에 정당한 사유가 있는지를 심사하였다. 당연히 차별의 사유가 무엇인지도 논의하지 않았다.

---

425) 이 사유, 즉 '헌법이 금지하지 아니하는 차별 사유'가 존재하지 아니할 수 없다. 한정적 열거설은 물론이고, 예시적 열거설을 따르더라도 당연히 한 개 이상 존재하여야 한다. 이것이 존재하지 아니하면 예시적 열거설을 잘못 이해한 것이다. '헌법이 금지하지 아니하는 차별 사유'가 존재하지 않는다는 해석은, 헌법 제11조 제1항 후문을, '누구든지 <u>어떤 사유로도</u> 정치적 · 경제적 · 사회적 · 문화적 생활의 모든 영역에 있어서 차별을 받지 아니한다.'라고 이해하는 것이 옳은 것이라고 본다.

426) 차별이 금지되지 아니하는 사유.

427) 차별이 금지되지 아니하는 사유.

428) 헌재 2008. 5. 29. 2006헌바5, 판례집 20-1하, 91, 103-104.

김종대 재판관은 이 점을 정확하게 지적하였다. 아래의 판시를 보자. 필자가 아는 한 가장 정교하게 평등이론을 설시한 헌재 결정이다. 법정의견은 아니고 반대의견이다. 필자의 관점에서는 비록 길더라도 전부 인용할 가치가 있다.[429]

> 가. 다수의견이 취하고 있는 평등원칙 심사의 문제점
>
> (1) 비교집단 설정의 문제점
>
> 다수의견은 '우체국보험 가입자의 채권자'와 '일반 인보험 가입자의 채권자'를 비교집단으로 설정하고 이 사건 법률조항이 '일반 인보험 가입자의 채권자'에 비해 '우체국보험 가입자의 채권자'를 불리하게 차별취급 하는 것이 헌법상 평등원칙에 위반되는지 여부를 심사하고 있다. 그러나 이는 이 사건 법률조항이 직접 차별취급하고 있는 집단 또는 제한하고 있는 기본권을 잘못 파악하여 비교가 무의미한 두 집단을 비교집단으로 설정함으로써, 차별의 정당성에 대한 심사를 왜곡시키거나, 뒤에서 보는 바와 같이 설정된 비교집단과는 전혀 무관한 요소들을 비교 대상으로 삼게 되는 부당한 결과를 초래한다.
>
> (2) 차별취급의 정당성에 대한 심사의 왜곡
>
> (가) 이 사건 법률조항이 차별취급하는 대상을 무엇으로 볼 것인지, 즉 비교집단을 어떻게 설정할 것인지는 평등원칙 위반 여부의 심사에 있어 매우 중요하다. 왜냐하면 비교집단의 설정에 따라 차별취급의 목적과 그 수단 사이의 관계에 대한 구체적인 평가가 크게 달라질 수 있기 때문이다.
>
> 이 사건 법률조항이 차별하는 집단을 '우체국보험'과 '일반 인보험'으로 설정한다면, 그 차별취급의 정당성 심사는 '우체국보험과 일반 인보험이 무엇이 다른지', '그 다른 점이 일반 인보험과 달리 우체국보험에 대해 특별한 보호를 해 줄 것을 필요로 하는지', '우체국보험금의 압류를 금지하는 것이 우체국보험에 대한 보호수단으로서 과도한 것이 아닌지' 등을 통해 이루어질 것이다.
>
> 반면 이 사건 법률조항이 차별하는 집단을 '우체국보험 가입자의 채권자'와 '일반 인보험 가입자의 채권자'로 설정한다면, 그 차별취급의 정당성을 심사하려면 '우체국보험 가입자의 채권자는 일반 인보험 가입자의 채권자와 무엇이 다른지', '우체국보험 가입자의 채권자에게 어떠한 문제점이 있길래 압류를 못하게 하는 것

429) 헌재 2008. 5. 29. 2006헌바5, 판례집 20-1하, 91, 110-112. 인용문 중의 밑줄은 필자가 추가한 것이다.

인지', '그러한 제한은 우체국보험 가입자의 채권자의 특성에 비추어 볼 때 과도한 것은 아닌지' 등을 검토하여야 할 것이다.

(나) 그런데 '우체국보험 가입자의 채권자'와 '일반 인보험 가입자의 채권자'를 비교집단으로 설정하는 것은 무의미하다. 왜냐하면 채권자는 자신의 채무자가 어떠한 보험에 가입할 것인지에 대해 전혀 알 수 없고, 혹시 알게 된다 하더라도 그 행위에 아무런 영향을 미칠 수 없기 때문에, 자신이 우체국보험 가입자의 채권자가 될 것인지 아니면 일반 인보험 가입자의 채권자가 될 것인지, 또는 두 지위를 함께 가지게 될 것인지는 그야말로 채권자의 사정과는 아무런 관련이 없이, 채무자의 보험 가입이라는, 채권자로서는 지극히 우연한 사정에 따라 결정되기 때문에, '우체국보험 가입의 채권자'와 '일반 인보험 가입자의 채권자' 사이에 법적으로 의미있는 구별을 하기가 매우 곤란하기 때문이다.

이러한 상황에서 '우체국보험 가입자의 채권자'와 '일반 인보험 가입자의 채권자'를 차별취급한다면 이는 본질적으로 아무런 차이가 없이 단지 우연한 사정에 의해 나누어지게 되는 두 집단을 차별취급하는 것으로서 그 차별취급이 정당화되기는 매우 어렵다. 이러한 비교집단의 설정에 따라 평등원칙 위반 여부를 심사한다면 모든 압류 금지 조항들이 위헌임을 면하기 어려울 것이다. 왜냐하면 자신의 채무자가 법률에 의해 압류가 금지된 채권을 보유하고 있는지, 압류가 금지되지 않은 채권을 보유고 있는지 여부는 채권자가 전혀 개입할 수 없는 사정임에도 그러한 사정을 들어 채권자들을 서로 차별취급하는 것은 모두 부당하다고 해야 하기 때문이다.[430]

---

430) 이 부분은 필자가 아는 한 평등에 관한 헌재 결정 중에서 가장 돋보이는 문단이다. 탁견이다. 차별의 사유를 전환하여, 헌재가 위헌으로 결정하기에 편한 사유를 찾아간다는 점을 적확하게 지적하고 있다. 헌재가 이런 식의 관점 전환을 통해 위헌 결정을 한 사례로, 제대군인가산점 사건을 들 수 있다. 다음 판시는 이 점을 명확하게 보여준다. "가산점제도는 제대군인과 제대군인이 아닌 사람을 차별하는 형식을 취하고 있다. 그러나 제대군인, 비(非)제대군인이라는 형식적 개념만으로는 가산점제도의 실체를 분명히 파악할 수 없다. 현행 법체계상 제대군인과 비제대군인에 어떤 인적 집단이 포함되는지 구체적으로 살펴보아야만 한다. 위에서 본 바와 같이 제대군인에는 ① 현역복무를 마치고 전역(퇴역.면역 포함)한 남자 ② 상근예비역 소집복무를 마치고 소집해제된 남자 ③ 지원에 의한 현역복무를 마치고 퇴역한 여자, 이 세 집단이 포함되고, 비제대군인에는 ① 군복무를 지원하지 아니한 절대다수의 여자 ② 징병검사 결과 질병 또는 심신장애로 병역을 감당할 수 없다는 판정을 받아 병역면제처분을 받은 남자(병역법 제12조 제1항 제3호, 제14조 제1항 제3호) ③ 보충역으로 군복무를 마쳤거나 제2국민역에 편입된 남자, 이 세 집단이 포함된다.

(3) 설정된 비교집단과는 무관한 요소들의 비교

(가) 이 사건 법률조항에 대한 심사를 '일반 인보험 가입자의 채권자'와 '우체국보험 가입자의 채권자' 사이의 차별취급 문제로 심사하는 것의 문제점은 다수의견이 취하고 있는 논증방식에서 그대로 드러나고 있다.

다수의견이 이 사건 법률조항으로 인한 차별취급 대상을 '우체국보험 가입자의 채권자'와 '일반 인보험 가입자의 채권자'로 설정하였다면, 차별취급의 정당성 심사를 위한 비교도 당연히 '우체국보험 가입자의 채권자'와 '일반 인보험 가입자의 채권자'의 차이점에 모아져야 한다. 그러나 다수의견은 '우체국보험 가입자의 채권자'와 '일반 인보험 가입자의 채권자'를 비교집단으로 설정하면서도 정작 우체국보험과 일반 인보험이 본질적으로 같은 것인지 여부만을 비교한 후 두 보험이 본질적으로 다르지 않다는 판단으로부터 곧바로 '우체국보험 가입자의 채권자'와 '일반

그러므로 먼저 무엇보다도 가산점제도는 실질적으로 남성에 비하여 여성을 차별하는 제도이다. 제대군인 중 위 ③의 유형에는 전체여성 중의 극히 일부분만이 해당될 수 있으므로 실제 거의 모든 여성은 제대군인에 해당하지 아니한다. 그리고 남자의 대부분은 제대군인 중 위 ①과 ② 유형에 속함으로써 제대군인에 해당한다. 이 사건 심판기록에 편철된「병역처분자료 통보」에 의하면 1994년부터 1998년까지 5년간 현역병입영대상자 처분을 받은 비율은 81.6%에서 87%(보충역은 4.6%에서 11.6%, 제2국민역은 6.4%에서 9.8%, 병역면제는 0.4%에서 0.6%)까지 이르고 있음을 알 수 있는데, 이는 우리나라 남자 중의 80%이상이 제대군인이 될 수 있음을 나타내는 것이다. 이와 같이 전체 남자 중의 대부분에 비하여 전체 여성의 거의 대부분을 차별취급하고 있으므로 이러한 법적 상태는 성별에 의한 차별이라고 보아야 한다.

다음으로 가산점제도는 현역복무나 상근예비역 소집근무를 할 수 있는 신체건장한 남자와, 질병이나 심신장애로 병역을 감당할 수 없는 남자, 즉 병역면제자를 차별하는 제도이다. 현역복무를 할 수 있느냐는 병역의무자의 의사에 따르는 것이 아니라 오로지 징병검사의 판정결과에 의하여 결정되는바(병역법 제11조, 제12조, 제14조), 질병이나 심신장애가 있는 남자는 아무리 현역복무를 하고 싶어도 할 수 없고 그 결과 제대군인이 될 수 없어 가산점 혜택을 받을 수 없기 때문이다.

마지막으로 가산점제도는 보충역으로 편입되어 군복무를 마친 자를 차별하는 제도이기도 하다. 보충역 판정여부는 신체등위, 학력 등을 감안하고 또 병역수급의 사정에 따라 정해지는 것으로서(병역법 제5조 제1항 제3호, 제14조) 이 또한 본인의 의사와는 무관하다. 보충역으로 편입되는 자는 병역의무 이행의 일환으로 일정기간 의무복무를 마치더라도(보충역은 공익근무요원, 공익법무관, 공중보건의사, 전문연구요원 또는 산업기능요원으로 복무한다) 그 복무형태가 현역이 아니라는 이유로 가산점혜택을 받지 못하는 것이다."(헌재 1999. 12. 23. 98헌마363, 판례집 11-2, 770, 785-787) 이 제대군인가산점 사건의 판시도, 군인으로 복무한 점에 대한 반대급부로 제공되는 가산점을, 우연히 남자로 태어났다는 점에 대한 대한 반대급부로 전환했다. 우체국보험 사건의 논리와 똑 같다. 양자 모두 위헌 결정을 했다. 다른 사건들에서는 이러한 관점의 전환을 부정했다. 헌재 2010. 4. 29. 2009헌마399, 판례집 22-1하, 147, 159; 헌재 2017. 10. 26. 2015헌바239, 판례집 29-2하, 17, 26; 헌재 2010. 2. 25. 2007헌바131, 판례집 22-1상, 104, 132 등 참조. 필자가 보기에는 위헌으로 결정하고자 하는 先意志의 유무가 이러한 차이를 만들었다. 김종대 재판관의 통찰에 경의를 표한다.

인보험 가입자의 채권자'에 대한 차별취급의 정당성을 끌어내고 있다.

(나) 그러므로 다수의견처럼 '비교집단 설정 따로, 차별심사 대상 따로'의 왜곡된 심사를 할 것이 아니라, 이 사건 법률조항이 차별취급하고 있는 것이 '우체국보험 가입자의 채권자'와 '일반 인보험 가입자의 채권자'가 아니고 '우체국보험'과 '일반 인보험'임을 직시함으로써 바로 '우체국보험'과 '일반 인보험' 사이의 차별취급 및 그 정당성 여부를 검토하여야 하고, 그 검토를 통해 이 사건 법률조항이 '우체국보험 가입자의 채권자'에 대해서만 압류 금지를 하는 것이 과연 그 채권자의 기본권(재산권)을 침해하는지 여부에 대한 심사로 나아가야 하는 것이다.

김종대 재판관은 법률이 '우체국보험'과 '일반 인보험'에 대해 서로 다른 처우를 하고 있음에도 불구하고, 관점을 전환하여 '우체국보험 가입자의 채권자'와 '일반 인보험 가입자의 채권자'를 비교집단으로 삼아 검토하고 있음을 지적한다.

앞의 차별, 법률상의 차별을 다룬다면, 나름대로 합리성이 인정될 여지가 있음에도 불구하고, 후자, 즉 '우체국보험 가입자의 채권자'와 '일반 인보험 가입자의 채권자'를 비교집단으로 삼음으로써, '우체국보험 가입자의 채권자'는 아무런 책임 없이 불이익을 입게 되는 상황을 만들었다. 즉 '우체국보험 가입자의 채권자'는 채무자가 우체국보험에 가입하였다는 우연한 사정에 따라 불이익을 입게 되었으므로 이 상황은 정당화될 수 없다는 결론에 이르게 되었다.

생각해 보면, 이런 상황들은 얼마든지 일어날 수 있다. 예를 들어 주택임대차보호법에서는 대항요건과 확정일자를 갖춘 임차인은 후순위권리자나 그 밖의 채권자보다 우선하여 보증금을 변제받을 권리가 있다.[431] 이것은 확정일자를 통하여 공시되므로 채권자도 대처할 수 있다.

그러나, 주택임대차보호법 제8조 제1항 본문은 "임차인은 보증금 중 일정액을 다른 담보물권자(擔保物權者)보다 우선하여 변제받을 권리가 있다."고 정하고 있다. 이를 최우선변제권이라고 하는데, 이것은 공시되지 아니한 경우에도

431) 주택임대차보호법 제3조 제2항.

보장된다.[432]

위 헌재의 논리를 그대로 대입하여 보면, 최우선변제권이 있는 주택 소유자의 채권자와 최우선변제권이 없는 주택 소유자의 채권자 사이에 부당한 차별이 있다고 인식될 여지가 크다. 최우선변제권자가 존재하는가 하는 우연한 사정에 따라 채권자의 법적 지위가 달라지기 때문이다. 그러나 현실에서는 이런 일이 별로 일어나지 않는다. 최우선변제권이 있을 것을 예상하고 담보가치를 평가하기 때문이다.

같은 논리로 보면, 채권자로서도 채무자가 우체국보험에 가입하여 채권의 만족을 얻을 수 없는 상황을 예상하고 대처하였어야 하는 것 아니냐는 주장도 얼마든지 가능하다.

그런데, 더 심각한 문제가 있다. 법정의견과 같이 '우체국보험 가입자의 채권자'와 '일반 인보험 가입자의 채권자'를 차별한다고 보았더라도, 그들 사이를 차별하는 사유, 즉 種差가 무엇인가 하는 점이다. 양자를 차별하는 사유는 무엇인가? 그것이 헌법이 명시적으로 차별을 금지한 차별사유인가? 아니면 명시적으로 금지하지 아니하였지만, 명시적으로 금지한 것과 내포를 공유하는 사유에 의한 차별인가?

법정의견이나 김종대 재판관은 모두 이 점에 대한 인식이 없다. 헌법 제11조 제1항 후문에서 차별금지 사유를 열거하고 있고, 그것을 예시적인 것으로 이해하면서도 차별금지 사유의 외연에 한계가 없다고 본다. 그러므로 차별로 인식되기만 하면 모두 정당화 심사를 거쳐야만 한다고 본다. 필자는 이러한 통설과 판례의 입장이 '예시적 열거설'의 본질을 이해하지 못한 것이라고 본다.

---

432) 경락기일까지 법원에 배당요구를 하여야 한다(대법원 2002. 1. 22. 선고 2001다70702 판결). 나아가 법령이 정하는 소액이어야 하고, 배당의 상한도 있다.

제8장

3단계 심사 체계

제8장 3단계 심사 체계

I. 도입

기존의 평등권 침해 여부에 대한 심사는 2단계로 진행되었다. (i) 차별이 존재하는지 여부, (ii) 차별이 존재한다면 그 차별이 정당화되는지 여부가 그 것이다.

실천적으로는 '차별의 정당화'가 중요한 문제였다. 헌법재판소(이하 '헌재'라 한다)는 대부분의 사례에서 서로 다른 처우를 확인하면 바로 차별로 인식하고 정당화 심사에 나아갔다. 아래에서 볼 균일취급설(A설)을 기반으로 한 것이다.

이론적으로는 '무엇을 차별로 볼 것인가'가 중요한 문제였다. 위에서 말한 것처럼, 서로 다른 처우를 차별로 인식하면서도, 어떤 경우에는 서로 다른 처우가 차별이 아니라 하거나, 서로 같은 처우를 차별이라 인식하였다. 아래에서 볼 C설, 즉 정의로운 처우를 평등한 처우라는 이해를 기반으로 한 것이다.

문자적으로 보면, 差別이라는 말은 差와 別로 구성되어 있다. 이것을 분석해 보면, 차별은 區別하여 差異를 두는 것이다. 區別하지 아니하고, 差異를 두지 아니하는 것을 차별이라고 하는 것은 차별이라는 말의 분석적 정의에 반한다. 區別하여 差異를 두었는데도 차별이 아니라고 하는 것도 마찬가지다. C설은 우리 헌법 구문과 조화롭기 어렵다.

이러한 차별에 대한 기이한 이해는 위의 균일취급설이 가지는 문제점 때문에 대두된 것으로 본다. 세상의 모든 사태와 사람에 대해 모두 균일한 취급을 한다면, '각자에게 그의 것을', 또는 '같은 것은 같게, 다른 것은 다르게'로 표현되는 정의에 반하고, 要件으로써 사태와 사람을 區別하여 서로 다른 效果를 부여하는 것을 내용으로 하는 法의 개념과 충돌한다.

이를 타개하고자 합리적 이유 있는 차별을 허용한다는 내용의 상대적 평등설(아래에서 볼 B설)이 대두되었으나, 위의 문제를 해결할 수는 없다. 平等[433]의 命令 자체는 그대로 유지되기 때문이다. 그래서 아예 평등은 正義를 명령한다고 이해하는 C설이 대두되었으나, 헌법의 구문이 포용하기 어려운 주장이다.

이 논문은 균일취급설(A설)과 충돌하지 않으면서, 우리 헌법의 구문과 조화로운 방법을 제시하고자 한다. 헌법 제11조 제1항 후문에 기재된 사유들의 성격을 제대로 파악하면 위에서 제시한 문제점들이 모두 해소된다.

헌법 제11조 제1항 후문은 '성별 · 종교 또는 사회적 신분에 의하여' 차별받지 아니한다고 규정하고 있다.[434] 열거된 사유에 속하지 않는 사유에 기한 차별은 원칙적으로 헌법 제11조 제1항과 무관하다. 가사 열거된 사유를 예시적인 것으로 본다고 하더라도, 그들로부터 內包(connotation)를 추론해 내어야 하고, 그로부터 형성되는 外延(extension) 안에 있는 사유에 의한 차별만이 헌법 제11조 제1항에 의해 금지된다.

이렇게 이해하면 헌법 제11조 제1항이 일반적으로, 또는 전면적으로 차별을 금지하고 있다고 말하기 어렵다. 헌법 제11조 제1항은 거의 대부분의 차별에 대해서 무관심하다. 차별을 명령하지 아니한다. 차별을 금지하지도 아니한다.

아래 II.에서 기존의 이해를 살펴 보고, III.에서 새로운 해석론을 제시한다. IV.에서 새로운 해석론에 의해 무엇이 달라지는가를 살펴본 후, V.에서 결론을 맺기로 한다.

433) 또는 反差別.

434) '정치적 · 경제적 · 사회적 · 문화적 생활의 모든 영역에 있어서'도 있다. 다만, 이 부사구가 작동하는 경우를 발견하기는 쉽지 않다. 판례도 없다.

II. 기존의 이해

1. 들어가는 말

현재의 판례는 2단계를 거쳐 평등권 침해 여부를 심사한다. 그 중 하나는 차별의 존부이고, 다른 하나는 정당화 심사이다. 그 중 이 논문에서는 전자만을 중점적으로 살펴본다.

2. 차별

가. 도입

어떠한 상태를 차별로 인식할 것인가? 크게 보면 두 가지 입장이 있을 수 있다.

나. 균일취급설 - A설

어떤 사태나 사람에 대하여 같은 처우를 하는 것이 평등한 취급이라고 이해한다. 이를 뒤집으면 '다른 처우'가 있으면 바로 차별로 인식한다. 그러면 헌법은 '어떠한' 사태나 사람에 대해서도 모두 평등한 처우를 하도록 명령하고 있는가? 특별히 언급한 바는 없지만, 평등 명령이 적용되지 않는 영역은 없다.[435][436] 이 입론에 따르면 '서로 다른 처우'가 있으면 바로 정당화 심사로

---

435) 엄밀히는 '평등' 또는 '차별'의 의미와 관련된 것은 아니다. 헌법 제11조 제1항 후문에 게기된 사유의 성격과 관련된 문제이다. 이 사유들을 예시로 보는 것이 통설이자 판례다. 헌법 제11조 제1항 후문에 게기된 사유가 예시에 불과하므로, 차별금지 사유에 대한 제한이 없다고 본다. 차별금지 사유의 外延(extension)을 無限大로 본다. 논리적

나아간다.[437] 이것을 A설이라고 하자.

그런데, 이 입장을 명시적으로 내세우는 판례나 학설을 만나기는 쉽지 않다. 아래의 판시는 이 입장을 전제로 한 것이다.

> "헌법 제11조 제1항은 "모든 국민은 법 앞에 평등하다. 누구든지 성별·종교 또는 사회적 신분에 의하여 정치적·경제적·사회적·문화적 생활의 모든 영역에 있어서 차별을 받지 아니한다."라고 규정하고 있다. 이러한 평등의 원칙은 일체의 차별적 대우를 부정하는 절대적 평등을 의미하는 것이 아니라 입법과 법의 적용에 있어서 합리적 근거가 없는 차별을 하여서는 아니된다는 상대적 평등을 뜻하고, 따라서 합리적 근거가 있는 차별 또는 불평등은 평등의 원칙에 반하는 것이 아니다.[438]

으로 內包(connotation)는 零으로 된다. 필자는 예시설을 충분히 이해한 주장이라 보지 않는다.

436) 물론, 아래에서 보는 Cc설의 입장은 다른 처우가 있더라도, 양자가 본질적으로 같지 아니하다면 다른 처우가 차별로 인식될 수 없다고 본다. 헌재 2011. 6. 30. 2009헌마59, 판례집 23-1하, 445, 453. 그러나, 이 입장은 헌법 제11조 제1항 후문에 게기된 사유의 성격에 의해 도출된 결론이 아니라, 독자적인 평등의 의미에 관한 학설을 기반으로 한 것이다. 아래에서 볼, 정의설(C설)의 한 갈래다.

437) 예를 들면 헌재 2008. 5. 29. 2006헌바5, 판례집 20-1하, 91(우체국보험에 대해 압류를 금지); 헌재 2011. 11. 24. 2011헌바51, 판례집 23-2하, 430(오토바이에 대해서는 고속도로 또는 자동차전용도로 운행을 금지); 헌재 2015. 3. 26. 2014헌마372, 판례집 27-1상, 383(PVC관과 PE관 중에서 PVC관에 대하여만 안전기준을 적용). 모두 다른 처우가 있다는 점을 확인하고, 바로 정당화 심사에 나아갔다.

438) 헌재 2011. 4. 28. 2009헌바56, 판례집 23-1하, 1, 11-12. 인용 중의 판례 생략. 동일 또는 유사 취지의 판례로는, 헌재 1989. 5. 24. 89헌가37, 판례집 1, 48, 54; 헌재 1992. 4. 28. 90헌바27, 판례집 4, 255, 271; 헌재 1994. 2. 24. 91헌가3, 판례집 6-1, 21, 33; 헌재 1995. 9. 28. 92헌가11, 판례집 7-2, 264, 280-281; 헌재 2002. 3. 28. 2000헌마53, 판례집 14-1, 159, 162; 헌재 2002. 7. 18. 2000헌바57, 판례집 14-2, 1, 17; 헌재 2002. 12. 18. 2001헌바55, 판례집 14-2, 810, 818; 헌재 2002. 12. 18. 2001헌마546, 판례집 14-2, 890, 900; 헌재 2015. 2. 26. 2012헌바268, 판례집 27-1상, 51, 57; 헌재 2015. 3. 26. 2014헌바156, 판례집 27-1상, 273, 282; 헌재 2016. 2. 25. 2015헌가15, 판례집 28-1상, 13, 20; 헌재 2016. 2. 25. 2013헌바113, 판례집 28-1상, 59, 66; 헌재 2018. 1. 25. 2017헌가7, 판례집 30-1상, 1, 8; 헌재 2018. 1. 25. 2015헌마1047, 판례집 30-1상, 150, 158; 헌재 2018. 3. 29. 2017헌바56, 판례집 30-1상,

위의 판시는 헌법이 '차별적 대우' 즉 서로 다른 처우를 금지하고 있지만, 그 명령이 절대적인 것은 아니라 설시하고 있다. 헌법이 '차별적 대우'를 금지하고 있다는 기본적 입장에 대해서는 말하고 있지 않다.[439)]

아래의 사례들을 보면, 헌재는 다른 처우가 있음을 확인하고 바로 정당화 심사에 나아갔다. '다른 처우'가 바로 '차별'이라는 인식을 바탕에 둔 것이다. 그러나, 그것을 밝히지는 않는다.

> "청구인들은 범죄단체의 구성원으로서의 '활동'에 대하여 일률적으로 무거운 징역형으로 처벌하도록 하는 것이 일반 예비·음모죄와 비교하여 범죄단체 활동죄를 자의적으로 차별하는 것이라고 주장하나, 위에서 본 바와 같은 이 사건 법률조항의 입법목적과 범죄단체 활동죄의 특징 및 위험성 등에 비추어 보면, 일반 예비·음모죄와 범죄단체 활동죄 사이에는 그 불법성에 있어서 일반적으로 차이가 있고 후자가 보다 중한 범죄라고 평가할 수 있으며, 구체적인 사례에 따라 전자의 불법성이 더 클 경우에는 법관의 양형을 통해 시정될 문제라 할 것이므로, 이 사건 법률조항이 평등원칙에 위배된다고는 볼 수 없다."[440)]
>
> "현역병 및 군간부후보생 교육기관에서 교육을 받다가 퇴교되어 현역병, 승선근무예비역, 사회복무요원, 예술·체육요원, 전문연구요원, 산업기능요원으로 복무하게 된 사람의 경우 군사교육기간이 의무복무기간에 산입되는 데에 비하여, 심판대상조항은 단기법무장교가 법무사관후보생으로서 군사교육을 받은 기간을 의무복무기간에 산입하지 않고 있다. 따라서 심판대상조항이 현역병 및 퇴교 후 복무자와의 관계에서 단기법무장교인 청구인들의 평등권을 침해하는지 여부가 쟁점이 된

457, 463; 헌재 2018. 4. 26. 2016헌마611, 판례집 30-1하, 21, 36; 헌재 2018. 6. 28. 2016헌바77, 판례집 30-1하, 496, 519; 헌재 2018. 6. 28. 2017헌마238, 판례집 30-1하, 719, 721-722; 헌재 2019. 2. 28. 2017헌마374, 판례집 31-1, 175, 180; 헌재 2019. 4. 11. 2017헌마601, 판례집 31-1, 490, 494; 헌재 2019. 4. 11. 2017헌마602, 판례집 31-1, 499, 509; 헌재 2019. 4. 11. 2017헌마603, 판례집 31-1, 517, 522; 헌재 2019. 8. 29. 2016헌가16, 판례집 31-2상, 94, 106-107; 헌재 2022. 2. 24. 2020헌마177, 판례집 34-1, 233, 237; 헌재 2022. 10. 27. 2018헌마972, 판례집 34-2, 457, 464.

439) 물론, 아래에서 볼 정의설의 관점에서는 '차별'은 매우 규범적인 말이다. '다른 처우'라 하여 바로 '차별'로 인식하지 않는다.

440) 헌재 2011. 4. 28. 2009헌바56, 판례집 23-1하, 1, 12.

다."[441)]

"공인중개사법을 위반하여 벌금형을 받은 경우 중개사무소 개설의 필요적 결격 내지 취소사유로 정할 것인지 여부는 입법재량이 인정되는 전문자격제도의 형성에 관한 문제로서, 이에 관하여 헌법에서 특별히 평등을 요구하고 있지 아니하며, 관련 기본권에 중대한 제한을 초래하지 아니하므로, 건축사, 감정평가사 등 벌금형 선고를 자격 취소사유로 규정하고 있지 아니한 다른 전문직과의 차별이 합리적인 이유가 있는지를 심사하면 충분하다."[442)][443)]

헌재는 왜 '다른 처우'를 차별이라고 분명하게 말하지 못하는가? 헌법이 사태와 사람에 대해 획일적으로 취급하도록 명령하고 있다고 이해하는 것이 타당한가에 대해 의심을 가지기 때문이다.

正義를 '각자에게 그의 것을'로 이해하는 관점에서 보면, 각자에게 그들이 받아야 할 것을 주지 않고, 모두를 '균일하게' 취급하는 것은 不正義하다. 나아가 '같은 것은 같게, 다른 것은 다르게'를 정의로운 처우라고 이해하는 입장에서 보더라도 마찬가지다. 일을 많이 한 사람이나 일을 적게 한 사람에게 똑같은 급료를 지급하는 것을 생각해 보면 분명하다.[444)][445)] 이를 '바보 같은

---

441) 헌재 2024. 3. 28. 2020헌마1401(공보불게재). 괄호 부분 생략.

442) 헌재 2015. 5. 28. 2013헌가7, 판례집 27-1하, 195, 202.

443) 비교대상 집단과 본질적으로 같다는 점에 대한 논증 없이 바로 정당화 심사에 나아갔다.

444) 물론, 다른 입장도 있을 수 있다. 그들의 필요에 따라 급여의 양을 정해야 한다는 입장도 있을 수 있다. 어떤 기준으로 급여의 양을 정하여야 하는가는 이 논문의 주제가 아니다. 어떤 자는 균등하게 급여를 주는 것이 정의롭다고 주장할 수도 있다. 그렇다고 필자가 그들과 논쟁하고 싶지 않다. 필자는 그들에게 다른 분야를 예로 들겠다. 살인을 한 사람과 절도를 한 사람을 같게 취급하는 예를 든다면 그들도 이해하리라 본다.

445) 좀 더 극단적으로 논의를 이끌고 가면, 일을 한 사람에게는 돈을 주고 일을 안 한 사람에게는 돈을 안 주는 것도 차별이다. 혹자는 그렇지는 않을 것이라고 주장한다. 아래에서 볼, '같은 것은 같게'를 기반으로 한, 이른바 '비교집단'론을 원용하면, 양자는 본질적으로 같지 아니하므로, 다르게 취급한다고 하여 차별이라 이해할 수 없다는 주장을 할 지도 모르겠다. 그러나 여기서 말하는 균일취급설은 '같은 것은 같게'와는 다른 입장이다. 여기서 다루는 급료의 문제는 사인간에 있어서의 문제가 아니다. 사인간에 있어서는 원칙적으로 정의가 작동할 여지가 없다. 계약의 자유에 의해 쌍방이 합

평등명령'이라 하자. 헌법 제11조 제1항이 이와 같이 바보 같은 명령을 하고 있다는 해석은 불편할 수밖에 없다.

다른 하나는 법이 가진 성격 때문이다. 입법자는 법을 만드는 사람이다. 법을 만든다는 것은 要件과 效果의 체계를 만드는 것이다. 요건과 효과의 체계를 만든다는 것은 사태를 구획하여 그 이외의 사태에 대해 부여된 효과와 다른 효과를 부여하는 것을 의미한다. 따라서 입법자는 '差別의 體系'를 만드는 사람이다.[446)]

여기서 평등을 설명하는 사람들은 난관에 봉착하게 된다. 헌법 제11조 제1항은 평등한 법 또는 차별하지 아니하는 법을 만들도록 명령하고 있는데, 均一取扱을 평등한 취급이라고 이해하면, '불균일한 내용의 법'을 만드는 것을 과업으로 하는 사람에게 '균일한 법'을 만들라는 명령을 하는 상황으로 된다. 즉, (i) 평등이 均一取扱'를 명령한다, (ii) 법은 요건과 효과의 체계, 즉 '不均一取扱'의 체계이다. 그러므로 헌법이 평등조항을 통하여 입법자에게 均一取扱을 명령하는 것은 입법자의 課業에 모순된다. 이것을 '平等의 矛盾'이라 부르기로 하자.[447)]

의한 대로 권리를 가지고 의무를 부담한다. 다만, 이를 규율하는 특별한 법령이 있으면 다르게 논의되어야 한다.

446) 本秀紀編, 『憲法講義(第2版)』, 日本評論社, 2018, 334는 "또한 대략 입법은 일정한 요건을 설정하여 그것을 충족하는 자와 충족하지 않는 자에게 다른 법적 효과를 인정하는 것"이라 하여 법의 성격에 대해 말하고 있다.

447) 長谷部恭男, 『憲法(第7版)』, 新世社, 2018, 170은 다음과 같이 기술하고 있다. 이 논문에서 정의한 평등의 모순을 인식하고 있는 것처럼 보인다. "하지만, 입법자에 대해 요구되는 평등의 내용은, 앞에서 말한 것처럼, 일견 명확하다고는 말하기 어렵다. 법은 일정한 요건에 일정한 법적 효과를 연결시키는 것이기 때문에 모든 법은 넓은 의미에서는 차별을 하고 있는 것이 된다." 이어서 그는, "판례는 헌법 제14조의 평등의 요청을 '국민에 대하여 절대적인 평등을 보장한 것이 아니라', '사건의 성질에 즉응한 합리적인 근거에 기초한 것이 아닌 한 차별적인 취급을 하는 것을 금지하는' 느낌으로 이해하고 있다."고 하여 마치 위의 모순을 판례가 해소한 것처럼 오해를 줄 수 있는 표현이다. 그러나 합리적 차별이 허용된다 하여 평등의 모순이 해소되었다고 할 수는 없다.

이러한 상황을 극복하기 위하여 합리적 이유 있는 차별이 허용된다는, 이른바 '상대적 평등'이 주장되었다. 이를 B설이라 하자. 위에서 든 판례가 이 입장의 내용을 보여 준다.

이 상대적 평등설은 당연히 평등의 모순을 극복하지 못하였다. 헌법이 균일취급을 명령한다는 것을 전제로 한 주장이기 때문이다.

더 큰 문제는 비판할 가치가 없는 (예외를 허용하지 않는다는) 절대적 평등설을 비판한다는 것이다. (예외를 허용하지 않는다는) 절대적 평등설은 존재하지 않는다.[448] 존재하지도 않는 절대적 평등설을 들어 비판하고, 자설, 즉 (예외를 허용하는) 상대적 평등설이 옳다고 주장할 뿐이다. 이런 논증을 허수아비 오류(strawman fallacy)라 한다. (예외를 허용하지 않는다는) 절대적 평등설이 허수아비(strawman)다.

왜 존재하지도 않는 학설을 두고 비판을 하는가. 필자가 보기에는 평등이 균일취급을 명령한다는 말을 하기 싫었기 때문이다. 이 말을 하면 평등의 모순을 만나는데, 그 모순을 해소할 수 없으니까, 평등의 의미를 말하여야 할 자리에, 평등의 의미는 말하지 아니하고, 아무도 주장하지 않는, (예외를 허용하지 않는다는) 절대적 평등설을 비판한 후, (예외를 허용한다는) 상대적 평등설을 수용함으로써, 평등의 의미에 관한 記述을 하지 않고 지나가는 것을 숨겼다.[449]

448) 통상 학설을 소개하면 그 주장자도 소개한다. 주장자의 취지를 이해할 수 있는 기회를 제공하기 위해서다.

449) 가사 평등 명령이 예외를 허용하는지 여부를 다루더라도 이 자리는 아니다. 통상 대륙법계는 법리를, (i) 의의, (ii) 요건, (iii) 효과에 맞춰 기술한다. 이 체계를 따르면, (i) 의의에서 평등 또는 차별의 의미가 논의되어야 하고, 평등 명령이 예외를 허용하는가의 문제는, 이른바 절대권의 문제로서, 다루어지더라도 (iii)에 가서나 다뤄질 문제다. 자유권에 관한 논설의 모두에, 자유는 (제한을 허용하지 않는) 절대적 자유를 의미하지 않고, (제한을 허용하는) 상대적 자유를 의미한다고 기술하면 조금은 우스꽝스러울 것 같다.

다. 정의설 - C설

(1) 도입

위에서 균등취급설이 '바보 같은 명령'을 한다고 하였다. 정의에 반하는 명령을 한다고 하였다. 이를 극복하기 위하여 (예외를 허용한다는) 상대적 평등설이 주장이 되었으나, 목표 달성에 실패하였다고 보았다.

이에 새로 대두된 것이, 헌법 제11조가 정의에 반하는 내용의 명령을 하는 것이 아니라, 정의를 명령하고 있다는 주장이다. 아리스토텔레스의 배분적 정의론을 기반으로 한다는 것은 공통적이다. 이를 모두 C설이라 하자. 구체적으로 보면, 다음과 같이 조금씩 그 주장이 다르다.

(2) '같은 것은 같게, 다른 것은 다르게' - Ca설

정의설 중에는 가장 일반적이다. '같은 것은 같게, 다른 것은 다르게' 처우하는 것이 평등한 처우라는 입장[450]이 그것이다. 일반론으로는 다음과 같이 표현된다. Ca설이라 하자. 통상 정의설이라 하면 이것을 가리킨다.

> "헌법 제11조 제1항이 규정하고 있는 법 앞에서의 평등의 원칙은 본질적으로 같은 것은 같게, 본질적으로 다른 것은 다르게 취급할 것을 요구한다. 그러므로 본질적으로 같은 것을 다르게, 다른 것을 같게 취급하는 경우에 비로소 침해가 발생하고, 본질적으로 같지 않은 것을 다르게 취급하는 경우에는 차별 자체가 존재한다고 할 수 없다." [451]

이 입론은, 부담이나 편익의 분배원리를 정하고 그 기준에 따라 같은 것과 다른 것을 구분한다. 그 후 같은 것을 다르게 처우하거나, 다른 것을 같게 처우하면, 이 상황을 차별이라고 본다.

따라서 서로 같게 처우한다고 하여 차별이 없다고 할 수 없다. 다른 것을

---

450) 한수웅, 『헌법학(제12판)』, 법문사, 2022, 589.
451) 헌재 2012. 11. 29. 2010헌바454, 판례집 24-2하, 108, 116.

같게 처우하면 차별이다. 서로 다른 처우를 한다고 하여 차별이라 할 수도 없다. 다른 것을 다르게 처우하면 차별이 아니기 때문이다.

이 입론이 반영된 판례로는 다음과 같은 것이 있다.

> "청구인이 차별취급의 대상으로 주장하는 법관, 의사, 공인노무사, 변리사, 세무사, 관세사, 공인중개사, 건축사, 기술사는 변호사와 그 직무의 내용 및 성질, 목적 또는 사명, 자격요건, 의무 등에 차이가 있어서 본질적으로 같은 직업이라고 할 수 없으므로, 이들과 변호사를 청구인의 주장과 같이 다르게 취급한다 하더라도 이는 본질적으로 같지 않은 것을 다르게 취급하는 것에 불과하여 차별 자체가 존재한다고 할 수 없다."[452]
>
> "평등원칙은 입법자에게 본질적으로 같은 것을 자의적으로 다르게, 본질적으로 다른 것을 자의적으로 같게 취급하는 것을 금하는 것이다. 그런데 공용수용으로 인한 양도가 이 사건 법률조항이 정하고 있는 양도에 포함되는 이상, 양도 여부를 스스로 결정할 수 없다는 이유만으로 자의에 의한 일반 양도의 경우와 달리 양도소득세를 부과할 수 없다고 보아야 하는 것은 아니다. 양도 및 양도소득의 개념, 양도소득세의 본질과 특성 등에 비추어 보면, 당사자의 의사에 의한 양도인지 여부가 양도소득세의 과세에 있어 다르게 취급하여야 할 본질적 요소의 차이라고 할 수는 없기 때문이다. 공용수용이 국가의 정당한 법집행에 의하여 이루어지고 이에 대하여 정당한 보상이 주어지는 것을 전제로 한다면, 오히려 공용수용을 양도소득세의 과세대상에서 제외하는 것이 조세부담의 불평등을 초래할 여지도 있다. 결국 일반 양도로 인한 양도소득뿐만 아니라 공용수용으로 인한 양도소득에 대해서도 동일하게 양도소득세를 부과하는 것은 본질적으로 같은 것을 같게 취급하는 것으로서, 평등원칙에 반하지 않는다."[453]

(3) '같은 것은 같게, 다른 것은 그 비율에 따라 다르게' - Cb설

헌재가 '같은 것은 같게, 다른 것은 그 비율에 따라 다르게'[454]를 직접 언급한 사례는 없다. 다만, '같은 것은 같게, 다른 것은 다르게'를 전제로, 이것이

---

452) 헌재 2012. 11. 29. 2010헌바454, 판례집 24-2하, 108, 116.

453) 헌재 2011. 10. 25. 2010헌바134, 판례집 23-2상, 857, 867. 인용문 중의 판례 생략.

454) 杉原泰雄編, 『新版体系憲法事典』, 青林書院, 2008, 448(安西文雄 執筆).

'같은 것은 같게, 다른 것은 그 비율에 따라 다르게'를 포함하고 있다고 이해한 것으로 보이는 판시는 있다.

> "우선, 개별적 구성요건을 위반한 집단과 포괄적 금지규정을 위반한 집단이 하나의 집단 안에 포섭될 수 있는 것은 아니다. 즉, 개별적 구성요건 위반과 포괄적 금지규정 위반은 그 불법의 실질이 전혀 다르다. 그러므로, '같은 것은 같게, 다른 것은 다르게' 처우하여야 한다는 헌법상 평등원칙에 있어서, '같은 것을 다르게' 처우하는 문제는 없다.
>
> 나아가, 포괄적 금지규정을 위반한 불법이 가벼움에도 불구하고, 그 형벌이 더 중한가 하는 점을 살펴본다.
>
> 정치자금법의 목적은 "정치자금의 적정한 제공을 보장하고 그 수입과 지출상황을 공개함으로써 민주정치의 건전한 발전에 기여"(정치자금법 제1조)함에 있고, "정치자금은 국민의 의혹을 사는 일이 없도록 공명정대하게 운영되어야 하고, 그 회계는 공개"(정치자금법 제2조 제2항)되어야 한다고 하면서 정치자금공개의 원칙을 천명하고 있는데, 위와 같은 목적과 원칙을 염두에 둔다면, 정치자금법에 정해진 개별적 금지 또는 제한의 위반보다는 아예 정치자금법의 규율영역 바깥에서 음성적인 정치자금을 수수함으로써 정치자금법의 목적과 원칙을 무시하는 행위의 불법이 더 큰 경우도 얼마든지 있을 수 있다. 우리 사회에서 악습 또는 병폐로써 정치자금이 문제되는 것은 각 개별적 구성요건을 위반하는 것이 아니라, 음성적이고 불법적인 자금을 밀실에서 주고받으면서 정치권력과 금력이 야합하는데 있었던 것이다. 거기에 비하면 정치자금법 상의 구체적, 개별적 구성요건을 위반한 경우는 그 불법의 정도가 음성적 정치자금의 수수보다는 가벼운 것이 일반적이다.
>
> 또, 이 사건 법률조항은 단지 법정형의 상한만을 더 중하게 규정해 두었을 뿐이므로, 특별한 경우에 있어서 포괄적 금지규정위반의 불법이 매우 가볍다면, 법관에 의해 불법의 정도에 적합한 형이 정해질 수 있는 것이므로, 구체적인 사건에 있어서는 청구인이 지적하는 바와 같은 양형의 불균형 문제는 생기지 아니한다.
>
> 그렇다면, 이 사건 법률조항의 법정형이 개별적 구성요건을 위반한 경우와 비교하여 형벌체계상 균형을 잃었다고 볼 수 없으므로, 평등원칙에 위반되지 아니한다."[455]

455) 헌재 2004. 6. 24. 2004헌바16, 판례집 16-1, 759, 767-768.

A집단(개별적 구성요건을 위반한 집단)과 B집단(포괄적 금지규정을 위반한 집단)에 대해 서로 다른 처우를 하고 있다. B집단에 대해 더 중한 법정형이 정해져 있다.

첫 번째로 문제된 것은, 양자가 본질적으로 서로 같은데 다른 취급을 하는 것 아닌가? 하는 물음이다. 이에 대해 헌재는 양자가 본질적으로 다른 것이어서 '같은 것을 다르게' 처우하는 상황은 아니라고 보았다.

두 번째로 문제된 것은, A집단과 B집단이 본질적으로 달라서 다르게 처우한다고 하더라도, 각 사태가 다른 비율과 각 사태에 대한 처우의 비율이 일치하지 않아서 차별로 인식되어야 하는 것 아닌가 하는 것이었다.

다시 말해 A집단과 B집단이 서로 본질적으로 다르다는 것은 수용하더라도, A집단의 불법에 비해 B집단의 불법이 가벼움[456]에도 불구하고, B집단에 대해 더 중한 법정형을 규정하는 것은 (다른 것은 다르게의 기준[457]은 충족할지 모르지만), 다른 것을 그 비율에 따라 다르게[458] 처우하는 것은 아니므로 차별로 인식되어야 한다는 주장을 청구인이 하였고, 이에 대해 헌재가 '같은 것은 같게, 다른 것은 그 비율에 따라 다르게', 즉 Cb설의 관점에서 보더라도 차별로 인식되지 않는다는 점을 판시하였다. 적어도 '같은 것은 같게, 다른 것은 그 비율에 따라 다르게'를 부정하지는 않음을 알 수 있다.[459]

---

456) 형벌의 양을 결정하는데, 불법의 경중이 같고 다름을 판별하는 기준으로 된다는 것이 전제되어 있다.

457) '같은 것은 같게, 다른 것은 다르게'

458) '같은 것은 같게, 다른 것은 그 비율에 따라 다르게' 中의.

459) 헌재 2001. 2. 22. 99헌바3, 판례집 13-1, 226, 248-249; 헌재 1994. 7. 29. 92헌바49, 판례집 6-2, 64, 109-110은 단일비례세제도는 응능부담원리에 부합하지 않고, 누진세제도가 응능부담원리에 부합한다고 본다. '같은 것은 같게, 다른 것은 다르게'의 관점에서 보면 단일비례세제도나 누진세제도는 전부 평등에 부합하는 조세체계다. 단지 '같은 것은 같게, 다른 것은 그 비율에 따라 다르게'를 따랐을 때만 그 결론이 달라진다. 이론적으로는 단일비례세제도가 '같은 것은 같게, 다른 것은 그 비율에 따라 다르게'에 부합하고 누진세제도는 '같은 것은 같게, 다른 것은 그 비율에 따라 다르게'와 조화롭지 않다. 담세능력의 비율과 부담하는 세금의 비율이 일치하는 것은 단일비례세

(4) '같은 것은 같게' - Cc설

'같은 것은 같게'를 평등으로 이해하는 판례도 있다. 이를 Cc설이라 하자. 일반론으로는 다음과 같이 표현된다.

> "헌법상 문제되는 평등권은 동일한 법적 효과를 받아야 할 자들에 대해 동일한 법적 효과를 주지 않는 공권력행사를 한 경우에 발생하는 문제라고 할 것"[460][461]

이 입론에 기반한 판단이라고 보이는 판례는, 주로 차별 주장을 각하하는 사례들이다. 이 사례들은 (i) 다른 처우를 하고 있지만, (ii) 본질적으로 같다고 볼 수 없으므로,[462] 차별 주장을 각하한다.

Cc설이 위의 Ca설과 다른 점은, Ca설 중의, '다른 것은 다르게' 명령의 내용을 구성하지 아니하므로, '같은 처우'가 차별로 인식되지 않는다는 것이다. 다른 처우의 경우, A설에 의하면, 다른 처우가 바로 차별로 인식될 것이지만, Cc설에 의하면 다른 처우라 하여 모두 차별로 인식되는 것은 아니고, 양자가 본질적으로 같음에도 불구하고 다르게 처우하는 경우에만 차별로 인식된다.

헌재가 A설과 달리 다른 처우가 있다고 하여 모두 본안으로 나아가 정당화 심사를 하는 것은 아니고, 차별 주장을 각하하는 경우가 있는데, 그 논리적

제도이다. 헌재가 오해한 것이다.

460) 헌재 2017. 7. 27. 2015헌마1094, 판례집 29-2상, 219, 226.

461) 헌재 2009. 3. 26. 2006헌마72, 판례집 21-1상, 542, 553은 유사한 판시를 하고 있으나, 조례처럼 제정 주체가 서로 다른 규율을 비교하여, 서로 다른 처우를 차별이라고 주장할 수는 없다는 내용이어서 약간 성격이 다르다. 각 지방자치단체가 자치에 관한 규율을 제정할 수 있다는 것(헌법 제117조 제1항 참조)은 각 지방자치단체의 규율 내용이 다를 수 있다는 것을 전제로 하기 때문이다. 그런 것이 인정되지 않으면 지방자치는 존재하지 않는 것으로 된다.

462) 관용적으로는 '비교집단이라 볼 수 없으므로', 라는 말을 많이 쓴다. 하지만 정확한 말은 아닌 것 같다. 청구인이 '비교집단'을 들었을 때, 양자가 본질적으로 같으면 차별로 인식되는 것이고, 양자가 본질적으로 같지 아니하면 차별이 부정될 뿐이다. 양자가 본질적으로 같을 경우만을 비교집단으로 지칭하는 것은 '비교집단'이라는 말의 분석적 정의에 어긋난다.

배경으로 '같은 것은 같게'를 평등의 의미로 사용한다는 정도를 확인하는 것으로 족하다.

이 입론에 기반한 판례를 든다면 다음과 같은 것들이 있다.

> "청구인은 거주지 이동에 따른 주민등록이 자유로운 일반 국민에 비해 영내에 기거하는 현역병은 이 사건 법률조항으로 인해 주민등록에 있어 제한을 받는다는 점에서 평등권이 침해된다고 주장한다. 그런데 앞서 본 바와 같이 현역병의 영내 '기거'는 일반인의 '거주'와는 근본적으로 차이가 있고 현역병은 병영이 소재한 그 지방자치단체의 주민의 실질을 가진다고 보기도 어려우므로 '일반 국민'과 '영내 기거하는 현역병'은 주민등록법과의 관계에서 본질적으로 다른 집단이라 할 것이며, 따라서 두 집단간의 차별 취급 여부를 논할 수 없다."[463)464)]
>
> "청구인은 비교집단을 언급하고 있지는 않으나, 자신에 대한 형사재판 법정에 출석하는 미결 수용자와 달리 청구인에 대하여 고무신을 착용하도록 하는 것은 평등권을 침해한 것이라는 주장으로 해석할 수 있을 것이다. 그러나, 무죄추정의 원칙이 적용되는 미결 수용자와 재판을 거쳐 형이 확정된 수형자는 구금되어 있다는 점에서만 유사점이 있을 뿐 본질적으로 동질적인 집단이라 할 수 없으므로 결국 평등권침해가 문제되지 않는다고 할 것이다."[465)466)]

463) 헌재 2011. 6. 30. 2009헌마59, 판례집 23-1하, 445, 453.

464) 이 판시를 '같은 것은 같게, 다른 것은 다르게'에 기반한 것이 아닌가 생각해 볼 수 있다. 그러나 그렇게 보기는 어렵다. '같은 것은 같게, 다른 것은 다르게'의 입장에서는 서로 다른 것을 다르게 처우하는 것은 평등의 이상에 부합하는 것으로 본다. '같은 것은 같게, 다른 것은 다르게'의 입장에서는 이 사안에 대해 평등에 부합하는 상태라고 하였을 것이다. 그런데 여기서는 아예 차별 문제로 다룰 수 없다고 하였다. '같은 것은 같게'의 입장에서는 (i) 다르게 처우하고, (ii) 양자가 본질적으로 같은 때 비로소 차별로 인식한다. 그런데, 이 사건에서 헌재는 (i)은 긍정되지만, (ii)는 부정되므로, 아예 평등 문제로 더 이상 다룰 수 없다고 판시하였다. 이것은 '같은 것은 같게'의 논증 방식이다. '같은 것은 같게, 다른 것은 다르게'의 입장에서는 평등이 문제되지 아니하는 상황은 존재하지 않는다. 같게 처우하더라도 다른 것을 같게 처우하는 경우라면 차별이고, 같은 것을 같게 처우하는 경우라면 그 상태가 평등한 상태다. 평등하다고 판단한다. 다르게 처우하는 경우도 마찬가지다. 같은 것을 다르게 처우하는 경우라면 차별이고, 다른 것을 다르게 처우하는 경우라면 그 상태가 평등한 상태다.

465) 헌재 2011. 2. 24. 2009헌마209, 판례집 23-1상, 157, 168-169.

466) (i) 다르게 처우하고 있으나, (ii) 양자가 본질적으로 같다고 할 수 없다.

"청구인은 심판대상조항이 영창처분의 대상을 종래 '하사관 및 병'이던 것에서 '병'으로 한정한 것이 평등원칙에 위배된다고 주장한다. 그런데 현행 군인사법에 따르면 병과 하사관은 군인이라는 공통점을 제외하고는 그 복무의 내용과 보직, 진급, 전역체계, 보수와 연금 등의 지급에서 상당한 차이가 있으며, 그 징계의 종류도 달리 규율하고 있다. 따라서 병과 하사관은 영창처분의 차별취급을 논할 만한 비교집단이 된다고 보기 어려우므로, 평등원칙 위배 여부는 더 나아가 살피지 아니한다."[467]

라. 혼동

헌재는 일반론의 설시에 있어서도 위의 각 입론을 혼동하는 듯한 판례를 내고 있다.

"(i) 헌법 제11조의 평등권은 본질적으로 같은 것은 같게, 본질적으로 다른 것은 다르게 취급할 것을 요구하는 것으로서, (iii) 동일한 법적 효과를 받아야 할 자들에 대해 동일한 법적 효과를 주지 않는 입법을 한 경우에 발생하는 문제라고 할 것인바"[468]

"일반적으로 평등원칙은 (i) 본질적으로 같은 것은 같게, 본질적으로 다른 것은 다르게 취급할 것을 요구하는 것으로서, (ii) 일체의 차별적 대우를 부정하는 절대적 평등을 의미하는 것이 아니라 입법과 법의 적용에 있어서 합리적인 근거가 없는 차별을 배제하는 상대적 평등을 뜻한다 할 것이므로 합리적 근거가 있는 차별은 평등원칙에 반하는 것이 아니다."[469]

위의 설시들 중 첫 번째의 것은 Ca설(i)로 출발했다가 Cc설(ii)로 옮겨갔다.

---

467) 헌재 2020. 9. 24. 2017헌바157, 판례집 32-2, 213, 218-219.

468) 헌재 2011. 3. 31. 2009헌바351, 판례집 23-1상, 347, 354. 같은 취지의 판례로는, 헌재 2011. 12. 29. 2009헌마476, 판례집 23-2하, 806, 824.

469) 헌재 2018. 1. 25. 2017헌가7, 판례집 30-1상, 1, 9. 인용문 중의 판례는 생략. 헌재 2016. 9. 29. 2014헌마541, 판례집 28-2상, 510, 517; 헌재 2016. 6. 30. 2014헌바456, 판례집 28-1하, 535, 548.

다른 한편, 두 번째의 설시는 Ca설(i)에서 출발하여 B설(iii)로 옮겨 갔다.

Ca설, Cb설, Cc설은 정의론을 바탕에 두고 있지만, 구체적인 내용에 있어서 서로 다른 입론임에도 불구하고, 그것들이 준별되지 못하고 있다.

마. 소결

헌재가 평등권 침해 여부를 심사함에 있어서 어떤 상태를 평등한 상태라고 할 것이며, 어떤 상태를 차별적인 상태라고 볼 것인지에 대한 입장이 확립되어 있지 못함을 알 수 있다.

A설[470)]을 따른다면, 모든 다른 처우가 차별로 인식된다. 같은 처우가 차별로 인식될 수는 없다. 이 주장에 의하면, 입법자는 법을 만들지 않거나, 만들더라도 사람 또는 사태를 구별하지 아니하고 효과를 부여하는 법을 만들어야 된다. 이 바보 같은 명령을 따른다면, 세상은 평평(flat)해질 것이다. 이 바보 같은 명령은 부정의를 명령하고, 부도덕을 명령하는 경우도 있다. 법이 정의를 회복하고, 도덕을 회복하면 위헌이 아닌 것으로 판단될 수 있다. 그리고 이 바보 같은 명령은 평등의 모순을 만난다.

A설이 가진 문제점을 해소하기 위하여 합리적 차별이 허용된다는 B설이 대두되었으나, A설이 가진 모순을 그대로 안고 있다.

헌재의 판례 안에는 이 바보 같은 평등의 명령을 거부하고, 정의를 평등의 내용으로 보는 입장도 있다. 정의설(C설)의 계통이 그것이다. 이제 C설은 모든 것을 같게 처우하라는 명령, 바보 같은 명령을 거부한다. 이 입론을 따르면, 다르게 처우하여야 할 것을 같게 처우하면 차별이다. 다르게 처우하더라도 다른 것을 다르게 처우하면 차별이 아니다. 같고 다름의 기준을 누가 결정하는가? 헌재는 헌법재판관이 한다고 본다. 헌법재판관이 헌법을 제정하는

470) 필자의 표현으로는 '바보 같은 명령'에 해당한다.

것과 같은 형국이다.[471]

이 극단적인 두 입장이 모두 헌재의 결정문 안에 있다. 두 가지 입장이라 했지만, 좀 더 자세히 보면 4가지 입장이다. 이렇게 다양한 연장이 있으면, 헌재가 자신의 입맛에 맞는 결정을 하기는 편리할 것이다. 그러나 과연 그것을 '헌법' 재판이라 할 수 있을지에 대해서는 의문을 가지지 않을 수 없다.[472]

다른 한편, A설을 기반으로 합리적 이유 있는 차별을 허용한다는 것을 내용으로 하는 입론, 즉 B설도 자신을 상대적 평등설이라고 하고, C설도 자신을 상대적 평등설이라고 한다. 내용이 다른데도 그것을 지칭하는 이름은 같다. 記標(signifiant)는 집중되었으나, 記意(signifié)는 분산되었다.

무언가 이 입론들에 근본적인 문제가 있음을 알 수 있다. A설을 따르면 헌법이, 특히 평등이 부정의를 요구한다거나, 입법을 거부한다는 주장을 해소하지 않고는 학설로 성립하기 어렵다. C설, 즉 정의설은 헌법상의 한 조항에 불과한 평등이 정의를 명령하고 있다고 이해하는데, 그것이 헌법 제11조 제1항과 조화로울 수 없다. 헌법 제11조 제1항 후문에 열거된 사유를 설명할 방법이 없다.[473]

471) 우리 헌법 제31조 제1항은 "모든 국민은 능력에 따라 균등하게 교육을 받을 권리를 가진다."라고 정하고 있다. 교육이라는 가치의 분배원리를 정하고 있다. '능력'이 기준이 되어야 한다고 본다. 이와 같은 분배원리를 헌법재판관이 정할 수 있다. 예를 들면 세금은 '담세능력'에 따라 배분되어야 한다. 헌법이 이를 정하지 아니하였는데도, 헌법재판관이 이를 선언하면 '헌법'이 된다.

472) '헌법재판관' 재판이라 부를 만하다.

473) C설, 그 중에도 Ca설의 문제점에 대해서는 정주백. 『평등정명론』, 충남대출판문화원, 2019, 96 이하(제3장. 제2종 상대적 평등설 비판) 참조. 상세히 설명되어 있다.

III. 새로운 이해

1. 평등의 의미

어떠한 처치를 평등한 처우라고 이해할 것인가? 헌법 제11조 제1항에 쓰인 '평등'이란 말은 처치에 관한 것이 아니다. 헌법이 정한 것은, '모든 국민'이 평등하다는 것이다. 그것이 수범자에게 어떠한 조치를 하도록 명령하는가는 분명하지 않다. 통상 헌법 제11조 제1항 전문이 법집행의 평등을 명령하고 있다는 데에 대해서는 이론이 없다.

학설과 판례에서 문제가 되는 것은, 이 전문이 입법자에게도 적용되는가 하는 것이다. 전문이 법집행자에게 적용된다는 점에 이론이 있는 것은 아니다. 그러면 모든 국민이 법 앞에 평등하다는 것은 법집행자에게 어떠한 조치를 명령하는가? '법에 기재된 대로 집행하여야 한다'는 점에 대해 다른 의견은 없다.[474)]

헌법 제11조 제1항 전문은 '규범적으로는 무의미'하지만, 그로부터 명확한 규범이 도출되었다. 이것은 논리적인 설명은 아니다. 자연주의 오류(naturalistic fallacy)에 가깝다. 모든 국민이 법 앞에 평등하다는 선언이 바로 조치의 내용을 결정할 수는 없다. 이 점은 더 이상 언급하지 않는다.

다만, 모든 국민이 법 앞에 평등하다는 것이 '처치의 내용'을 균일하게 하여야 한다는 것을 의미하지는 않는다는 것을 이해할 필요가 있다. 법이 어떤 집단 간에 불균일한 취급을 하고 있으면 그 법의 내용을 그대로 실천할 때 법집행의 평등은 실현된다. 그것이 법집행의 평등이다.

그렇더라도, 우리가 확인해야 될 것은 '平等'이란 말이 '均一'을 의미한다는 것이다. 그러면 거기에 반대되는 개념이라고 할 수 있는 '差別'은 '不均一'로

474) 한수웅, 『헌법학(제12판)』, 법문사, 2022, 586.

이해될 수밖에 없다.

판례는 다르게 이해한다. 다음과 같은 판시를 보면 분명하다. “일반적으로 평등원칙은 본질적으로 같은 것은 같게, 본질적으로 다른 것은 다르게 취급할 것을 요구하는 것으로서, 일체의 차별적 대우를 부정하는 절대적 평등을 의미하는 것이 아니라 입법과 법의 적용에 있어서 합리적인 근거가 없는 차별을 배제하는 상대적 평등을 뜻한다 할 것이므로 합리적 근거가 있는 차별은 평등원칙에 반하는 것이 아니다.”[475]

헌재는 평등원칙이 “본질적으로 같은 것은 같게, 본질적으로 다른 것은 다르게 취급할 것”을 ‘요구’한다고 한다. 평등이 지향하는 이상적인 상태를 “본질적으로 같은 것은 같게, 본질적으로 다른 것은 다르게 취급할 것”이라 이해한다. 이 말 자체의 당부는 제쳐두고 다음 구절을 보자. “합리적인 근거가 없는 차별을 배제하는 상대적 평등”이라는 말이 나온다. 이 말을 어떻게 이해하여야 하는가?

(i) 하나의 방법은 “합리적인 근거가 없는 차별을 배제”하는 것이 앞에 나온 “본질적으로 같은 것은 같게, 본질적으로 다른 것은 다르게 취급할 것”을 부연하여 설명하는 것으로 이해하는 것이다. 즉 “본질적으로 같은 것은 같게, 본질적으로 다른 것은 다르게 취급할 것”이 바로 “합리적인 근거가 없는 차별을 배제”하는 것과 같은 의미로 이해하는 것이다. 이렇게 이해하는 경우 차별은 ‘불균일취급’을 의미하는 것으로 이해된다. 다르게 취급하더라도 합리적 이유가 있다면, 정당화될 수 있다. 위헌이 아닌 것으로 판단될 수 있다는 것을 의미한다. 이러한 이해는 “본질적으로 같은 것은 같게, 본질적으로 다른 것은 다르게 취급할 것”을 합리적 이유가 있는가의 판단자료로 삼는 것이다.

(ii) 다른 하나의 방법은 평등의 명령을 “본질적으로 같은 것은 같게, 본질적으로 다른 것은 다르게 취급할 것”이라고 이해하고, 이 명령에서 벗어난 상

---

475) 헌재 2018. 1. 25. 2017헌가7, 판례집 30-1상, 1, 9. 인용문 중의 판례는 생략.

태, 즉 차별이 있더라도 '합리적인 근거가 있다면 그 차별을 위헌이라 보지 않는다'고 이해하는 것이다. 이렇게 보는 경우, 차별은 '본질적으로 같은 것은 다르게, 본질적으로 다른 것은 같게 취급하는 것'을 의미한다. 이렇게 이해하면 같게 처우하더라도 차별로 이해될 수 있고, 다르게 처우하더라도 차별이 아닌 것으로 이해될 수 있다.

(i)과 (ii)의 입장은 전혀 다르다. (i)은 헌법의 평등조항이 균일취급을 명령하고 있다고 이해하는 입장이고, (ii)는 헌법의 평등조항이 균일취급을 명령하는 것이 아니라, 만약 그들이 본질적으로 같으면 같게 취급하여야 하고, 만약 그들이 본질적으로 다르면 다르게 취급할 것을 명령하고 있다고 보는 입장이다.

판례의 입장은 어느 쪽인가? 곤혹스럽지만, 판례는 상황에 따라 양쪽 입장을, 선택적으로 채택한다. 통상의 경우 불균일취급이 있으면 바로 차별을 인식하고 정당화 심사에 나아간다. 이것은 (i)의 입장이다. 대부분의 경우 이 입장에 있다. 그런데 헌재는 양자에 대해 균일하게 취급하고 있음에도 차별이라 인식하는 경우가 있다. 본질적으로 다름에도 불구하고 같게 취급하고 있다고 이해하는 경우이다. 주로 사회권 침해 여부가 문제되는 경우에 이러한 판시가 많이 나온다.[476]

그러면 어떻게 이해하는 것이 옳은가? 필자는 (i)의 이해가 옳다고 본다. 평등은 '고르고 한결같음'을 의미한다. '차별'은 '구별하여 차이를 두는 것'을 의미한다. '고르고 한결같음'을 차별로 이해할 수 없고, '구별하여 차이를 두는 것'을 평등으로 이해할 수 없다.

물론, 이렇게 이해하는 경우 판례의 표현이 타당한가, 하는 점에 있어서는 의문이 제기될 수밖에 없다. 비교적 분명하게 "본질적으로 같은 것은 같게, 본질적으로 다른 것은 다르게 취급할 것을 요구"하는 것은 평등의 명령과 관련된 것이고, "합리적인 근거가 없는 차별을 배제"하지 않는다는 것, 즉 "합리

476) 이 점에 대해서는 정주백, "평등을 통한 사회적 기본권 실현에 대한 우려", 『헌법재판연구』, 제9권 제1호, 헌법재판연구원, 2022, 135 이하 참조.

적인 근거가 있는 차별"을 허용한다는 것[477]은 평등의 명령에서 벗어난 상태가 허용될 수 있다는 것을 의미하는 것이다. 양자는 서로 담고 있는 내용이 다르기 때문에 양자를 같은 의미로 이해하기는 어렵다.

판례는 어느 쪽인가. (i)의 입장에 서 있다. 그것을 확인하는 가장 쉬우면서도 적실한 방법은, 헌재가 '차별의 존부'를 확인하는데 있어서, 비교 대상이 본질적으로 같은가, 다른가를 판단하는가를 살펴보는 것이다.

(ii)의 입장에 따르면, 다르게 취급한다고 바로 차별적이라고 단언할 수 없다. 본질적으로 다른 것을 다르게 취급하는 것이라면 차별로 인식할 수 없기 때문이다. 나아가 양자를 같게 취급한다고 하여 차별이 없다고 단언할 수도 없다. 본질적으로 다른 것을 같게 취급한다면 그것은 차별이기 때문이다.

헌재는 대부분의 판례에서 양자를 다르게 취급하는 것을 확인하고 바로 정당화 심사로 나아갔다. 다르게 취급하는 것이 차별이라는 점에 대한 논증이 없었다. 이것은 (i)의 입장을 전제로 해서만 정당화될 수 있다.

물론 양자를 같게 취급하는 상태를 차별이라고 인식하고 위헌으로 결정하는 경우가 없는 것은 아니다. 특히 사회권이 문제되는 경우에 그런 사례들이 많다. 이러한 판례의 태도는 타당하지 아니하다. (i)의 입장이 옳은가, (ii)의 입장이 옳은가를 떠나서 일관성이 먼저 문제되기 때문이다. 재판에 일관성이 없으면 재판관의 선호에 따라 이론을 선택한다는 의심을 받을 수밖에 없다.

필자의 다른 연구[478]에 의하면, 우리 판례의 혼선은 일본 학계에서 유래한 것으로 보인다. 대부분은 일본의 표준적 교과서에서 양자를 같은 의미로 사용하고 있다. 몇 개의 예를 들어 보면 다음과 같다.

"개개인은 사실상 여러 가지 차이를 가지고 있기 때문에, 각 사람을 절대적으로 동일하게 취급하는 것은 있을 수 없다. 평등이란 같은 것은 같게, 같지

477) 위헌이 아니라는 것.

478) 가까운 장래에 『平等의 矛盾』이라는 제목으로 출간될 것이다. 이 논문은 이 책을 요약하고 정리한 것이다.

않은 것은 같지 않게 취급할 것을 내용으로 하는, 상대적 평등을 의미한다. (…중략…) 상대적 평등의 관념 하에서는 무엇이 합리적인 구별인지, 그것을 어떻게 판단하는지가 중요한 문제이다. 이하에서 보는 일본 헌법에서의 평등에 관한 논의는 주로 이 점을 둘러싸고 이루어져 왔다."[479]

"동일한 사정과 조건 하에서는 균등하게 취급하는 것을 의미하는 것이다. 평등이란 절대적 기계적 평등이 아니라 상대적 평등이라는 말을 듣는 것은 그 취지다. 따라서 자의적인 차별은 허용되지 않지만, 법상 취급에 차이가 마련되는 사항(예를 들면 세, 형벌)과 사실적 · 실질적인 차이(예를 들면 빈부의 차이, 법인의 성격)와의 관계가 사회통념으로 보아 합리적인 한, 그 취급상의 차이는 평등 위반이 아니라고 여겨진다."[480]

"제14조 제1항[481]이 정하는 '평등'이란 어떠한 경우에도 각자를 절대적으로 동일하게 취급한다는 절대적 평등의 의미가 아니라, '같은 것은 같게, 다른 것은 다르게' 취급하는 상대적 평등을 의미하는 것으로, 합리적인 이유에 의해 다르게 취급하는 것은 허용된다고 해석하는 것이 통설 · 판례의 입장이다(상대적 평등설)."[482]

2. 차별금지 사유와 영역

가. 헌법 제11조 제1항 후문

헌법 제11조 제1항은 "모든 국민은 법 앞에 평등하다. 누구든지 성별 · 종교 또는 사회적 신분에 의하여 정치적 · 경제적 · 사회적 · 문화적 생활의 모든 영

479) 渡辺康行・宍戸常寿・松本和彦・工藤達朗,『憲法1基本権』, 日本評論社, 2016, 132.
480) 芦部信喜(高橋和之補訂),『憲法』, 岩波書店, 2011, 129-130.
481) 우리 헌법 제11조 제1항에 해당한다.
482) 辻村みよ子,『憲法(第7版)』, 日本評論社, 2021, 154.

역에 있어서 차별을 받지 아니한다."고 규정하고 있다. 후문의 주어는 '누구든지'이다. 전문과 연결하여 이해하면 '모든 국민'이 '차별을 받지 아니할 권리'를 가진다.

위 문장의 主語는 '모든 국민'[483]이고, 述語는 '차별을 받지 아니 한다'이다. '성별 · 종교 또는 사회적 신분에 의하여'(이하 '제1 부사구')와 '정치적 · 경제적 · 사회적 · 문화적 생활의 모든 영역에 있어서'(이하 '제2 부사구')는 각 부사구에 해당된다. 부사구는 述語를 制限한다.

헌법 제11조 제1항 후문에서 주목하여야 할 점은, 헌법이 차별적인 법률의 존재를 전부 부정하는 것이 아니라는 것이다. 즉, 헌법은 모든 국민이 '무조건' 차별받지 아니한다고 규정하고 있지 않다. 헌법 제11조 제1항 후문에 있는 두 개의 부사구에 의한 제한을 받는 범위 안에서, 모든 국민은 차별받지 아니할 권리를 가진다.

이 두 가지 부사구의 제한을 충족하지 않으면 차별금지 명령은 작동하지 않는다. 이 말은 (i) 차별금지 사유가 아닌 사유에 의한 차별이거나, (ii) 차별금지 영역이 아닌 영역에서의 차별이라면, (정당화 심사를 실시할 필요 없이) 헌법 제11조 제1항의 명령에 위배되지 않는다고 판단할 수 있다는 것을 의미한다.[484]

필자는 이 단순한 이야기를 이해하지 못하여 평등이 混沌(Chaos)에 빠져 있었고,[485] 학자들은 어쩔 줄 몰라 전혀 논리적이지 아니한 말들을 둘러앉아 나누는 것이 작금의 평등론의 현실이라 생각한다.

---

483) 또는 '국민 누구든지'.

484) 평등권 침해 주장이 각하되거나 기각된다는 의미이다.

485) 이 점에 대해서는 정주백, 『평등정명론』, 충남대출판문화원, 2019, 355 이하 참조.

나. '정치적·경제적·사회적·문화적 생활의 모든 영역에 있어서'

먼저 쉬운 문제부터 생각해 보자. 어떤 법이 다루는 영역이 '정치적 · 경제적 · 사회적 · 문화적 생활의 모든 영역'에 포섭되지 아니한다면, '차별을 받지 아니한다'는 권리가 '모든 국민'에게 부여되지 아니한다. '정치적 · 경제적 · 사회적 · 문화적 생활의 모든 영역'에 관한 규율이라고 이해되었을 때, 비로소 모든 국민은 '차별을 받지 아니한다'는 법적 효과를 향유할 수 있다.[486)]

그러나, 어떤 법적 규율이 '정치적 · 경제적 · 사회적 · 문화적 생활' 영역 중 어느 하나에도 포섭되지 아니하는 경우는 想定하기 쉽지 아니하다. 이것은 문리적으로 그러한 것이 아니다. 事物의 屬性上 그러하다.[487)]

'정치적 · 경제적 · 사회적 · 문화적 생활의 모든 영역에 있어서가 삭제된다고 하여 헌법 제11조 제1항 후문의 의미가 달라지지 않는다. 또는 '생활의 모든 영역에 있어서'라고 규정하더라도 그 의미가 달라지지 않는다.[488)]

그러므로, '정치적 · 경제적 · 사회적 · 문화적 생활의 모든 영역에 있어서'라는 부사구가 문리적으로는 '차별받지 아니한다'는 술어의 의미를 축소시키는 역할을 하지만, 사태의 본질상 무의미하다. 부사구로서의 역할을 하지 못한다. 어떤 차별이 있었는데, 헌법이 정한 차별금지영역에 관한 규율이 아니므로 헌법 제11조 제1항 후문이 적용되지 아니한다고 한 판례는 없다.

---

486) 물론, 필요조건(necessary condition)이다. 제1부사구, 즉 차별금지 사유에 의하지 아니한 차별이라면, 역시 '차별을 받지 아니한다'는 법적 효과는 적용되지 아니한다.

487) 내면의 양심에 대해 제한을 가할 수 없는 것도 이와 같은 이치다.

488) 그 의미가 달라지는 상황을 만나면 당연히 논의를 새로 시작하여야 한다. 법의 본질이 그렇다. 법을 만드는 사람에게도, 해석하는 사람에게도 '인식의 한계'가 존재할 수밖에 없다. 법을 만드는 사람은 항상 상황을 想定하고 법을 만든다. 법을 해석하는 사람도 마찬가지도 어떤 상황을 想定하여 해석한다. 예상하지 못하였던 상황을 만나면, 여러 가지 해석논쟁이 이어질 수밖에 없다.

다. '성별·종교 또는 사회적 신분에 의하여'

(1) '정치적 · 경제적 · 사회적 · 문화적 생활의 모든 영역에 있어서'와 다른 점

다음으로 '성별 · 종교 또는 사회적 신분에 의하여'라는 부사구를 검토해 보자. 이 부사구도 위의 '정치적 · 경제적 · 사회적 · 문화적 생활의 모든 영역에 있어서'와 마찬가지로 무의미한 것인가? 그렇지 않다. 위에서 '정치적 · 경제적 · 사회적 · 문화적 생활의 모든 영역에 있어서'가 법리상 무의미하다는 것은, 거기에 포섭되지 아니하면서 법적으로 문제되는 영역이 존재하지 않기 때문이다.

그러나, '성별 · 종교 또는 사회적 신분'에 포섭되지 않으면서도 법적으로 문제되는 영역들은 얼마든지 있다. 출신 국적, 고향, 언어는 헌법 제11조 제1항 후문에 명시적으로 열거된 사유가 아니다. 이 사유들을 이유로 차별[489]을 한다면[490] 헌법이 금지하는 차별로서 정당화 심사에 나아가야 하는가 하는 문제가 생긴다.

물론 위의 사유들[491]이 '사회적 신분'에 해당할 여지도 있다. 그래서 사회적 신분을 이유로 한 차별로 이해될 수 있다. 사회적 신분에 포섭될 수 없다고 보이는 사유들도 얼마든지 있다.[492] 사건[493]이나 사물[494]은 위에 열거된 사유

---

489) 불균일취급이든 균일취급이든 여기서 논할 필요는 없다. 차별로 포섭되었다고 전제하고 논의한다.

490) 차별영역의 문제는 논의하지 않는다.

491) 출신 국적, 고향, 언어.

492) '공판기일의 소송절차로서 공판조서에 기재된 것'에만 절대적 증명력을 부여하는 것(헌재 2012. 4. 24. 2010헌바379, 판례집 24-1하, 60); 모바일기기를 이용한 인터넷게임에는 본인인증을 요구하지 않으면서 PC 기반 인터넷게임에 대해서는 요구하는 것(헌재 2014. 4. 24. 2011헌마659, 판례집 26-1하, 176); 다른 인보험 청구권과 달리 우체국보험금 청구채권에 대하여 압류를 금지하는 것(헌재 2008. 5. 29. 2006헌바5, 판례집 20-1하, 91).

493) 사람을 죽인 경우와 동물을 죽인 경우; 자신의 소유에 속하는 물건을 取去한 경우와 자신의 소유에 속하지 않는 물건을 取去한 경우 등.

494) 사물과 동물; 자신의 소유인 물건과 자신의 소유가 아닌 물건.

들에 포섭되지 않으면서 차별이 있는 경우라 할 수 있다. 이것은 논쟁의 대상으로 될 수 없다. 명시적으로 열거된 것들 외에 달리 추가될 수 있는 차별금지 사유가 없다면, 예시적 열거설 자체가 불필요하다.

그러므로, '정치적 · 경제적 · 사회적 · 문화적 생활의 모든 영역'을 擧示한 것이 법적으로 무의미[495]한 것과 달리 '성별 · 종교 또는 사회적 신분에 의하여'을 擧示한 것은 무의미한 것이 아니다. 헌법제정권력자들이 무언가를 指示하기 위해서 사유들을 열거하였다.

(2) 한정적 열거?

제1 부사구에 열거된 차별금지 사유를 한정적 열거설로 보아야 하는 것 아닌가 하는 논의가 있을 수 있다. 가장 중요한 이유는 예시적 열거로 이해할 문언적 기초가 부족하다는 것이다.

대개 사유를 예시로 들고, 추가적인 사유가 더 있음을 드러낼 때에는, 예시로 되는 사유들 뒤에 '等'이나 '其他'라는 문언을 付記한다. 더 나아가서 법령이 직접 內包를 기재하여 두기도 한다. 내포를 기재해 두지 않더라도 '等'이나 '其他'라는 문언을 부기해 두면 열거된 사유가 예시적인 것임은 분명히 알 수 있다. 물론 內包를 기재하여 두지 않았으므로 內包를 확정하는 문제는 남는다.

그러나 헌법 제11조 제1항 후문에는 열거된 사유가 예시적인 것임을 보여주는 어떠한 標識도 없다. 그리고 차별금지 사유가 많으면 많을수록 입법자의 입법권을 더 많이 제한된다. 민주주의를 제한하는 것이라 할 수 있다. 이것들은 예시적 열거설로 이해하는데 어려움을 준다.

다른 한편 차별금지 사유가 많아지면 많아질수록 국민에 대한 차별이 적어지는 것은 분명하다. 이 점은 열거된 사유를 예시적인 것으로 보아 추가적으로 차별금지 사유를 확장시킬 수 있어야 한다는 실천적 이유로 된다.[496]

---

495) 위에서도 말했지만 무의미하다고 확정할 필요는 없다. 아직 유의미한 사례를 못 만났을 분이다. 이것이 유의미한가 여부는 이 논문의 주제가 아니다.

열거된 사유를 예시적인 것으로 보는데 큰 실익이 있겠는가 하는 점도 검토해 볼 필요가 있다. 대개 열거되지 아니하였지만 헌법에 의해 차별이 금지되는 사유로 포섭될 수 있는 것은, 사회적 신분으로 이해될 가능성이 크다. 판례는 "사회적 신분이란 사회에서 장기간 점하는 지위로서 일정한 사회적 평가를 수반하는 것을 의미"한다고 본다.[497] 이 定義를 받아들이면 열거되지 아니하였으나 헌법에 의해 금지되는 사유는 대부분 사회적 신분에 포섭될 수 있다.

헌법 제11조 제1항 후문에 열거된 사유를 한정적인 것으로 이해할 것인가, 예시적인 것으로 이해할 것인가는 論理의 문제는 아닌 것 같다. 한정적 열거로 보아 차별금지 사유가 추가될 가능성을 부인하는 것보다는 예시적인 것으로 보아 추가 가능성을 열어 놓는 것도 나쁘지는 않을 것 같다.

그러나 중요한 것은, 열거된 사유를 예시적인 것으로 본다고 하여 그것이 차별금지 사유를 무한대로 확장시키는 것은 아니라는 점이다. 현재의 통설과 판례가 열거된 사유를 예시적인 것으로 보는 것이 논리적으로 문제가 있다는 것은 아니다. 다만, 예시적 열거라고 이해하면서 內包의 量을 零으로 이해하고, 外延의 量을 무한대로 보는 것, 그것은 論理的으로 틀렸다. 이하에서 이 점을 살펴본다.

(3) 예시적 열거설

(가) 예시적 열거설의 의미

통설이나 판례의 입론은, 헌법 제11조 제1항이 '어떠한 사유로도 차별받지 아니한다'[498]고 기재된 것으로 이해해야 한다는 것이다.[499] 명시적으로 그렇

496) 물론 이것이 정의로운 것인가는 별개 문제다. 내포를 零으로 만들면 세상이 평평해진다는 점은 앞에서 보았다.

497) 헌재 1995. 2. 23. 93헌바43, 판례집 7-1, 222, 235. 일본의 판례도 유사하다. "사회적 신분이란 사람이 사회에서 차지하는 지속적인 지위"(最大判昭和39年5月27日民集第18巻4号676頁)라 한다.

게 말하지는 않지만, 그렇게 생각하고 있다. 그것을 어떻게 아는가? 차별의 사유로 된 어떤 사유가 헌법 제11조 제1항에 의해 금지된 사유에 기한 차별인가[500]를 검토하지 않는 것을 보아 그렇게 말할 수 있다.[501] 불균일취급이 있으면 바로 (헌법이 금지하는) 차별로 인식하고 정당화 심사에 나아간다.

판례와 통설의 이러한 태도로는 헌법이 차별금지 사유를 기재하여 둔 것을 설명할 수 없다. 각 나라의 헌법은 각 나라의 역사적 경험을 반영하여 차별금지 사유를 정하고 있다. 나라마다 사유를 달리 규정하고 있다. 역사를 반영한다.[502]

일본의 경우 '인종, 신조, 성별, 사회적 신분 또는 문벌'을 열거하고 있지만, 한국의 경우 '성별 · 종교 또는 사회적 신분'을 열거하고 있다. 중국은 민족평등을 규정하고 있다.[503] 다민족국가의 특성을 반영한 것이다. 그 외 성별 등을 이유로 한 일반적 평등조항은 없다. 다만, 선거권과 피선거권에 관해서는 차별금지 사유를 열거하고 있다.[504] '민족, 종족, 성별, 직업, 출신 성분, 종교 여부, 교육정도, 재산상황, 거주 기간'을 차별금지 사유로 열거하고 있다. '출

---

498) '정치적 · 경제적 · 사회적 · 문화적 생활의 모든 영역에 있어서' 부분은 위에서 논의하였다.

499) 內包(connotation)를 零으로, 外延(extension)을 無限大로 보는 발상이다.

500) 그래서 헌법이 금지한 차별금지 사유의 外延(extension)에 포섭되는가?

501) 후문에 열거된 사유인가? 속하지 않는다면 열거된 사유와 동등한 성격의 사유인가? 즉 열거된 사유의 內包(connotation)를 만족시키는가를 검토하지 않는다. 아래에서 다시 본다.

502) 헌법학에서는 보편성만이 강조되고 개별성은 무시되는 경우가 많다. 법률 차원에서의 개별성은 충분히 인식되는 것 같은데, 헌법의 문제에 간해서는 그렇지 않다. '헌법'을 실정법이라 이해하는 데 인색하다.

503) 제4조 ① 중화인민공화국의 각 민족은 일률적으로 평등하다. 국가는 각 소수민족의 합법적인 권리와 이익을 보장하고 각 민족의 평등 단결 상호원조관계를 유지하고 발전시킨다. 어느 민족에 대한 차별과 억압을 금지하며 민족의 단결을 파괴하고 민족의 분열을 조장하는 행위를 금지한다.

504) 제34조 중화인민공화국의 만 18세에 달한 공민은 민족, 종족, 성별, 직업, 출신 성분, 종교 여부, 교육정도, 재산상황, 거주 기간에 관계없이 누구나 선거권과 피선거권을 가진다. 다만, 법률에 따라 정치적 권리를 박탈당한 자는 제외한다.

신 성분'의 경우 사회적 신분에 속할 수 있겠지만, 공산주의국가에만 있는 특유한 사유이다.[505] 독일의 경우 '성별, 혈통, 인종, 언어, 고향과 출신, 신앙, 종교관 또는 정치관', '신체적 장애'를 열거하고 있다.[506]

혹자는 헌법 제11조 제1항 후문에서 열거하고 있는 사유는 예시적인 것에 불과하므로 그 이외의 사유에 의한 차별도 금지된다고 주장할지도 모르겠다. 그러나 이 주장은 예시적 열거설을 충분히 이해한 주장이 아니다. 헌법 제11조 제1항 후문의 열거된 사유를 예시적인 것이라 하더라도, '예시되지 아니하였으나 헌법에 의하여 금지되는 차별의 사유'는 한정될 수밖에 없다. 만약에 그것이 한정되어 있지 않다고 본다면 그것은 예시적 열거설이 아니다.[507][508]

---

505) 미국의 경우 차별금지 사유가 열거되어 있지 않다. 필자가 보기에는 미국 수정헌법 제14조의 평등조항(··· nor deny to any person within its jurisdiction the equal protection of the laws.)은 법내용의 평등의 규정하고 있지 않다. 법집행에 있어서의 평등만을 규정하고 있다. 이 미국 헌법상의 평등조항이 입법에 적용된다고 보는 해석이, 차별금지 사유의 제한이 없는 평등조항에 대한 해석론이 보편성을 획득하는 하나의 계기가 되었을 것이라고 본다. 미국 Supreme Court도 초기에는 수정헌법 제11조의 평등조항이 입법자를 구속하지 않는다고 보았다. 구문상 타당한 해석이다. 법학, 특히 헌법학에서의 Pax America를 생각해 보면 놀랍지도 않다. 미국 대통령의 연두교서에 발표된 Affirmative Action이 세계 헌법학계에 끼친 영향을 보면 이를 이해할 수 있다.

506) 제3조 ③ 누구도 성별, 혈통, 인종, 언어, 고향과 출신, 신앙, 종교관 또는 정치관으로 말미암아 불이익을 받거나 특혜를 받아서는 안 된다. 누구도 (신체적) 장애를 이유로 불이익을 받아서는 안 된다.

507) 차별금지 요소의 外延이 無限大라는 주장은 간접차별의 개념과 충돌한다. 간접차별은 그 구별의 기준이 중립적이지만 (헌법에 의해 금지된) 차별로 인식될 수 있다는 것이다. 그 개념 자체에, 어떤 요소에 의한 차별은 문제되지 않고, 어떤 요소에 의한 차별은 문제된다는 것을 전제하고 있다. 그런데 差別 標識의 外延이 無限大라면, 즉 어떠한 그 標識가 무엇이든 (헌법에 의해 금지된) 차별로 인식된다면 간접차별은 인정될 수 없다. 간접차별 개념과 (헌법에 의해 금지된) 차별의 요소가 무한대라는 입론은 서로 모순이다. 이른바 제대군인가산점 사건은 간접차별을 인정한 대표적 사건이다. 헌재 1999. 12. 23. 98헌바33, 판례집 11-2, 732, 748 참조.

508) Miron v. Trudel, [1995] 2 S.C.R. 418, 420은 혼인한 파트너에게 제공되는 혜택을 미혼인 파트너에게 제공하지 않는 것이 헌장이 열거한 사유와 동등한 사유에 기한 차별에 해당하는지를 심사한다. 캐나다 권리장전 제15조 제1항은 차별금지 사유로 "race, national or ethnic origin, colour, religion, sex, age or mental or physical disability"

(나) 예시

예를 들어서 어느 국립공원 앞에 "밥, 빵, 치킨을 들고 입장하시면 안 됩니다."라는 표지판을 걸어 두고 있다고 해 보자. 위 표지판이 제시된 내용을 입장객이 반드시 지켜야 하는가 하는 점에 대해서는 논의하지 말자. 지켜야 하는 것으로 이해하자.

그러면 입장객은 무엇을 들고 입장하는 것이 위 표지판의 명령에 반하는 것으로 되는가? 우선 위에 열거된 것들을 한정적 열거로 이해하면, '밥, 빵, 치킨' 외에는 무엇이든 들고 들어갈 수 있다. 떡, 돼지고기, 소고기, 음료수, 장난감, 핸드폰 어느 것이나 가능하다. 위의 표지판의 내용이 침익적인 것이므로 한정적 열거로 이해해야 한다는 입론도 얼마든지 가능하다.

그런데 위 표지판에 기재된 것들을 예시적인 것으로 이해한다고 하여,[509] 떡, 돼지고기, 소고기, 음료수, 장난감, 핸드폰이 모두 금지되는 것으로 이해

를 열거하고 있다. 혼인 여부는 열거된 사유에 해당하지 않는다. 그러나 혼인 여부가 열거된 것들과 동등한 사유로써 차별이 금지되는 사유인가를 검토한다. Supreme Court of Canada는 기준으로 5가지를 제시하였다. ① 해당 차별금지사유에 따라 구분되는 집단이 역사적 불이익을 겪었는지 여부, ② 해당 집단이 고립되고 분리된 소수자에 해당하는지 여부, ③ 개인의 능력과 역량이 아니라, 인적 속성에 따라 해당 집단에 대한 구별이 발생하였는지 여부, ④ 해당 차별금지사유가 캐나다 헌장 제15조 제1항에 열거된 차별금지사유와 유사한지 여부, ⑤ 과거에 법관과 의회 대표들이 쟁점이 된 구별의 사유를 차별적이라고 판단한 적이 있었는지 여부이다. (5가지 기준은 김선희, 『캐나다의 간접차별과 정당한 편의제공의무에 관한 연구』, 헌법재판연구원, 2021, 17에서 정리한 것을 그대로 인용하였다.) (i) 존엄성과 자유의 침해, (ii) 역사적 집단 불이익, (iii) 스테레오타입에 기반한 의사 결정의 위험을 강조한다. 이 표현도 같은 페이지에 그대로 있다.

509) 물론, 이 표지판에는 열거된 것들 외에 추가적으로 반입이 금지된 것이 더 있을 수 있다는 것을 드러내는 표현은 없다. 열거된 사유의 內包를 표시하여 두지도 않았고, 열거된 사유들 뒤에 '等'이라는 표현도 없다. 그러므로 예시적 열거로 이해하는 것이 곤란하다는 주장도 설득력이 있다. 그러나, 여기서는 이 점을 다루지 않는다. 위 표지판에 열거된 사유를 예시적인 것이라 보더라도, 그것이 금지된 것들의 外延이 무한하다는 것을 의미하는 것은 아니다. 이 점을 논증하는 것만이 목표이기 때문이다. 한국이나 일본의 평등조항은 이러한 標識, 즉 열거된 것들이 예시적인 것에 불과하다는 점을 드러내는 標識가 없다.

할 수 있는가? 예시적 열거설을 받아들인다면 금지되는 품목의 폭이 확장될 수 있는 것은 분명하다. 그렇더라도 '어떠한 것도' 들고 들어갈 수 없다는 결론에 이를 수는 없다. 만약 표지를 세운 의도가 그런 것이라면, 표지판에는 "아무 것도 들고 들어갈 수 없습니다."라고 기재되어 있어야 한다.

위의 표지판의 명령을 따른다고 하더라도, 적어도 한 개 이상 들고 들어갈 수 있는 물건이 있다. 이것을 받아들여야 예시적 열거설을 받아들이는 것으로 이해될 수 있다.

이 논증이 성공하였다면 바로 따라오는 것은, 들고 들어갈 수 있는 것과 들고 들어갈 수 없는 것을 分類하여야 한다는 것이다. 어떤 것을 들고 들어갈 수 없는가? 어떤 것들이 금지 품목으로 추가될 수 있는가는 열거된 물품의 성격을 어떻게 파악하는가에 따라 달라진다.[510)]

우선 명시적으로 열거된 것들의 성격을 식량이란 관점에서 생각을 해 보자. 위의 표지판을 '밥, 빵, 치킨 등 먹어서 배부른 것을 들고 입장하시면 안 됩니다.'라고 이해하는 입론이다. 이렇게 이해한다면 肉類는 금지되는 물품에 포함될 가능성이 높다. 그러나 과자는 금지되는 물품에 포함되기 어려울 것이다. 음료수는 좀 애매한 면이 있다.

다른 방법으로 음식물이라고 이해한다고 해 보자. 위의 표지판을 '밥, 빵, 치킨 등 음식물을 들고 입장하시면 안 됩니다.'로 이해하는 입장이다. 이렇게 이해하면 고기 외에도 음료수, 과자가 추가적으로 포함될 것이다.

위의 경우 內包를 어떻게 이해할 것인가는 여러 가지 자료를 모아 검토한 후 판단될 것이다. 가장 중요한 것은, 위의 표지판을 세운 의도, 열거된 사유들이 그것을 잘 표현하고 있는지 여부 등이 판단 기준으로 될 것이다.[511)]

---

510) 이 分類(classification)의 기준이 內包(connotation)다. 이 內包에 外延(extension)이 정해진다. 內包가 증가할수록 外延은 축소된다. (i) 동물 → (ii) 동물+인간 → (iii) 동물+인간+남자 (i)에서 (iii)쪽으로 갈수록 內包가 증가하였다. 이에 따라 (이를 충족시키는) 外延이 축소되어 가는 것을 알 수 있다.

511) 헌재는 예시적 입법에 대하여 다음과 같이 설명한다. "예시적 입법형식이 명확성의 원

위의 표지판에 열거된 것들로부터 어떤 內包(connotation)를 추론해 내는 것이 타당한가는 이 논문의 주제가 아니다. 단지, 위 표지판에 기재된 것들이 예시라 하더라도, 들고 입장할 수 있는 것이 적어도 한 개 이상 있다는 점을 확인하는 것만이 목표다.

이 말을 이해하는 것은 무척 중요하다. 명시적으로 열거된 것들을 한정적인 것들이 아니라 예시적인 것이라고 보더라도 명시되지 아니하였으나 금지된 것들의 폭이 무한대로 되는 것은 아니다. 이론상 명시적으로 열거된 것들과 동등한 것들로 이해될 수 있는 것들만이 열거되지 아니하였으나 금지된 것들의 목록[512]에 포함될 수 있다.

이것을 전제로 한다면 예를 들어 돈을 가지고 들어갈 수 없다는 주장은 거의 불가능하다. 또 휴지를 가지고 들어갈 수 없다는 주장도 거의 불가능하다. 핸드폰을 들고 들어갈 수 없다는 주장도 거의 불가능하다.

칙에 위배되지 않으려면, 예시한 개별적인 구성요건이 그 자체로 일반조항의 해석을 위한 판단지침을 內包하고 있어야 할 뿐만 아니라, 일반조항 자체가 그러한 구체적인 예시를 포괄할 수 있는 의미를 담고 있는 개념이어야 한다"(헌재 2019. 6. 28. 2018헌바128, 판례집 31-1, 665, 672-673 인용문 중의 판례 생략) "누구든지 응급의료종사자(괄호 안 생략)의 응급환자에 대한 구조・이송・응급처치 또는 진료를 폭행, 협박, 위계(僞計), 위력(威力), 그 밖의 방법으로 방해(…중략…)하여서는 아니 된다."(밑줄은 필자가 추가)는 조문 중의 밑줄 친부분이 명확성에 원칙에 어긋난다는 주장에 대하여 '그 밖의 방법'에는 '폭행', '협박', '위력', '위계'에 준하는 것으로서, '응급의료종사자에게 유・무형의 방법으로 영향력을 행사하여 응급환자에 대한 진료에 지장을 주거나 지장을 줄 위험을 발생하게 할 만한 행위'라고 봄이 타당하다고 판시하였다. 헌재 2019. 6. 28. 2018헌바128, 판례집 31-1, 665, 674. '그 밖의 방법'은 內包를 드러낸 바 없고, 단지 앞에 열거된 것이 한정적인 것이 아니고, 예시적인 것임을 드러낸다. 內包는 오로지 열거된 것들을 분석하여 추론해 낼 수 있을 뿐이다.

512) 이것이 外延(extension)이다.

Ⅳ. 달라지는 점

1. 도입

기존의 평등권 침해 여부 심사는 차별의 인식과 정당화 심사를 통해 실시되었다. 이 논문은 3단계 심사를 제안한다.[513] 구체적으로는 다음과 같다.

(i) 차별이 있는가

(ii) 그것이 헌법에 의해 금지된 사유에 의한 것인가

(iii) 정당화되는가

기존의 이론과 다른 것은, (ii)를 별도로 설정한 것이다. 기존의 학설과 판례는 다루지 않았나. 헌법 제11조 제1항 후문에 기재된 사유를 예시적인 것으로 이해하면서도, 外延을 무한대로 보았기 때문이다. 이러한 입장이 타당하지 아니함은 앞에서 충분히 설명했다.

필자는 차별이라는 개념 안에 '헌법에 의해 금지된 것'이라는 관념을 삽입하여 설명해 보려고 노력했다. 헌법에 의해 금지되지 아니한 요소에 의한 다른 처우는 아예 차별로 인식할 수 없다는 판단을 할 수 있을 것이라고 보았다.[514]

그러나 헌법의 문헌상 그렇게 이해하는 것이 도리어 문리에 반하는 것으로

---

513) 엄밀하게는 4단계 심사를 진행하여야 한다. 헌법 제11조 제1항의 구문상 '차별금지 영역'인지도 검토하여야 한다. 그러나 이 영역에 포함되지 아니하는 사례를 想定하기는 어렵다. 그래서 따로 다루지 않는다.

514) 사실 필자의 『평등정명론』도 이 입장을 바탕에 두고 있다. 평등조항 중에 열거된 차별금지 사유의 성격에 대한 이해가 부족했다. 필자의 기존 논문에서는, '열거된 사유, 더 나아가 열거된 사유와 동등한 사유에 기한 다른 처우만' 차별이라고 인식했다. 이 논문에서 필자는 그렇게 보지 않는다. (a) 다른 처우가 있으면 일단 차별로 인식하고, (b) 헌법에 열거된 사유, 더 나아가 열거된 사유와 동등한 사유에 기한 차별만 정당화 심사를 받는다. 기존 논의에서는 (i)과 (ii)가 뭉쳐져 있었는데, 이 논문에서는 그것을 분리하였다. 이것이 헌법의 문언에 부합한다. 중요한 부분이다. 개설이라 할 정도인가는 모르겠으나, 필자의 입장이 달라진 것은 분명하다.

보였다. 일단 차별이라는 개념을 정의하는데 있어서 필자가 이해했던 방법은 문리적으로 불편한 것이었다. 차별은 '불균일취급'을 의미할 뿐이고, 그 '구별의 표지'를 개념의 요소로 삼고 있지 않다.

그러므로 차별인지 여부를 다루는 심사의 단계를 별도로 설정하여 쉽게 적용 여부를 판단하고 그 차별 중에 일부를 헌법이 금지한다고 설명하는 것이 헌법 제11조 제1항의 구문에도 훨씬 부합한다.

2. 차별

차별의 개념은 A설과 같다. '다르게 처우하는 것'이 그것이다. C설은 다르게 취급한다고 하여 모두 차별로 인식하는 것은 아니고, 같은 것을 다르게 취급하는 경우에만 이를 차별로 인식한다. 그러나 A설을 따른다면 어떠한 사유로든 다르게 취급하는 것은 모두 차별로 인식된다.

C설을 따른다면 다른 것을 같게 취급하는 것이 차별로 인식될 수 있다. 그러나 이 논문이 제안하는 바에 따르면 이 상황은 차별로 인식될 수 없다. 예를 들어 장애인과 비장애인에게 같은 취급을 하는 것[515]은 차별이 아니다. 그러므로 장애인이 비장애인과 본질적으로 다르게 취급하여야 하는데 어떤 법령이 같은 취급을 하고 있으므로 자신들의 평등권이 침해되었다는 주장을 할 수는 없다.[516] 이 상황이 정의로운가는 별개의 문제다.[517]

515) 예를 들면, 헌재 2009. 2. 26. 2006헌마626, 판례집 21-1상, 211, 227.

516) 이 점에 대해서는, 정주백, "평등을 통한 사회적 기본권 실현에 대한 우려", 『헌법재판연구』, 제9권 제1호, 헌법재판연구원, 2022, 135 이하 참조.

517) 이른바 Affirmative action은 차별의 개념 또는 평등의 개념을 논하는 단계에 언급될 문제는 아니다. 이것이 평등론 안에서 논의된다 하더라도, 정당화에 관련된 논점으로 될 수 있을 뿐이다. 즉 종전에 억압받았던 집단에 대해 그렇지 않은 집단과 동등한 처우를 하는 것은 다른 것을 같게 처우하는 것이므로 차별이다, 라는 식의 논의가 있

다른 예를 더 든다면, 이른바 응능부담, 또는 응익부담에 관한 논쟁이 적어도 평등론의 범위 안에서는 사라질 것이다.[518)][519)] 교육에 있어서의 수월성 논쟁도 사라질 것이다.[520)] '차이와 차별' 논쟁도 사라질 것이다.

구분했으나 같은 취급을 하는 경우에 이것이 차별로 인식되어질 수 있는가? 미국 헌정사의 사례로서 말한다면 separate but equal에 관한 논의이다. 실제로 미국의 역사에는 분리하였으나 같은 취급을 하는 것이 문제된 경우들이 많았다. Jim Crow 시대에 유색 인종이 사용하는 수도꼭지와 백인이 사용

을 수 없다.

518) "조세평등주의가 요구하는 이러한 담세능력에 따른 과세의 원칙(또는 응능부담의 원칙)은 한편으로 동일한 소득은 원칙적으로 동일하게 과세될 것을 요청하며 (이른바 '수평적 조세정의'), 다른 한편으로 소득이 다른 사람들간의 공평한 조세부담의 배분을 요청한다(이른바 '수직적 조세정의')."(헌재 1999. 11. 25. 98헌마55, 판례집 11-2, 593, 608)

519) 물론, 응능부담이든, 응익부담이든 그것을 정한 헌법조항이 있거나 해석에 의해 도출된다면 거기서 문제를 해결하면 된다. 예를 들면, 독일 바이마르헌법 제134조에서는 "모든 시민은 차별 없이 그의 재정적 수단에 비례하여 법률이 정하는 바에 따라 공적부담에 기여한다."고 규정하고 있었다. 현재의 독일기본법에는 이 규정 없다.

520) "헌법 제31조 제1항은 "모든 국민은 능력에 따라 균등하게 교육을 받을 권리를 가진다."라고 규정하고 있는바, 헌법 제31조 제1항의 교육을 받을 권리에는 국민 누구나가 교육에 대한 접근 기회 즉 취학의 기회가 균등하게 보장되어야 하는 것이 포함된다. 헌법 제31조 제1항은 헌법 제11조의 일반적 평등조항에 대한 특별규정으로서 교육의 영역에서 평등원칙을 실현하고자 하는 것이다."(헌재 2022. 3. 31. 2021헌마1230, 판례집 34-1, 317, 322)

우리 헌법이 평준화 교육을 지향하고 있다고 이해한다면 오해다. 바로 위 각주의 바이마르 헌법 제134조와 우리 헌법 제31조는 구문의 구조가 같다. 만약 수월성 교육을 지향하는 것으로 이해한다면 굳이 헌법 제11조에 기댈 필요가 없다.

Peter Westen, The Empty Idea of Equality, 95 Harv. L. Rev. 537(1982), 543-545는 평등(여기서 그는 '같은 것은 같게, 다른 것은 다르게'라는 아리스토텔레스의 정의론을 평등의 의미로 받아들인다.)이 형식을 제공할 뿐 규범으로서의 실체적인 내용은 갖고 있지 않음을 적확하게 지적하였다. 그는 분배의 규칙(rule)이 없으면 평등은 공허하고, 분배의 규칙이 정해지고 나면 평등은 불필요하다는 점을 지적하였다. 그래서 평등을 폐기하여야 한다고 주장하였다. 앞의 주장은 탁견이다. 다만, 아리스토텔레스의 정의론을 바로 평등의 내용으로 충전한 것은 틀렸다. 따라서 이를 폐기하여야 한다는 주장은 논거가 없는 것으로 되었다.

하는 수도꼭지를 구분한 것이 대표적인 예라 할 수 있다.[521)]

다른 한편, 구분하여 청구인에게 유리한 취급을 하는 경우에 이를 다툴 수 있겠는가의 문제도 있다. 최근 헌재는 공무원의 재산등록 사건에서 간소하게나마 이 논점을 다루었다. 헌재는 이 경우에도 차별로 인식될 수 있다고 보았다.[522)] 평등을 실현하는 것이 청구인에게 번잡함을 주더라도 그 평등은 실현되어야 되는 것이라는 점을 설시하였다.[523)]

다만, 이 논점들은 이 논문의 주제와는 거리가 있어서 더 이상 다루지는 않는다. 중요한 것은 균일취급이 차별로 인식되지 않는다는 것이다.

3. 금지된 차별의 표지

헌법 제11조 제1항 후문은 무조건 차별을 금지하지 않았다. 몇 가지 사유를 열거한 뒤 이 사유를 이유로 한 차별만을 금지하였다. 만약에 이 사유들을 한정적인 것으로 이해한다면, 이것들에 해당하지 아니하는 사유로 차별한다 하여도 그것은 헌법에 의해 금지된 것이라 이해될 수 없다. 가사 이 사유들을 예시적인 것으로 본다고 하더라도[524)] 이것들과 동등한 것으로 인정되는

---

521) Plessy v. Ferguson, 163 U.S. 537 (1896), 550은 합리성 심사를 진행하였다. 분리하여 같은 처우를 하는 것도 차별이라는 것을 받아들였다. Brown v. Board of Education of Topeka, 347 U.S. 483 (1954), 493은 분리하여 같은 처우를 하는 것에 대해 차별을 인정하고 정당화되지 않는다는 것을 논증하였다.

522) 헌재 2021. 9. 30. 2019헌가3, 판례집 33-2, 223, 226.

523) 다른 예를 든다면, 남성에게만 병역의무를 지우는 법률조항에 대하여 여성이 자신의 평등권 침해를 주장한다면 그 주장은 적법한가 하는 문제를 들 수 있다.

524) 이 논문에서는 예시적 열거설이 옳은가, 한정적 열거설이 옳은가에 대해서는 다루지 아니한다. 그것은 논리의 문제라기보다는 정책의 문제에 가깝기 때문이다. 단지, 분명하게 밝혀 두고자 하는 것은, 예시적 열거설을 받아들인다고 하여 모든 차별이 헌법에 의해 금지된다는 이해는 틀렸다는 것이다. 필자는 분명하게 틀렸다고 말한다. 예시

사유에 기초하여 차별하는 경우에만 헌법이 금지하는 것으로 이해되어질 수 있다. 이점에 대해서는 위에서 충분히 검토하였으므로 더 다루지 아니한다. 다만, 이 점이 이 논문의 처음에 제시한 평등의 모순을 해소하는 결정적 인자임을 강조한다.

다만 열거된 사유들을 심사 기준을 정하는데 작동하는 것으로 이해하는 이론에 대해서는 몇 가지 말을 더해 두고자 한다. 헌법 제11조 제1항 후문에 기재된 사유들은 심사 기준을 정하는 요소가 아니다. 그 문언상 분명하다. 무엇을 금지된 차별로 인식할 것인가를 정하고 있다.

만약 이것이 심사 기준을 정하는 요소라고 이해되기 위해서는 문언이 달라져야 한다.[525] 즉 헌법 제11조 제1항 후문에 기재되지 아니한 사유에 의하지 아니한 차별이라 하더라도 당연히 헌법에 의하여 금지된 것이고, 헌법 제11조 제1항 후문에 기재된 사유는 통상의 경우보다 엄격한 심사 기준을 적용하는 경우라고 이해되기 위해서는, '인종, 신조, 성별, 사회적 신분, 문벌에 의한 차별의 경우에는 엄격한 기준을 충족하여야 한다.'는 식의 문언이 있어야 한다. 그런데 헌법 제11조 제1항 후문에 기재된 사유들은 금지되는 차별의 요소를

적 열거설에 의하더라도, 헌법상 금지되지 아니하는 차별의 사유가 있다. 이 점을 이해하면 평등의 모순은 해결된다.

525) 캐나다 권리장전 제15조 제1항은 다음과 같다. "Every individual is equal before and under the law and has the right to the equal protection and equal benefit of the law without discrimination and, in particular, without discrimination based on race, national or ethnic origin, colour, religion, sex, age or mental or physical disability." 문언을 두고 이해하면 어떠한 사태에 대한 차별도 허용되지 아니할 것처럼 보인다. "without discrimination"이라 규정하고 있기 때문이다. 어떠한 차별이라도 금지되는 것처럼 보인다. 나아가 흥미롭게도 "in particular, without discrimination based on race, national or ethnic origin, colour, religion, sex, age or mental or physical disability."를 추가적으로 열거하여 두었다. 캐나다 권리장전 제15조 제1항의 표현은 열거된 사유들 이외의 사유에 의해서도 차별이 금지되지만, 열거된 사유에 의한 차별은 특별한 의미를 갖는다. 예를 들면 심사기준이 강화된다. 이런 식으로 이해될 수 있는 문언적 토대를 가지고 있다. 그러나 캐나다의 Supreme Court는 그렇게 이해하지 않는다. Miron v. Trudel, [1995] 2 S.C.R. 418, 420 참조.

정하고 있음이 그 문언상 명백하다.

헌법 제11조 제1항 후문에 기재된 사유를 어떻게 이해하는가 하는 것이 이 논문의 모두에서 제시한 평등의 모순을 해소하는데 있어서 결정적인 쟁점이다. 그동안의 학설과 판례는 모든 것을 똑같이 처우하는 것이 평등의 명령이라고 하는 전제를 유지하면서,[526] 헌법 제11조 제1항 후문에 기재된 사유가 헌법에 의해 금지된 차별을 한정한다는 것을 간과함으로써 평등의 모순을 벗어나지 못하였다.

이 논문은 평등이 같은 취급을 하는 것이라고 이해함을 전제로 하고 다만 헌법이 모든 차별을 금지하는 것이 아니라 헌법 제11조 제1항 후문의 기재된 사유 또는 그것과 동등한 사유에 의한 차별만을 금지한다고 이해한다.[527] 이를 받아들이면 평등의 분석적 정의를 유지하면서 평등의 모순으로부터 벗어날 수 있다.

4. 심사기준

이 논문의 제안을 받아들였을 때 달라질 것 중 하나는 심사 기준이다. 모든 다른 처우를 차별이라고 보는 A설을 따른다면 '정의로운 차별'도 정당하다는 논증을 거쳐야만 위헌이 아닌 것으로 될 수 있다. 거기에 엄격한 심사 기준을 적용될 수 없다.

이 논문의 제안을 받아들인다면 평등이 적용되는 영역은 아주 좁다. A설을 채택하면서 헌법 제11조 제1항 후문에 기재된 사유에 따른 차별에 대해서 엄

526) C설은 다르게 설명하였으나 결국은 B설을 거쳐 A설로 회귀하였다는 점은 앞에서 지적하였다. 결국 학설은 모두 A설에 모여 있고, 평등의 모순을 직면한 상태다.

527) 차별금지 영역에서의 차별인가 하는 점이 별도로 검토되는 것이 문리상 옳다. 그러나 그것이 무의미하여 생략하였다. 왜 무의미한가는 앞에서 설명하였다. V.3. 참조.

격한 심사기준을 적용하여야 한다는 입론에서 엄격한 심사기준을 적용하여야 하는 차별과 이 논문이 헌법이 금지한 차별이라고 보는 영역은 거의 일치한다.[528)]

이런 것들을 모아 본다면 이 논문이 제안하는 평등의 적용 영역에 있어서는 엄격한 심사 기준만이 적용될 수밖에 없다. 완화된 심사기준이 적용된다고 보는 영역은 이 논문의 제안에 따르면 아예 헌법이 금지한 차별이 아니다.

다만, 엄격한 심사의 내용이 어떤 것인가, 또는 어떤 것이어야 하는가 하는 문제는 이 논문의 범위를 벗어난다. 그래서 따로 논문을 내기로 하고 더 이상 다루지 않는다.

V. 결론

기존의 평등권 침해 여부에 대한 심사는 2단계로 진행되었다. (i) 차별이 존재하는지 여부, (ii) 차별이 존재한다면 그 차별이 정당화되는지 여부가 그것이다. 그러나 이와 같은 해석은 헌법 제11조 제1항 후문에 어긋난다. 헌법 제11조 제1항은 '모든 국민은 차별받지 아니한다'고 규정하면서도 거기에 두 가지 조건이 붙어 있다. 그 하나는 차별금지 사유이고, 다른 하나는 차별금지 영역이다.

먼저 후자를 살펴보자. 헌법 제11조 제1항 후문은 '정치적 · 경제적 · 사회

528) 다만, 헌법 제11조 제1항 후문에 기재된 사유를 예시적으로 본다면 그것들과 동등한 것으로 인정된 요소에 기한 차별만큼 확장될 것이다.

적·문화적 생활의 모든 영역에 있어서' 차별을 금지하고 있다. 헌법이 차별금지 영역을 규정하고 있으나, 이것이 특별한 의의를 가지는 것으로 보이지 아니한다. 이 영역에 해당되지 않으면서 차별금지가 문제되는 영역을 상정하기 어렵다.

그러나, 전자는 다르다. 헌법 제11조 제1항 후문은 '성별·종교 또는 사회적 신분에 의하여' 차별받지 아니한다고 규정하고 있다. 열거된 사유에 속하지 않는 사유에 기한 차별은 원칙적으로 헌법 제11조 제1항과 무관하다.

가사 열거된 사유를 예시적인 것으로 본다 하더라도, 그들로부터 內包(connotation)를 추론해 내어야 하고, 그로부터 형성되는 外延(extension) 안에 있는 것들에 의한 차별만이 헌법 제11조 제1항에 의해 금지된다.

이렇게 이해하면 헌법 제11조 제1항이 일반적, 전면적으로 차별을 금지하고 있다고 말하기 어렵다. 헌법 제11조 제1항은 거의 대부분의 차별에 대해서 무관심하다. 원칙적으로 차별을 금지하거나, 명령하지 아니한다. 단지 열거된 사유 또는 열거된 것과 동등한 사유에 의한 차별만이 금지될 뿐이다.[529)]

이 점을 잘 이해하면 헌법이 정의에 반하는 명령을 한다거나, 헌법이 법의 개념을 부정한다는 문제들은 모두 해소된다.

529) 필자는 일반법의 요청이라 이해하는데, 다음과 같은 판시들은, 필자의 입론과 상당히 접근해 있다. 다만 지면의 문제 때문에 더 다루지 않는다. 따로 논문을 낼 생각이다. '누구든지'라는 말이 핵심적인 말이다. 헌재 2009. 10. 29. 2008헌바146, 판례집 21-2하, 248, 265; 헌재 2009. 10. 29. 2008헌바146, 판례집 21-2하, 248, 265.

제9장

법학박사 학위 취득 실패기

제9장 법학박사 학위 취득 실패기

요지

여기 제9장은 필자가 일본 대학에 박사학위를 신청하였다가 실패한 이야기이다. 원래 서문에 간단히 쓸 생각이었는데, 쓰다 보니 11만 자에 가까운 큰 글이 되었다. 서문에 두기 어려워 독립된 장으로 옮겼다. 이 일을 다루는 것이, 전혀 부끄럽지 않다면 거짓말이나, 크게 부끄럽냐고 물으면 그렇지는 않다.

필자는 필자의 홈페이지에, 필자의 논문과 논문 심사평을 모두 올려놓는다. 게재에 실패한 논문도 마찬가지다. '학문적 정직성' 과 연계된 일로 본다. 이 글도 그 일환이다. 章이 워낙 커져서 간단히 요약하는 글이 필요해서 이 글을 쓴다.

필자는 2008년부터 日本의 一橋大學에 박사과정의 學籍을 두었다. 수료는 하였으나, 논문은 제출하지 못하였다. 제출 자격도 상실하였다. 그런데 일본에는, 우리의 舊制博士 제도가 아직 남아 있다. 코스웍(course work)을 이수하지 않고 박사 학위를 청구할 수 있는 제도다.

필자는 2019년에 《평등정명론》을 출간하고, 이를 지도교관이었 一橋大學의 只野雅人 교수에게 보냈다. 이 책을 박사논문으로 받아줄 수 있겠느냐고 물었다. 매우 흔쾌히 응답을 하였다. 번역본을 만들어 제출하였다.

필자는 《평등정명론》에 일본에 관한 논의가 없다는 지적을 받아들여, 일본의 헌법 교과서에서 '평등'을 어떻게 다루는가를 검토하고, 비판한 책을 한 권 따로 출판했다. 《평등의 모순》. 이 책의 내용으로 세미나를 진행하기도 하였다. 발제 자료는 부록으로 이 책, 《평등의 모순》에 실려 있다.

필자의 비판은 혹독했다.[530] 교과서에 일일이 밑줄을 쳐놓고, 그 말들이 틀렸다는 점들을 지적했다. 논리적으로 말했다. 필자는 감정을 말하지 않는다. 오로지 머리로, 이성적으로 체득한 것만 이야기한다.

결론적으로 (i) 저자들이, 자신이 한 말의 뜻을 모른다. (ii) 교과서를 새로 써야 한다, 그런 말을 했다.[531] 근거는 무엇인가? 근거는 《평등의 모순》에 실려 있고, 그 내용은 이 章에 어느 정도 녹아 있다.

종국적으로, (a) 只野 교수는 필자의 주장을 수용할 수 없다고 했다.[532] (b) 그리고, (논문집 형식이 아니라) 통상의 논문 형태[533]로 바꾸어 제출하면 학위를 주겠다고 했다.

(→a) 불쾌했다. 논문의 논지를 심사자가 수용해야 논문으로 채택되는 것은 아니다. 그 논문에 독자적인 아이디어가 있고, 논증에 '논리적으로' 흠이 없으면 논문이 된다. 필자는 그렇게 생각한다. 하늘이 무너질 것이라고 주장하는 논문도, 논문 안에서의 '논리적 흠을 지적하지 못하면' 리젝트(rejest)할 수 없다. 필자는 그렇게 생각한다.

필자는 只野 교수의 수정 요구의 이유를 받아들일 수 없다고 하면서, 7개의 질문을 했다. (일본의) 학설과 판례가 가지고 있는 문제점을 지적하고 그것을 시인하는가를 물었다.[534] 只野 교수는 응답하였다. 불충분하고 불성실하였다.[535] 본문에 질문과 응답이 모두 실려 있다. 필자는 이 응답에 대하여, 3만 자 가까운 글로써 비판하였다. 당연히 이 비판도 이 章에 실려 있다.

(→b) 그리고 당황스러웠다. 수정을 요구하는 이유와 수정을 요구하는 내용 사이에 아무 牽聯性이 없다. 논문의 논지를 수용할 수 없는데, 논문의 章節 編制를 바꾸면 받아주겠다는 것은 아무리 보아도 기이하다.

只野 교수의 말은 다음과 같이 정리할 수 있다. (i) 논문에서의 일본 학계에 대한 비판을 수용하지 못하겠다. (ii) 논문의 문제의식에 대해서는 대답하지 않겠다. 그것은 박사논문 심사와 무관하다. (iii) 논문에서의 주장이 학계에서 수용되면 자신의 판단이 잘못되었다는 증거로 삼아라.[536] (iv) 그래도 章節의 編制를 바꿔오면 학위는 주겠다.

필자는 이렇게 박사논문을 심사하는 것이 가능한지를 모르겠다. 필자는 전혀 납득할 수 없다.

필자는 이 과정을 겪으면서, 더 이상 심사절차를 진행한다는 것이 무의미하다고 생각했다.

필자는 只野 교수에게 필자의 불쾌함을 표시하였다. 꽤 강하게 표현하였다.[537] 그리고는 절차가 끝났다. 이것이 필자의 박사논문취득실패기의 골자다.

나는 그리 부끄럽지 않다. 부끄러워해야할 쪽은 日本의 학계다. 일본은 필자의 논문을 심사할 만하지 않다. 확신을 가지고 말한다.

---

530) "덧붙여 10월 10일에 정씨로부터 받은 문서(저작의 일부)에서는, 나의 지금까지의 대응, (나를 포함한) 일본의 평등론이, 상당히 혹독하게 비판받고 있습니다."[なお、10月10日に鄭さんからいただいた文書（著作の一部）では、私のこれまでの対応、（私を含む）日本の平等論が、かなり手厳しく批判されています。]

531) 그래도 진짜로 하고 싶은 말은 참았다. 진짜로 하고 싶은 말은, 개인적으로 물으면 대답하겠다.그래도 진짜로 하고 싶은 말은 참았다. 진짜로 하고 싶은 말은, 개인적으로 물으면 대답하겠다.

532) "다음은 정씨의 주장입니다. 우선 전제가 되는 부분입니다. 상대적 평등의 개념이나 입법자 구속설을 정면으로 비판하고 있는 것, 그리고 '헌법은 대부분의 차별에 무관심하다'는 결론은 저 자신도 그렇지만, 상대적 평등·입법자 구속을 전제로 하는 입장에

서는 아무래도 타협하기 어려운 부분입니다."["次に、鄭さんのご主張についてです。先ず前提となる部分です。相対的平等の概念や立法者拘束説を正面から批判していること、そして「憲法は大部分の差別に無関心だ」という結論は、私自身もそうですが、相対的平等・立法者拘束を前提とする立場からは、どうしても折り合いがつけにくいところです。"]

533) 서론, 본론, 결론 형태의 논문을 말한다.

534) 우리나라의 학설과 판례에 대한 것이기도 하다. 그러나 우리의 문제는 일본보다 훨씬 심각하다. 일본에서는 아리스토텔레스의 정의론을 기반한 상대적 평등설(C설)이 규범으로 작동하지는 않는다. 교과서에 언급되기는 하지만, 악세사리일 뿐이다. 적어도 같은 취급을 차별로 인식하지는 않는다. 거저 합리적 이유가 있는 차별을 허용한다는 학설(B설)을 뒷받침하는, '멋 있어 보이는 말' 정도의 역할만 한다. 필자는 이 '멋 있어 보이는 말'이 B설을 정당화하는 말이 아니라는 점을 지적하였다. 일본의 학계가 이 말이 무엇을 의미하는지를 모르고 쓴다고 비판하였다. 그런데, 우리 나라는 C설이 실제로 규범으로 작동한다. 이 말('같은 것은 같게, 다른 것은 다르게')의 뜻에 맞게 사용하는 사례들이 있다. 그래서 같은 취급이 차별로 인식되고, 정당화되지 않아서 위헌으로 결정되기도 한다. 헌재 2009. 9. 24. 2007헌바87, 판례집 21-2상, 498, 512-513. 일본에서는, 이런 일은 없다.

535) 只野 교수는 이 점을 자인했다. "대저를 집필한 정씨에 대한 학문적 응답으로 너무 미흡하다(혹은 불성실하다)고 생각하실지도 모릅니다. 그러나 학위논문 평가라는 틀을 넘어 질문에 본격적으로 답하려면(대답은 임의적이라고 하면서 실제로는 그런 것을 요구받고 있다고 받아들이고 있습니다) 메일로 대응하는 것은 어렵고 논문 집필과 같은 준비나 작업이 필요할 것입니다. 그것은 학위논문의 평가를 넘어선 문제로 과대한 요구가 아닐까요? 어디까지 응할지는, 학위 논문을 평가한 사람으로서가 아니라, 어디까지나 연구자로서 판단할 사항이라고 생각합니다."[大著を執筆した鄭さんに対する学問的応答として不十分に過ぎる(あるいは不誠実)とお考えなのかもしれません。しかし、学位論文の評価という枠組を超えて、質問に本格的に答えようとすれば(解答は任意であると言いながら、実際にはそのようなことを求められていると受け止めています)、メールで対応することは困難で、論文の執筆のような準備や作業が必要でしょう。それは、学位論文の評価を超えた問題で、過大な要求ではないでしょうか。] 매우 수용하기 어려운 말이다. 본문에서 다룬다.

536) "이미 간행된 혹은 앞으로 간행될 저서에 대한 학문적 평가는 널리 학계의 논의에 맡겨져야 할 것입니다. 비판적인 응답이 있어도, 뛰어난 저작이라면 언젠가 평가는 정해질 것입니다. 만약 그렇게 되면, 나의 불수리라고 하는 결론이 타당하지 않았던(범용한 연구자에게는, 참신한 논의의 의의를 이해할 수 없었다) 것의 증거도 된다고 생각합니다."[すでに公刊された、あるいは今後公刊される著書についての学問的評価は、広く、学界の議論に委ねられるべきものでしょう。批判的な応答があっても、優れた著作であればいずれ評価は定まるでしょう。もしそうなれば、私の不受理と

필자는 필자가 公刊한 논문을 전부 공개하여 두고 있다.[538] 거기에는 논문에 대한 심사평도 올려져 있다. 필자는 50여 번의 투고 중 3번 거절되었다.[539] 다 이해할 만했다. 그 심사평도 모두 올려두었다.[540] 필자는 이것이 학문적 정직성과 관련되는 것이라고 생각한다. 여기서 하고자 하는 말도 그렇다.

앞에서도 경위를 언급하였지만, 이 책의 출간과 관련된 일에 관해 몇 마디를 더한다. 필자는 일본의 一橋大學에서 대학원 과정을 이수했다. 헌법재판소

いう結論が妥当ではなかった(凡庸な研究者には、斬新な議論の意義が理解できなかった)ことの証左にもなると思います。] 필자는 무책임한 말이라고 생각한다.

537) "이런 감정적인 메일을 연구자에게 받은 것도, 또 연구자로서의 자질을 부정하는 메일을 받은 것도 처음이었습니다."[このような感情的なメールを研究者からもらったのも、また、研究者としての資質を否定するようなメールをもらったのも初めてでした。] 필자는 연구자의 지질을 말한 바 없다. '선생'으로서의 자질에 대하여는 말하였다. 말하지 아니한 것도 다를 것 같지는 않다. 필자가 '외계인의 인권'을 다룬 것도 아니다. 헌법을 가르치는 교수라면, 그것도 30년 이상을 가르친 교수라면, 적어도 30번 이상 '평등', '상대적 평등설', '입법자 구속설', '예시적 열거설'을 입에 올렸을 것이다. 필자는 그 말들에 대해 물었다. 상대적 평등설은 한 개냐, 상대적 평등설은 어떤 상태를 평등 조항의 이상적인 상태라 보느냐, (우리 헌법을 전제로 하면) 왜 헌법 제11조 제1항 전문이 입법자를 구속한다고 이해되어야 하느냐, 예시적 열거설을 받아들이고도, 차별금지 사유의 外延(extension)에 한계가 없다고 이해하는 것이 타당하냐. 이런 물음이다. 어려운 질문인가? 필자는 30년 이상 헌법학을 연구하고 강의하였으면, 받아줄 수 있는 질문이라고 생각한다. 필자는 책을 내었고, 세미나를 했다. 즉답을 요구한 것도 아니고, 즉답을 한 것도 아니다. 그런데도 7개의 질문 중 3개를 대답하고, 4개는 응답하지 않았다. 3개도 東問에 西答이다. 왜 동문서답인지는 본문에 설명했다. 더 중요한 것은, 필자는 질문을 받은 적이 없다. 필자의 이제까지 필자의 주장에 대해 한 번도 질문을 받은 적이 없다. 세미나에서도 그는 단 하나의 질문도 하지 않았다. 이 정도면 연구자의 자질을 이야기했어도 괜찮았을 것 같다.

538) NAVER에 필자의 이름을 검색하면 개인정보가 나온다. 거기에 있는 홈페이지로 연결되는 링크가 있다.

539) 노벨상을 받은 사람도 약 20% 거절된다고 한다. https: · · url.kr · 33vkyj 겉으로 드러나지 않아도 다 아픔이 있다. 위 단축 연결이 작동하지 않는 경우도 있는 것 같아서 원본 url로 적어 둔다.
https: · · www.pnas.org · doi · 10.1073 · pnas.2205779119?fbclid=IwY2xjawFPXH5leHRuA2FlbQIxMAABHdfxyxvIoEMolRSz1UV2U_3mpEs2GvOgWSLhtocbv9MU-HAXbL4-QKtzug_aem_fuMSOg6oCFGtN48gvR0mPQ

540) 필자의 홈페이지 논문 중 0번과 45번. 한 개는 오래되어 원고도 없고 심사평도 없다.

에서 파견 보내준 기회를 이용했다. 그러나 복귀하여 박사 논문을 제출하지는 못했다. 제출시한을 놓쳤다. 그 후 2019년에 《평등정명론》이라는 논문집을 냈다. 학교로 옮겨와 쓴 논문들을 모으고 해제를 붙였다. 당연히 박사 논문으로 작성한 것은 아니다. 흥미롭게도 일본에는 아직 코스 웍(course work)을 거치지 아니하고도, 박사학위를 신청할 수 있는 제도가 있다. 사실 우리 나라에도 있었다. 舊制博士 制度가 그것이다. 여기서 '舊制'라는 것은, 일제 강점기의 제도라는 뜻이지 싶다. 지금은 없어졌다. 그러나 일본에는 아직 남아 있다.[541]

그래서 필자가 수학하였던, 一橋大學의 只野雅人 교수에게 물어보았다. 《평등정명론》을 학위논문으로 받아줄 수 있는지를. 只野 교수가 매우 긍정적인 대답을 주기에,[542] 지인의 도움을 받아 번역한 책을 제출했다. 이 책[543]에는

---

541) 프리드리히 니체(Friedrich Wilhelm Nietzsche, 1844. 10. 15. - 1900. 8. 25.)는 1869. 라이프치히대학에서 시험과 논문없이 출판된 저술들만으로 박사 학위를 받았다. https: · · ko.wikipedia.org · wiki · %ED%94%84%EB%A6%AC%EB%93%9C%EB%A6%AC%ED%9E%88_%EB%8B%88%EC%B2%B4 여기서 말하는 일본의 논문박사 제도와 유사한 제도에 따라 학위를 받은 것으로 보인다.

542) 전문이다. 어디에도 형식에 관한 언급은 없다. "정주백님 오랜만입니다. 그런데, 이번에는, 고저 『평등정명론』을 보내주셔서, 정말로 감사합니다. 우선은, 저서의 간행을 축하합니다! 이렇게 훌륭한 형태로 연구 성과를 간행하신 것, 친구로서도, 또 정씨가 재적하고 있던 히토쓰바시대학의 교원으로서도 매우 기쁘게 생각합니다. 한국 학계에도 큰 학술적 기여가 될 것으로 생각합니다. 자, 학위 신청의 건, 서적으로서 출판되어 있기때문에 논문박사로서 취급하게 됩니다(죄송합니다만, 신청료가 5만엔 필요합니다…). 일본어 또는 영어가 조건이므로 번역을 해 주시고, 그것을 학위논문으로 신청하시면 됩니다. 또, 학위논문은 원칙으로서 Web으로 공개되게 됩니다(학위논문이 서적으로서 출판되는 경우, 통상 공표는 불필요합니다만, 이번 저술의 경우도 같은 취급이 가능한지, 상담해 보겠습니다). 논문을 수리할지 어떨지는, 사전에 예비적인 심사를 하는 것이 관례이므로, 이 단계에서 일본어의 체크등도 하게 될 것이라고 생각합니다. 저서로서 출판되고 있기때문에, 가능한 한 수리하는 방향으로 생각하고 싶습니다만, 수리의 가부는, 내용을 보고 판단하겠습니다. 수리하기로 결정되면, 심사료를 지불해 주시고, 교수회에서의 심사가 됩니다(통상, 일단 수리가 결정되면, 학위논문으로서 인정되고 있습니다). 외국에서 신청한 사례가 별로 없기 때문에 절차 등을 확인한 후 다시 답변을 드리도록 하겠으니 조금만 기다려 주십시오. 그 후에, 신청할지 어떨지,

일본에 대한 언급이 없다. 只野 교수로부터 이를 지적받았다.[544] 이 문제를 다루는 세미나를 하기로 하고, 그 발제문으로 쓰기 시작했는데, 발제문이 책으로 되었다. 《평등의 모순》이다. 그 요약은 이 책[545]의 뒤에 실려 있다.

필자가 보기에는 일본 학계의[546] 논의가 '매우' 허술했다. 중요한 세 가지만 얘기한다. 상세한 것은 《평등의 모순》을 참고하길 바란다.

(a) 상대적 평등설이라 불리는 학설이 다섯 가지 있었다.[547] 좀 극단적으로

판단해 주셨으면 합니다."[鄭柱白　様 おひさしぶりです。さてこのたびは、御高著『平等正名論』を御恵贈賜り、誠にありがとうございました。まずは、御著書の刊行、おめでとうございます！このように立派な形で研究成果を公刊されましたこと、友人としても、また鄭さんが在籍していた一橋大学の教員としても、ともてもうれしく思います。韓国の学界にとっても、大きな学術的な貢献となるものと思います。さて、学位申請の件、書籍として出版されていますので論文博士として取り扱うことになります（申し訳ありませんが、申請料が5万円必要です…）。日本語または英語が条件ですので、翻訳をしていただき、それを学位論文として申請していただくことになります。また、学位論文は原則としてWebで公開されることになります（学論文が書籍として出版される場合、通常は公表は不要ですが、今回の御著の場合も同じ扱いが可能か、相談してみます）。論文を受理するかどうかは、事前に予備的な審査をするのが慣例ですので、この段階で日本語のチェックなどもすることになるかと思います。著書として出版されていますので、できるだけ受理する方向で考えたいと思っておりますが、受理の可否は、内容を拝見したうえで考えさせていください。受理することが決まると、審査料をお支払いいただき、教授会での審査となります（通常、いったん受理が決まれば、学位論文として認められています）。外国からの申請の例があまりないため、手続など確認したうえで、あらためてお返事をするようにしますので、少々お待ちください。そのうえで、申請するかどうか、ご判断いただければと思います。] 밑줄은 필자가 추가하였다.

543) 《평등정명론》.

544) 두 가지 더 있다. 번역의 문제. 주석의 수효 문제.

545) 《평등의 모순》.

546) 좀 더 정확하게는 헌법학 교과서의. 교과서가 학문을 대표하는가의 문제는 있다. 그러나 교과서가 학계의 주도적인 흐름을 보이는 것은 분명하다.

547) 합리적 차별을 허용한다 것을 의미한다는 설(Bb설), 같은 것은 같게, 다른 것은 다르게 취급할 것을 명령한다는 설(Ca설), 같은 것은 같게, 다른 것은 그 비율에 따라 다르게 취급할 것을 명령한다는 설(Cb설), 같은 것은 같게 취급할 것을 명령한다는 설(Cc설)이 그것이다. 한 가지가 빠져 있는데, 그것은 내용상 합리적 차별을 허용한다는 설(Bb설)과 같으나, 마치 자설이 '사실상의 차이도 고려하지 않는 균일취급(종종 절대

말하면, 동쪽으로 가자는 학설과 서쪽으로 가자는 학설이 하나의 이름을 갖고 있었다.548)549)550) 기표(記標, signifiant)는 집중되어 있으나, 기의(記意, signifié)는 분산되어 있다.

	절대적 평등의 의미	
	예외불허용	균일취급(A설)
상대적 평등설		Ba설
	Bb설	
		Ca설
		Cb설
		Cc설

적 평등이라고 불림)'의 반대편에 있는 것으로 설명하였다. 타겟을 잘못 잡았다. 樋口陽一, 『憲法(改訂版)』 創文社, 2004, 202-203. "事実上の異をも考慮に入れない均一取扱い(しばしば絶対的平等とよばれる)を意味するのでなく、事実上の差異をも考慮に入れて異なった取扱いをすること自体を排除しない(しばしば相対的平等とよばれる)。" 사실 이론적으로 무가치한 학설이지만, 일본에서는 꽤 권위 있는 학자의 주장이어서 소개했다. 그는 日本의 學士院 회원이다. 우리나라의 學術院에 해당한다.

548) 놀랍지만 평등이 모든 것을 같게 취급하여야 한다는 것을 전제로 하는 B설과 모든 것을 다르게 취급하여야 한다는 C설이 모두 하나의 이름, 즉 상대적 평등설이라는 이름으로 불리고 있다. 동쪽으로 가라는 학설과 서쪽으로 가라는 학설이 하나의 이름으로 불리고 있다는 말을 허풍이라 생각하지 않는다. 다만, 정교하게 생각해 보면, Cc설도 그러냐고 물으면 필자로서는 약간 주저할 수 밖에 없다. Cc설은 약간 다르다. 또, C설이 모든 것을 다르게 취급하라는 학설이냐, 그 점을 논증하여야 하는 것 아니냐는 비판을 할 지 모르겠으나, 이 점은 바로 이어서 논증한다. 세상에 같은 것은 없다. 담세능력이 완벽하게 똑같은 사람은 없다. 모두 다르다. 모두 다르므로 모두 다르게 취급하여야 한다. '같으므로 같게 취급하여야 할 상황'은 적어도 이론적으로는, 없다. 그런데, 더 놀라운 것은 C설이 자설을 버리고 B설을 거쳐, (자신이 반론의 대상으로 삼았던, 모든 것을 같게 취급하여야 한다는 A설에 돌아가 앉아 있다는 점이다. 이 점도 바로 이어서 辻村 교수의 주장을 예로 들어 설명한다.

549) 그러니 그들이 반론을 제기하고자 하는 절대적 평등설도 한 가지 내용을 갖고 있지 않다. 모든 것을 똑같이 취급해야 한다는 입장과 예외를 허용하지 않는다는 입장이 그것이다. 이 둘은 전혀 다른 차원의 문제다.

550) 극단적이라 말할지 모르겠지만, 필자가 보기에는 그렇다. 아래 辻村의 문장에 붙은 코멘트를 보라. 필자는 매우 중요한 논증이라고 생각한다. 필자가 아는 한 이 논증은 세상에서 처음 하는 것이다. '필자가 아는 한'이라는 단서는 무시되면 안 된다. 법학, 특히 헌법학을 하는 사람들은 쉽게 단서를 무시한다. 헌법 제11조 제1항 전문 중의 '법 앞에'를 무시하는 입장은 이제 압도적 통설로 되었다.

그것들이 서로 다른 내용의 학설이라는 인식이 없었다. 다른 학설에 대한 비판이 없었다. 각자 자기 학설을 상대적 평등설이라 이름붙이고, 자설이 통설이라고 우기고 있다. 필자가 보기에는 전혀 통설이 아니다. 필자가 보기에, 평등이 무엇을 명령하는가에 관해서는 '모든 것을 같게' 취급할 것을 명령한다고 보는 균일취급설[551]이 통설이고 판례다.[552]

(b) 아리스토텔레스의 정의론을 기반으로 한 상대적 평등설[553]이 합리적 차별을 허용한다는 상대적 평등설[554]과 같은 학설인 것처럼 오해하고 있었다. 전혀 체계에 대한 이해가 없었다.

다른 교과서들도 모두 마찬가지지만, 가장 간단하게 이를 드러내고 있는

---

551) A설. 樋口陽一·佐藤幸治·中村睦男·浦部法穂, 『注釋日本國憲法(上卷)』 青林書院, 平成3年, 317(浦部法穂 執筆) "「平等」という観念は、比較を前提にした観念である。したがって、法律上の取扱において平等でなければならないとする憲法原理としての平等原則は、ある国民を他の国民よりも、法律上有利または不利に取り扱うことを禁止する効果を有する。すなわち、それは、法律上の均一取扱を要請するものであるといえる。"[평등이라는 관념은 비교를 전제로 한 관념이다. 따라서 법률상 취급에 있어서 평등해야 한다는 헌법원리로서의 평등원칙은 어떤 국민을 다른 국민보다 법률상 유리 또는 불리하게 취급하는 것을 금지하는 효과를 가진다. 즉, 그것은 법률상의 균일 취급을 요청하는 것이라고 할 수 있다.] 필자는 '평등' 자체의 의미에 관해서라면, 이 주장이 맞다고 본다. 그런데, 헌법상의 평등 조항, 우리 헌법을 두고 말하면 헌법 제11조 제1항, 일본 헌법을 두고 말하면 헌법 제14조 제1항이 그것을 명령하냐고 물으면 그렇지는 않다고 대답한다. 헌법 제11조 제1항 후문의 차별금지 사유를 어떻게 이해하는가 하는 점과 관련된다. 헌법 제11조 제1항은 대부분의 입법상의 차별에 무관심하다. 예시적 열거설의 귀결이다.

552) 물론, (헌법이 금지하는) 차별이 있으면 바로 위헌인가 하는 쟁점에 관하여, 합리적 이유 있는 차별이라면 위헌은 아니라는 설이 통설인 것은 분명하다. (헌법이 금지하는) 차별이 있으면 바로 위헌이라는 주장은 아예 존재하지도 않는다. 존재하지도 않는 학설을 앞세워두고 自說이 통설이라고 말하는 것이 무슨 의미를 가지는가? '인간은 죽지 않는다'는 학설은 틀렸고, '인간은 죽는다'는 自說이 통설이라고 말하는 것과 같은 형국이다. 그런데 왜 이런 이상한 말을 하는가? 사실 이 점이 중요하다. 앞의 A설을 전제로 하면서도 그것을 명시적으로 밝히기가 싫었기 때문이다. '평등의 모순' 또는 '평등의 딜레마'를 만나기 때문이다.

553) 이 책의 표현으로는 C설.

554) B설.

辻村 교수의 예를 들어 보자. 그녀는 다음과 같이 말한다.[555)]

> "제14조 제1항이 정하는 '평등'이란 어떠한 경우에도 각자를 절대적으로 동일하게 취급한다는 절대적 평등의 의미가 아니라, '같은 것은 같게, 다른 것은 다르게' 취급하는 상대적 평등을 의미하는 것으로, 합리적인 이유에 의해 다르게 취급하는 것은 허용된다고 해석하는 것이 통설 · 판례의 입장이다(상대적 평등설)."[556)557)]

앞의 표를 보면 알 수 있는 것처럼, 두 개의 '이른바' 상대적 평등설은 전혀 그 체계적 지위가 다르다. 필자가 검토한 모든 C설을 주장하는 책들은 다 이렇게 말하고 있었다.

《평등의 모순》에서는 언급하지 않았던 말을 辻村 교수의 문장에 기대어 해보자. '절대적으로 동일하게 취급'하다는 말은 무슨 말인가? 예외가 허용되지 않는다는 뜻이다. '어떠한 경우에도'라는 것은 이 점을 이해하는데 도움을 준다. 이 점을 부정하였으면, 그 귀결은 바로 '합리적인 이유에 의해 다르게 취급하는 것은 허용된다'는 것이다. 이러면 양자는 논리적으로 아귀가 맞는 것으로 된다.

그런데, 갑자기 辻村 교수는 중간에 '같은 것은 같게, 다른 것은 다르게' 취급하는 것을 끼워 넣었다. 이 말은 '어떠한 경우에도 각자를 절대적으로 동일하게 취급한다'는 것과 비교될 수 없다. '같은 것은 같게, 다른 것은 다르게'는 '다르게 취급하는데 예외가 허용된다'는 뜻이 아니다. 예외가 허용되는가 여부에 관한 판단 이전의 문제, 도대체 헌법은 무엇을 명령하는가의 문제에 대해, '같게 취급'[558)]하는 것이 아니라, '같은 것은 같게, 다른 것은 다르게 취급'[559)]

---

555) 辻村みよ子,『憲法(第7版)』日本評論社, 2021, 154.

556) "14条1項が定める「平等」とは、いかなる場合にも各人を絶対的に等しく扱うという絶対的平等の意味ではなく、「等しいものは等しく、等しからざるものは等しからざるように」扱うという相対的平等を意味するもので、合理的な理由によって異なる取扱いをすることは許されると解するのが通説・判例の立場である(相対的平等説)。"

557) 밑줄은 필자가 추가하였다.

하라는 것을 명령한다고 이해하는 입장이다.

이 입장[560]에도 예외가 허용되는가, 허용되지 않는가는 다시 별도로 논의되어야 한다. 별개의 문제다. 모든 것을 같게 취급하여야 한다는 주장에 있어서도, 다시 예외의 허부가 논의되어야 하고, 같은 것은 같게, 다른 것은 다르게 취급하여야 한다는 주장에 있어서도, 다시 예외의 허부 문제는 논의되어야 한다. 그런데, 辻村 교수는 이 두 개의 문제를 섞어서 말이 안 되는 이야기를 하고 있다. 이것은 가치관의 문제도 아니고, 철학의 문제도 아니다. 그냥 틀린 거다. 1+1=3이라고 하는 것과 똑 같다. 필자는 이런 말을 학생들에게 내놓고 이해하라고 말하는 것은, '학술적으로 큰 문제'라고 생각한다.

한 가지 더 이야기한다. 무척 중요한 포인트다. 辻村 교수가 같다,[561] 다르다[562]를 반대의 의미를 가진 말로 사용한다. 합리적 이유에 의해 다른 취급을 하는 것을 허용한다[563]는 것은, 헌법이 같게 취급[564]하는 것을 명령한다는 것을 전제로 한다. 같게 취급하도록 헌법 제11조 제1항[565]이 명령하고 있는데, 이 명령을 다 지키지 못하였더라도, 합리적 이유가 있으면 위헌이 아니라는 뜻이다.

이것은 앞에서 본, 같은 것은 같게, 다른 것은 다르게 취급[566]하는 것과는 완벽하게 다른 말이다. 같은 것은 같게, 다른 것은 다르게 취급[567]하라는 말에는, 같게[568] 취급하라는 말이 있지만, 이 부분은 무의미하다. 같으면 같게

558) 等しく扱う.

559) 等しいものは等しく、等しからざるものは等しからざるように」扱う.

560) '같은 것은 같게, 다른 것은 다르게'.

561) 等しい.

562) 異なる.

563) 合理的な理由によって異なる取扱いをすることは許される.

564) 等しく扱う.

565) 일본은 제14조 제1항.

566) 等しいものは等しく、等しからざるものは等しからざるように 扱う.

567) 等しいものは等しく、等しからざるものは等しからざるように 扱う.

568) 等しく.

취급하라고 했지 않느냐, 왜 같게 취급하라는 명령이 무의미하다는 것이냐. 그렇게 물을 수는 있다.

대답한다. 세상에 같은 것은 없다.[569] 예를 들어 생각해 보라. 응능부담원칙을 자주 예로 들었다. 사람들의 담세능력에 따라 세금을 부담시켜야 한다는 원칙이다. 담세능력이 같으면 같은 액수의 세금을 부담시키고, 담세력이 다르면 다른 액수의 세금을 부담시켜야 한다는 원칙이다. 그러면 담세력이 같은 사람이 있는가? 물리적으로 없다. 0.00001%가 달라도 다르다.

2024 파리올림픽 육상 남자 100m에서 미국의 노아 라일스(Noah LYLES)는 9초784를 기록하며 1위를 차지했다. 자메이카의 키셰인 톰슨(Kishane THOMPSON)은 9초789로 결승선을 통과했다. 단 0.005초 차이다.[570] 기계로 판정했다. 이전처럼 사람이 판정했으면, 어땠을까?[571] 같다고 보아 공동 금메달로 처리했을지도 모르겠다. 2024년에는 그렇게 하지 않았다. 0.005초 차이지만 그들은 같지 않다. 한 사람은 금메달을 땄고, 다른 한 사람은 은메달을 땄다.

물리적으로 같은 것은 없다. 사람이 그 차이를 측정(measure)해 낼 수 있는가는 별론으로 하고, 모두 다르다. 그러므로 '같은 것은 같게, 다른 것은 다르게' 중에서 '같은 것은 같게'는 사람을 기만하는 말이다. 세법학에서는 수직적 공평, 수평적 공평, 이런 말로 사람을 현혹시키지만, 필자가 보기에는 다 기만이다.

다시 우리의 이야기로 돌아가 보자. 辻村 교수는 '같은 것은 같게, 다른 것은 다르게'[572] 취급하라는 명령은 합리적 이유에 의해 다른 취급을 하는 것을 허용 한다[573]는 것과 같은 의미라고 했다.

---

569) 완전히 똑같이 생긴 쌍둥이는 없다는 말은 비학문적인 것일까?
570) https: · · www.youtube.com · watch?v=7Xnr805bm4E
571) https: · · www.notion.so · Dilemma-100e0152a33780bd8e5acc2b833b793a?pvs=4
1964년 동경올림픽 때의 모습이다.
572) 等しいものは等しく、等しからざるものは等しからざるように.

두 개는 전혀 논의의 단계가 다른 말이라는 점은 이미 이야기했다. 앞의 것은 평등이 명령하는 이상적인 상태가 무엇이냐는 것에 대한 물음이고, 뒤의 것은 평등이 명령하는 이상적인 상태에서 벗어나면 바로 위헌이냐는 바로 위헌이냐는 물음에 대한 대답이다.

그런데 여기서 새롭게 지적하는 것은, 후자는 평등이 명령하는 이상적인 상태를 같게 취급[574]하는 것이라 본다는 것이고, 전자는 같은 것은 같게 다른 것은 달게 취급하는 것이 평등의 이상에 부합한다고 본다. 양자는 우선 내용이 다르다. 다른 내용을 가지고 있다.

다를 뿐만 아니라, 서로 부정하는 내용이다. 전자[575]는 '모든 것을 다르게' 취급하도록 명령한다는 말과 같다. '같은 것은 같게, 다른 것은 다르게'라고 이야기하고 있지만, 앞의 '같은 것은 같게'는 무의미하다. 위에서 설명하였다. 이해가 안 가면 다시 읽어 보시라. 거기에 비하여 후자는 '모든 것을 같게' 취급할 것을 평등이 명령하고 있다고 본다.[576] 이것을 전제로 합리적 이유가 있다면, 다른 처우가 허용될 수 있다고 말하고 있을 뿐이다.

결국 辻村 교수는 '모든 것을 같게 취급하라는 명령'과 '모든 것을 다르게 취급하라는 명령'이 같다고 말하고 있다. 이 점을 이해하면, 왜 일본의 평등론에 많은 반성이 있어야 하는지도 이해할 것이라고 본다. 반론이 있으면 좋겠다.[577]

573) 合理的な理由によって異なる取扱いをすることは許される.

574) 等しく扱う.

575) '같은 것은 같게, 다른 것은 다르게'

576) 다만 이 말을 겉으로 드러내지 않았다. 이 점이 이 학설의 기만적인 부분이다. 물론, 의도적으로 그렇다는 말은 아니다. 결과적으로 그렇다는 말이다. 그러나 알지 못하였다는 것을 자랑할 일은 아니다.

577) 필자는 일본의 평등론이 C설과 B설을 구별 못한다는 점을 지적했다. 왜 이런 현상이 생겼을까? '같은 것은 같게, 다른 것은 다르게'를 '반짝이는 예쁜 돌'로 보면 이해할 수 있다. '같은 것은 같게, 다른 것은 다르게'는 정의를 표상하는 멋진 말이다. 헌법이, 좀 더 구체적으로는 평등이 정의를 표상한다고 이해하는 것은 멋지다. 평등이 '모든 것을 똑 같이 취급하라'고 명령한다는 이해보다는 무척 멋있다. 그래서 '같은 것은 같게, 다

(c) 헌법 제14조 제1항 후단[578]에 열거된 차별금지를 예시적인 것이라 보면서도, 內包(connotation)를 찾아내려는 시도를 전혀 하지 않았다. 예시적 열거설을 잘못 이해한 所以이다. 예시는 무언가를 가리키기 위해서 擧示하는 것이다. 예를 들어 놓았다고 하면서도, 내포를 검토하지 않는 것은 온전히 틀린 것이다.

헌법 제11조 제1항 후문이 '누구든지 성별 · 종교 또는 사회적 신분에 의하여 차별을 받지 아니한다.'고 규정하고 있는데, 이것을 '누구든지 어떠한 사유에 의해서라도 차별을 받지 아니한다.'고 이해할 수 있다는 해석이 어찌 놀랍지 않을까. 內包를 零으로 하는 해석이 이런 의미로 연결된다는 것을 이해는 하고 있을까? 그 주장을 하는 사람들은.

다음의 사례를 한 번 검토해 보자. 헌재 2019. 6. 28. 2018헌바128[579]에서 문제되었다.

응급의료에 관한 법률[580] 제12조는 '(응급의료 등의 방해 금지)'라는 標題하에, '누구든지 응급의료종사자[581]의 응급환자에 대한 구조 · 이송 · 응급처치 또는 진료를 폭행, 협박, 위계(僞計), 위력(威力), 그 밖의 방법으로 방해하거

른 것을 다르게'를 평등의 내용으로 수용하고도 그것이 가진 의미를 이해하지 못하니, 결국은 '다르게 취급하여도 합리적 이유가 있으면 위헌이 아니다'라는 것, 즉 B설과 같은 말인 것처럼 처리하고 말았다. '반짝이는 예쁜 돌'이 보이더라도, 그것을 적확하게 쓸 줄 모르면 주워 오지 말아야 한다. 물론, 한국의 상황이 일본과 다른 것은 아니다. "일반적으로 평등원칙은 본질적으로 같은 것은 같게, 본질적으로 다른 것은 다르게 취급할 것을 요구하는 것으로서, 일체의 차별적 대우를 부정하는 절대적 평등을 의미하는 것이 아니라 입법과 법의 적용에 있어서 합리적인 근거가 없는 차별을 배제하는 상대적 평등을 뜻한다 할 것이므로 합리적 근거가 있는 차별은 평등원칙에 반하는 것이 아니다."(헌재 2018. 1. 25. 2017헌가7, 판례집 30-1상, 1, 9)는 양자를 혼동하는 대표적인 판시다.

578) 우리 헌법 제11조 제1항 후문.

579) 판례집 31-1, 665.

580) 개정 경위는 생략한다.

581) "(「의료기사 등에 관한 법률」 제2조에 따른 의료기사와「의료법」 제80조에 따른 간호조무사를 포함한다)" 부분은 생략하였다.

나 의료기관 등의 응급의료를 위한 의료용 시설 · 기재(機材) · 의약품 또는 그 밖의 기물(器物)을 파괴 · 손상하거나 점거하여서는 아니 된다.'고 규정하고 있다. 여기서 다룰 쟁점은 '폭행, 협박, 위계(僞計), 위력(威力), 그 밖의 방법으로 방해하거나' 부분이 명확성의 원칙에 위반되는지 여부이다. 이에 대하여 헌재는 다음과 같이 판시하였다.

> (나) 예시적 입법과 명확성 원칙
>
> 형벌조항은 그 규율대상에 포섭되는 모든 사례를 구성요건으로 빠짐없이 열거하는 방식과 규율대상을 모두 포섭하는 공통적인 징표를 구성요건으로 규정하는 방식이 있다. 전자는 규율대상이 명확하다는 장점이 있는 반면 법규범의 흠결이 발생할 수 있다는 단점이 있고, 후자는 규율대상을 모두 포섭할 수 있다는 장점이 있는 반면 법률의 해석 · 적용에 자의가 개입되어 규율대상이 무한히 확대될 우려가 있다는 단점이 있다. 그리하여 이와 같은 두 가지 규율방식의 단점을 보완하기 위하여 예시적 입법형식이 고안되었다. 예시적 입법은 규율대상인 대전제를 규정함과 동시에 그에 해당하는 구체적 개별사례들을 예시적으로 규정한다. 이러한 예시적 입법형식은 법규범의 공백상태를 막을 수 있는 장점이 있으나, 구성요건의 대전제인 일반조항의 내용이 지나치게 포괄적이어서 법관의 자의적인 해석을 통하여 그 적용범위를 확장할 가능성이 있다면 명확성의 원칙에 어긋날 수 있다. 따라서 (i) 예시적 입법형식이 명확성의 원칙에 위배되지 않으려면, 예시한 개별적인 구성요건이 그 자체로 일반조항의 해석을 위한 판단지침을 내포하고 있어야 할 뿐만 아니라, 일반조항 자체가 그러한 구체적인 예시를 포괄할 수 있는 의미를 담고 있는 개념이어야 한다(헌재 2002. 6. 27. 2001헌바70; 헌재 2010. 3. 25. 2009헌가2; 헌재 2014. 7. 24. 2013헌바169 참조).
>
> (다) 이 사건 금지조항 중 '그 밖의 방법' 부분이 명확성 원칙에 반하는지 여부
>
> 1) 응급의료법은 국민들이 응급상황에서 신속하고 적절한 응급의료를 받을 수 있도록 하여 응급환자의 생명과 건강을 보호하고 국민의료를 적정하게 함을 목적으로 하고 있다(제1조). 또한 응급의료종사자가 응급 상황에 있는 환자를 진료하는 행위를 방해하는 것은 응급의료종사자의 업무수행에 지장을 주는 것일 뿐만 아니라 응급환자의 생명과 건강에 치명적인 위해를 가할 수 있는 행위이다. 따라서 이 사건 금지조항은 응급의료종사자의 응급환자에 대한 진료를 방해하는 행위를 금지함으로써 응급의료종사자의 응급의료 업무와 응급 상황에 있는 환자의 신체와 건강을 보호하고자 하는 데 그 취지가 있다.

2) 이 사건 금지조항은 '응급의료종사자'의 '응급환자에 대한 진료'를 '폭행, 협박, 위계(爲計), 위력(威力), 그 밖의 방법'으로 '방해'하는 행위를 금지하고 있다. 여기서 응급의료종사자란 관계 법령에서 정하는 바에 따라 취득한 면허 또는 자격의 범위에서 응급환자에 대한 응급의료를 제공하는 의료인과 응급구조사, '의료기사 등에 관한 법률' 제2조에 따른 의료기사, 의료법 제80조에 따른 간호조무사(응급의료법 제2조 제4호, 제12조)를 뜻한다. 그리고 응급환자란 질병, 분만, 각종 사고 및 재해로 인한 보상이나 그 밖의 위급한 상태로 인하여 즉시 필요한 응급처치를 받지 아니하면 생명을 보존할 수 없거나 심신에 중대한 위해가 발생할 가능성이 있는 환자 또는 이에 준하는 사람으로서 보건복지부령으로 정하는 사람을 말하며(응급의료법 제2조 제1호), 응급의료법 시행규칙 제2조는 위 '보건복지부령이 정하는 자'란 특정한 응급증상 및 이에 준하는 증상이 있는 자 또는 그 증상으로 진행될 가능성이 있다고 응급의료종사자가 판단하는 증상이 있는 자를 뜻한다고 하면서, 특정한 응급증상 및 이에 준하는 증상을 별표1에 나열하고 있다. 한편 '방해'란 업무에 어떤 지장을 주거나 지장을 줄 위험을 발생하게 하는 것을 뜻한다(헌재 1998. 7. 16. 97헌바23 참조). 따라서 (ii) 이 사건 금지조항의 규율대상인 '그 밖의 방법'은 급박한 생명 또는 신체에 위험이 있는 응급환자에 대한 진료 등에 지장을 줄 만한 행위로 한정된다.

3) 그런데 응급의료종사자의 응급환자에 대한 진료를 방해하는 행위를 제재할 필요성이 큰 반면, 그와 같은 방해 행위의 유형은 구체적 상황에 따라 다양하게 나타날 수 있다. 따라서 응급의료법에 의한 제재가 필요한 방해 행위의 유형을 법률에 일일이 구체적이고 확정적으로 미리 열거하는 것은 입법기술상 불가능하거나 현저히 곤란하므로, (iii) 입법자는 '그 밖의 방법'이라는 일반적인 개념을 사용하여 응급의료법을 통하여 제재하여야 할 방해 행위의 대상을 넓게 규정하며 그 해석의 판단지침이 될 만한 구체적인 예시로 폭행, 협박, 위계, 위력을 나열하고 있다.

4) 방해 행위의 구체적 예시로 열거된 '폭행'은 사람에 대하여 유형력을 행사하는 행위이고, '협박'은 상대방으로 하여금 공포심을 일으키게 하는 일체의 해악을 고지하는 것을 말하며, '위계'라 함은 행위자의 행위 목적을 달성하기 위하여 상대방에게 오인·착각 또는 부지를 일으키게 하여 이를 이용하는 것이고, '위력'은 폭행, 협박보다 정도가 경미한 것으로 사람의 자유의사를 제압·혼란케 할 유·무형의 일체의 세력이다. 즉, (iv) 방해 행위의 구체적 예시로 열거된 폭행, 협박, 위계, 위력은 공통적으로 응급의료종사자에게 유·무형의 방법으로 영향력을 행사하여 즉시 필요한 응급의료를 받아야 하는 응급환자에 대한 진료 등에 지장을 주거나 지장을 줄 위험을 발생하게 할 만한 행위이다.

그러므로 (v) 이 사건 금지조항 중 '그 밖의 방법'이 규율하고 있는 대상은 '폭행', '협박', '위력', '위계'에 준하는 것으로 볼 수 있을 정도의 것으로 응급의료종사자에게 유·무형의 방법으로 영향력을 행사하여 응급환자에 대한 진료에 지장을 주거나 지장을 줄 위험을 발생하게 할 만한 행위라고 봄이 타당하고, 이 사건 금지규정이 예시하고 있는 '폭행', '협박', '위력', '위계'는 '그 밖의 방법'을 해석하는 유용한 판단지침이 된다.

5) 이와 같이 응급의료법의 입법 취지, 규정형식 및 문언의 내용을 종합하여 볼 때, 건전한 상식과 통상적인 법 감정을 가진 일반인이라면 구체적인 사건에서 어떠한 행위가 이 사건 금지조항의 '그 밖의 방법'에 의하여 규율되는지 충분히 예견할 수 있고, 이는 법관의 보충적 해석을 통하여 확정될 수 있는 개념이다.

따라서 이 사건 금지조항의 '그 밖의 방법' 부분은 죄형법정주의의 명확성의 원칙에 위반된다고 할 수 없다.[582]

보자. (i)은 예시적 입법 형식이 갖추어야 할 모습을 추상적으로 내보이고 있다. 예시적으로 열거된 것들은 '일반조항의 해석을 위한 판단지침을 내포하고 있어야' 하고, 일반조항은 '구체적인 예시를 포괄할 수 있는 의미를 담고 있는 개념'이어야 한다고 보았다.[583] 여기서 중요한 것은 예시적으로 열거된 사유들이 일반조항의 해석에 도움을 줄 수 있어야 한다고 보았다.

---

582) 헌재 2019. 6. 28. 2018헌바128, 판례집 31-1, 665, 672-675.

583) 다만, 좀 더 정확하게는, 일반조항의 크기는, 다른 말로 하면 내포의 크기는 열거된 것들을 포섭하기에 충분할 뿐만 아니라 필요한 정도이어야 한다. sufficient and necessary. 내포의 크기가 큰 것만이 문제되는 것이 아니라, 내포의 크기가 작은 것도 문제다. 헌법 제11조 제1항 후문에 기재된 차별금지 사유들의 내포를 너무 작게 잡아서(이론적으로 설명하면, 내포의 크기는 零으로 이해하고 있다), 세상의 어떤 사유로 차별을 하더라도 모두 헌법이 금지한 것으로 이해된다는 것이 문제다. 헌법 제11조 제1항 후문에 기재된 차별금지 사유의 법적 성격에 관한 필자의 주장의 핵심은 내포의 양을 零으로 보는 것이 잘못되었다는 것이다. 이것은 헌법학적인 주장이 아니다. 논리학적인 주장이다. 사실 이것은 주장하고 말고 할 것이 없다. 통설의 이해가 그냥 틀린 것이다. 여기 결정문만 보아도 알 수 있는 내용이다. 내포의 양가 외연의 크기는 逆의 관계에 있다. 내포가 증가하면 외연은 축소된다. 내포를, (i) 생물 → (ii) 생물+동물 → (iii) 생물+동물+인간 → (iv) 생물+동물+인간+여자로 이해해 보자. 내포가 증가할수록{(i) → (iv)}, 그것을 충족하는 외연의 크기는 작아진다.

그런데, 위의 사례에서 문제된 법률에는 '일반조항'이 규정되어 있지 않다. '그 밖의 방법'은 일반조항이 아니고, 열거된 것[584]들 외에 추가적으로 금지되는 행위 태양이 있음을 밝히는 역할을 할 뿐이다.[585] (iii)의 기술은 분명하지는 아니하나, 그 취지를 밝히고 있다. (iii) 중에는 '그 밖의 방법'을 '일반적 개념'이라고 보는데, 그 '일반적 개념'이 '일반조항'의 의미로 쓴 것이라면 오해다.[586][587]

(v)는 일반조항 즉, 내포를 제시하고 있다. 이 내포를 획정하기 위하여 (iv)에서 열거된 것들을 분석하였다. 열거된 것들을 분석하여 내포를 획정해 내었다. 일반조항을 예시들과 결합하면, "폭행, 협박, 위계(僞計), 위력(威力) 등 응급의료종사자에게 유·무형의 방법으로 영향력을 행사하여 응급환자에 대한 진료에 지장을 주거나 지장을 줄 위험을 발생하게 할 만한 행위'로 된다.

그러므로 예시되지 아니하였지만 금지되는 행위 태양에는 한계가 있다. 外延(extension)이 無限大가 아니라는 것은 당연하다. 열거된 것들과 동등한 것이어야 하고,[588] 일반조항[589]을 충족하는 것이어야 한다. 논리적으로 양자의

584) '폭행, 협박, 위계(僞計), 위력(威力)'

585) '등(等)'에 해당하는 말이다.

586) 일반조항은 (v)에 기재된 바와 같이, "폭행', '협박', '위력', '위계'에 준하는 것으로 볼 수 있을 정도의 것으로 응급의료종사자에게 유·무형의 방법으로 영향력을 행사하여 응급환자에 대한 진료에 지장을 주거나 지장을 줄 위험을 발생하게 할 만한 행위'로 이해될 수밖에 없다. 필자의 표현으로는 內包(connotation)에 해당한다. (i)에 내포라는 말이 나오는데, 그것은 connotation을 말하는 것이 아니다. '어떤 성질이니 뜻 따위를 속에 품음.' 정도의 뜻이다. 철학 또는 논리학에서 쓰이는 개념어로서의 내포는 '개념이 적용되는 범위에 속하는 여러 사물이 공통으로 지니는 필연적 성질의 전체'를 의미한다.

587) (v) 중의 "그 밖의 방법'이 규율하고 있는 대상'이라는 말도 '그 밖의 방법'이 일반조항 즉 內包에 해당한다는 것을 전제로 한 말인데, 그렇지 않다. 심판대상 법률조항에는 내포, 즉 일반조항이 표시되어 있지 않다. 열거된 사유들로부터 내포를 추론해 내어야 한다. 헌법 제11조 제1항 후문 중 차별금지 사유를 예시적인 것으로 본다면(즉, '등'이나 '기타의 사유로'가 표시되어 있지 않지만, 이것들이 기재된 것과 같이 보더라도) 내포를 추론해 내어야 한다. 이 내포를 추론하지 아니하고, 아예 내포의 量을 零으로 보는 것이 작금의 통설과 판례이다. 필자는 이것이 잘못된 이해라고 본다.

外延은 같다. '열거된 것들과 동등한 것'의 외연과 '일반조항을 충족하는 것'의 외연이 같다는 말이다.

만약 '폭행', '협박', '위력', '위계'를 금지되는 행위 태양으로 거시하고 있음에도 불구하고, 금지되는 행위 태양의 한계가 없다고 보는 것은, 내포의 적절성을 떠나 예시적 열거설의 이론상 존속하기 어려운 주장이다.

헌법 제11조 제1항 후문을 이와 같은 분석 방법을 통해 생각해 보자. 우선 성별·종교·사회적 신분을 예시적인 것으로 이해할 수 있는 문언적 자료는 없다. '等'이나 '기타 사유'와 같은 표현이 없다. 그러면 일응 이것들을 한정적 열거로 보는 것이 출발선으로 되어야 한다.

차별금지 사유가 증가한다는 것은 공권력 주체의 권한 행사를 제약하는 양이 늘어난다는 것을 의미한다. 물론 사인의 권리 행사를 제약하는 것만큼은 아니라 하더라도, 공권력 주체의 권한 행사를 제약하는데도 법적 근거가 필요하다. 그러므로 헌법 제11조 제1항 후문의 차별금지 사유를 예시적인 것으로 이해하고자 하는 쪽에서 논증 부담을 진다.

일단 차별금지 사유를 예시적인 것으로 본다고 하더라도, 위 판례의 논증과 같이, 열거된 사유들의 성격을 분석하고,[590] 이를 통해 일반조항 또는 內包를

---

588) 헌재 2016. 7. 28. 2012헌바258, 판례집 28-2상, 1에서는 군형법 제92조의5(추행) "계간(鷄姦)이나 그 밖의 추행을 한 사람은 2년 이하의 징역에 처한다."의 해석이 문제되었다. 헌재는 "심판대상조항의 경우, 범죄구성요건적 수단 등에 대하여는 문언적 제한을 가하지 아니하면서 대표적 구성요건인 '계간'을 판단지침으로 예시한 다음, 어느 정도 보편적이고 일반적인 용어인 '추행'을 그대로 일반조항으로 사용하는 예시적 입법형식을 취하고 있다."(판례집 28-2상, 1, 8)고 보면서도, "그 밖의 추행"에 '계간에 이르지 아니한 동성 군인 사이의 성적 만족 행위로서, 군이라는 공동사회의 건전한 생활과 군기를 침해하는 것'이 포섭될 수 있다고 판시하는 것은 매우 의아하다. 예시된 것과 동등하지 아니하여도, 열거되지 아니하였으나 금지되는 행위 태양에 포섭될 수 있다고 보기 때문이다. 열거된 것과 동등한 것만이 포섭될 수 있다. 이와 별개로, 필자는 심판대상으로 된 법률조항이 예시적 입법형식인가에 대해 새롭게 검토할 필요가 있다고 본다. '계간'과 '그 밖의 추행'이 병렬적인 것으로 이해될 여지가 있다. 사실 한 개 사유를 기재해 놓고 그것을 예시적 입법이라 하는 것은 어색하다.

589) 또는 內包.

획정해 내어야 한다. 내포의 양을 어떻게 할 것인가는 별론으로 하고, 내포의 양이 零이 될 수 없음은 예시적 열거의 본질상 부정될 수 없다. 내포의 양을 零으로 이해한다는 것은 내포를 지시(indicate)하기 위해 擧示된 것들을 무의미한 것으로 만들기 때문이다.

내포의 양을 영으로 본다는 것은, 명시적으로 열거된 사유와 거의 무관하게 보이는 사유에 기한 차별도 헌법에 의해 금지된 것으로 이해하게 만든다. 예를 들어보자. 내포를 零으로 보는 입장은, 경유차와 휘발유차,[591] 항소심 확정판결에 대한 재심과 제1심 확정판결에 대한 재심,[592] 이동식 프로판 연소기와 용기내장형 가스난방기,[593] 주택과 오피스텔,[594] 모바일 게임과 인터넷 게임,[595] PVC관과 PE관[596]에 대한 다른 취급도 헌법이 금지하고 있다고 이해한다.

더 큰 문제는 위의 각 경우에 있어서 차별의 사유가 무엇인지에 대해서도 검토하지 않는 것이다. 모바일 게임과 인터넷 게임[597]을 차별하는 사유는 무엇인가? 그것이 헌법 제11조 제1항 후문에 열거된 사유와 동등한 성격의 것인가? 이런 것들을 검토하지 아니하면서, 자신의 학설을 예시적 열거설이라 부르면 곤란하다. 필자는 적어도 일본의 헌법 교과서를 읽으면서 이 점을 인식하고 있다는 어떠한 자료도 발견하지 못하였다.

---

590) (iv).
591) 헌재 2022. 6. 30. 2019헌바440, 판례집 34-1, 575, 587. 환경개선비용 부담법 제9조(환경개선부담금의 부과 · 징수) ① 환경부장관은 경유를 연료로 사용하는 자동차의 소유자로부터 환경개선부담금(이하 "개선부담금"이라 한다)을 부과 · 징수한다.
592) 헌재 2017. 8. 31, 2016헌바447, 판례집 29-2상, 363. 민사소송 등 인지법 제8조 (재심소장 등) ① 재심소장에는 심급에 따라 제2조, 제3조 또는 제4조 제1항에 따른 금액에 해당하는 인지를 붙여야 한다.
593) 헌재 2019. 11. 28. 2017헌마939, 공보 278, 1369.
594) 헌재 2020. 3. 26. 2017헌바363, 판례집 32-1상, 205.
595) 헌재 2014. 4. 24. 2011헌마659, 판례집 26-1하, 176.
596) 헌재 2015. 3. 26. 2014헌마372, 판례집 27-1상, 383.
597) 헌재 2014. 4. 24. 2011헌마659, 판례집 26-1하, 176.

우리도 크게 다르지 않다. 우리 학설이나 판례가 잘못된 이해에 빠진 데에 일본 학계의 영향이 있었던 것 같다. 의문을 가질 일은 아닌 것 같다. 그럴 것이라 보는 것이 옳다. 물론, 우리의 구체적인 모습은 이 책에서 다룬다.

세미나에서 위와 같은 것들을 지적하는데도 거의 반응이 없었다. 상당히 충격적인 주장 아닌가? 그러나 다들 '뭐 이런 구닥다리 문제를 다루나' 하는 표정이었다. 필자가 보기에는 그랬다. 그들은 불쾌했을 것이다. 두 가지 이야기를 했다. (i) 하나는 많은 교과서의 저자들이 자신의 주장이 무엇인지를 모르고 있다.[598] (ii) 교과서를 새로 써야 할 것이다.

---

598) 《평등의 모순》을 보면, 각 교과서들에 대해 밑줄을 쳐 가면서 어떤 문제가 있는지를 적었다. 사실 이 책에서 하는 방법은 거기에 하던 것이다. 거기에는, 필자가 보기에, 전혀 자기 학설의 의미를 이해하지 못하고 이루어진 서술들이 매우 많았다. 이것은 어떤 학설을 받아들이는가와 다른 문제다. 논리의 문제다. 또 말하는 내용을 정확하게 아는가의 문제다. 자신이 아는 '멋져 보이는 말'을 자신의 글 속에 끼워놓고 싶으나, 그 내용을 정확하게 알지 못하면 이상한 문장들이 만들어진다. 필자는 다음의 기재를 보면서 그 점을 느꼈다. "(i) 헌법 제14조 제1항은 첫째로 형식적인 평등, 기회의 평등을 보장한 것이며, 실질적인 평등을 실현하는 것은 주로 사회권 조항 및 그것을 구체화하는 입법의 역할이다. 그 때문에 법 아래의 평등은 실질적인 평등을 실현하기 위해서 취해지는 불균일취급을 허용하는 것으로 자리 매김된다."[憲法14条1項は第一的には形式的な平等、機会の平等を保障したものであり、実質的な平等を実現するのは主に社会権条項およびそれを具体化する立法の役割である。そのため法の下の平等は、実質的な平等を実現するためにとられる別異取扱いを許容するものと位置づけられる。](渡辺康行・宍戸常寿・松本和彦・工藤達朗, 『憲法1基本権』 日本評論社, 2016, 131) "개개인은 사실상 여러 가지 차이를 가지고 있기 때문에, 각 사람을 절대적으로 동일하게 취급하는 것은 있을 수 없다. (ii) 평등이란 같은 것은 같게, 같지 않은 것은 같지 않게 취급할 것을 내용으로 하는, 상대적 평등을 의미한다. (iii) 그것은 국가가 격차의 시정을 위해 적극적 역할을 맡는 실질적 평등의 관념과는 구별되는 것이다. (iv) 상대적 평등의 관념 하에서는 무엇이 합리적인 구별인지, 그것을 어떻게 판단하는지가 중요한 문제이다. 이하에서 보는 일본 헌법에서의 평등에 관한 논의는 주로 이 점을 둘러싸고 이루어져 왔다."[個々人は事実上さまざまな違いをもっているから、各人を絶対的に同じに扱うことはありえない。平等とは、等しいものは等しく、等しくないものは等しくなく取り扱うことを内容とする、相対的平等を意味する。それは、国家が格差の是正のために積極的役割を引き受ける実質的平等の観念とは区別されるものである。相対的平等の観念の下では、何が合理的な区別なのか、それをいかに判断するのか、が重要な問題となる。以下で見る、日本国憲法におけ

세미나 후 한참 지나[599] 只野 교수로부터 '回答과 提案'[600]이라는 문서를 전달받았다. (a) 필자의 주장은 납득할 수 없다, 수용할 수 없다. (b) 그러나 章節의 編制를 고쳐서 파일을 제출하면 학위 논문으로 채택하겠다. 이 정도가 요지다. 의견 중 앞의 것을 보자.[601]

る平等に関する議論は、主にこの点をめぐってなされてきた。](渡辺康行・宍戸常寿・松本和彦・工藤達朗, 『憲法1基本権』 日本評論社, 2016, 132) 각 밑줄은 필자가 추가하였다. 필자가 보기에 이 책은 A설을 받아들이고 있다. (i)이 이 점을 보여 준다. 그런데, 갑자기 (ii) 즉 Ca설을 끌어들이고 있다. 이 말이 평등론의 어딘가에서 언급되어야 할 '멋있는 말'로 생각한 듯하다. 이렇게 말하고 보니, 실질적 평등을 보장하지 않는다는 앞의 말(i)과 충돌하는 문제가 생겼다. 그래서 부랴 부랴 (iii)과 같은 말을 할 수 밖에 없었다. 그런다고 해결될 일이 아니다. 실질적 평등의 논리를 제공해 주는 Ca설을 채택해 놓고, Ca설은 그런 뜻이 아니라고 강변한다. 정리가 안 되니 당황하였다. 마무리는 하여야 하겠기에, Ca설(평등이 같은 것은 같게 다른 것은 다르게 취급할 것을 명령한다는 학설)은 B설(평등은 합리적 차별을 허용한다는 학설)과 같은 의미라고 얼버무렸지만, 이 말도 틀린 말이다. 필자가 보기에, (ii)는 하지 말았어야 할 말이었다. 그러면 당연히 (iii)도 기술될 필요가 없다. '멋있어 보이는 말' 한 마디를 집어넣으려다 보니 문장이 엉망으로 되었다. 필자의 추론이 크게 틀리지는 않을 것이다. 공저자들 사이에 논란이 있었을 것이다. 일본 헌법 교과서에서 C설은 악세사리처럼 취급되고 있다는 느낌을 받았다. 의미 없다고 생각하지만, 어딘가에 기재하여야 하는 것. 앞에서 설명한 辻村みよ子, 『憲法(第7版)』 日本評論社, 2021, 154의 설명도 '악세라리'의 관점에서 보면 쉽게 이해된다. 다만, 奥平康弘, 『憲法Ⅲ』, 有斐閣, 1993, 117 이하는 Ca설('같은 것은 같게, 다른 것은 다르게'를 평등의 의미로 이해)을 주장했다. 그러나 그는 스스로의 주장이 실패한 것임을 자인했다. 奥平康弘, "「人はすべて平等に創られ…」考(上)", 『法學セミナー』, 2000年1月, 86頁. 이 점은 《평등의 모순》, 11 이하 참조.

599) 그 사이에 이러 저러한 수정 요구가 있었다.

600) 回答と提案.

601) 아래에서 보이는 3개의 코멘트가 필자의 논문 내용에 관한 언급 전부이다. 그 이전에도 없었고, 이후에도 없었다. 文字로 없었을 뿐만 아니라 口頭로도 없었다. 달리 언급이 있었음에도 필자가 이것들만 보이는 것이 아니다.

"다음은 정씨의 주장입니다. 우선 전제가 되는 부분입니다. 상대적 평등의 개념이나 입법자 구속설을 정면으로 비판하고 있는 것, 그리고 '헌법은 대부분의 차별에 무관심하다'는 결론은 저 자신도 그렇지만, 상대적 평등 · 입법자 구속을 전제로 하는 입장에서는 아무래도 타협하기 어려운 부분입니다."[602)]

첫머리에 "우선 전제가 되는 부분입니다."라는 말이 있다. 전제가 된다는 것은 무엇을 말하는 것일까. 국어사전에서 '전제'를 찾아보니, "어떠한 사물이나 현상을 이루기 위하여 먼저 내세우는 것."이라는 정의가 나온다. 그러면 무엇의 전제로 되는가? 필자의 주장에 대한 평가에 이어서 바로, "이상을 전제로, 다시 한번, 제 요청을 전달합니다."[603)]고 한다. 필자의 논문에 대한 평가를 '전제'로 '요청'을 전달하였다. 당연히 그 요청이 수용되지 않으면 필자의 학위 청구도 거절하겠다는 취지로 이해된다.

물론 바로 요청 사항을 전달할 수 있다. 그런데 그렇게 하지 않는 것은 그것이 타당하지 않기 때문이다. 상대방에게 어떤 새로운 '요청'을 함에 있어서는 그 요청을 정당한 것으로 만드는 설명, 다시 말하면 그 요청을 할 수밖에 없는 이유를 설명하고, 상대방의 이해를 구하기 위하여 '요청'의 '전제'를 제시한다.

전제로 제시된 사유들은 정당한 것이어야 한다, 이유가 부당한데, 그 결론이 정당할 수는 없다.[604)] 그리고 전제를 제사하는 쪽에서도 그 전제의 정당함에 대해 상대방이 논박할 수 있음을 받아들인 것으로 이해되어야 할 것이다.

---

602) "次に、鄭さんのご主張についてです。先ず前提となる部分です。相対的平等の概念や立法者拘束説を正面から批判していること、そして「憲法は大部分の差別に無関心だ」という結論は、私自身もそうですが、相対的平等・立法者拘束を前提とする立場からは、どうしても折り合いがつけにくいところです。"

603) "以上を前提に、あらためて、私からのリクエストをお伝えします。"

604) 물론 자연과학에서는 설명이 적절하지 않더라도 결론이 타당할 수는 있다. 그러나 규범학에서는 그런 상황이 있기 어렵다.

필자는 只野 교수의 전제에 대한 판단이 필자의 요청을 정당화하는 것으로 이해되지 않는다. 당연히 틀린 결론을 가진 논문이 수용되기는 어려울 것이다. '1+1=10'라고 하는 논문을 어떻게 받아들일 수 있겠는가.[605] 문제는 논증이다. 필자의 주장은 논박되지 않았다.[606] 只野 교수는 두 개의 질문 비슷한 것을 하고 있을 뿐이다.

그런데, 只野 교수도 자신들의 이론에 문제가 있다고 인정한다. 문제가 있지만, 어찌 어찌 임시방편적(Ad hoc) 방법으로 대처해 나가면 되지 않겠는가 하는 말을 하고 있을 뿐이다. 궁색하다.

필자의 주장을 틀렸다는 논증을 하지도 않으면서, 스스로의 이론에 문제가 있다고 하면서도, 필자의 제안이 그 문제를 해결하는데 도움이 되는가를 검토하지도 않으면서, 마치 논문 수용의 전제 문제로 필자의 논지가 틀렸다고 하는 것 같이 보였다.

사실 몇 줄 안 되는 이 짧은 글을 보면서, 只野 교수의 태도를 이해하게 되었다. 필자의 주장을 틀렸다는 점을 논리적으로 말하기는 쉽지 않았을 것이다. 그러면서도 주장이 마음에는 안 들었나 보다. 이해할 수 있다. 상대적 평등설은 법학계에서 가장 유명한 학설 중 하나이다. 只野 교수도 '절대적 평등설은 틀렸고 상대적 평등설이 옳다'는, 化石化된 말을 수십년간 강의실에서 해 왔을 것이다. 그런데, 그것을 재검토해 보자는[607] 필자의 주장이 반가울 리 없다. 그러나 학문의 말이 꼭 반가운 말이어야 하는 것은 아니다. 고통스러운 말이라도 받아들여야 할 때가 있다.[608]

---

605) 물론 이진법을 전제로 하면 맞는 말이다. 우리가 틀렸다고 판단하는 것은 10진법을 당연한 전제로 받아들이기 때문이다. 만약 10진법을 전제로 '1+1=10'이라고 주장하였다면, 그 주장이 틀렸음에 큰 이론이 있기 어렵다. 그러나 이진법을 전제로 한 것이라면, 설명 부족 또는 논증 부족 문제로 돌아가고, 틀린 것은 아니다.

606) 논증 없이 타인의 주장을 비판할 수 없다. 적어도 학문의 세계에서는 그렇다. 욕설은 논증 없는 비판이다. 논증이 들어갈 자리에 욕설을 넣으면 싸움이 된다.

607) B설은 평등의 의미에 관한 학설이 아니고, C설은 평등의 의미로 수용될 수 없다는.

608) 이후의 문서에서 只野 교수는 다음과 같이 기술했다. "또 이미 간행된 혹은 앞으로 간

물론 법학은 과학이 아니다. 참과 거짓을 논하는 학문은 아니다. 그러므로 주장의 참됨을 증명할 수는 없다. 그러나 어느 주장이 좀 더 논리적인가는 검토할 수 있다. 필자는 無矛盾性이 법학의 주장을 검증하는 기초적인 기준으로 되어야 한다고 믿는다. 이것마저 수용되지 아니하면, 법학은 학문성을 잃을 수 밖에 없다.

법학이 '깡패의 학문'이라는 말을 들은 지는 오래되었다. 어느 쪽이 더 좋은 논증을 하는가를 살피기보다는, 어느 쪽에 가담하는 학자가 더 많으냐를 따져서 다수설이니, 통설이니 하면서 그것이 과학에 있어서의 진리를 代替한다고 보고 있으니, 그런 말[609]을 들을 만도 하다.[610] 한편 필자는 다수설, 통설을

행될 저서에 대한 학문적 평가는 널리 학계의 논의에 맡겨져야 할 것입니다. 비판적인 응답이 있어도, 뛰어난 저작이라면 언젠가 평가는 정해질 것입니다. 만약 그렇게 되면, 나의 불수리라고 하는 결론이 타당하지 않았던(범용한 연구자에게는, 참신한 논의의 의의를 이해할 수 없었다) 것의 증거도 된다고 생각합니다."[また、すでに公刊された、あるいは今後公刊される著書についての学問的評価は、広く、学界の議論に委ねられるべきものでしょう。批判的な応答があっても、優れた著作であればいずれ評価は定まるでしょう。もしそうなれば、私の不受理という結論が妥当ではなかった(凡庸な研究者には、斬新な議論の意義が理解できなかった)ことの証左にもなると思います。] 이 말을 어떻게 평가하여야 하나? 필자는 필자의 책을 박사논문으로 받아줄 수 있느냐고 물었고, 거기에 흔쾌히 응답하기에 번역본을 제출했다. 학계의 평가는 잘 모르겠다. 얼마나 필자의 주장을 이해했는지는 모르겠지만, 〈세종도서〉에 선정된 것은, 그 평가의 일환이라고 생각한다. 그런데, 필자의 책에 대한 평가는 학계에 맡겨야 하고 자신은 박사학위 논문으로는 수용할 수 없다고 한다. 나중에 필자의 주장이 학계에서 수용되면, 자신의 판단이 타당하지 않았다는 증거가 될 것이라고 한다. 이것을 어떻게 이해해야 하나. 본문에서 소개하는 애로우의 박사논문 이야기를 보더라도 只野 교수의 말은 타당하지 않다. 애로우에게 박사학위가 수여된 것은, 그의 주장을 심사위원이 전부 이해하고 수용했기 때문이 아니다. 그리고 실제로 그의 박사논문에는 오류가 있었다. 필자는 只野 교수가 무책임하다고 생각한다. 아니면, 네가 감히 일본의 학술을 비판하면서 학위를 받으려 하느냐, 하는 傲慢이 이 결론까지 이끌었을 것이라고 생각한다.

609) '법학은 깡패의 학문이다.'

610) 물론 과학의 영역에서도 전혀 이런 속성이 없는 것은 아니다. paradigm의 전환은 많은 경우 가치관의 전환과 동행한다. 천동설과 지동설 또는 창조설과 진화설은 그런 것을 잘 보여준다. 필자의 말은 아니다. 토머스 쿤(Thomas Kuhn, 1922. 7. 18. -

어떤 절차를 통해 확인하는지도 알지 못한다. 어떻게 확인하는가? 교과서에 많이 언급되면 다수설이고 통설인가?

그런데 생각해 보자. 교과서 저자들은 자신의 고유한 주장을 만들어 교과서에 쓰기 싫어한다. 교과서가 덜 팔리기 때문이다. 그냥 무난하게, 그대로 답안지에 쓰더라도 아무 문제가 되지 않는 말들로 교과서를 채우고 싶어 한다. 필자는 자신의 주장과 다른 판례가 나오자 아무런 말도 없이 바로 자신의 교과서 기재를 바꾸는 경우를 보았다.

교과서가 상업주의와 결합하면, (교과서를 기준으로 하는) 다수설, 통설은 바뀔 수 없다. 생각해 보라. 헌법 교과서 100년 역사에 무엇이 달라졌는가?[611] 물론 새로운 논의가 추가된 것이야 있겠지만, 기존의 통설이 새로운 논의를 통해 바뀐 경우는 거의 없다. 아무 것도 달라지지 않았다면, 그 동안 연구자들은 아무 것도 안 했는가?[612]

'折り合いがつけにくい'라고 하였다. 번역기에 넣어보면 '타협이 어렵다' 정도로 번역된다. 필자로서는 타협이 뭔지 잘 모르겠다. 거래를 하는 것도 아닌데, 타협이라는 말이 왜 쓰이는지 모르겠다. 필자는 받아들일 수 없다, 납득할 수 없다 정도로 이해했다.

필자로서는 좀 난감한 말이다. 학위 논문의 논지가 심사위원에게 수용된다,

1996. 6. 17.)의 통찰이나. 그러나 정도의 차이는 분명히 있다. 예를 들어 제임스 왓슨(James Watson, 1928. 4. 6. -)이 1953. 이중나선구조에 관한 논문을 쓰고 그것이 학계에서 바로 수용되는 과정, 앤드류 와일즈(Andrew Wiles, 1953. 4. 11. -)가 1995. 페르마의 마지막 정리를 증명하고 학계가 바로 이를 수용하는 과정, 그리고리 페렐만(Grigori Perelman, 1966. 6. 13. -)이 2003. 푸앵카레의 추측을 증명하고 학계가 바로 이를 수용하는 과정은 법학계에서는 발견하기 어렵다.

611) 필자는 이 말을 형법 교수에게 들었다. 헌법도 크게 다르지 않다.

612) 이런 관점에서 보면, 교과서를 쓰지 않겠다고 말하는 학자는 학문적으로 좀 더 양심적이다. 현재 헌법 교과서 중 두꺼운 것은 거의 2,000쪽에 달하는데, 한 사람이 모든 최신 이론을 섭렵하여 써낸다는 것은 불가능하다. 몇 권의 교과서를 펼쳐놓고, '헤쳐 모아' 새로운 하나의 교과서를 만들어 내는 모습이 그려보는 것이 훨씬 실상에 부합할 것이다.

안 된다는 것이 무슨 의미를 가지는 것일까. 심사위원에게 수용되어야 논문이 통과되는 것은 아닐 것이다. '전제'라는 말과 '타협할 수 없다'는 말을 결합하면 논문의 논지를 수용할 수 없으니, 학위를 수여하는 것이 어렵다는 것으로 이해되기도 한다.

케네스 애로우(Kenneth Arrow)613)가 1951년 컬럼비아대학에 불가능성 정리(impossibility theorem)614)를 제시한 박사 논문615)을 제출했을 때, 심사위원들이 그의 논문을 이해하지 못했다는 이야기는 꽤 유명하다. 박사 논문이 책616)으로 출간된 후에도, 그 책 속의 오류를 1961년 애로우가 스스로 교정하기 전까지 아무도 눈치채지 못했다는 것도 유명하다.617) 심사위원이 이해를 못 하였다고 하여 그것이 틀린 것은 아니다.

이해할 수 없을 때, 그 이해의 간극을 메우는 데 더 없이 좋은 역할을 하

613) 1921. 8. 23. ‒ 2017. 2. 21.

614) 투표자들에게 세 개 이상의 대안이 제시되었을 때, 어떤 투표 제도도 공동체의 일관된 선호 순위(ranked preferences)를 찾아낼 수 없다는 것, 즉 애로 정리에서 제시된 몇 가지 기준을 충족하면서, 선호의 '완전성'(completeness)과 '이행성'(transitiveness)을 만족시킬 수 있는 사회후생함수(social welfare function)를 찾을 수 없다는 것. 필자도 내용은 모른다. 그러나 현재는 학부 수준에서 다루는 일반이론으로 되었다.

615) 《A Difficulty in the Concept of Social Welfare》.

616) 《Social Choice and Individual Values》.

617) 그런 사례가 있다는 것이다. 필자의 논문이 애로우 논문의 수준에 있다는 말은 전혀 아니다. 당연한 말이지만 기재하여 둔다. 법학에서 그런 논문이 나올 수 있을까? 사실 라이프홀쯔(Gerhard Leibholz, 1901. 11. 15. ‒ 1982. 2. 19.)가 1921년에 19세의 나이에 Johann Gottlieb Fichte에 관한 논문 《Fichte und der demokratische Gedanke. Ein Beitrag zur Staatslehre》로 철학박사 학위를 받고, 1925년에 평등을 다뤄 받은 법학박사 논문 《Die Gleichheit vor dem Gesetz. Eine Studie auf rechtsvergleichender und rechtsphilosophischer Grundlage》가 이에 필적할 만하다. 그가 1951년 연방헌법재판소의 초대재판관이 되어(1951. 9. 7. - 1971. 12. 8.) 남서국 판결에서 자신의 평등이론을 설파하였다. 이것이 독일 헌재의 판례로 확립되었다. 영문으로 간행된 그의 관련 논문으로는 다음과 같은 것이 있다. Leibholz, Gerhard. "Equality as a principle in German and Swiss constitutional law", *J. Pub. L.* 3(1954):156.; Leibholz, Gerhard. "The Federal Constitutional Court in Germany and the "Southwest Case", *American Political Science Review* 46.3 (1952): 723-731.

는 것은 質問(question)이다. 질문과 대답을 통해 의문의 양은 줄어들 것이고, 이해의 양은 늘어날 것이다. 그리고 오류도 줄어들 것이다. 그래서 좀 더 좋은 결론에 다가갈 수 있을 것이다. 그런 것이 학문이라고 믿는다. 우리가 학문을 통상 學文[618]이라고 기재하지 않고, 學問[619]이라고 기재하는 것도 질문의 중요성과 관련이 있다. 필자는 필자의 아이디어에 대해 只野 교수로부터 질문을 받아보지 못했다. 이 점은 아쉽다.

필자는 타협하자고 논지를 세운 것은 아니다. 그리고 누군가에게 받아들여지기 위해 논지를 세운 것도 아니다. 물론 받아들여지고 수용되는 것을 거절할 이유야 없겠지만, 필자로서는 그냥 필자의 생각을 말할 뿐이다.[620] 그리고 다른 생각을 말하는 것은 연구자에게 강조되어야 할 덕목이다. 틀린 것을 말하는 것을 두려워하지 말고, 다른 것을 말하려 노력하여야 한다. 필자는 그렇게 생각한다. 그것을 獨創性(originality)이라고 한다.

필자는 동료들에게 수용되는지 여부가 학문의 본질을 구성한다고는 생각하지 않는다. 논리적으로 모순이 없는가? 논리적으로 흔들리지 않고 자신의 주장을 말해내는가? 이런 정도가 학문의 본질을 구성한다고 생각한다. 유용(useful)한가도 무관하다고 생각한다.

15세기에 죽은 시인이 어떻게 죽었는가를 연구하는 연구자의 이야기를 다룬 다음 소설은 무척 흥미롭다. 페니위드 박사는 스스로 그것이 의미 없는

618) ≪서경≫, ≪시경≫, ≪주역≫, ≪춘추≫, 예(禮), 악(樂) 따위의 시서·육예를 배우는 일. 우리가 이해하는 學問보다는 폭이 좁다.

619) 中庸에 나오는 박학심문(博學審問)의 줄임말로 이해되고 있다. 博學審問愼思明辨篤行. 널리 읽고, 자세히 물으며, 신중히 생각하며, 명확하게 구분하여 말하고, 독실히 행하여야 한다. 學을 흔히 배운다고 해석하는데, 필자는 읽는다고 해석한다. 공자의 말이라고 전해지는 學而不思則罔思而不學則殆를 보면 좀 더 분명하게 이를 확인할 수 있다. '남의 것을 읽어서 받아들이는 것'과 '스스로 생각하는 것'을 대비시켜 말하고 있다. 여기서 學을 공부한다고 이해하면, 對比가 불분명해진다.

620) 그러고도 월급을 받아 생활할 수 있으니 행복함을 느낀다. 이것이 얼마나 많은 연구자들의 이상이냐.

줄 알면서도 연구를 진행한다. 누가 이 사람을 비난할 수 있는가.

> "거대한 탑이 어둠에 잠겼다. 페니위더 박사는 우울했다. 박사는 혐오스러운 눈빛으로 책을 바라보았다. 이 책 덕분에 1년을 파리에 머물 수 있게 되었다. 학과장은 뭔가를 출판하거나 아니면 관두라고 말했고, 페니위더는 뭔가를 써내는 쪽을 택했으며, 그 보상으로 1년 동안 학교를 떠나 있을 수 있었지만 대신 월급은 없었다. 먼슨대학은 강의를 하지 않는 교수에게 급여를 줄 만한 여력이 없었다. 그래서 페니위더 박사는 저축한 돈을 긁어모아 파리로 왔다. 학생 때처럼 다락방에 살면서 국립도서관에서 15세기 문헌들을 읽으며 길가 밤나무에 꽃이 피는 것을 보며 살기 위해서였다. 그러나 아무 소용 없는 짓이었다. 페니위더는 마흔 살이었고, 다락방에서 혼자 살기에는 나이가 너무 많았다. 진눈깨비는 막 봉오리 지기 시작한 밤꽃들을 망쳐놓을 터였다. 페니위더 박사는 이제 자기 일에는 진저리가 났다. 1463년에 살았던 시인 프랑수아 비용의 불가사의한 실종을 설명하는 이론에 누가 관심을 보이겠는가? 아무도 없었다. 역사상 가장 위대한 비행 청소년이었던 불쌍한 비용에 관한 페니위더 박사의 이론은 증명할 수 없는 가설에 불과했고 진실은 500년이라는 시간 저편에 있었다. 아무것도 증명해 낼 수가 없었다. 게다가 비용이 몽포콩의 교수대에서 죽었건 아니면 (페니위더의 생각대로) 이탈리아로 가던 중 리옹의 사창가에서 죽었건 그게 무슨 상관이란 말인가? 그런 일에 누가 관심을 보인단 말인가? 그런 일에 관심을 보일 정도로 비용을 사랑하는 이는 아무도 없었다. 또한 그 누구도 페니위더 박사를 사랑하지 않았다. 페니위더 자신조차도 자신을 사랑하지 않았다. 왜 페니위더가 자신을 사랑해야 한단 말인가? 사교성 없고 독신에 돈도 못 버는 탁상공론가로 난방도 안 되는 허름한 다락방에서 사람들이 읽지도 않을 책이나 한 권 더 쓰려고 애쓰는 인물을 누가 사랑한단 말인가?"[621]

이 무의미한 연구[622]를 하는, "사교성 없고 독신에 돈도 못 버는 탁상공론

---

621) 어슐러 K. 르 귄(최용준 옮김), 『바람의 열두 방향』, 시공사, 2014, 56-57. 밑줄은 필자가 추가한 것이다.

622) 약 2천년 전 폼페이에 닥친 '그날의 비극'을 보여주는, '금팔찌의 집'이라 명명된 화석의 주인공들이 가족이 아니라는 것이 논문의 주제가 되었다고 한다. 필자는 잘 모르는 잡지지만, 《Current Bioloby》라는 학술지에 실렸다고 한다. 연합뉴스 기사다. 기사 송고시간 2024. 11. 8. 11:09.
https: · · www.yna.co.kr · view · AKR20241108067200009?section=international · all&sit

가로 난방도 안 되는 허름한 다락방에서 사람들이 읽지도 않을 책이나 한 권 더 쓰려고 애쓰는 인물"이야말로 가장 학문적으로 성숙한 사람이다. 학문의 본질은 무의미함에 의해 흔들리지 않는다.[623)]

법학도 하던 대로, 살던 대로 살더라도 큰일 안 날지 모르지만, 좀 더 논리적으로 나은 체계를 만들어 보고자 하는 노력이 폄훼되어서는 안 된다. 대충 이렇게 해도 문제가 해결되는 것 아닌가요, 이런 말은 법학의 학문적 가치, 더 나아가 학문의 본질을 훼손한다.[624)]

---

e=hot_news이런 것도 연구의 주제로 된다. 세상에 연구하지 못할 주제는 없다.

623) 수학을 하는 사람들이 이런 말을 많이 한다. 수학자들이 우주의 모양을 궁리하기도 한다. 푸앵카레의 추측(Poincaré conjecture)은 이와 관련된 것이다. 물론 직접 우주의 모양을 말하는 것은 아니다. 푸앵카레(Henri Poincaré, 1854. 4. 29. - 1912. 7. 17.)는 '모든 경계가 없는 단일 연결 콤팩트 3차원 다양체는 3차원 구면과 위상동형일 것'이라고 추측했다. 물론 이것이 우주의 모양을 직접 알아내는 것과는 무관하다. 어떤 하나의 닫힌 3차원 공간에서 모든 폐곡선이 수축되어서 하나의 점이 될 수 있다면, 이 공간은 반드시 구로 변형될 수 있다고 말할 뿐이다. 2000년 미국 클레이연구소는 이것을 증명하면 100만 달러를 수셨나고 懸賞했다. 그리고리 페렐만(Grigori Perelman, 1966. 6. 13. -)이 2002년과 2003년에 이를 증명하는 논문을 내고도, 100만 달러 수령을 거절했다. 그리고 Fields Medal도 거절했다. Fields Medal은 수학에 있어서 노벨상에 버금가는 권위를 갖는다. 차라리 받기 더 어렵다고 보이기도 한다. 4년마다 4명까지만 授賞한다. 그리고 40살 이하여야 수상할 자격이 있다. 바로 아래 註에 있는 허준이 박사도 2022년에 받았는데, 이 때 못 받았으면 수상 자격이 없었다. 페렐만은 그의 어머니가 받는 연금에 기대어 산다고 알려져 있다. 뉴욕대에 페렐만이 논문을 제출했는데 지도교수가 풀이가 너무 간결하다며 다시 써왔으면 좋겠다고 하자, 그의 표정은 "거기서 뭘 더 추가하느냐?"라는 듯한 표정이었다고 한다 https: · · namu.wiki · w · %EA%B7%B8%EB%A6%AC%EA%B3%A0%EB%A6%AC%20%ED%8E%98%EB%A0%90%EB%A7%8C 참고. 필자의 논문에 주가 부족하다는 비판에 대해, 논증의 충분성은 보는 사람에 따라 다르다는 말을 하기 위해 이 링크를 공유한다. 只野 교수는 필자의 논문에 註釋이 적다고 비판했다.

624) 결론을 바꾸지 않더라도, 똑 같은 결론에 이르더라도 논문으로서의 가치를 가지는 경우는 얼마든지 많다. 히로나까 헤이스케(広中平祐, 1931. 4. 9. -)는 1970년에 폭발(blow-up)을 통해 대수적 다양체의 특이점을 해소할 수 있다는 점을 증명하여(위키피디아는 그의 연구를 다음과 같이 설명하고 있다. Generalized work of Zariski who had proved for dimension ≤ 3 the theorem concerning the resolution of singularities on an algebraic variety. Hironaka proved the results in any

먼저 필자의 주장에 대한 只野 교수의 의견 중 상대적 평등설에 관한 부분을 보자.

> "(i) 상대적 평등에 난점이 있음은 물론입니다만, (ii) 문언에 의거한 논리로 상대적 평등을 부정하는 것이 적절한 접근법인지, 아무래도 의문이 남습니다. (iii) 상대적 평등을 전제로 평등론을 계속 정련해 간다, 라고 하는 것도 있을 수 있는 접근법이 아닐까요."[625]

앞에서 본 것처럼, 상대적 평등이라 불리는 학설들이 네댓 개나 있다. 일본의 경우 5개가 있더라고 이야기하였다. 이 책에서 이름 붙인, B설[626], Ca설[627], Cb설[628], Cc설[629]이 모두 상대적 평등설로 불린다는 점은 앞에서 이야기했다.

그러면, 只野 교수가 말하는 상대적 평등설은 어느 것인가? 어느 것이, 문제가 있지만, 정련해 나갈 상대적 평등설인가? 나머지 상대적 평등설에 대한 의견은 무엇인가? 이것이 일본에서의 평등론의 가장 근본적인 문제라 할 수 있다. 짐작 가는 상대적 평등설이 있지만,[630] 이 물음만을 앞에 두고는, 전혀 대

---

dimension.) 1970년 Fields Medal을 받았다. 그는 이제 자신의 증명을 볼 필요가 없다고 말한다. 자기보다 훨씬 좋은 방법으로 된 증명이 여럿 있기 때문이다. 그가 2022년에 Fields Medal을 받은 한국계 미국인(한국인은 아니다.) 허준이(許埈珥, 1983. 6. 9. -) 교수와의 인연은 유명하다. 법학에서는 '同旨'로 표시되는 연구들이 많다.

625) [相対的平等に難点があることはもちろんですが、文言に依拠した論理で相対的平等を否定することが適切なアプローチなのか、どうしても疑問が残ります。相対的平等を前提に平等論を精錬し続けてゆく、というのもあり得るアプローチではないでしょうか。]

626) 합리적 차별을 허용한다는 주장. 여기에는 두 가지가 있다고 설명했다. Ba설, Bb설. Ba설은 논리적으로 말이 안 되는 학설이다. 서로 하나의 논점을 두고 길항하지 않기 때문이다.

627) 같은 것은 같게, 다른 것은 다르게.

628) 같은 것은 같게, 다른 것은 그 비율에 따라 다르게.

629) 같은 것은 같게.

630) B설일게다. 只野 교수가 공저한 책에서는 이것을 상대적 평등설이라 부른다.

답할 수 없다. 이 물음에 대답을 들으려면, 상대적 평등설이라 불리는 5개의 학설 중에서 특정하여, 이 학설을 정련해 나가면 안 되겠느냐고 물어야 한다.

5개의 상대적 평등설 중, B설은 평등의 의미에 관한 학설이 아니다. 평등의 의미를 어떻게 이해하든,[631] 평등의 이상 상태에 벗어나면 바로 위헌으로 되는가 하는 문제는 별도로 논의되어야 할 문제이다. 서로 독립적이다(independent).

<table>
<tr><th>(i) 평등의 의미</th><th>(ii) 평등권의 성격(예외 허부?)</th></tr>
<tr><td rowspan="2">A설[632]</td><td>절대설</td></tr>
<tr><td>상대설(B설)</td></tr>
<tr><td rowspan="2">C설[633]</td><td>절대설</td></tr>
<tr><td>상대설(B설)</td></tr>
</table>

631) 모든 사람이나 사물, 사태에 대해 모두 똑 같은 취급을 하여야 한다는 A설이나, 아리스토텔레스의 정의론에 기반한 C설(Ca설, Cb설, Cc설) 중 어느 것을 채택하더라도.

632) 모든 사람, 사물, 사태에 대해 똑같은 취급을 하여야 한다는 설. 우리나라에는 이렇게 주장하는 학자는 없는 것 같다. 浦部 교수는 "평등이라는 관념은 비교를 전제로 한 관념이다. 따라서 법률상 취급에 있어서 평등해야 한다는 헌법원리로서의 평등원칙은 어떤 국민을 다른 국민보다 법률상 유리 또는 불리하게 취급하는 것을 금지하는 효과를 가진다. 즉, 그것은 법률상의 균일 취급을 요청하는 것이라고 할 수 있다."[「平等」という観念は、比較を前提にした観念である。したがって、法律上の取扱において平等でなければならないとする憲法原理としての平等原則は、ある国民を他の国民よりも、法律上有利または不利に取り扱うことを禁止する効果を有する。すなわち、それは、法律上の均一取扱を要請するものであるといえる。]고 한다.{樋口陽一·佐藤幸治·中村睦男·浦部法穂, 『注釋日本國憲法(上卷)』 青林書院, 平成3年, 317(浦部法穂 執筆)} 이렇게 말하는 사람은 없는데, B설을 주장하는 일본의 학자들은 전부 이것을 전제로 논의한다는 것을 기억할 필요가 있다. 우리나라도 마찬가지다. 양자 사이에 다른 취급이 있음을 확인하고 바로 차별이 있다. 그러므로 정당화 심사에 나아가야 한다고 말하는 학자들은 전부 이 A설을 받아들인 것이다. 그렇나 그것을 말하지는 않는다. 왜 그런가? 평등의 모순, 평등의 딜레마에 봉착하기 때문이다.

633) 아리스토텔레스의 정의론에 기반한 Ca설, Cb설, Cc설을 모두 아울러 C설이라 한다.

필자는 B설에 대해 관심이 없다. 필자의 연구 대상이 아니다. 그렇다고 B설이 틀렸다는 것도 아니다. 사실 이 문제는 기본권의 일반적 성격에 관한 문제이지, 평등권의 고유한 문제도 아니다. 헌법 제37조 제2항은 모든 기본권이 제한될 수 있음을 분명하게 규정하고 있다. 헌재는 우리 헌법상 (제한이 허용되지 않는다는 의미의) 절대권은 인정될 수 없다고 하였다.[634)][635)]

---

634) "인간의 생명에 대하여는 함부로 사회과학적 혹은 법적인 평가가 행하여져서는 아니되고, 각 개인의 입장에서 그 생명은 절대적 가치를 가진다고 할 것이므로 생명권은 헌법 제37조 제2항에 따른 제한이 불가능한 절대적 기본권이 아닌지가 문제 될 수 있다. 그런데 우리 헌법은 절대적 기본권을 명문으로 인정하고 있지 아니하며, 헌법 제37조 제2항에서는 국민의 모든 자유와 권리는 국가안전보장.질서유지 또는 공공복리를 위하여 필요한 경우에 한하여 법률로써 제한할 수 있도록 규정하고 있는바, 어느 개인의 생명권에 대한 보호가 곧바로 다른 개인의 생명권에 대한 제한이 될 수밖에 없거나, 특정한 인간에 대한 생명권의 제한이 일반국민의 생명 보호나 이에 준하는 매우 중대한 공익을 지키기 위하여 불가피한 경우에는 비록 생명이 이념적으로 절대적 가치를 지닌 것이라 하더라도 생명에 대한 법적 평가가 예외적으로 허용될 수 있다고 할 것이므로, 생명권 역시 헌법 제37조 제2항에 의한 일반적 법률유보의 대상이 될 수밖에 없다. 예컨대 생명에 대한 현재의 급박하고 불법적인 침해 위협으로부터 벗어나기 위한 정당방위로서 그 침해자의 생명에 제한을 가하여야 하는 경우, 모체의 생명이 상실될 우려가 있어 태아의 생명권을 제한하여야 하는 경우, 국민 전체의 생명에 대하여 위협이 되는 현재적이고 급박한 외적의 침입에 대한 방어를 위하여 부득이하게 국가가 전쟁을 수행하는 경우, 정당한 이유 없이 타인의 생명을 부정하거나 그에 못지 아니한 중대한 공공이익을 침해하는 극악한 범죄의 발생을 예방하기 위하여 범죄자에 대한 극형의 부과가 불가피한 경우 등 매우 예외적인 상황 하에서 국가는 생명에 대한 법적인 평가를 통해 특정 개인의 생명권을 제한할 수 있다 할 것이다. 한편, 헌법 제37조 제2항에서는 자유와 권리를 제한하는 경우에도 자유와 권리의 본질적인 내용을 침해할 수 없다고 규정하고 있다. 그런데 생명권의 경우, 다른 일반적인 기본권 제한의 구조와는 달리, 생명의 일부 박탈이라는 것은 상정할 수 없기 때문에 생명권에 대한 제한은 필연적으로 생명권의 완전한 박탈을 의미하게 되는바, 이를 이유로 생명권의 제한은 어떠한 상황에서든 곧바로 개인의 생명권의 본질적인 내용을 침해하는 것으로서 기본권 제한의 한계를 넘는 것으로 본다면, 이는 생명권을 제한이 불가능한 절대적 기본권으로 인정하는 것과 동일한 결과를 가져오게 된다. 그러나 앞서 본 바와 같이 생명권 역시 그 제한을 정당화할 수 있는 예외적 상황 하에서는 헌법상 그 제한이 허용되는 기본권인 점 및 생명권 제한구조의 특수성을 고려한다면, 생명권 제한이 정당화될 수 있는 예외적인 경우에는 생명권의 박탈이 초래된다 하더라도 곧바로 기본권의 본질적인 내용을 침해하는 것이라 볼 수는 없다. 따라서 사형이 비례

다른 기본권에서는 그 기본권을 제한할 수 있는가 없는가에 대해 특별한 논의가 없는데, 왜 유독 평등권에서는 논의의 冒頭에 절대적 평등설은 틀렸고, 自說, 즉 상대적 평등설이 옳다고 강변하는 것일까? 이 논의를 하더라도 평등의 의미에 관한 논의를 하고, 평등을 논의하는 자리 중 끝 쪽에 있는 자리에서 평등권은 제한될 수 없는가[636] 하는 표목으로 논의하는 것이 타당하다.

그런데 왜 이리 기이한 방법으로 自說을 설명하는 것일까? 필자가 보기에는 평등이 균일취급을 명령한다는 말을 하기 싫었기 때문이다. 이 말을 하면

의 원칙에 따라 최소한 동등한 가치가 있는 다른 생명 또는 그에 못지 아니한 공공의 이익을 보호하기 위한 불가피성이 충족되는 예외적인 경우에만 적용됨으로써 생명권의 제한이 정당화될 수 있는 경우에는, 그것이 비록 생명권의 박탈을 초래하는 형벌이라 하더라도 이를 두고 곧바로 생명권이라는 기본권의 본질적인 내용을 침해하는 것이라 볼 수는 없다."(헌재 2010. 2. 25. 2008헌가23, 판례집 22-1상, 36, 56-58. 밑줄은 필자가 추가한 것이다.)

635) 다만 이 논지가 타당한가에 대해서는 의문이 있다. 사물의 본성상 생명권은 절대권이다. 생명권에 대한 제한은 바로 생명권의 본질을 침해하는 것이다. 위의 판시는 생명권의 본질을 침해하였지만 생명권의 본질은 침해되지 아니하였다고 말하는 것과 같다. 과잉금지원칙에 위배되지 않으면 본질을 침해하지 않은 것으로 이해하겠다는 것은 이론을 왜곡한 것이다. 과잉금지원칙과 본질침해금지원칙은 서로 독립적(independent)인 별개의 원칙이다. 헌재의 일반론에 따르면 그렇다. 사형제를 위헌으로 선언하지 않겠다는 의지가 이론을 왜곡했다. 헌재는 과잉금지원칙과 본질침해금지원칙을 별개의 심사원리라고 본다고 하였는데, 그러면 필자의 의견은 일반론과 다르다는 말인가? 그렇다. 필자는 과잉금지원칙과 본질침해금지원칙을 별개의 심사원리가 아니라고 본다. 이 점에 대해서는 정주백, "과잉금지원칙에 관한 관견", 『헌법재판연구』, 제2권 제2호, 헌법재판연구원, 2015, 267 이하 참조.

636) 평등권에는 제한이라는 관념이 있을 수 없다고들 강변하는데 그것이 무슨 의미가 있는지 모르겠다. 어떤 기본권을 보장하고자 하는 이상적인 상태를 벗어났을 때, 그 상황이 정당화되는가를 심사한다. 평등도 마찬가지다. 평등권이 이상적으로 보는 상태에서 벗어난 상태, 그것이 (헌법이 금지하는) 차별이다. 괄호를 붙인 것은 통상 모든 차별이 정당화 심사를 받는다고 보지만, 필자는 그렇게 보지 않기 때문이다. 헌법 제11조 제1항 후문 사유의 성격에 관련된 논의이다. 차별이 있더라도 헌법이 금지한 사유에 의한 것이 아니라면, 정당화 심사로 나아가지 않는다. 그것이 헌법 제11조 제1항 후문을 존중하는 해석이다. 평등을 제외한 다른 기본권의 경우, 헌법의 명령을 벗어난 상태를 제한이라고 한다면, 평등의 문제에 있어서도 이를 그대로 적용하지 못할 이유가 없다.

평등의 모순[637] 또는 평등의 딜레마를 만나는데, 그 모순, 또는 딜레마를 해소할 수 없으니까, 평등의 의미를 말하여야 할 자리에, 평등의 의미는 말하지 아니하고, 아무도 반대하지 않는 B설을 말하면서, 평등의 의미에 관한 記述을 하지 않고 지나가는 것을 숨겼다. 이것이 B설이 말해지는 이유다.[638]

필자는 이 B설에 관심이 없다. 그냥 그것이 말해지는 위치와 방법이 잘못되었고, 거의 말할 필요가 없는 것[639]을 목소리 높여 말하는 것이 이상하다고 말했을 뿐이다.

그런데 의도를 가지고 그런 것은 아니겠지만, B설은 후학을 欺瞞하는 학설이다. 결국 A설[640]을 전제로 하면서도 그것을 말하지 않는다. "평등은 모든 사람, 사물, 사태에 대하여 같은 취급을 할 것을 명령한다. 다만, 그 명령에 벗어났다고 하여 바로 위헌으로 되는 것은 아니다." 이렇게 말하여야 한다. 이렇게 말하더라도 비난받을 바가 없는 것은 아니다. 두 번째 문장은 '거기'서

---

637) 법은 차별의 체계다. "입법이라는 것은 본래 그 성격상 분류를 하고, 일부 시민에게는 특정한 혜택을 부여하거나 특정한 행동을 요구하며, 다른 시민에게는 그렇게 하지 않는 것이다."(John Ely(전원열 역), 『민주주의와 법원의 위헌심사(Democracy and distrust : A Theory of Judicial Review)』, 나남, 2006, 312) 그런데 평등 조항이 차별을 금지한다. 그러면 입법자는 법을 만들어야 하는가, 만들지 말아야 하는가? 이런 상황을 평등의 모순 또는 딜레마라고 보았다. 입법자에게 법을 만들라고 하면서, 다시 평등조항을 통해 법을 만들지 말라고 명령하는 형국을 모순이라 보았다. '평등의 딜레마'나 '평등의 모순'은 필자의 造語다.

638) 위에서도 언급했지만, 가사 B설을 언급하더라도 이 자리는 아니다. 교과서의 편제상 훨씬 뒤로 가야 할 논점이다.

639) 아무도 평등의 이상 상태에서 벗어나면, 예외 없이 바로 위헌이라고 말하지 않는다. 그런데도 이 학설을 만들어 세워놓고 비판하는 것은, 그 비판을 통해 자설을 논증하기 위해서다. 절대설이 틀렸으니, 상대설이 맞다고 주장한다. 이런 논증의 오류를 허수아비 오류(strawman fallacy)라고 부른다. 필자는 그럴 필요가 무어 있느냐, 하고 묻는다. 우리 헌법에 모든 기본권은 제한될 수 있다고 정하고 있고(헌법 제37조 제2항), 평등권도 예외가 아니다, 라고 설명하면 끝날 일이다. 큰 소리로 말할 일이 아니다. 아무도 반대하지 않는 주장을, 엉뚱한 자리에서, 뭔가 대단한 것이라도 되는 양 소리치는 형국이 기이하게 보인다.

640) 균일취급설.

말하여질 것이 아니다. 평등을 다루는 章節의 맨 마지막에 가야 할 말이다. 또는 언급하지 아니하여도 좋을 말이다.[641)]

필자가 반대한 것은 C설이다. C설은 그래도 평등이 지향하는 바가 무엇인가를 말하는 학설이다. 평등을 모든 사람, 사물, 사태에 대하여 똑같은 취급을 하는 것[642)]이라고 이해하는 것은 틀렸고, 같은 것은 같게 다른 것은 다르게 취급하는 것으로 이해하는 것이 옳다는 입장이다.[643)][644)]

C설이 평등을 充塡할 수 없다는 점은 이미 밝혔다.[645)] 한 가지 이유를 더 추가하자. 헌법 제11조 제1항 전문[646)]은 '모든 국민은 평등하다'고 선언했다.[647)] 그렇다. 모든 국민은 평등하다. 헌법이 이를 선언하고 있다. 그런데, 왜 국민이 평등하지 않다고 말하는가?

물론, Ca설은 '같은 것은 같게, 다른 것은 다르게'라고 말했지, '평등한 것은

---

641) 다른 기본권에서는 제한 가능성을 각 개별 기본권마다 언급하지 않는다.

642) A설.

643) C설 중에서 대표적인 Ca설의 입장이다. 논의를 간소하게 하기 위하여 Ca설을 C설로 보고 설명하는 경우가 있다. 미리 말하여 둔다.

644) 《평등의 모순》 중에는 왜 C설 계열이 전혀 자신의 주장과도 어울리지 않는 '상대적 평등설'이라는 이름을 붙이는지에 대해서도 설명을 했다. 어떻게 다루는 것이 평등한 것이냐, 하는 것과 '상대적'이라는 말 사이에는 접점이 없다. 그런데도 왜 상대적이라는 이름을 붙였을까? 《평등의 모순》의 159-161쪽에 이 설명이 실려 있다. 이 내용은 제2장 鄭宗燮 * 憲法學原論 ⑩에도 전재해 두었다. 자신의 논증을 하지 아니하고, 자신의 학설이 마치 B설인 것처럼 가장하고, B설의 논증을 이용했다. 다른 학설의 논증에 편승했다. 뻐꾸기는 사기 새끼를 다른 種의 새 둥지에 알을 낳아 다른 종의 새로 하여금 자기 새끼를 기르게 한다. 이를 托卵(brood parasitism)이라 한다. C설의 논증은 托卵을 연상케 한다. 필자는 옳지 않은 방법이라고 생각한다. 자기 새끼는 자기가 키워야 하고, 자기 학설은 자기의 힘으로 논증해야 한다. 이 점을 설명한 위의 인용처를 꼭 한 번 읽어 주기를 바란다.

645) 《평등의 모순》, 112쪽 이하 참조.

646) 일본 헌법 제14조 제1항 전단.

647) 물론 '법 앞에'라는 한정 문언이 붙어 있다. 이것이 붙어 있더라도 이것을 무시하고, 이 전문이 입법자에게 적용될 수 있다고 보는 것이 입법자구속설의 요체다. 필자는 그렇게 보지 않는다. 입법자를 구속하지 않는다고 본다. 전문은 법 집행자만 구속한다고 본다. 가장 중요한 논거는 '법 앞에'라는 문언이고, 이 전문이 입법자를 구속한다고 볼 필요성도 없다고 본다. 입법자에게는 후문이 적용된다.

평등하게, 평등하지 않은 것은 평등하지 않게'라고 말한 바 없다고 말할지는 모르겠다. 그러면 헌법 제11조 제1항 전문에 사용된 평등이라는 말이 같다, 동등하다는 것을 뜻하지 않는다는 말인가? 그렇게 이해하지는 않을 것이다.[648]

그러면 다시 생각해 보자. 헌법 제11조 제1항 전문은 모든 국민이 평등하다고 선언하였다. 그런데도 '사람은 다르다'고 하는 것은 헌법을 부정하는 것이다. 헌법에 위반되는 것에 이론이 있을 수 없다. C설은 헌법에 위반되는 해석이다.

이런 판시를 한번 생각해 보자. "비교의 대상을 이루는 두 개의 사실관계 사이에 서로 상이한 취급을 정당화할 수 있을 정도의 차이가 없음에도 불구하고 두 사실관계를 서로 다르게 취급한다면, 같은 것을 달리 취급한 것이므로 평등권을 침해하였는지 여부가 문제된다"[649]

위 판시는 '같음에도 다르게' 취급하는 경우에만 평등권 침해 여부가 문제된다고 한다, 즉 '같음에도 다르게' 취급하는 경우에는 정당화 심사를 받아야 하고, 정당화되지 아니하면 위헌으로 결정된다는 말이다. 반대로 '같지 아니하다면' 정당화 심사에 나아갈 필요가 없고, 평등권 침해 여부에 관한 심사가 종

648) 판례도 '같은 것은 같게, 다른 것은 다르게'라는 표현을 사용하면서도(헌재 2004. 6. 24. 2004헌바16, 판례집 16-1, 759, 768; 헌재 1997. 4. 24. 96헌가3, 판례집 9-1, 416, 431; 헌재 2013. 5. 30. 2012헌바387, 판례집 25-1, 330, 335), '평등한 것은 평등하게, 불평등한 것은 불평등하게'라는 말도 사용한다. "조세평등주의는 헌법 제11조 제1항에 의한 평등의 원칙 또는 차별금지의 원칙의 조세법적 표현이라고 할 수 있다. 그리하여 조세평등주의는 정의의 이념에 따라 '평등한 것은 평등하게', 그리고 '불평등한 것은 불평등하게' 취급함으로써 조세법의 입법과정이나 집행과정에서 조세정의를 실현하려는 원칙이라고 할 수 있다(헌재 1989. 7. 21. 89헌마38, 판례집 1, 131, 141-142)." (헌재 2003. 1. 30. 2002헌바65, 판례집 15-1, 121, 128) 추가적으로 거시할 수 있는 판례로는, 헌재 2007. 3. 29. 2005헌바53, 판례집 19-1, 240, 252; 헌재 2006. 12. 28. 2005헌바35, 판례집 18-2, 589, 598; 헌재 2013. 7. 25. 2012헌바320, 판례집 25-2상, 212; 재 1989. 5. 24. 89헌가37, 판례집 1, 48, 63.

649) 헌재 2020. 2. 27. 2017헌마1339, 판례집 32-1상, 85, 90. 인용문 중의 판례는 생략하였다.

료된다는 말이다.

위의 판시는 양자가 같은지 다른지를 헌재가 심사하는 것이 정당하다는 것을 전제로 한다. 이상하지 않은가. 평등은 모든 사람이 평등하다고, 했는데, 왜 다시 헌재가 그들을 평가하는가? 이렇게 반론을 하지 싶다. '사실관계'라고 이야기했을 뿐이다. 사람이 같고 다름을 이야기한 것이 아니다.

그러면 이렇게 반론을 할 수 있지 않을까? '두 개의 사실관계 사이에 서로 상이한 취급을 정당화할 수 있을 정도의 차이가 없음에도 불구하고 두 사실관계를 서로 다르게 취급'하는 것을 금지하는 헌법은 어디에 있는가? 헌법 제11조 제1항을 기반으로 한 것 아닌가? 헌법 제11조 제1항은 '사람'의 평등을 이야기하고 있을 뿐인데, 왜 '사실관계'에 적용하는가? 필자가 보기에 위의 반론은 적절한 것이 아니다.

결국 사람의 문제에 있어서도 그 사람들이 같은지 다른지를 평가하여 그들이 같으면 같게 처우하여야 한다고 이해한 것이다.[650] 위에서 예로 든 판례의 취지다. 물론, 이것은 Cc설을 기반으로 한 판시다.[651]

Ca설이나 Cb설의 입상에서는 또 다르게 말할 것이다. Ca설의 입장에서는 같으면 같게, 다르면 다르게 취급하여야 한다고 말할 것이다. Cb설의 입장에 대해서는 더 말하지 않겠다. C설은 전부 사람을 평가한다. 같은지 다른지를 평가한다. 이것은 사람을 평가하지 말라, 모든 사람은 같다고 말하는 헌법 제11조 제1항에 위배되는 발상이다.

이런 것도 생각해 보자. 일본에 C설이 있는가? 앞에서도 말하였지만, C설들

650) 우리는 재판관이 주어진 법을 적용하여 결론을 이끌어내는 기계적인 작업을 하고 있다고 생각할 지 모르지만, 그렇지 않다. 재판관들은 끊임 없이 같고 다름을 판단한다. 같고 다름을 판단한다는 말은 원칙을 선택한다는 말이다. 원칙을 선택한다는 말은 법을 만든다는 말이다.

651) 헌재의 판시들을 보면 사물 사이의 다른 취급의 문제를 극구 사람 사이의 문제로 전환하여 이해하려는 노력들을 볼 수 있다. 대표적으로 우체국보험 사건(헌재 2008. 5. 29. 2006헌바5, 판례집 20-1하, 91)을 들 수 있다. 이 책에서 이 판례는 자주 언급되고 있다.

이 슬그머니 자신들의 주장이 B설과 같은 것이라고 하지 않는가?[652] 이 B설은 A설[653]을 전제로 한 것 아닌가?[654] 그러면 일본에는 A설과 배치되는 학설이 아예 없다고도 할 수 있다.[655][656] 다만, C설을 악세사리(accessory)[657]처럼, 평등론을 다룰 때 언급하여야 할 '멋있어 보이는 말' 정도로 보는 것 같다.

이렇게 보면 필자의 논문에 대한 只野 교수의 '응답과 제안'의 말이 조금 이해되기는 한다. 일본에서는 C설을 기반으로 한 평등의 운용이 없기 때문에, 필자가 말하는 C설의 문제점을 못 느낄 수도 있다. '같은 것은 같게'가 교과서 등에서 언급되기는 하지만, 그것이 규범으로서 작동하지 않는다. 당연히 A설을 전제로 운용되고 있다. 그런데 왜 필자가 상대적 평등설에 대해 열을

---

652) 辻村みよ子, 『憲法(第7版)』 日本評論社, 2021, 154. 더 많은 사례는 《평등의 모순》, 141 이하 참조.

653) 균일취급설.

654) 물론, 논리적으로는 그렇지 않다. C설을 전제로 하고도 B설이 있을 수 있다. 그러나 B설의 주장자들이 그것을 염두에 두고 있다는 것을 발견할 자료는 없었다. C설의 주장자들이 자신들의 학설을 B설과 같다고 본 것은, 다른 것은 다르게 취급하여야 한다(should)는 말을, 다르게 취급할 수도 있다(may)로 오해했기 때문이다. C설을 주장하는 학자들도, 같게 취급하여야 하는데, 다르게 취급하더라도, 예외적으로 정당화될 수 있다, 이것이 C설이라고 이해하였다. '다른 것은 다르게'의 정확한 의미를 이해하지 못한 소이이다.

655) 奥平康弘, 『憲法Ⅲ』, 有斐閣, 1993, 117 이하는 비교적 선명하게 Ca설을 견지하고 있다. 그러나 그도 자신의 학설에 확신이 없다. 2000년에 출간된 논문에서, 그는 모르겠다고 고백했다. 奥平康弘, "「人はすべて平等に創られ…」考(上)", 『法學セミナー』, 2000年1月, 86頁. "僕は憲法研究者の末席にある者として，あれやこれやと不可解·未解決なことをたくさん抱え持っているが，その一つに「平等」というコンセプトがある。憲法にあっては通常「法の下の平等」観念は確固たるものがある。しかし，どうも僕はまだ「平等」周辺を堂々めぐりしていて，一向に会得できないでいる。恥ずかしいが，それが実情である。"[나는 헌법학 연구자의 말석에 있는 자로서 여러 不可解·未解決의 문제를 많이 안고 있지만, 그 중에 '평등'이라는 개념이 있다. 憲法에 있어서 통상 '법 아래 평등'의 관념은 확고하다. 그러나 아무래도 나는 '평등'의 주변을 맴돌고 있을 뿐, 전혀 체득할 수 없다. 부끄럽지만, 그것이 사실이다.]

656) 생존권의 문제를 평등으로 해결하려는 노력은, C설, 특히 Ca설, Cb설을 평등의 의미로 이해하자는 노력과 다르지 않다. Cc설은 이 논의에 도움이 안 된다.

657) かざりもの(飾り物), そうしょくひん(装飾品).

내어서 반대하는지 모르겠다. 이런 정도의 의식의 흐름이 짐작된다.

필자의 입장에서는 이렇게 말할 수 있다. 일본의 교수들이 '같은 것은 같게, 다른 것은 다르게'의 의미를 충분히 이해하지 못하였기 때문에, 또는 판례가 이것을 모르기 때문에 법적 이슈로 떠오르지 않은 것뿐이다. 이것이 법적 도구, 즉 규범력을 획득하면 한국과 똑같은 상황에 처할 것이다.[658] 결국 우리나라는 C설이 규범으로서 헌법재판에 적용되고 있고,[659] 일본은 이런 상황이 없다.

그러면 어느 쪽이 옳은가? 필자는 당연히 C설이 평등의 의미를 충전하는 것은 옳지 않다고 본다. 그런데, C설을 받아들이면 당연히 우리나라와 같이 운용하는 것이 옳다고 본다. 일본은 C설을 받아들이고서도, 그것이 가진 고유한 의미를 모르고 있다. 앞에서 이야기한 것처럼 C설을 주장하면서도 그것이 무엇을 의미하는지를 모르고 있다. 악세사리 정도로만 생각하고 있다.[660]

다시 돌아와 필자의 논문에 대한 只野 교수의 의견을 보자. "상대적 평등에 난점이 있음은 물론입니다만"(i)이라고 하였다. 그러면 그 문제를 분석하는 논문을 쉽게 폄훼할 일이 아니다. 나이가 스스로 알고 있는 상대적 평등설의 문제점은 무엇인지, 이 문제점을 필자가 해소하였는지 못 하였는지를 토론하여 보자고 하는 것이 정당한 학문의 경로라고 생각한다. 그 문제를 해결하였으면 좋은 논문이 될 것이다.

그런데, (그 문제점이 무엇인지는 모르겠지만), 상대적 평등설에 문제가 있기는 하지만, 그 상대적 평등설을 "문언에 의거한 논리"(ii)로 부정하면 안 된

---

658) 더 나아가 합리적 이유 있는 차별을 허용한다는 의미의 상대적 평등설, 즉 B설 자체는 필자의 관심 바깥에 있지만, B설이 전제하고 있는 A설은 필자의 관심권 안에 있다. 헌법 제11조 제1항 후문에 기재된 사유의 성격과 관련하여서 다루어진다.

659) 하나의 결정 안에서, '같은 것을 다르게'와 '다른 것을 같게' 각 취급하여 차별로 인정된 사례가 있다. 헌재 2015. 12. 23. 2013헌바117, 판례집 27-2하, 499, 509.

660) 속되게 표현하면, C설을 주장하면서도 C설이 '어떻게 쓰는 물건인지', '어디다 쓰는 물건인지'를 모른다.

다는 말은 또 어떻게 이해하여야 할까?

우선 '문언에 의거한 논리'로 상대적 평등설을 부정하면 큰일 나는가? 어떤 법에 "동쪽으로 가라"는 말이 적혀 있는데, 학자들이나 실무가가 '서쪽으로 가라'라는 뜻이라고 해석한다면, 어떤 논거를 더 들어서 학자들이나 실무가들의 해석이 틀렸다고 말하여야 하는가?

물론, 문언에 반하는 해석을 하는 경우들도 있을 수 있다. 필자는 문리해석만이 법해석 방법의 전부라고 주장하지 않는다. 그러나 필자가 말할 수 있는 것은, 법 해석은 문리해석에서 출발하여야 한다는 것이다. 그 해석이 받아들일 수 없다는 결론에 도달하게 되었을 때, 그때 비로소 다른 해석 방법들이 도입될 수 있는 것이라고 필자는 믿는다.

그러면, 필자의 해석론에 어떤 문제가 있는가? 이 점을 논구하지도 않고, 문언에 의거한 논리로써는 상대적 평등을 부정할 수 없다는 말을, 필자는 이해하지 못한다.

또, 필자가 묻고 싶은 것은 이런 것이다. 학계는 얼마나 헌법의 문언에 충실하게 해석해 보려고 노력하였는가. 혹시 당신들은 해석학의 가면을 쓰고 철학을 한 것은 아닌가. 필자는 단언코 말할 수 있다. 해석학이 법을 문언을 떠나 존속할 수 있다는 생각은 틀렸다. 법을 만들어 두고도, 그 해석은 문리에 따를 수 없고, 법률가가 해석해 주었을 때 비로소 법이 의미를 가지게 된다[661]는 주장을 하는 것이 아니라면, 받아들일 수 없다. 존속하기 어려운 주장이다.

찬찬히 법을 뜯어 보자. 법에 기재된 대로 이해해 보자. 그런데 거기서 어떤 문제를 만나면, 다시 머리를 맞대고 다른 해석 방법을 강구해 보자. 처음에 말한 '법에 기재된 대로 이해해 보려는 노력'도 하지 않으면서, 법을 잘못 해석하고 있다고 말한다면, 그 말이 힘을 가질 리가 없다.

---

661) 중세의 성직자나 고대의 주술사가 그러했다. 법률가가 그 자리에 앉고 싶은 것인가?

나아가 법 해석은 사업(business)이 아니다. 협상을 하는 것도 아니다. 상대적 평등설[662]이 문제가 있지만, 이 해석을 두고 문제를 해결해 나갈 수도 있지 않느냐. 필자는 이것을 학문적 의견으로 받아들여야 할지도 혼란스럽다.[663]

그럴 수도 있다. 문제가 있는 상대적 평등설을 정련해 나아갈 수 있는지는 모르겠지만, 보다 근본적으로 문제를 해결하는 방안을 찾아보고자 노력하는 사람이 있다면, 그러면 어떻게 하여야 하는가? 그 사람의 연구에 의하여 상대적 평등설이 가지고 있었던 문제점은 해소되었는지, 그로 인해 새로운 문제점이 드러나는 것은 없는지, 그런 것을 궁리하여야 한다. 그런 것이 학문이다.

그리고 문제가 있음이 인식되었다면, 그것을 탐구하고자 하는 노력에 대해 칭찬은 못하더라도 그냥 대충 상황에 대응하여(ad hoc) 문제 있는 것들을 고쳐 쓰면 안 되겠는가, 하는 말은 학문적이지 않다. 어떤 것이라도 학문의 대상으로 될 수 있다. 그것을 선택하는 것은 연구자의 몫이다. 누구도 이를 비난하거나 폄훼할 수 없다.[664]

---

662) 문제가 있다는 상대적 평등설이 B설인지, C설인지는 모르겠다. 아니면 둘 다일 수도 있겠다.

663) 페르마의 마지막 정리를 이야기해 보자. 페르마의 마지막 정리(Fermat's last theorem)란, 정수론에서 n이 3 이상의 정수일 때, $a^n+b^n=c^n$을 만족하는 양의 정수 a, b, c가 존재하지 않는다는 것이다. 페르마(Pierre de Fermat, 1601. 생월생일 불상 - 1665. 1. 12.)는 n이 4인 경우에 대해서는 증명을 남겼다. 이후 2세기 동안 n이 3, 5, 7인 경우가 증명되었다. 1839년 소피 제르맹이 100 이하의 소수에 대해 증명하였다. 이후 컴퓨터를 사용하여 억 단위의 모든 정수에 대해 페르마의 마지막 정리가 성립한다는 것이 증명되었다. 그러나 수학계는, 앤드류 와일즈(Andrew Wiles, 1953. 4. 11. -) 1995. 수학적 방법으로 증명하기 전까지 페르마의 마지막 정리가 증명되었다고 보지 않았다. 학문이란 이런 것이다. 어떠한 경우에도 반례가 나올 수 없다는 것이 증명되어야 비로소 온전히 증명되었다고 보는 것. 현실적으로 운용하는데 문제가 없으니 학문적 탐구를 그만하여도 좋지 않겠느냐는 말을, 필자는 순순히 수용할 수 없다. 그리고 스스로 문제가 있는 이론이라 하면서, 탐구를 그만하자면 더욱 당황스러울 수 밖에 없다.

664) 이것은 학문의 무의미성과도 관련된다. 앞에서 보인, 어슐러 K. 르 귄(최용준 옮김), 『바람의 열두 방향』, 시공사, 2014, 56-57에 붙은 코멘트 참고.

필자가 짐작하기에 필자가 비판하는 상대적 평등과 只野 교수의 코멘트 중의 상대적 평등은 서로 다른 것이다. 필자가 비판한 상대적 평등은 C설이다. 코멘트 중의 상대적 평등, 즉 정련하여 나아갈 수 있다는 상대적 평등설은 B설이다.[665)]

B설을 정련하여 쓸 수 있다는 말은, 다른 취급이 있으면 바로 헌법이 금지한 차별이 있다는 것을 받아들이고,[666)][667)] 정당화 심사를 통해 사회적으로 좋은 상태를 만들어 가면 되는 것 아닌가 하는 정도의 의견이다. 필자로서는 반대한다. 앞에서도 말하였지만, B설은 A설, 즉 모든 사람, 사물, 사태에 대하여 같은 취급을 하여야 한다는 것을 전제로 한다. 그렇다면 이 학설은 평등의 모순, 평등의 딜레마를 만날 수 밖에 없다.

물론, 필자와 같이 헌법 제11조 제1항 후문에 열거된 차별금지 사유를 예시적인 것으로 이해하고, 內包를 零으로 보지 않는다면, 필자의 의견에 접근하는 면이 있다. 그러나 只野 교수의 위 코멘트 중의 정련이 이것을 말하는 것은 아니다. 그렇게 볼 자료가 없다.[668)]

모든 것을 다 떠나서, 정련을 하고 안 하고를 떠나서, 상대적 평등설이 5개 있는 상황을 어떻게 할 것인가? 이것은 정련을 안 하더라도 해결할 문제다. 비판의 대상으로 절대적 평등설을 2개나 만들어 놓고 있는 상황은 개선되어야 할 상황이다. 이것은 학술적 토론에 필요한 기초 작업이다.

---

665) 아래에 있는 B 교수의 코멘트를 보면 분명하게 알 수 있다. "차별은 널리 금지된다고 생각한 후, 차별 사유에 따라 심사의 엄격함을 바꾸어 간다는 점에서 미국적인 접근이라고 할 수 있을지도 모릅니다."

666) 모든 다른 취급을 차별이라 받아들이고. A설.

667) 당연히 같은 취급을 차별로 인식하지는 않을 것이다. 물론 법학자들이 이리 저리 논리를 꿰어맞추어서, 차별이라 인식해 낼 수도 있다고 생각한다. '실질적' 또는 '실질'이란 말이 등장할 만한 상황이다.

668) 필자의 입장을 정리하자면 다음과 같다. (a) 헌법 제11조 제1항 전문은 입법자를 구속하지 않는다. (b) 입법자는 후문에 구속된다. (c) 헌법 제11조 제1항 후문 중의 '차별'은 다른 취급을 말한다. (d) 헌법 제11조 제1항 후문 중의 차별금지 사유는 예시적인 것이라 보더라도, 그 내포는 零이 아니다.

상대적 평등설에 관한 논급은 그만하고, 헌법 제11조 제1항 후문에 기재된 차별금지 사유에 대해 조금 생각해 보자. 필자의 논문에 대한 只野 교수의 의견은 다음과 같다.

> "(i) 열거 사유의 해석에 대해서는 확실히 안이한 확장 해석은 문제입니다. 일본의 학설의 대부분은 열거 사유에 일정한 의미를 인정하고 있으며, 열거 사유에 해당하는 별이취급(또한 그것과 동등하다고 할 수 있는 중대한 별이취급도)에 대해서는 엄격한 심사(사유에 따라서는 엄격한 합리성의 심사)를 해야 한다고 생각하고 있습니다. 차별은 널리 금지된다고 생각한 후, 차별 사유에 따라 심사의 엄격함을 바꾸어 간다는 점에서 미국적인 접근이라고 할 수 있을지도 모릅니다. (ii) 정씨가 언급하는 캐나다의 접근법과도, 열거 사유에 대한 정씨의 입장과도 전혀 양립할 수 없는 것은 아니라고 생각합니다(일본의 최고재판소는 열거 사유에 거의 의미를 인정하지 않기 때문에 문제입니다만). 또, (iii) 전제는 어쨌든 결론적으로는, 정씨도 열거 사유와 그와 유사한 사유에 해당하는 경우는, 입법자를 구속하는 것을 전제로, 별이취급의 합헌성 심사(엄격 심사)를 실시하는 것을 인정하고 있습니다. 이 한도에서는 상대적 평등을 부정하고 있는 것은 아니다(말 그대로 절대적 평등을 주장하고 있는 것은 아니다), 라고 받아들여도 좋을까요."[669]

헌법 제11조 제1항 후문에 열거된 차별금지 사유에 대한 '안이한 확장 해

669) [列挙事由の解釈については、確かに安易な拡張解釈は問題です。日本の学説の多くは、列挙事由に一定の意味を認めており、列挙事由に該当する別異取扱い(さらにそれと同等といいうるような重大な別異取扱いも)については厳格な審査(事由によっては厳格な合理性の審査)をすべきだと考えています。差別は広く禁じられると考えた上で、差別事由によって審査の厳格さを変えてゆくという点で、アメリカ的なアプローチと言えるかもしれません。鄭さんが言及するカナダのアプローチとも、また列挙事由についての鄭さんの立場とも、まったく相容れないものではないと思います(日本の最高裁は、列挙事由にほとんど意味を認めていませんので、問題ですが)。また、前提はともかく結論としては、鄭さんも列挙事由とそれに類する事由に該当する場合は、立法者を拘束することを前提に、別異取扱いの合憲性審査(厳格審査)を行う、ことを認めています。この限度では、相対的平等を否定しているわけではない(文字どおりに絶対的平等を主張しているわけではない)、と受け止めてよいでしょうか。]

석'에 문제가 있다면, 그 문제는 무엇이고, 필자가 제한한 방법은 그 문제를 해소하는 적절한 방법인지를 논의하면 된다. 그런데 只野 교수의 코멘트는, (비록 판례는 차별금지 사유에 아무런 의미를 부여하지 않고 있지만) 적도 학계에서는 그 사유들을 무시하지 않고 있다고 한다. 그러므로 '너가[670] 굳이 방방 뛰면서 소리칠 일 아니다' 정도의 취지로 이해된다. 과연 그런가?

우선 '안이한 확장 해석'은 무엇을 말하는가? 헌법은 세 가지[671] 사유를 들어서 차별을 금지하고 있는데, 세상의 모든 차별을 모두 헌법이 금지하고 있다고 해석하는 것을 말한다.[672] 이것이 문제가 있다는 말은, 세상의 모든 차별을 모두 헌법이 금지하는 것으로 인식하는 것이 잘못되었다는 말이다.

그러면 우리는 이 문제를 어떻게 해결하여야 하는가? 왜 우리는 세상의 모든 차별을 헌법이 금지하는 것으로 인식하였는가? 하는 점을 생각해 볼 필요가 있다. 헌법은 세 가지[673] 사유만을 이유로 한 차별을 금지하였는데, 이를 무시하고, 어떠한 사유에 따른 차별이라도 다 헌법이 금지한 것이라 이해하였기 때문이다.[674]

---

670) 필자를 말한다.

671) 일본 헌법에는 5가지가 열거되어 있다. 일본 헌법 제14조 제1항의 내용은 다음과 같다. "모든 국민은 법 아래 평등하며, 인종, 신조, 성별, 사회적 신분 또는 문벌에 따라 정치적, 경제적 또는 사회적 관계에 있어서 차별받지 아니한다."[すべての国民は、法の下に平等であって、人種、信条、性別、社会的身分又は門地により、政治的、経済的又は社会的関係において、差別されない。]

672) 이것은 평등을 같은 취급으로 이해할 때의 이야기이고, 평등을 '같은 것을 같게, 다른 것을 다르게'로 이해하면(Ca설), 같게 취급하더라도 차별로 이해될 수 있다. 또, 다르게 취급하더러도 차별이 아닌 것으로 이해될 수 있다. Cb설, 즉 '같은 것은 같게, 다른 것은 그 비율에 따라 다르게'로 차별로 인식되는 양은 Ca설의 경우보다 더 늘어난다. 다른 것을 다르게 취급하더라도 그 비율에 어긋남이 있으면 역시 차별로 인식된다. Cc설이 경우에는 평등을 같은 취급이라 이해할 때보다도, 차별로 인식되는 경우가 줄어든다. 같은 것을 다르게 취급할 때만 차별로 인식되기 때문이다. 다른 것을 다르게 취급하거나, (같고 다름을 떠나서) 같게 취급하는 경우는 차별로 인식되지 않는다.

673) 일본의 경우라면 5가지.

674) 이 논의가 상당히 조심스러운데, 여기서는 평등을 균일취급으로 이해하는 전제에서 논의하고 있다는 점을 간취할 수 있다. 필자도 C설을 비판하면서도 헌법 제11조 제1항

그러면 그렇게 이해하지 않는 방법은 무엇인가? 헌법이 명시한 사유에 기한 차별만을 헌법이 금지한 것으로 이해할 것인가(한정적 열거설), 아니면 명시된 사유들과 같은 성격의 사유들에 기한 차별까지 확장하여, 확장된 사유들에 기한 차별까지도 헌법이 금지한 것으로 볼 것인가(예시적 열거설)?[675] 이런 정도를 생각해 볼 수 있다.

이렇게 이야기하면 뭔가 학리적으로 복잡하게 말하는 것 같지만, 필자의 주장은 위의 只野 교수의 평가 중의 (i)로써 완성된다. 필자는 헌법이 금지하지 아니하는 사유에 기한 차별이 1개 이상 존재한다는 것이다. 이것이 받아들여지면 필자의 주장은 100% 받아들여진 것이다. 위의 (i)은 필자의 주장을 100% 받아들인 진술이다.

위의 주장이 받아들여지면 당연히 '基準(criteria)'의 문제가 논리필연적으로 따라올 수밖에 없다. 여기에 위에서 든 한정적 열거설과 예시적 열거설의 대립이 있을 수밖에 없다. 필자는 양자 중 어느 쪽이 옳은가에 대해서는 관심을 가지고 있지 않다.

필자가 주장하는 것은, 학계에서나 실무계에서 (a) 서로 다른 취급이 있으면, (b) 차별로 인식하고, (c) (차별의 사유가 무엇인가, 그것이 헌법에 의해 금지된 사유인가에 대해 검토하지 아니하고) 바로 정당화 심사에 나아가는 것이 잘못되었다는 것이다. 그것뿐이다.

필자의 주장이 받아들여졌을 때 생길 변화는 무엇인가? 필자는 현재의 판례나 학설에 따라 정당화 심사를 받는 차별 중 대부분이 (c) 단계에서 헌법이 금지하지 아니한 차별이라고 판단될 것이다. 정당화 심사를 받아야 하는 차별은 거의 없을 것이다. 그래서 필자는 헌법 제11조 제1항은 거의 대부분의 차

후문에 기재된 차별금지사유를 C설이 잘 설명할 수 있는가, 하는 문제는 제기하지 않았다. 예를 들어, 모든 사람에게 똑 같이 100만원씩 주면, 차별을 한 것인가? 그렇다고 한다면, 차별의 사유는 무엇인가? 이 점을 잘 설명할 수 있을까. 필자는 의문을 가지고 있다.

675) 다른 방법이 더 있을 수도 있다. 그러나 알려져 있지 않다.

별[676]에 무관심하다고 말하였다.

그런데 (ii)는 판례는 일단 제쳐 두고, 학설은 그 사유들에 의미를 부여하여 엄격한 심사 기준을 적용하여야 하는 경우로 이해하고 있으니까, 헌법에 기재된 사유를 완전히 무시한 것은 아니라고 보는 것 같다.[677]

그렇지 않다. 헌법 제11조 제1항 후문에 기재된 사유[678]는 헌법 제11조 제1항이 '차별'을 금지하는 사유다. 여기에 열거된 사유[679]에 해당하지 아니하는 사유로 차별을 하면 아예 정당화 심사에 나아가지 않는다.[680][681] 헌법 제11

676) 좀 더 정확하게는 입법자에 의한.

677) (ii)가 이런 취지를 말하고 있는 것인지, 인용문 전체가 이것을 말하고 있는지는 불분명하지만, 일단 (ii)에 그런 취지가 있다고 받아들이고 논의한다.

678) 헌법 제11조 제1항 후문은 다음과 같다. "누구든지 성별·종교 또는 사회적 신분에 의하여 정치적·경제적·사회적·문화적 생활의 모든 영역에 있어서 차별을 받지 아니한다." 여기에는 두 가지 부사구가 있다. 다음과 같다. (a) '성별·종교 또는 사회적 신분에 의하여' (b) '정치적·경제적·사회적·문화적 생활의 모든 영역에 있어서' 당연히 여기서 문제 삼는 것은 (a)이다. 너무 당연하여 말하지 않았지만, 논리적으로는 적시하고 말하는 것이 옳다.

679) 또는 예시적 열거설을 채택하는 경우라면, 이것들과 內包(connotation)를 공유하는 사유까지 포함하여.

680) 필자가 제시한 캐나다의 판례는 Miron 사건이다. 필자가 캐나다의 사정을 잘 알지는 못한다. 잘 알지 못한다는 말이 기만적인 것일까. 모른다고 하는 것이 적절하겠다. 김선회 박사의 논문을 읽다가 흥미로워 인용하였다. 이 판례는 '열거된 사유 + 이와 동등한 사유'에 기한 차별만이 권리장전에 의해 금지된다고 본다. 필자의 우리 헌법에 대한 이해와 같다. 권리장전의 문언으로 보면, 차별금지 사유라기보다 심사 기준 선택과 관련된 요소인 것처럼 보이기도 한다. 그러나 그렇게 이해하지 않고, 필자와 같은 방법으로 이해했다. 문언에 대해서는 다음 주에서 보이겠다.

Miron v. Trudel, [1995] 2 S.C.R. 418, 420은 혼인한 파트너에게 제공되는 혜택을 미혼인 파트너에게 제공하지 않는 것이 헌장이 열거한 사유와 동등한 사유에 기한 차별에 해당하는지를 심사한다. 캐나다 권리장전 제15조 제1항은 차별금지 사유로 "race, national or ethnic origin, colour, religion, sex, age or mental or physical disability"를 열거하고 있다. 혼인 여부는 열거된 사유에 해당하지 않는다. 그러나 혼인 여부가 열거된 것들과 동등한 사유로써 차별이 금지되는 사유인가를 검토한다. Supreme Court of Canada는 기준으로 5가지를 제시하였다. ① 해당 차별금지사유에 따라 구분되는 집단이 역사적 불이익을 겪었는지 여부, ② 해당 집단이 고립되고 분리된 소수자에 해당하는지 여부, ③ 개인의 능력과 역량이 아니라, 인적 속성에 따라 해당 집단에

조 제1항 후문이 무관심한 차별이다.

그런데, 열거된 사유를 심사 기준 선택의 자료로 삼는다는 것은, 열거되지 아니한 사유[682]에 기한 차별로 일단 헌법에 의해 금지된 것으로 이해한다는 것을 전제로 한다. 다만, 심사 기준을 선택함에 있어서 보다 엄격한 심사 기준을 선택하는 데 작동할 뿐이다.

이 두 개는 전혀 다른 말이다. 헌법이 그 차별을 금지한 것으로 이해하는가 또는 무관심한 것으로 이해하는가, 그래서 정당화 심사에 나아가는가, 나아가지 않는가에 큰 차이가 있다. 이 차이는 무시하고 평등을 논의할 수 없다.[683]

(ii)에 관해 보자. 전혀 양립할 수 없다. 위에서 설명한 것과 같다. 헌법 제

대한 구별이 발생하였는지 여부, ④ 해당 차별금지사유가 캐나다 헌장 제15조 제1항에 열거된 차별금지사유와 유사한지 여부, ⑤ 과거에 법관과 의회 대표들이 쟁점이 된 구별의 사유를 차별적이라고 판단한 적이 있었는지 여부이다. (5가지 기준은 김선희, 캐나다의 간접차별과 정당한 편의제공의무에 관한 연구, 헌법재판연구원, 2021, 17에서 정리한 것을 그대로 인용하였다.) (i) 존엄성과 자유의 침해, (ii) 역사적 집단 불이익, (iii) 스테레오타입에 기반한 의사 결정의 위험을 강조한다. 이 표현도 같은 페이지에 그대로 있다.

681) 캐나다 권리장전 제15조 제1항이 한정적 열거나 예시적 열거와 전혀 어울리지 않는 표현을 하고 있다는 점이다. 그 표현은 다음과 같다. "Every individual is equal before and under the law and has the right to the equal protection and equal benefit of the law without discrimination and, in particular, without discrimination based on race, national or ethnic origin, colour, religion, sex, age or mental or physical disability."

문언을 두고 이해하면 어떠한 사람, 사물, 사태에 대한 차별도 허용되지 아니할 것처럼 보인다. "without discrimination"이라 규정하고 있기 때문이다. 어떠한 차별이라도 금지되는 것처럼 보인다. 나아가 흥미롭게도 "in particular, without discrimination based on race, national or ethnic origin, colour, religion, sex, age or mental or physical disability."를 첨언하고 있다. 캐나다 권리장전 제15조 제1항의 표현은 열거된 사유들 이외의 사유에 의해서도 차별이 금지되지만, 열거된 사유에 의한 차별은 특별한 의미를 갖는다. 예를 들면 심사기준이 강화된다. 이런 식으로 이해될 수 있는 문언적 토대를 가지고 있다.

682) 예시적 열거설에 관한 문제는 논외로 한다. 논리가 달라지는 것은 아니기 때문이다.

683) 그까짓 차이가 무슨 대수냐, 라고 한다면, 필자로서는 아무 말을 하지 않을 것이다.

11조 제1항 후문에 열거된 사유가 작동하는 단계나 방법이 다른데, 어떻게 양자가 양립할 수 있는가. 필자는, 헌법 제11조 제1항은 입법자가 행하는 거의 모든 차별에 무관심하다고 하였다. (ii)는 이 말을 부정하는 것이다. 그런데 어떻게 양립한다고 하는가.

(ii)는 평등의 모순, 평등의 딜레마를 부정하거나, 그런 일이 있더라도 무시해도 좋다는 생각이다. 사람, 사물, 사건에 대하여 어떠한 구별도 하지 말라고, 헌법 제11조 제1항이 명령하고 있다고 이해한다. 그러면 법을 만들 수 없다. 입법자는 아무 것도 할 수 없다. 세상에 정책이란 있을 수 없다. 경유차와 휘발유차,[684] 이동식 프로판 연소기와 용기내장형 가스난방기,[685] 주택과 오피스텔,[686] 모바일 게임과 인터넷 게임,[687] PVC관과 PE관[688]에 대한 다른 취급도 전부 헌법 제11조 제1항이 금지한 차별로 된다. 어떤 사람, 사물 사태를 구별하여 법적 효과를 달리 규정하는, 하는 모든 정책은 헌법이 금지하는 차별에 해당된다.[689]

---

684) 헌재 2022. 6. 30. 2019헌바440, 판례집 34-1, 575, 587.
685) 헌재 2019. 11. 28. 2017헌마939, 공보 278, 1369.
686) 헌재 2020. 3. 26. 2017헌바363, 판례집 32-1상, 205.
687) 헌재 2014. 4. 24. 2011헌마659, 판례집 26-1하, 176.
688) 헌재 2015. 3. 26. 2014헌마372, 판례집 27-1상, 383.
689) 다른 취급이 금지되지만, 정당화 심사 단계에서 위헌이 아니라 판단해 주면 되는 것 아니냐, 하는 말은 무책임한 말이다. 국가의 모든 정책을 헌재의 심판대에 올려놓고 헌법재판관의 정의관에 부합하지 아니하면 무효로 되더라도 문제 없다는 생각은 무책임하다. 민주주의를 경시한다. 헌재는 동일한 심판대상에 대해서도 평등권을 침해하지 않는다고 하다가 다음에는 침해한다고 하였다. "청구인 ○○건설 주식회사는 이 사건 법률조항이 고급오락장으로 사용하지 않을 목적으로 취득하는 경우에도 취득세를 중과세하도록 규정한 것이 평등원칙에 위배된다고 주장한다. 그러나 위에서 본 바와 같이 취득목적이라는 것은 지극히 주관적이어서 이를 객관적으로 확인하는 것은 매우 어려운 일일 뿐 아니라 고급오락장의 취득목적에 따라 취득세 중과세 여부를 달리하는 것은 그 해석과 법집행상의 자의가 개재될 여지가 있으며 유통세인 취득세의 본질과도 상응하지 않으므로 고급오락장의 취득목적이 "본질적으로 다른 두 개의 비교집단"을 나누는 기준은 될 수 없다 할 것이다. 따라서 이 사건 법률조항이 평등원칙을 위반하여 청구인의 기본권을 침해하였다고 볼 수 없다."(헌재 2005. 5. 26. 2004헌바27, 판례

그리고, (i)과 스스로 모순을 일으키는 말이다. '열거 사유의 해석에 대해서는 확실히 안이한 확장 해석은 문제'라고 하면서도, 그대로 문제를 두고 가지는 해석이다. (i)은 법이 다른 취급을 한다고 하여, 그것을 전부 헌법이 금지하는 차별로 이해하는 것은 '안이한 확장해석'이라 하면서도, (예시적 열거설을 받아들인다 하더라도) 헌법이 금지하지 않는 차별이 존재한다는 필자의 아이디어를 부정하는 것이다.

결국 어떠한 차별도 일단 헌법적으로 금지된 것이라고 이해하고, 정당화 심사에 가서 적절하게, 상황에 대응하여(ad hoc), 심사 기준을 선택하고, 위헌 여부를 결정해 주면 되는 것 아니냐는 주장인데, 필자로서는 참으로 난감한 생각이다. 실무가가 그렇게 말할 수는 있을지 모르겠다. 실무가들이 다 잘 알아서, 위헌이라고 할 것은 위헌이라고 판단해 줄 것이고, 위헌이 아니라고 할 것은 위헌이 아니라고 판단을 해 줄 터이니, 실무가들을 믿고 기다려 달라. 실무가들은 그렇게 말할 수 있다. 그러나 연구자가 할 말은 아니다.

(iii)을 보자. 필자는 당연히 헌법 제11조 제1항 후문이 입법자를 구속한다

집 17-1, 644, 656) "앞서 본 바와 같이 이 사건 법률조항의 주된 목적이 사치성 재산의 소비를 억제하고 국민의 건전한 소비생활 정착을 도모하는 데에 있는 한, '고급오락장으로 사용할 목적을 가지는 취득행위'와 '고급오락장으로 사용할 목적을 가지지 않는 취득행위'는 본질적으로 상이한 집단이라고 하지 않을 수 없다. 그렇다면, 그 취득 목적에 따라 취득세 중과세 여부가 달라져야 할 것인바, 이러한 양자의 차이가 반영되지 아니한 채 이 사건 법률조항이 '고급오락장으로 사용할 목적을 가지지 않은 취득행위'에 대하여도 적용되는 것은 불합리한 차별취급에 해당하여 평등원칙에 위반된다 할 것이다."(헌재 2009. 9. 24. 2007헌바87, 판례집 21-2상, 498, 512-513). 차별인지 차별이 아닌지에 대해서도 헌재는 일관된 입장을 가지고 있지 않다. 뒤의 사례에서는 행위자의 '의도'가 '같고 다름을 가르는' 중요한 요소라고 보았으나, 이후에는 중요한 요소가 아니라고 보았다. "이상에서 살펴본 내용을 모두 종합해 보면, 입법자가 오피스텔의 사실상 용도와 관계없이 주택과 오피스텔을 구별하여 그 취득세에 관한 세율 체계를 달리 규정한 것을 두고 비합리적이고 불공정한 조치라 할 수 없으며, 현저히 자의적이라고 보기 어렵다. 심판대상조항이 오피스텔 취득자의 주관적 사용 목적 내지 의사를 고려하지 않았다고 하더라도 그것만을 이유로 조세평등주의에 위배된다는 결론에 이를 수는 없다."(헌재 2020. 3. 26. 2017헌바363, 판례집 32-1상, 205, 218-219) 도대체 어느 장단에 맞추어 춤을 추어야 할까. 각 밑줄은 필자가 추가한 것이다.

고 본다. 이 점은 앞에서 말하였다. 그리고 헌법이 열거한 사유, 더 나아가 이것들과 내포를 공유하는 사유에 기한 차별만이 헌법에 의해 금지된다고 본다. 사실 필자의 관심은 여기까지다. 그 이후에 정당화 심사를 받아 위헌이 아닌 것으로 인정될 여지를 남겨 두어야 하는가 하는 것은, 평등권의 성격에 관한 문제이고, 이것은 평등의 의미에 관한 문제가 아님은 앞에서 말하였다. 필자는 여기에 대해 큰 관심 없다는 말도 하였다.

필자는 B설에 반대하지 않는다. 그렇다면 헌법이 금지한 차별이라 하더라도 정당화 심사를 거쳐 위헌이 아닌 것으로 판단될 수 있다. 이 말은 예외를 허용하지 않는다는 의미의 절대적 평등설을 부정하는 것이다. 그럴 수 있다.

그리고 현실적으로 절대설을 주장하는 사람이 누가 있는가? 필자에게도 묻는다면, 상대설이 맞다고 할 것이다. 세상의 일이 얼마나 복잡한데, 어떠한 경우에도 예외를 인정할 수 없다는 절대설을 받아들이겠는가. 이것은 평등론의 고유한 문제가 아니다. 기본권 제한의 일반이론이다. 다만, 필자는 이 논점을 필자의 연구 주제로 삼지 않을 뿐이다.

冒頭에서 只野 교수는 필자가 입법자 구속설을 부정하는 것을 용인할 수 없다고 하면서도 이에 대한 비판은 없다. 여기에 대해 한 마디를 한다. 필자는 헌법 제11조 제1항이 입법자를 구속한다는 것에 이론이 없다.

필자는 단지 헌법 제11조 제1항 전문이 입법자를 구속한다는 것을 반대할 뿐이다. 이 점을 구분해서 생각하지 못하는 것은, 왜 입법자 구속설이 논쟁의 대상으로 되었는가를 몰라서이다. '법 앞에'라는 말을 논하지 아니하고 입법자 구속설을 이야기하는 것은 무의미하다.

더 나아가 필자는 헌법의 문언에도 불구하고 헌법 제11조 제1항 전문이 입법자를 구속한다고 우겨야 하는 이유를 알 수 없다. 전문이 입법자를 구속한다고 문언과 달리 해석한다고 하여 뭔가 더 나은 설명을 해내는 것도 없다. 필자는 그렇게 본다.

문언과 달리 해석하여야 할 실익이 무엇인가? 전문이 입법자를 구속한다고 보는 입장은 이것을 설명하여야 한다. 왜 그런가? 문언과 다르게 해석하는 쪽에 그 주장의 정당성을 논증하여야지, 문언에 반하는 해석을 하면서, 문언대로 해석하는 쪽에 대해 그 정당성을 논증하라고 요구하여서는 곤란하다.

이와 같은 필자의 논문에 대한 只野 교수의 평가 내지 감상 후에 수정에 관한 제안이 있었다. 물론 필자의 주장을 변경하라는 것은 아니었다. 필자의 주장은 독창적이지만, 그 주장을 받아들이지 않는 쪽에서는 수용하기 어렵다. 그러므로 논문을 이리 저리 再構成해달라, 그러면 받아주겠다. 필자는 유쾌하지 않았다. 전혀 학문적이지 아니한 제안이다.[690][691]

---

690) 필자는 그 요구가 형식적인 것에 그친다고 생각했다. 그런데, 이후의 메일을 보면, '내용'에 관한 수정까지 요구한 것이라고 한다. "6월 25일자 메일에서는 정씨처럼 이미 지위가 있는 연구사에게 어디까지 요구를 해야 할지 망설임이 있고, 또 제 요구가 정씨 주장의 근간과 관련된 것이라면 당연히 받아들일 수 없다는 판단도 있을 것입니다. 저도 수정 제안을 받아들이는 것이 쉽지 않다는 것을 충분히 알고 있었습니다. 이 부분은 논고 등으로 인용하셔도 물론 괜찮습니다. 수정을 받아들이면 학위를 따는 것은 가능했지만, 자신의 주장의 일관성에 집착해, 굳이 그러한 선택은 하지 않았다(연구자로서의 긍지로, 굳이 학위를 따겠다는 선택을 포기했다)는 것은, 독자에게도 충분히 전달된다고 생각합니다. 형식적이고 근거가 희박한 수정 제안이기 때문에 받아들일 수 없었다는 것이 아니라 제가 생각하는 학위 논문의 스타일에 맞추기 위해서 논문의 본질 부분 변경으로 이어질 수 있는 수정을 요구했기 때문에 굳이 받아들이지 않았다고 저는 받아들이고 있습니다."[6月25日付けのメールでは、「鄭さんのようにすでに地位のある研究者にどこまでの要求をしてよいのか躊躇があり、また私の要求が鄭さんの主張の根幹と関わるようなものである場合、当然受け入れられないというご判断もあるでしょう。」と書きました。私も、修正提案を受け入れることが簡単でないことは十分承知していました。この部分は論攷等で引用いただいても、もちろん結構です。修正を受け入れれば学位を取ることは可能であったが、自身の主張の一貫性にこだわり、敢えてそのような選択はしなかった(研究者としての矜持から、敢えて学位を取るという選択を放棄した)ことは、読者にも十分に伝わると思います。形式的で根拠が薄い修正の提案だから受け入れられなかったというのではなく、私が考える学位論文のスタイルに合わせるために論文の本質部分の変更につながるような修正を求められたので、敢えて受け入れなかったと、私は受け止めています。] 필자로서는 당황스럽다. 필자가 보기에, '논리적으로 틀린 주장'을 하는 사람이, 필자더러 내용을 고치라고 요구를 하다니. 이 章 전체가 일본의 평등론, 只野 교수의 평등론(이라고까지 할 것은 없을 것 같기는 하나. 그의 독자적인 생각이 없기 때문이다.)이 얼마나 비논리적인 것인가를 설명하고 있다. 필자는 필자의 주장에

관해서, 只野 교수로부터 어떤 지적도 받은 바 없다. 다시 그의 수정 요구를 보아도 그것이 주장 내용에 대한 수정 요구라는 생각은 안 든다. 바로 아래 각주 참조. 분명히 말할 수 있다. 일본 학계는 필자의 주장을 심사할 만하지 않다.

691) 수정요구는 다음과 같다. 필자는 특별히 필자의 주장에 대한 수정요구라고 생각하지 않는다. 자잘한 형식의 문제를 지적한 것일 뿐이라고 생각한다. 주장 내용을 수정하라고 요구했으면, 더욱 불쾌했을 것이다. 주장 내용에 대해서는 한 번도 대화를 하지 않았고, 질문을 받아본 적도 없기 때문이다. 아래 밑줄 친 부분에 기재된 것처럼, '전제로 달리하지만'(즉, 只野 교수가 필자의 주장을 받아들이지 않지만), 장절의 편제를 고쳐 오면 학위를 주겠다, 정도의 의사표시로 이해했다. 바로 위의 주석에 기재된 것처럼, 只野 교수는 마치 필자가 주장을 굽힐 수 없어서 수정요구에 응하지 않은 것으로 생각했다는데, 전혀 그렇지 않다. 수정요구를 할 수 없다. 필자의 주장 자체를 전혀 이해하지 못하고 있는데, 수정을 요구할 수는 없다. 필자의 7개 물음에 대해 대답도 못했다. 이 점은 바로 이어서 설명된다.

"구체적으로는 아래와 같이 논의를 재조합해 주실 수 있습니까. 그 편이, 전제를 달리하는 사람에게 있어서는, 논의를 알기 쉽다고 생각합니다.

(도입) ·제1장 '도입': 문제 제기에 철저를 기하여 주시기 바랍니다. Ⅱ개략적 논지, Ⅶ결론은 갑자기 급진적인 결론이 제시되고 있는 인상을 받으므로, 후의 「이론편」이나 전체의 결론으로 이동히길 바랍니다. 또한 오쿠다이라 선생의 인용은 일반적인 사정이 있으므로 그대로 두더라도 일본 헌법 14조는 언급하지 않고 한국 헌법 11조의 논의로 전개해 주시기 바랍니다.

(한국 판례 · 학설의 비판적 검토) : 특히 가필을 검토해야 합니다.

·제2장, 제4장, 제5장, 제6장을 중심으로 하여 문헌이나 인용 부분을 가필하는 등 한국 판례 · 학설의 문제점을 적시한다(결론에 대해서는 나중에 두고, 여기에서는 문제점의 분석을 중심으로 한다).

(이론편) ·제3장, 제7장, 제1장Ⅱ · Ⅶ 등을 중심으로, 정씨 나름의 평등 개념을 논한다. 제3장의 표제는 '제2종 상대적 평등설의 비판'이라고 되어 있는데, 상대적 평등에 관한 보다 폭넓은 논의를 담고 있는 것 같습니다.

(일본의 평등론의 문제) ·여기는 짧은 장으로, 일본 헌법 14조를 둘러싸고도 한국과 같은 문제가 있음을 논해 주시기 바랍니다. 지난번 세미나에서의 보고와 같은 내용이면 될 것 같습니다."

[具体的には、以下のように議論を組み替えていただくことは可能でしょうか。その方が、前提を異にする者にとっては、議論がわかりやすいように思います。

(導入)・第1章「導入」:問題の提起に徹していただく。Ⅱ概略的論旨、Ⅶ結論は、いきなりラディカルな結論が提示されている印象を受けるので、後の「理論編」か全体の結論に移動していただく。また、奥平先生の引用は一般的な射程があるのでそのままとしても、日本国憲法14条には触れず、韓国憲法11条の議論として展開していただく。

논지가 틀렸으면, 분명히 틀렸으면 그 논문은 수용되면 안 된다. 그것을 말하고 수용을 거절하여야 한다. 아무리 말을 이쁘게 하더라도 분명히 틀린 주장을 하는 문장을 논문으로 수용할 수는 없다. 1+1=3이라는 주장은 아무리 아름답게 써도 틀린 것이다.

이후 필자로서는 납득하기 어려운 점을 담은 질문을 보냈다. 원문은 [부록]에 실려 있다. 그 내용은 다음과 같다.[692]

> Ⅳ. 질문
>
> – 필자의 논문을 평가한 只野 先生에게 다음과 같은 질문을 한다. 이 질문에 대답하는 것은 그의 책무에 속한다고 생각한다. 只野 先生이 필자의 논문을 평가했기 때문에 그 평가에 대한 반론도 수용해야 한다고 생각한다. 학문은 그런 과정을 거쳐 조금씩 진전을 이룬다고 생각한다.
>
> – 첫째, 일본에 적어도 5개의 상대적 평등설이 있다는 필자의 주장을 받아들이는가?[693] 그런 상황이 허용될 만한 것인가?[694]
> – 둘째, 선생의 Bb설은 평등의 의미에 관한 학설인가?[695] 그 Bb설은 A설, 즉 평등 조항이 '모든 것을 같게' 취급할 것을 명령하고 있다고 이해하는 것을 전제로 한 주장 아닌가? 그래서 '다른 취급'이 있으면 (i) 바로 차별이 있다고 인식하고, (ii) 정당화 심사에 나아가야 한다고 보는 입장 아닌가?

（韓国の判例・学説の批判的検討）：特に加筆をご検討いただく。

・第2章、第4章、第5章、第6章を中心とし、文献や引用部分を加筆するなどして、韓国の判例・学説の問題点を摘示していただく（結論については、あとにとっておき、ここでは問題点の分析を中心とする）。

（理論編）・第3章、第7章、第1章Ⅱ・Ⅶなどを中心に、鄭さんなりの平等概念を論じていただく。第3章の表題は「第2種相対的平等説の批判」となっていますが、相対的平等に関するよりよりひろい議論を含んでいるように思います。

（日本の平等論の問題）・ここは短めの章で、日本国憲法14条をめぐっても、韓国と同じ問題があることを論じていただく。前回のゼミでのご報告のような内容でよいかと思います。］

692) 질문의 앞에 둔 설명 부분은 생략하고 질문 부분만 여기서 보인다.

- 셋째, 모든 것을 같게 취급하는 법을 만들라는 명령을 따르면 세상은 flat, 즉 평평해 질 것이다. 그러면 입법자는 법을 만들 수도 없고, 안 만들 수도 없는 상황[696]에 빠질 것이다. 헌법이 그런 명령을 하고 있다고 보는가.
- 넷째, 일본의 학설 중, C설[697]을 따르는 많은 교과서들이 스스로의 주장을 B설과 같은 주장이라고 이해한다. 과연 이것이 아무 문제가 없는 상황인가?[698] B설과 C설은 같은 내용의 학설인가?[699] 같은 이름으로 불릴 수 있는 학설인가?[700]
- 다섯째, 과연 C설이 통설과 판례인가?[701] A설이 통설과 판례 아닌가? 다른 취급이 있으면 '바로' 차별이라고 보고 있지 않은가?
- 여섯째, 일본 헌법 제14조 제1항 전단이 '문언에도 불구하고' 입법자를 구속한다고 보아야 하는 이유는 무엇인가?[702] 입법자는 후단에만 구속된다는 문리적 이해가 어떤 문제를 일으키는가?[703]
- 일곱째, 후단에 열거된 차별금지 사유를 예시적인 것이라고 보면서도, 內包(connotation)를 零으로, 外延(extension)을 無限大로 이해하는 것이 문제가 있다고 한다면, 그 해결책은 무엇인가?[704] 필자의 제안이 문언에 어울리면서 위의 문제를 해결하는 방안 아닌가? 그리고 예시적 열거설의 본질에 어울리는 설명 아닌가?

---

693) Ba설, Bb설(합리적 차별 허용설), Ca설(같은 것은 같게, 다른 것은 다르게), Cb설(같은 것은 같게, 다른 것은 그 비율에 따라 다르게), Cc설(같은 것은 같게).

694) 필자는 당연히 그래서는 안 된다고 생각한다.

695) 필자는 아니라고 생각한다. 어떤 상태가 평등한 상태인가 하는 문제와, 그 평등한 상태에서 벗어나면 바로 위헌인가, 하는 문제는 다른 문제다. Bb설은 후자에 관한 학설이지 전자에 관한 학설이 아니다.

696) 평등의 모순 또는 평등의 딜레마.

697) Ca설, Cb설, Cc설. 아리스토텔레스의 정의론을 기반으로 한 상대적 평등설.

698) 당연히 문제 있는 상황이라고 필자는 본다.

699) 당연히 전혀 다른 내용의 학설이다. 다른 내용일 뿐만 아니라, 논의의 단계도 다르다. C설은 평등이 무엇을 명령하는가에 관한 학설이고, B설은 그 평등의 명령에서 벗어나면, 즉 차별이 있으면, 자로 위헌인가에 관한 학설이다.

700) 당연히 같은 이름으로 불릴 수 없다. 전혀 다른 내용의 학설이다.

701) 한국도 마찬가지지만, 일본의 상대적 평등설은 여러 가지 학설이 聯合된 학설의 이름이다. 그런데, B설은 (평등의 의미에 관하여서는) A설을 전제로 하고 있고, C설은 B설을 거쳐 A설로 돌아가 있다. 결국 C설은 자신이 부정하였던 학설로 돌아가 있다. C설은 A설을 부정하면서 출발해서는, 종국적으로 다시 A설로 돌아가 앉아 있다. 그런데도 C설이 통설인가?

702) 문언에 반하는 해석을 하는 쪽이 논증의 책임을 져야 하는 것 아닌가? 법에 기재된 대로 이해하려는 자에게, 왜 그렇게 해석하느냐고 물으면 희극이 된다.

위 질문에 대하여 只野 교수는, 회답하겠다고 회신하였고, 그 후 다음과 같은 회답을 하였다.

먼저 세 번째 질문부터 답한다. 사람에게는 당연히 여러 가지 차이가 있지만, 그러한 차이를 사상하고 법적으로는 사람을 평등한 것으로 취급해야 한다는 것이 평등의 출발점이라고 생각한다. (i) '똑같이 취급한다'는 것은 그러한 취지일 것이다. 그렇다고는 해도, 현실의 법제도에는 여러 가지 다른 취급이 존재한다. 그래서 (ii) 어떠한 다른 취급이 허용되거나 혹은 허용되지 않는지를 생각하지 않을 수 없게 된다. 정교수는 그것을 (iii) 평등의 의미에 관한 주장으로 논하는 것은 잘못됐다고 하지만 그것은 위와 같은 평등의 전제와 떼려야 뗄 수 없는 문제가 아닌가. 상대적 평등관을 전제로 별이취급의 정당화 문제를 논하고 있다는 점에서 (iv) 정교수가 거론하는 학설 사이에 근본적인 차이는 없지 않은가. (v) 본질적인 질적 요소를 평등으로부터 분리한 후에, 체계서 수준의, 일반적이고 비교적 간단한 설명의 세세한 뉘앙스의 차이를 파악해, 다른 학설로서 논하고 있는 듯한 인상을 받는다. (v-1) 이상이 제1, 제2, 제4, 제5의 질문에 대한 답이기도 하다.

다음으로, 제6의 질문에 대해서인데, 14조가 법 내용의 평등(입법자 구속)을 요구하고 있는 근거로서는 통례, 최고 법규로서의 헌법이 인권을 정하고 위헌 입법 심사에 의해 그 담보를 도모하고 있는 것, 법 내용이 불평등하면 그것을 평등하게 적용해도 평등의 보장이 실현되지 않는 것 등을 들 수 있다. 14조의 문구만 결정할 수는 없다고 본다. 입법자 구속설 쪽에서는 이미 일정한 논증을 하고 있다고 생각하지만 정교수는 위와 같은 논거에 대해 어떻게 생각할까.

마지막으로 제7의 질문에 대해서는, 14조가 예시 열거라고 하는 경우에도, 적어도 오늘의 학설은, (vi) 「외연이 무한대」라고는 생각하지 않는다는 것을, 우선 지적해 두고 싶다. 예시 열거에는 일정한 의미가 있으며, (vii) 예시된 사유에 해당하는 별이취급에 대해서는 심사가 엄격해진다고 보는 것이 많은 학설의 입장일 것이다. 또, 그 경우에는, 열거 사유 각각에 대해서, 그 외연을 확정하는 작업도 필요하게 될 것이다. 또한 열거사유 외에도 문제가 되는 권리의 성격도 고려하면서 적절한 의견판단의 수준을 고려한다는 것이 학설의 일반적인 경향이 아닌가. 게다가 개개의 차별 사유의 해석이나, 구체적인 별이 취급의 평가를 둘러싸고, 학설의 입장이 나뉘게 될 것이다. 확실히, 체계서 레벨의 기술을 본 것만으로는, 임기응변적

---

703) 필자는 당연히 문제를 일으키지 않는다고 본다.

704) 문제는 있지만, 그 문제를 해결하고자 하는 해석론을, 논리적 비판도 없이 받아들일 수 없다고 할 수 있을까? 필자는 그래서는 안 된다고 본다.

으로 판단하고 있다는 인상도 받을지 모르지만, 개개의 문제를 둘러싼 논문이나 판례 평석 등을 보면, 해석의 근거나 전제가 상응하게 논의되고 있다.

일본 헌법학에 있어서의 평등론을 비판적으로 논하고자 한다면, 이상에서 지적한 점을 포함하여 검토해 주시는 것이 생산적인 논의가 되지 않을까.[705)]

705) [まず、第3の質問からお答えする。人には当然様々な差異があるが、そうした差異を捨象して、法的には人を平等なものとして扱うべきだ、というのが、平等の出発点であると考える。「等しく扱う」とはそのような趣旨であろう。とはいえ、現実の法制度には様々な別異取扱いが存在する。そこで、どの様な別異取扱いが許容され、あるいは許容されないのかを、考えざるを得なくなる。鄭教授は、それを平等の「意味」に関する主張として論じるのは間違っているというが、それは上記のような平等の前提と切り離せない問題ではないだろうか。相対的平等観を前提として、別異取扱いの正当化の問題を論じているという点で、鄭教授が取り上げている学説の間に、根本的な相違はないのではないか。本質質的要素を平等から切り離した上で、体系書レベルの、一般的で比較的簡易な説明の細かなニュアンスの違いを捉え、異なる学説として論じているかの印象を受ける。以上が、第1、第2、第4、第5の質問に対するお答えでもある。
次に、第6の質問についてであるが、14条が法内容の平等(立法者拘束)を求めている根拠としては、通例、最高法規としての憲法が人権を定め違憲立法審査によりその担保を図っていること、法内容が不平等であればそれを平等に適用しても平等の保障が実現しないことなどがあげられる。14条の文言だけを決め手にすることはできないと考える。立法者拘束説の側からは、既に一定の論証を行っていると考えるが、鄭教授は、上のような論拠についてどの様にお考えだろうか。
最後に第7の質問については、14条が例示列挙であるとする場合にも、少なくとも今日の学説は、「外延が無限大」とは考えてないことを、先ず指摘しておきたい。例示列挙には一定の意味があり、例示された事由に該当する別異取扱いについては審査が厳格になるとみるのが、多くの学説の立場であろう。またその場合には、列挙事由それぞれについて、その外延を画定する作業も必要になろう。また、列挙事由の他にも、問題となる権利の性格をも考慮しつつ、適切な意見判断の水準を考える、というのが、学説の一般的な傾向ではないか。そのうえで、個々の差別事由の解釈や、具体的な別異取扱いの評価をめぐり、学説の立場が分かれることになろう。たしかに、体系書レベルの記述をみただけでは、アドホックに判断しているという印象も受けるかもしれないが、個々の問題をめぐる論文や判例評釈などを見れば、解釈の根拠や前提が相応に論じられている。日本の憲法学における平等論を批判的に論じようとするなら、以上で指摘した点も含めて、検討いただいた方が、生産的な議論となるのではないか。] 밑줄과 숫자는 필자가 추가하였다.

세 번째 질문에 대하여 긍정적으로 대답하고 있다. 평등 조항이 모든 것을 같게 취급할 것을 명령하고 있다고 이해한다. (i)이 그것을 보여준다. 평등은 같게 취급할 것을 명령한다고 이해한다. 필자는 헌법의 그런 명령이 우스꽝스러운, 터무니없는 것[706] 아닌가 하는 것을 물었으나 거기에 대해서는 응답이 없다. 단지 평등 명령이 예외를 허용한다는 상대적 평등설을 채택하였으니, 정당화 심사 단계에서 적절히 대응해 주면 족하다고 본다. 그러면 될 일을 가지고 필자가 호들갑을 떤다고 말하는 인상을 받는다.[707]

그러면 우선 두 번째 질문에 대하여 '긍정'한다는 대답을 하는 것이 솔직한 것이다. 필자가 보기에는 이를 긍정하고 있다. 그런데 이것을 받아들이는 입장에 선 학자들도 이 말을 하기 싫어한다. 필자는 《평등의 모순》에서도 이를 지적했다.[708] 평등조항이 모든 것을 같게 처우할 것을 명령한다고 이해하면서도, 이를 밝히기는 꺼린다는 것을. 왜 그런가? 한 마디로 하면 '평등의 모순'을 만나기 때문이다. 평등의 모순이 무엇인가? 《평등의 모순》 52쪽을 보면 알 일이다.[709]

---

706) absurd, ridiculous.

707) 이것을 형사법학적으로 말한다면, 구성요건 해당성, 위법성, 책임의 이론 체계를 무시하는 것과 같다. 정당방위에 해당하여 처벌하지 않는다 하더라도, 그 행위가 구성요건에 해당한다는 점을 확인하는 것은 선결문제다. 只野 교수의 입장은, 어쨌든 처벌 안 하는 것으로 결정되었으면 되는 것이지, 굳이 구성요건 해당성과 위법성을 준별하여 논의할 필요가 있느냐, 그런 주장은 호들갑스러운 것이라고 말하는 것과 같다. 只野 교수의 주장을 다른 각도에서 말한다면, 살인이 무어냐고 묻는데, 위법성 조각 사유가 있으면 처벌하지 않는 것이라고 말하는 것과 같다. 왜 살인은 사람을 살해하는 것이라고 말하지 못 하는가?

708) 《평등의 모순》, 52 참고.

709) 이 부분의 내용은 다음과 같다. "입법자는 법을 만드는 사람이다. 법을 만든다는 것은 요건과 효과의 체계를 만드는 것이다. 요건과 효과의 체계를 만든다는 것은 사태를 구획하여 그 이외의 사태에 대해 부여된 효과와 다른 효과를 부여하는 것을 의미한다. 따라서 입법자는 '불균일취급'의 체계를 만드는 사람이다. 여기서 평등을 설명하는 사람들은 난관에 봉착하게 된다. 헌법 제14조 제1항은 평등한 법 또는 차별하지 아니하는 법을 만들도록 명령하고 있는데, 均一取扱을 평등한 취급이라고 이해하면, '불균일한 내용의 법'을 만드는 것을 과업으로 하는 사람에게 '균일한 법'을 만들라는 명령

(ii)에서 예외를 허용한다는 상대적 평등설을 수용하고, 정당화 심사를 통해 평등의 명령의 내용 문제를 해결할 수 있으니,[710] 평등 명령이 우스꽝스럽고 터무니없는 것이어도 좋다고 본다. 필자는 그리 보지 않는다.

필자는 헌법이 그렇게 우스꽝스러운, 터무니없는 것을 명령하고 있지 않다는 해석을 제출하였다. 평등조항이 우스꽝스러운, 터무니없는 것으로 이해되는 것보다는, 다른 문제를 일으키지 않고 우스꽝스럽지 않고, 터무니없지 않은 것으로 이해되는 것이 善이다. 그러면 관건은 그런 해석이 문제를 일으키지 않는가, 문면에는 어울리는가 하는 것이다. 거기에 대해 집중하여 논의하는 것이 좋은 결론을 내는 지름길이다. 기껏 헌법이 우스꽝스럽고, 터무니없는 것을 명령하고 있지 않음을 논증하고 있는데, 나는 계속 헌법이 우스꽝스럽고, 터무니없는 것을 명령하고 있다고 이해하겠다고 고집해서야 대화에서 얻을 수 있는 결실은 없다.

只野 교수는 양자간에 무슨 차이 근본적인 차이가 무엇 있는가, 하고 묻지만 왜 근본적인 차이가 없는가. 있다. 필자의 주장[711]에 따르면, (a) 헌법이 우스꽝스럽고, 터무니없는 것을 명령한다는 우스꽝스럽고 터무니없는 상태에서부터 벗어난다. (b) '모든 다른 취급'에 대하여 정당화 심사를 실시하여야 하는 상황에서부터 벗어난다. (c) 평등 명령이 정의에 반하는 것을 명령하고 있다는 것을 전제로, 정당화 단계에서 정의의 회복이 위헌이 아니라고 말하여

을 하는 상황으로 된다. 즉, (i) 평등이 均一取扱'를 명령한다, (ii) 법은 요건과 효과의 체계, 즉 '不均一取扱'의 체계이다. 그러므로, 헌법이 평등조항을 통하여 입법자에게 均一取扱을 명령하는 것은 입법자의 課業에 모순된다. 이것을 이 논문에서는 '平等의 矛盾'이라 부르기로 한다." 각주는 전부 생략하였다.

710) 즉 평등 명령을 '모든 것을 같게' 취급할 것으로 이해한다고 하더라도, (그것이 우스꽝스럽고, 터무니없는 것이라 하더라도) 정당화 심사를 통하여 그 우스꽝스럽고, 터무니없음이 해소될 수 있으므로.

711) 그 핵심은 헌법 제11조 제1항 후문에 기재된 차별금지 사유에 기한 차별만(예시적 열거설을 수용하는 경우, 열거된 것과 내포를 공유하는 사유에 기한 차별만) 헌법상의 평등조항에 의해 금지된다는 것이다.

야 하는 우스꽝스럽고 터무니없는 상황에서 벗어난다. (d) 평등 조항이 독자적으로 자기 자리를 잡고, 적용되어야 할 국면에 적용됨으로써 존립의 의의를 지켜낸다.[712][713]

712) 작금의 상황은 어떤가? 평등의 문제가 있다고 하면서도 독자적으로 심사되지 못하고, 다른 기본권 심사에 얹혀 지나가는 경우가 많다. 아래 몇 개의 판례를 들지만, 같은 취지의 판례는 수도 없이 많다. 필자는 이것을 '독자성 문제'라고 이름붙이고 다룬다. 헌재는 평등권을 "기본권 중의 기본권"(헌재 1989. 1. 25. 88헌가7, 판례집 1, 1, 2)이라 하면서도 賤待한다 하지 않을 수 없다. 평등권의 독자적 적용 영역을 확보하지 못하였기 때문이다. 어디에나 적용되는 규범은 어디에도 제대로 적용되지 아니한다. 몇 가지 사례를 기재하여 둔다. "한편 이 사건 법률조항과 같이 시각장애인에 대한 우대처우로 인하여 비시각장애인의 직업선택의 자유 등 기본권이 제한받는 경우 직업선택의 자유에 대한 과잉제한 여부와 평등권 침해 여부가 동시에 문제된다. 그러한 경우에는 직업선택의 자유와 평등권 침해 여부는 따로 분리하여 심사할 것이 아니라 하나로 묶어 판단함이 상당하다고 할 것이다. 왜냐하면, 입법자의 차별취급의 결과 거기에 포함되거나 포함되지 않는 집단이 제한받는 직업선택의 문제와 불평등 처우의 문제는 상당히 밀접하게 결합되어 있기 때문이다. 특히 이 사건 법률조항의 입법의도가 시각장애인의 우대에 있고 그 결과 일반인의 직업선택의 자유가 제한되는 경우라는 점에 비추어, 위헌여부를 판단함에 있어 직업선택의 자유에 대한 제한과 차별취급의 정당성을 함께 심사하는 것이 보다 타당하다고 본다."(헌재 2008. 10. 30. 2006헌마1098, 판례집 20-2상, 1089, 1105); "청구인은 헌법소원심판청구서에서 평등권도 침해되는 기본권으로 언급하고 있다. 그러나 청구인이 이 부분에서 다투고자 하는 것은 광고사업자가 사업용 자동차등을 이용한 광고는 할 수 있음에도 비사업용 자동차를 이용한 광고를 할 수 없도록 제한하는 것은 자신의 직업의 자유를 침해한다는 주장에 다름 아니라 할 것이고, 이는 심판대상조항이 직업의 자유를 침해하는지 여부에 관하여 판단하는 과정에서 함께 살필 수 있으므로 이 부분 주장에 관하여는 별도로 판단하지 않기로 한다."(헌재 2022. 1. 27. 2019헌마327, 공보 304, 280, 281-282); "청구인들은 심판대상조항이 평등권도 침해한다고 주장한다. 그러나 그 취지는 청구인들이 자회사와 동등하게 경쟁하여 공기업과 용역계약을 체결할 기회를 달라는 것이므로, 직업수행의 자유를 침해한다는 주장과 실질적으로 동일하여 이에 대해서는 별도로 판단하지 않기로 한다."(헌재 2023. 10. 26. 2019헌마871, 판례집 35-2, 584, 591); "청구인들은 심판대상조항이 평등권도 침해한다고 주장한다. 그러나 그 취지는 청구인들이 자회사와 동등하게 경쟁하여 공기업과 용역계약을 체결할 기회를 달라는 것이므로, 직업수행의 자유를 침해한다는 주장과 실질적으로 동일하여 이에 대해서는 별도로 판단하지 않기로 한다."(헌재 2023. 10. 26. 2019헌마871, 판례집 35-2, 584, 591); "나아가 심판대상조항이 혼인 해소 후 300일 이전에 출산한 여성과 그 이후에 출산한 여성에 차이를 두는 것은 심판대상조항이 혼인 해소 후 300일을 친생추정의 기준으로 삼고 있기 때

더 나아가 헌법 제11조 제1항 후문에 기재된 사유를 예시적인 것으로 이해하더라도 당연히 필자와 같이 이해하는 것이 '법리상' 타당한 것이고, 헌법 제

문인데, 그 기준이 합리적인가에 관하여 인격권 등의 침해 여부를 검토하면서 판단하는 이상 이에 관한 평등권 침해 주장은 다시 별도로 판단하지 아니한다."(헌재 2015. 4. 30. 2013헌마623, 판례집 27-1하, 107, 111)

713) 어디에나 사용할 수 있는 범용 도구들은 어디에서도 제대로 역할을 못한다. 어디에나 적용되는 평등 조항이라면 어디에서도 제 역할을 할 수 없다. 예를 들어보자. 남녀평등이 문제되는 사례 중에 남자만 병역의무를 부담하는 문제는 상당히 중요한 문제다. 그런데 헌재는 평등의 칼날을 뭉개어서, 남녀를 차별하는 법률이라 하더라도 '자의적이지 않다면' 위헌이 아니라는 심사 기준을 세웠다. 다음 판시는 이를 보여 준다. "'성별'의 경우를 살펴보면, 성별은 개인이 자유로이 선택할 수 없고 변경하기 어려운 생래적인 특징으로서 개인의 인간으로서의 존엄과 가치에 영향을 미치는 요소는 아니다. 그럼에도 불구하고 역사적으로 매우 오랜 기간 동안 대표적인 차별가능사유로서 정당화되어 왔기 때문에, 불합리한 차별을 극복해야 할 절실한 필요에 의하여 우리 헌법이 이를 차별금지의 사유로 예시하기에 이른 것이다. 그러나 이와 같은 헌법규정이 남성과 여성의 차이, 예컨대 임신이나 출산과 관련된 신체적 차이 등을 이유로 한 차별취급까지 금지하는 것은 아니며, 성별에 의한 차별취급이 곧바로 위헌의 강한 의심을 일으키는 사례군으로서 언제나 엄격한 심사를 요구하는 것이라고 단정짓기는 어렵다. 우리 헌법은 '근로', '혼인과 가족생활' 등 인간의 활동의 주요부분을 차지하는 영역으로서 성별에 의한 불합리한 차별적 취급을 엄격하게 통제할 필요가 있는 영역에 대하여는 양성평등 보호규정(제32조 제4항, 제36조 제1항)을 별도로 두고 있으며, 헌법재판소는 위와 같이 헌법이 특별히 양성평등을 요구하는 경우에는 엄격한 심사기준을 적용하여 왔으나, 이 사건 법률조항은 그에 해당한다고 보기 어렵다."(헌재 2010. 11. 25. 2006헌마328, 판례집 22-2하, 446, 454. 이 결정에서는 4명 재판관의 의견으로 판시되었지만, 헌재 2014. 2. 27. 2011헌마825, 공보불게재 결정에서 9명 재판관의 일치된 의견으로 되었다.) 사회적 신분의 경우에도 마찬가지다. "사회적 신분에 대한 차별금지는 헌법 제11조 제1항 후문에서 예시된 것인데, 헌법 제11조 제1항 후문의 규정은 불합리한 차별의 금지에 초점이 있는 것으로서, 예시한 사유가 있는 경우에 절대적으로 차별을 금지할 것을 요구함으로써 입법자에게 인정되는 입법형성권을 제한하는 것은 아니다(헌재 2010. 11. 25. 2006헌마328, 공보 170, 2106, 2110). 그렇다면 친일반민족행위자의 후손이라는 점이 헌법 제11조 제1항 후문의 사회적 신분에 해당한다 할지라도 이것만으로는 헌법에서 특별히 평등을 요구하고 있는 경우라고 할 수 없고, 아래와 같이 친일재산의 국가귀속은 연좌제금지원칙이 적용되는 경우라고 볼 수도 없으며 그 외 달리 친일반민족행위자의 후손을 특별히 평등하게 취급하도록 규정한 헌법 규정이 없는 이상, 친일반민족 행위자의 후손에 대한 차별은 평등권 침해 여부의 심사에서 엄격한 기준을 적용해야 하는 경우라 볼 수 없다."(헌재 2011. 3. 31. 2008헌바141, 판례집 23-1상, 276, 311)

11조 제1항 후문에 차별금지 사유를 열거해 두고 있더라도, 그 해석은 '어떠한 사유에 기한 차별도 모두 금지된다'고 이해하는 것은 전적으로 틀린 해석이다. 만약에 법이 그렇게 이해되어야 한다면 바로 그렇게 쓸 일이다. 즉, '누구든지 '어떠한 사유로도' 정치적 · 경제적 · 사회적 · 문화적 생활의 모든 영역에 있어서 차별을 받지 아니한다.'고 규정하면, 그 취지를 분명하게 전할 수 있다. 그런데 헌법은 이렇게 규정하고 있지 않다. 그 사실을 부인하면 안 된다. 법학은 문학이 아니다.

이것은 가치관의 문제도 아니다. 논리의 문제다. 법학의 다른 어떤 분야에서도 후자와 같이 이해하는 경우는 없다. 오로지 헌법학에서만 이루어지는 매우 우스꽝스러운, 터무니없는 해석이다.

'정교수는 그것을 평등의 의미에 관한 주장으로 논하는 것은 잘못됐다고 하지만 그것은 위와 같은 평등의 전제와 떼려야 뗄 수 없는 문제가 아닌가.'(iii) 이해하기 어려운 말이다.

필자는 가끔 이런 예를 든다. 춘향이와 향단이는 떼려야 뗄 수 없는 사이다. 그렇다고 춘향이가 어떤 사람이냐고 묻는데, 향단이를 설명하면 안 된다. 그들이 항시 같이 다닌다고 그들이 하나는 아니다. 또 재벌 회장은 비서를 데리고 다닌다. 그렇다고 재벌 회장이 어떤 사람이냐고 묻는데, 비서를 설명하면 안 된다. 평등이 어떤 것을 명령하는가, 하는 물음에, (거기에는 대답하지 않고[714]) 합리적인 이유가 있으면 평등하지 아니한 상태라 하더라도 위헌

714) 필자는, 只野 교수가 '모든 것을 같게' 취급하는 것을 평등의 명령으로 이해하고 있다고 본다. 응답 중 (i) 부분이 이를 잘 보여 준다. 그런데 문제는 그들이 이것을 극구 말하지 않는다는 것이다. 그것을 말하는 것을 부끄럽게 생각하는 것일까? 그렇게 이해하는 것이 너무도 어처구니없는 것이라는 것을 스스로도 잘 알고 있기에 그것을 말할 수 없는 것일까? 필자가 '분명하고 명백하게' 물었다. 두 번째 물음이 그것이다. "둘째, 선생의 Bb설은 평등의 의미에 관한 학설인가? 그 Bb설은 A설, 즉 평등 조항이 '모든 것을 같게' 취급할 것을 명령하고 있다고 이해하는 것을 전제로 한 주장 아닌가? 그래서 '다른 취급'이 있으면 (i) 바로 차별이 있다고 인식하고, (ii) 정당화 심사에 나아가야 한다고 보는 입장 아닌가?" 이 질문에 只野 교수는 대답하지 않았다. 얼버무렸다.

은 아니라고 본다고 대답하는 것은 곤란하다.

只野 교수는 평등 명령의 내용을 다루는데, 그것이 우스꽝스럽고, 터무니없는 것이라 하더라도 '그것과 떼려야 뗄 수 없는' 정당화 심사에서 어느 정도 문제를 해소할 수 있으니, 평등 명령의 내용을 우스꽝스럽고, 터무니없는 것으로 이해하는 것이 문제될 것이 없다고 응답한다. 그런데, 평등 명령의 내용을 우스꽝스럽지 않고, 또는 터무니 있게 이해하는 방법을 제시하는 해석론이 제시되면 그것에 귀 기울여야 하는 것 아닌가. 나는 몰라, 이대로 살래, 해서야 되겠는가?

그리고 '합리적 이유 있는 차별을 허용한다'는 것은 분명히 평등의 의미에 관한 주장이 아니다. '그것을 평등의 의미에 관한 주장으로 논하는 것은 잘못'(iii)된 것이다.

보다 구체적으로 물어보자. '합리적 이유 있는 차별' 중의 '차별'이 무엇인가? 只野 교수가 말하는 '別異取扱'인가? 그러면 헌법상의 평등조항은 별이취급을 금지하는 것이다. 평등은 별이취급을 하지 않는 것, 동등한 취급을 하는 것이다. 이것이 평등조항이 명령하는 것이다. 이렇게 말하면 된다. 간단한 일 아닌가? 평등 조항은 이와 같은 것을 명령하는데, 별이취급이 있더라도 바로 위헌으로 판단되는 것은 아니고, 합리적 이유가 있다면 위헌이 아닌 것으로 판단된다. 이것이 상대적 평등설, Bb설이다. 왜 이렇게 정리하여 말하지 않는가?

어느 다른 기본권 이론에서 이와 같이 말하는가? 어느 다른 기본권에 관한 논의에서 그 기본권이 지향하는 '이상적 상태'를 말하지 않고, '제한 가능성'을 말하면서 그것이 그 기본권이 지향하는 이상적 상태라고 말하는가? 재산권 이론에서 이렇게 분석을 하는가? 자유 이론에서 이와 같이 분석을 하는가? 자유가 무엇이냐고 묻는데, '자유는 합리적 이유가 있으면 제한을 허용하는 것을 의미한다.', 이렇게 말하는가? 필자는 과문하지만 들어보지 못한 말이다.

(v-1)이 그것이다.

그리고 양자가 본질적으로 관련되어 있다는 것이, 평등의 의미에 관하여 어떤 영향을 주는가? 평등을 '대충'이해하더라도 정당화 심사를 통해 평등의 의미에 대한 이해에서 생긴 오류들을 해소할 수 있으니 문제될 것이 없다는 말인가? 그렇지 않다.

그리고 뒤에 물었지 않은가? 只野 교수는 '모든 것을 같게 취급'하는 것을 평등한 취급으로 이해하고 있는 것 아니냐고.[715] 필자가 보기에 이를 부정하는 것 같지도 않다. 그런데 왜 그 말을 못하는가? 홍길동이 아버지를 아버지라 부르지 못하였던 것처럼, B설을 주장하는 사람들은 '모든 것을 같게 취급하는 것'이 평등 명령이라는 말을 하지 못한다.

"정교수가 거론하는 학설 사이에 근본적인 차이는 없지 않은가."(iv)라고 한다. 그런가? 필자는 5개의 상대적 평등설을 제시했다. 이것들에 근본적인 차이가 없는가? 필자는 너무도 많이 말하여서 다시 말하기 참 힘들다. 평등 조항이 '같은 것은 같게, 다른 것은 다르게' 처우할 것을 명령한다는 입장[716]이 합리적 이유 있는 차별을 허용한다는 입장[717]과 전적으로, 완벽하게, 다른 내용이라는 것 자체를 이해하지 못하고 있다. 필자가 보기에 완벽하게 틀린 인식이다.

'같은 것은 같게, 다른 것은 다르게'는 '모든 것을 같게'와 대립하는 입장이다. '합리적 이유 있는 차별을 허용한다'는 것은 '합리적 이유가 있더라도 차별은 허용되지 않는다'와 대립한다. 그리고 전자는 '평등이 명령하는 것'에 관한 입장들이고, 후자는 (평등이 명령하는 것과는 별개로), '평등권의 성격'에 관한 입장들이다.[718]

---

715) 두 번째 질문 참조.

716) Ca설. 그 밖에도 Cb설, Cc설도 있으나 Ca설만 가지고 논의한다.

717) B설.

718) 자유는 무엇을 보장하는가, 자유는 어떠한 경우에도 제한될 수 없는가? 이 두 개의 질문은 같은 것인가 다른 것인가. 살인하지 말라는 말과 살인하더라도 위법성이 조각될 수 있다는 말도 같은 성격의 말이다. 이것을 구별하는 것이 무의미하다는 입장을 만나

그리고 C설 안에서, Ca설, Cb설, Cc설이 어떻게 다른지에 대해서도 충분히 설명했다. C설과 B설 사이에 있는 차이만큼은 아니지만, 그것들이 규범으로 작동할 때는 그 결론이 분명히 다르다. 이것들에 대해서는 《평등의 모순》에서 충분히 설명했다. 82쪽 이하를 보면 된다.

일본의 학계에 5개의 상대적 평등설이 있다고 필자가 주장했는데, 只野 교수는 그 주장 자체를 부정했다. 아무런 논거가 없다. "본질적인 질적 요소를 평등으로부터 분리한 후에, 체계서 수준의, 일반적이고 비교적 간단한 설명의 세세한 뉘앙스의 차이를 파악해, 다른 학설로서 논하고 있는 듯한 인상을 받는다."(v)는 것이 논거라면 논거다.

필자가 이 주장들을 분류하고 분석한 것을 두고, 只野 교수는 말장난을 하고 있다고 한다. '말장난'이라는 말이 씌어있지는 않지만, 별것 아닌, 사소한 서술상의 차이를 두고 침소봉대하여 말하고 있다고 말한다. 이것들[719]을 다르게 인식하여야 한다, 그것들이 서로 다른 말이라는 것을 인식하지 못하는 것이 문제라고 필자가 말하는데, '사소한 말꼬리나 잡는' 아이디어라는 대답에는 놀라움을 숨길 수 없다.

차이를 이해하는 사람이 전문가다. 같다고 말하는 자 앞에 나서서 이것과 저것은 이런 점과 저런 점에서 다르다고 말하고 그것이 의미 있는 것이라면, 앞에 나선 사람이 전문가다. 극점에 가까이 사는 사람은 눈을 수십 가지로 나누어 볼 줄 알고, 서울에 사는 사람은 그것을 못 본다. 뱃일을 하는 사람은 바람을 수십 가지로 나누어 느낄 줄 알고, 사무실에 출근하는 사람을 느끼지 못한다. 누가 전문가인가? 서울에 사는 사람, 사무실에 출근하는 사림이 전문가인가? 그리 말하는 사람이 있으면 필자는 그자와 상종하지 않을 것이다.[720]

니 곤혹스럽지 않을 도리가 없다. 착상을 못하였을 수 있다. 그러나 일러 주면 생각하고 이해할 정도는 되어야 하는 것 아닌가? 이 말들을 수십 년간 강의하였으면 더욱 그러하다.

719) B설과 C설들.

720) 친구가 다음과 같은 글을 Face book에 올렸다. 일본 여행기 중 한 구절이다. 숙소에

일본에서는 아직 '같은 것은 같게, 다른 것은 다르게'가 작동하는 사례를 알지 못하는 것 같다. "본질적으로 같지 않은 것을 다르게 취급하는 경우에는 차별 자체가 존재한다고 할 수 없다."[721]거나, "두 집단을 달리 취급하였다고 하여 본질적으로 같은 것을 다르게 취급한 것은 아니므로 평등권을 침해한다고 할 수 없다."[722]는 판시들을 만나본 적이 없는 것으로 보인다. 그러니, '같은 것은 같게, 다른 것은 다르게'라는 말이 가지는 의미를 이해하지 못할 수밖에 없다.[723]

위에서 '모든 것을 같게'는 正義와 부합하지 않는다는 점을 지적했다. 그래서 정당화 심사를 통해 '정의로운 차별'이 위헌이 아니라고 판단될 수 있음을 살펴보았다. 그런데, '같은 것은 같게, 다른 것은 다르게'는 그 자체가 正義이

서 있었던 일을 적었다. "같은 싱글(シングル)룸도 가격차가 있다. 6,800엔이 넘는 룸은 트윈룸인 듯한데, シイン이 무슨 뜻인지 사전에도 나오지 않는다." 그래서 필자가 말해 주었다. 'シイン'이 아니라, 'ツイン'이라고. 그 친구는 'シ'와 'ツ'를 같은 글자라고 생각했다. 언뜻 보면 비슷하게 생겼다. 필자가 일러 주었더니, 친구가 보충하는 글을 썼다. "(シイン이 아니라, ツイン(트윈)이라고 친구가 알려주었다. シ와 ツ을 같은 글자라고 생각했기 때문에 이런 일이 생겼다. 자세히 살펴보니 오른쪽 획의 기울기와 길이에서 차이가 있다.)" 알아간다는 것은 이런 것이다. 아는 사람, 일본 사람에게는 위의 두 글자를 구별하지 못하는 것이 이상하게 보이겠지만, 일본어를 모르는 사람에게는 양자가 같은 것으로 보일 수 있다. 그것을 구별하여 아는 사람이 그 차이점을 일러 주고, 그것을 몰랐던 사람이 그것을 알게 되는 것, 이것이 '앎의 지평'을 넓혀 가는 과정이다. 그 친구가 만약 '그까짓 작은 차이가 뭔 대수냐?'라고 콧방귀를 뀌었다면, 그 친구는 새로운 것을 알게 되는 기회를 놓쳤을 것이다.

721) 헌재 2006. 1. 17. 2005헌마1214, 공보 112, 216, 217.

722) 헌재 2014. 6. 26. 2012헌바333, 판례집 26-1하, 518, 529.

723) 필자는 이것들을 준별하지 못하여 평등론이 혼돈에 빠진 것이라는 점을 이미 지적하였다. "따라서 제1종 상대적 평등설(①)과 제2종 상대적 평등설(②~④)은 아예 하나의 학설의 묶음으로 통합될 수 없는 이질적인 입장이다. 마치 이들이 하나의 견해인 양 하나의 학설로써 묶는 것은 전혀 타당하지 아니하다."(정주백, 『평등정명론』, 충남대출판문화원, 2019, 78); "이에 보태어 판례가 제1종 상대적 평등설과 제2종 상대적 평등설을 마치 하나의 입장인 것처럼 이곳저곳에서 함께 사용하고 있는 것을 두고 보면, 평등의 概念에 관하여 판례가 매우 큰 혼란 속에 빠져있는 것이 아닌가 하는 의심을 가지게 된다. 이를 두고 카오스(Chaos)적 상태에 있다고 보면 지나친 것일까?"(정주백, 『평등정명론』, 충남대출판문화원, 2019, 92)

다.[724] 같게 취급하더라도 그것 정의롭지 아니하면, 차별이고, 다르게 취급하더라도 그것이 정의로운 것이라면 차별이 아니다. 정의로운 것이라면 거기에 대해서는 정당화 심사가 필요하지 않다. 평등권 침해 여부에 대한 심사는 종료된다. 다르게 취급하더라도 정당화 심사에 나아가지 않는 경우가 있고,[725] 같게 취급하더라도 차별로 인식되어 정당화 심사에 나아가야 하는 경우가 있다.[726] 위의 응답은 이 점들에 대해 전혀 이해하고 있지 못하고 있다.

그리고 '체계서 수준의, 일반적이고 비교적 간단한 설명'이니까 거기에 틀린 것들이 있어도 뭐가 대수냐, 라고 말하는 것에 대해서는 참으로 큰 의아함을 느낀다. 교과서는 그냥 대충 써도 되는 것인가? 참으로 이해하기 어려운 말이다. 그런데 모든 교과서나 주석서가 다 엉터리로 씌어져 있으면 심각한 상황이다. 그래도 주석서는 그 시대를 대표하는, 그 분야에 가장 밝은 사람에게 부탁하여 작성된다. 일본은 그런 것이 아니라고 하는 것 같아서 당황스럽다. 일본이 보편적 인식 수준에도 이르지 못하는 사람들이 교과서를 쓰고, 주석서를 쓰는 우스꽝스럽고, 터무니없는 나라라고 하니, 필자로서는 당황스럽지 않을 도리가 없다.

"제6의 질문에 대해서인데, 14조[727]가 법 내용의 평등(입법자 구속)을 요구하고 있는 근거로서는 통례, 최고 법규로서의 헌법이 인권을 정하고 위헌 입법 심사에 의해 그 담보를 도모하고 있는 것, 법 내용이 불평등하면 그것을 평등하게 적용해도 평등의 보장이 실현되지 않는 것 등을 들 수 있다."라는 부분에 대해서도 생각해 보자.

필자는 헌법 제11조 제1항이 입법자를 구속한다는데 이견이 없다. 필자는 전문이 입법자를 구속한다는데 반대할 뿐이다. 필자는 헌법 제11조 제1항 후

724) 물론, 정의에 대한 한 의견에 불과하지만, 그것을 정의라고 받아들이고 논의한다.
725) 다른 것을 다르게 취급한 경우.
726) 다른 것을 같게 취급하는 경우.
727) 우리나라 헌법 제11조.

문이 입법자를 구속한다고 이해하더라도 필요한 결론을 이끌어 내는데 아무런 문제가 없다고 본다.

필자가, 전문은 입법자를 구속하지 않는다고 이해하는 것은 (a) '법 앞에'라는 문언이 입법자를 구속한다고 이해는 것을 방해하기 때문이고, (b) 문언에 반하는 해석을 할 필요가 없기 때문이다. 만약에 필자와 같이 이해하더라도 결론에 있어서 아무 문제가 없다면 굳이 문언에 반하는 해석을 할 필요가 없다.

필자의 질문이 무엇인가? 헌법 제11조 제1항 전문의 '문언에도 불구하고' 입법자를 구속하여야 한다고 보아야 하는 이유는 무엇인가, 하는 것이었다. 만약 문언에도 불구하고 그렇게 이해하여야 하는 필연적 이유가 있다면 그렇게 이해할 수도 있을 것이다. 문언에 반하면 어떠한 해석도 용납할 수 없다는 해석은 너무 고루하고 고지식하다. 그래서 이것을 물었다. 문언에 따른 해석이 어떤 문제를 일으키는가?

위의 응답은 필자의 물음과 전혀 관련이 없다. 관련이 없을 뿐만 아니라 적절하지도 않다. 통례? 필자가 법학을 공부한 것이 그리 오래되지 않았지만, '통례'가 해석에 영향을 끼친다는 말은 今時初聞이다. 오래된 학설은 뒤집지 못한다는 말인가? 참으로 이해하기 어려운 말이다.

우리 인류가 지동설을 받아들인 것은 아무리 길게 잡아야 천년 이내다. 그 이전 인류 역사에 있어서의 통례는 무엇인가? 하늘이 돈다는 것이다. 그 수십만 년간 매일 모든 인류가 보고, 인식하고 받아들인 통례를 뒤집는 것은 말이 되는가? 필자가 아직 서툴게 공부하고 있지만, '통례'가 이러저러하므로 다른 입론은 불가하다는 말은 들어보지 못했다.

'최고 법규로서의 헌법이 인권을 정하고 위헌 입법 심사에 의해 그 담보를 도모하고 있는 것, 법 내용이 불평등하면 그것을 평등하게 적용해도 평등의 보장이 실현되지 않는 것'은 이미 《평등정명론》에서 다룬 문제다. '헌법'이 법률에 대한 심사의 전제로 된다고 하여 모든 헌법 조항이 위헌 심사의 전제로 되는 것은 아니다. 그것이 법률에 대한 위헌심사의 기준으로 되는가는 개별 헌법 조항을 검토하여서 판단할 문제이지, 헌법이 법률에 대한 위헌 심사의 기준으로 되는 것이니까 모든 헌법 조항은 법률에 대한 위헌 심사에 적용된다는 주장은 나이브하다(naive).[728]

'법 내용이 불평등하면 그것을 평등하게 적용해도 평등의 보장이 실현되지 않는 것 등을 들 수 있다.'는 주장은 필자가 참으로 말이 안 되는 주장이라고 강조한 것이다. 다음을 《평등정명론》에서 인용한다.[729]

> "그러나 이와 같은 견해는, 법집행자에 대한 헌법 제11조 제1항 전문의 의미를 이해하지 못한 견해이다. 법을 그대로 집행함으로써 법 앞의 평등은 실현되었다. 다시 말하면 헌법 제11조 제1항 전문의 명령은 완수되었다. 헌법 제11조 제1항 전문에 의하여 요구되는 바가 충족되더라도 다시 불평등이 있을 수 있다는, 즉 헌법 제11조 제1항 전문의 명령이 충족되지 아니한 바가 있다는 결론은 전혀 논리적으로 납득할 수 없는 것이다. 예를 들어 화물을 부치는 자가 화물운송업자에게 화물운송을 부탁한 경우, 화물운송업자로서는 부탁받은 화물을 그대로 수화자에게 전달함으로써 그의 임무는 종료되는 것이다. 그런데 입법자 구속설의 논리는, 화물운송업자가 화물을 잘 운송하더라도 화물을 부치는 자가 나쁜 화물을 맡긴다면 수화자는 나쁜 화물을 받을 수밖에 없으므로, 화물운송업자에 대한 규범은 화물을 부치는 자에게도 적용되어야 한다고 주장하는 것과 같다."

이미 모두 응답하여 둔 것을 두고 마치 엄청난 논거가 발견된 것인 양, 다시 필자에게 이런 점은 생각해 보았냐고 묻고 있다. 그런 정도의 논거는 이미 있는 것이고, 이미 응답하여 두었다. '관례'는 학문적으로 전혀 가치 없는

---

728) 필자는 이미 이 논점을 다루었다. "그러나 위헌심사제가 확립되었다고 하여 모든 헌법 조항이 당연히 입법에 대한 위헌심사의 기준이 되어야 하는 필연성은 없다. 헌법의 개별 조항 하나하나가 모든 사람이나 사상에 적용되는 것은 아니다. 각 조항은 각각의 적용영역을 가지고 있다. 예를 들어 직업의 자유는 직업의 문제에 대해서만 적용되는 것이지, 예술의 영역과는 1차적으로 무관하다."(정주백, 『평등정명론』, 충남대출판문화원, 2019, 261)

729) 정주백, 『평등정명론』, 충남대출판문화원, 2019, 260.

논거다.

“제7의 질문에 대해서는, 14조가 예시 열거라고 하는 경우에도, 적어도 오늘의 학설은, 「외연이 무한대」라고는 생각하지 않는다는 것을, 우선 지적해 두고 싶다.”(vi)라는 말을 이해하기는 무척 어렵다. 평등 조항이 ‘모든 것을 같게’ 취급한다고 이해하는 입장, 즉 다른 취급이 있으면 바로 차별을 인식하고 정당화 심사에 나아간다는 입장은 차별금지 사유의 외연이 무한대라는 것을 의미한다. (차별금지 사유의) 외연이 무한대라는 말의 뜻이 이해되지 않았다.

只野 교수는 ‘심사 강도’를 정하는 데 ‘열거된 차별금지 사유’가 작동하고 있음을 근거로 든다. “예시된 사유에 해당하는 별이취급에 대해서는 심사가 엄격해진다고 보는 것이 많은 학설의 입장일 것이다.”(vii)라는 말은 이를 보여준다. 그러나 양자를 서로 섞어서 논하면 안 된다. 전혀 별개의 문제다.

헌법 제11조 제1항 후문은 ‘차별금지 사유’를 열거하고 있는 것이지, ‘강화된 심사 강도’를 적용하여야 하는 사유를 들고 있지 않다. 차별금지 사유들은 용언을 제약한다. 헌법 제11조 제1항 후문의 용언은 ‘차별받지 아니한다’이다. 열거된 사유를 이유로 한 차별을 받지 아니한다는 말이다. 논리적으로 이를 분석한다면, 열거된 사유에 속하지 아니하는 사유에 따른 차별에 대해서는 헌법 제11조 제1항이 말하고 있지 않다.

논리적 방법으로 해석한다면 헌법 제11조 제1항 후문에 열거되지 아니한 사유에 기한 차별이 허용된다거나 금지된다고 말할 수 없다. 개방되어 있다.[730] 만약 반대해석을 끌어들인다면, 헌법 제11조 제1항 후문에 열거되지 아니한 사유에 기한 차별은 허용된다.

차별금지 사유의 양은 헌법이 차별을 금지하는 양을 드러낸다. 내포의 양이 零으로 접근할수록, 그래서 외연의 영이 무한대로 접근할수록 헌법이 금지하는 차별의 양이 늘어난다.

---

730) 그래서 필자는 헌법상의 평등조항이 (입법자가 행하는) 대부분의 차별에 무관심하다고 표현하였다. 금지하지도 않고, 명령하지도 않는다.

그리고 그 차별이 헌법에 의해 금지된 것이라고 판단되었을 때, 정당화 심사에 나아간다. 정당화 심사에 나아갔을 때 비로소 심사기준의 강도가 문제된다. 이 양자의 문제는 별개 차원의 문제다. 이것을 섞어서 이야기하면 곤란하다.

보다 근본적인 문제는, 필자가 보기에 첫 번째에서 다섯 번째 질문에 대해서는 응답이 없다.[731] 세 번째 질문에 대한 응답이라고 기재된 것도 적절히

---

731) 스스로도 응답이 부족했다고 느낀 것 같다. "대저를 집필한 정씨에 대한 학문적 응답으로 너무 미흡하다(혹은 불성실하다)고 생각하실지도 모릅니다. 그러나 학위논문 평가라는 틀을 넘어 질문에 본격적으로 답하려면(대답은 임의적이라고 하면서 실제로는 그런 것을 요구받고 있다고 받아들이고 있습니다) 메일로 대응하는 것은 어렵고 논문 집필과 같은 준비나 작업이 필요할 것입니다. 그것은 학위 논문의 평가를 넘어선 문제로 과대한 요구가 아닐까요? 어디까지 응할지는, 학위 논문을 평가한 사람으로서가 아니라, 어디까지나 연구자로서 판단할 사항이라고 생각합니다."[大著を執筆した鄭さんに対する学問的応答として不十分に過ぎる(あるいは不誠実)とお考えなのかもしれません。しかし、学位論文の評価という枠組を超えて、質問に本格的に答えようとすれば(解答は任意であると言いながら、実際にはそのようなことを求められていると受け止めています)、メールで対応することは困難で、論文の執筆のような準備や作業が必要でしょう。それは、学位論文の評価を超えた問題で、過大な要求ではないでしょうか。] 그런데, 논문의 논지를 수용할 수 없다면서 논문 수정을 요구하는 것이라면, 예리하게 틀린 부분을 지적하여야 하는 것 아닌가? 필자의 주장에 대응하지도 못하면서, 그 대응은 학위논문 심사의 범위를 넘는 것이라는 말을 할 수 있는가?(각주에 기재하여 두지만, 주목을 위하여 밑줄을 쳐 둔다.) 예를 들어 누군가 천동설에 대항하여 지동설을 주장하는 박사논문을 내었다고 하자. 심사자가 의문을 표했다. 그래서 피심사자가 기존의 천동설에 대해 물었다. 이런 저런 문제점이 있는 것 아니냐? 이에 심사자가 박사논문 심사과정에서는 거기까지 응답할 필요는 없다. 그것은 심사자가 따로 논문을 내어서 다룰 문제일 뿐이다. 너의 박사논문 신청은 거절한다. 주장을 수용할 수 없기 때문이다. 이런 형국이다. 필자는 이 상황이 부당하다고 생각한다. 只野 교수는 응답을 요구하는 것이 과대한 요구라고 한다. 필자는 그렇게 생각하지 않는다. 반론을 제기할 수 없으면, 그 주장을 수용하여야 한다. 필자가 타인의 논문을 심사하는 대원칙이다. 필자의 판단에 행정적, 법적 효력이 부여되는 경우에는 더욱 그렇다. 학위논문 심사가 여기에 해당된다. 그것이 안 되면, 심사를 거절하여야 한다. 다른 사람에게 심사권을 넘겨야 한다. 너의 주장이 지동설 정도의 이론이냐? 그런 것은 아니다. 현재 지동설은 학계에서 수용되었으나, 필자의 주장은 그렇지 못하다. 적절하지 못한 비유라 한다면, 받아들이겠다. 그러나 구조는 같다. 只野 교수의 입장을 받아들이면, 심사자가 수용하지 못하는 새로운 주장은 박사논문으로 될 수 없다. 只野 교수의 말은, "내가 네 주장에 반박하지는 못하지만, 박사 학위는 줄 수 없

대응된 것이 아니다, 평등 조항이 '모든 것을 같게' 취급하라고 명령하고 있다고 이해하는 것이 우스꽝스럽고, 터무니없는 것 아니냐, 하는 질문에 대하여, 전혀 이 질문에는 대답하지 아니하고, 정당화 심사에서 적절하게 대응할 수 있다고 말할 뿐이다.

여섯 번째 응답도 질문에 대한 것이 아니다. 필자는 평등 조항이 입법자를 구속하지 않는다고 말한 일이 없다. 헌법 제11조 제1항 후문이 입법자에게 적용되고, 전문은 입법자에게 적용되지 않는다고 해석한다. 전문은 법 집행자에게만 적용된다. 이 해석이 결론에 있어서 아무런 문제를 일으키지 않는다고 본다. 필자가 물었던 것은 필자의 해석이 문리에 따른 것인데, 이 해석이 어떤 문제를 일으키는가, 왜 이 해석을 수용할 수 없는가를 물었다. 그런데 응답은 매우 고전적이다. 헌법 제11조 제1항이 입법자를 구속한다는 말을 하고 있다. 그것도 적절하지 아니한 논거로써.

일곱 번째 질문에 대한 대답도 東問에 西答이다. 필자의 질문에 대한 것이 아니다.

只野 교수는 위와 같은 대답을 하였다. 필자가 보기에는 질문을 이해한 것 같지도 않다. 그러나 자신이 수십 년간 가르쳐 온 것들을 지켜내야 한다는 의지는 매우 강하게 보인다. 그러나 의지가 있을 뿐 그것을 지켜낼 논리력이 갖추어진 것 같지는 않다.

필자와 위의 응답자 사이에 오간 글은 전부 일본어로도 기록을 남긴다. 필자든, 일본의 헌법학자든, 위의 응답자든 부끄러워해야 할 사람은 부끄러워해야 할 것이다. 아직까지는 필자가 부끄러워해야 한다고 생각하지는 않는다. 먼 훗날이면 모를까.

필자는 只野 교수의 수정요구에 응하지 않는다. 그 이유는 다음과 같다.

첫째는 학문적으로 무의미하기 때문이다. 이미 출간된 책이 있는데, 그것들

어." 정도로 정리될 수 있다.

의 章節을 再編한 파일을 제출받는 것이 무슨 의미가 있을까? 물론, 책을 再出刊하라는 요구에 이르지 아니한 점은 다행이고 고마워해야 할 것이지만, 학문적으로는 무용한 일이다. 그리고 번잡하다. 무의미한데 번잡하다.[732]

둘째는, 只野 교수의 앞의 말과 뒤의 말이 다르기 때문이다. 필자는 이미 2019년에 《평등정명론》을 只野 교수에게 보냈다. 번역할 것과 박사학위 논문으로 제출할 것을 이야기했다.[733] 장절의 편제[734]는 그 때 이미 정해져 있었다. 그것을 이제 와서 지적하면 안 된다.[735] 그때 형식의 문제를 이야기했으

---

732) 필자의 논문에 대한 코멘트와 요구 사항이 전혀 관련이 없다. 그래서 더욱 무의미하다.

733) 그 번역은 필자에 의해 이루어지지 않았다. 이 점은 번역판 서문에도 기재되어 있다. 그 번역이 그리 훌륭한 것 같지는 않다. 그 점에 대해서는 수용한다. 필자는 문어체 일어를 쓸 능력이 없다.

734) 개별 논문의 모음집 형태.

735) 2019년에 필자가 《평등정명론》을 보냈을 때의 지도교수의 응답은 다음과 같았다. 전문이다. 어디에도 형식에 관한 언급은 없다. "정주백님 오랜만입니다. 그런데, 이번에는, 고저 『평등정명론』을 보내주셔서, 정말로 감사합니다. 우선은, 저서의 간행을 축하합니다! 이렇게 훌륭한 형태로 연구 성과를 간행하신 것, 친구로서도, 또 정씨가 재적하고 있던 히토쓰바시대학의 교원으로서도 매우 기쁘게 생각합니다. 한국 학계에도 큰 학술적 기여가 될 것으로 생각합니다. 자, 학위 신청의 건, 서적으로서 출판되어 있기때문에 논문박사로서 취급하게 됩니다(죄송합니다만, 신청료가 5만엔 필요합니다…). 일본어 또는 영어가 조건이므로 번역을 해 주시고, 그것을 학위논문으로 신청하시면 됩니다. 또, 학위논문은 원칙으로서 Web으로 공개되게 됩니다(학위논문이 서적으로서 출판되는 경우, 통상 공표는 불필요합니다만, 이번 저술의 경우도 같은 취급이 가능한지, 상담해 보겠습니다). 논문을 수리할지 어떨지는, 사전에 예비적인 심사를 하는 것이 관례이므로, 이 단계에서 일본어의 체크등도 하게 될 것이라고 생각합니다. 저서로서 출판되고 있기때문에, 가능한 한 수리하는 방향으로 생각하고 싶습니다만, 수리의 가부는, 내용을 보고 판단하겠습니다. 수리하기로 결정되면, 심사료를 지불해 주시고, 교수회에서의 심사가 됩니다(통상, 일단 수리가 결정되면, 학위논문으로서 인정되고 있습니다). 외국에서 신청한 사례가 별로 없기 때문에 절차 등을 확인한 후 다시 답변을 드리도록 하겠으니 조금만 기다려 주십시오. 그 후에, 신청할지 어떨지, 판단해 주셨으면 합니다."[鄭柱白 様 おひさしぶりです。さてこのたびは、御高著『平等正名論』を御恵贈賜り、誠にありがとうございました。まずは、御著書の刊行、おめでとうございます！このように立派な形で研究成果を公刊されましたこと、友人としても、また鄭さんが在籍していた一橋大学の教員としても、ともても

면, 필자는 이 절차를 진행하지 않았다. 분명하다. 그 때 할 수 있는데 안 한 말은 지금도 하지 말아야 한다. 선생이 학생을 대할 때는 더욱 그렇다.

셋째는 필자는 이를 해낼 일어 능력이 없다. 모자라지 않고 없다. 章節을 재편하는 작업은 정교하여야 한다. 말들을 잘 다듬어서 이어 붙여야 한다. 그런 작업을 일어로 해 낼 능력이 필자에게는 없다.

넷째는 그렇게까지 해서 필자가 학위를 받아야 할 이유가 없다. 필자가 그 학위를 받아 잔치를 벌일 일도 아니다. 이미 낸 책을 학위 논문으로 받아주겠냐고 물었고, '매우' 긍정적으로 대답하기에 제출하였을 뿐이다.[736]

다섯째, 필자로서 불쾌해한 것은, 마치 便犬 훈련시키는 것 같은 느낌을 받았기 때문이다, 필자의 《평등정명론》이나 《平等の正しい意味》이미 출간되어 있다. 출간된 책을 수정하여 재출간하라는 것도 아니면서, 《평등정명론》의 체제를 바꾸어서[737] 파일로 제출한다는 것이 도대체 무슨 학술적 의미가 있나.

うれしく思います。韓国の学界にとっても、大きな学術的な貢献となるものと思います。さて、学位申請の件、書籍として出版されていますので論文博士として取り扱うことになります（申し訳ありませんが、申請料が5万円必要です…）。日本語または英語が条件ですので、翻訳をしていただき、それを学位論文として申請していただくことになります。また、学位論文は原則としてWebで公開されることになります（学論文が書籍として出版される場合、通常は公表は不要ですが、今回の御著の場合も同じ扱いが可能か、相談してみます）。論文を受理するかどうかは、事前に予備的な審査をするのが慣例ですので、この段階で日本語のチェックなどもすることになるかと思います。著書として出版されていますので、できるだけ受理する方向で考えたいと思っておりますが、受理の可否は、内容を拝見したうえで考えさせていください。受理することが決まると、審査料をお支払いいただき、教授会での審査となります（通常、いったん受理が決まれば、学位論文として認められています）。外国からの申請の例があまりないため、手続など確認したうえで、あらためてお返事をするようにしますので、少々お待ちください。そのうえで、申請するかどうか、ご判断いただければと思います。] 밑줄은 필자가 추가하였다.

736) 바로 위의 각주 참조. 앞에 언급한 이론적 문제도 이미 《平等正名論》에 그대로 있던 것이다. 《平等正名論》에는 일부러 영어로 된 요지를 붙였다. 그리고 章節의 제목도 漢字로 썼었다.

737) 논문집 형식이 아니라, 서론, 본론, 결론 형식을 갖춘 통상 논문 형식.

차라리 한글로 써진, 일본의 학설을 비판한 《평등의 모순》을 번역하여 출간해 달라고 하면, 필자는 100% 동의하였을 게다. 정식으로 출간해 달라고 해도 응하였을 게다. 그것은 학술적 의미가 있다.

여섯째는 필자의 주장에 대한 평가가 전혀 합당하지 않다. 필자는 전혀 그 평가를 수용할 수 없다. 앞에서 어느 정도 설명했다. 필자는 일본 학계가 필자의 논문을 적절히 심사할 수 있는 能力을 가지고 있지 않다고 본다.

근본적으로 필자는 필자의 논문을 전혀 이해하지 못하는 사람에게 그 동안 휘둘렸다는 사실에 깊은 자괴감을 느낀다. 그리고 필자의 논문을 이해하려는 어떠한 노력도 하지 않고, 오로지 '立場'과 '印象'으로 필자의 논문을 평가하는 사람에 대해 당혹스러움을 느낀다.

맞다. 학위 논문을 받아 주고 안 받아 주고는 학위를 주는 쪽이 결정할 일이다. 코스 웍(course work)을 전제로 한 논문이 아니니, 심사 기준이 더 엄격하다는 것도 받아들인다. 그러나 필자의 논문을 이해하고자 하는 의지가 없는 쪽에 필자가 더 이상 무언가를 말하기는 어렵다.

그리고 마지막으로 한 번 물어보자. 제출된 논문에 대해 아무런 논리적 반론도 제시하지 못하면서, '우리는 네 논문의 주장을 수용하지 못한다.'는 평가를 하는 것이 학계의 일인가? 일본은 모르겠고, 우리나라에는 없다.

다만, 일어로의 논문의 번역이 안 좋다는 것은 받아들인다. 할 수 없다. 사실 그것이 결정적이라면 더 할 말이 없다.

그러나 註釋이 모자란다는 말에 대해 좀 더 설명해 보자. 필자의 주장에 독창성이 있다는 것에 대해서는 只野 교수도 인정하였다. 생각해 보라. 독창성이 있는 주장에는 주석이 적기 마련이다. 건방을 떠는 말이지만, 고전에는 주석이 없다. 독창성이 없을수록 주석은 많아질 가능성이 크다. 당연하지 않은가. 초학자들이 전혀 내용은 이해 못하면서 이 책, 저 책의 내용을 옮겨 놓은 경우를 보지 못하는가? 필자는 많이 보았다. 그러면 그 글은 좋은 논문인가?

남의 이야기, '죽은 사람의 말'을 많이 옮겨 놓으면 좋은 논문이 되고, 남의 이야기, 죽은 사람의 말이 없으면 논문이 아닌 것인가? 그 논문이 무엇을 이야기하고 있는가, 거기에 필요한 논증이 빠진 것이 있는가? 그런 것들이 심사되어야 하는 것 아닌가? 주석의 수효나 세는 것이 논문심사인가?[738] 법학을 왜소하게 만드는 짓이다. 법학이 뭐 새로운 것 있느냐, 다 거기서 거기지, 라는 생각을 기반으로 하는 것 같다. 아래에서 보이는, 왓슨과 크릭의 1953년 이중나선 구조 논문[739]에 달린 주석은 겨우 6개다.

자기 머리로는 생각하지 못하고 오퍼상처럼 외국의 학문을 번역하여 가져다 놓는 것을 좋은 학문이라고 한다면 필자는 그런 짓 안 한다. 필자는 필자의 머리로 생각한다. 필자의 머리로 밀고 나간다. 필자는 필자의 머리로 밀고 나가다가 막혔을 때, 그때 남의 글을 찾아 읽는다. 거기서 필자의 생각을 이어갈 실마리를 찾았으면, 그 책을 던져 버린다. 다시 필자의 생각을 이어간다. 필자는 책을 읽는 것 자체를 목표로 하지 않는다. 필자의 생각을 이어가는 데 필요한 도구 정도로 생각한다. 죽은 사람의 말들에 묻혀 허우적거리는 것은 연구가 아니다.

필자는 많이 아는 것이 연구자의 필수적 덕목이라 생각하지 않는다. 뭔가 새로운 정보를 만들어 낼 수 있는가, 하는 것이야말로 연구자에게 필수적인 덕목이라 생각한다.[740] 필자가 일본에서 공부했지만, 앞에서 설명한 일본의 책들에 매몰되어 있었다면, 필자는 새로운 아이디어를 만들어내지 못했을 것

738) 스리니바사 라마누잔(Srinivasa Ramanujan, 1887. 12. 22. - 1920. 4. 26. 인도출신 수학자)의 경우를 보라. 그는 거의 근대수학에 대한 지식이 없이 혼자 연구한 것으로 알려져 있다.
https: · · www.britannica.com · science · mathematics · Ancient-mathematical-sources
증명 없이 결론을 내놓은 아이디어들이 매우 많다. 현대수학은 이것들을 참으로 받아들이고 있다.

739) 1953. 4. 25. 《Nature》 171호, 737-738쪽에 실린 2쪽 짜리 논문, 〈Molecular Structure of Nucleic Acids: A Structure for Deoxyribose Nucleic Acid〉.

740) 많이 아는 것은 교육자의 덕목일 수는 있다.

이다. 죽은 자들의 글이 무의미하다는 것은 아니지만, 어느 정도의 단계에 들어서면 그것들을 버려야 한다. 필자는 그렇게 생각한다.

하나만 더 이야기하자. 짧게 연구한 사람의 연구 결과라도 무시하면 안 된다. 맞다. 필자가 알기로 제임스 왓슨(James Watson, 1928. 4. 6. -[741])이 인디애나대학에서 1950년에 박사 학위를 받고,[742] 영국 케임브리지 대학교의 캐번디시 연구소에서 박사후연구원으로 연구 생활을 시작한 것이 1951년이다. 그는 거칠게 말하면 2년 만에, 25살이 되고 19일 지난 날인, 1953. 4. 25. 《Nature》 171호, 737-738쪽에 실린 2쪽 짜리 논문[743], 〈Molecular Structure of Nucleic Acids: A Structure for Deoxyribose Nucleic Acid〉[744][745]로, 3년 후인 1956년에 하버드대학 교수[746]로 되고, 9년 후인 1962년에 노벨생리의학상을 받았다.[747][748]

---

741) 아직 살아 있다. 2024. 11. 말 현재.

742) 22살 정도다.

743) 그 중 본문은 737쪽 한 쪽에 미치지 못한다. https: · · url.kr · usieg8에 올려 두었다. 이 논문의 뒤에 연달아 Wilkins등의 논문과 Franklin의 논문이 실려 있다. 이 뒤의 논문에 실려 있는 사진이 핵심적인 자료다. 이 사진을 보고 Watson이 아이디어를 얻었음은 그도 숨기지 않는다. 738쪽이 사사(謝辭)에는 Franklin에 대한 것도 있다. 그래서 그가 Franklin의 연구 성과를 도용했다는 의혹은 끊이지 않았다. 원본 url도 함께 기재해 둔다.
https: · · www.notion.so · Dilemma-100e0152a33780bd8e5acc2b833b793a?pvs=4

744) 프랜시스 크릭(Francis Crick, 1916. 6. 8.- 2004. 7. 29.)과의 공동 논문이다.

745) 다만 말년이 그리 순탄하였던 것 같지는 않다. 2014년에는 노벨상 메달을 크리스티 경매를 통해 410만 달러에 팔았다.

746) 조교수. 정교수로 승진했다.

747) 프랜시스 크릭, 모리스 윌킨스(Maurice Wilkins, 1916. 12. 15. - 2004. 10. 5.)와 공동으로 수상했다. 로절린드 프랭클린(Rosalind Franklin, 1922. 8. 22. - 1958. 8. 22.)은 받지 못하였다. DNA가 이중나선 구조를 가졌다는 결정적인 증거인 DNA의 X선 회절 사진은 그녀가 찍은 것이었다. 그녀는 1958년에 죽었다. 1962년까지 살아 있었으면 노벨상을 받을 수 있었을까?

748) 2024년 노벨 화학상을 공동 수상한 구글 딥마인드(Google DeepMind)의 존 점퍼(John Jumper, 1985. -) 박사는 수상 당시 39세였다. 2017년 시카고 대학에서 박사 학위를 받고 구글에 입사해 노벨상 수상과 관련된 인공지능 연구를 2018년에 시작하여 2020년에 AlphaFold 2를 발표하고, 논문은 2021년에 출판했다. AlphaFold 2가 발표된 지

그러면 길게 연구하였다는 사정이 연구의 가치를 결정하는 데 역할을 할까? 길게 연구한 사람 말은 다 맞는 것일까? 그렇지는 않다.[749] 오래 연구했다는 사실이 그 연구 결과가 옳다는 증거로 될 수는 없다. 그러나 존중받을 자격은 있다고 본다. 오래 연구한 사람의 연구 결과를, 오다가다 들은 몇 마디 말로 쉽게 부정해서도 안 된다. 오래 연구하였다고 그 결론이 꼭 좋은 것은 아니지만, 오래 연구하지 않으면 좋은 결과를 내기가 쉽지 않다.

秋史 金正喜[750]도 "내 글씨는 아직 부족함이 많지만, 칠십 년 동안 벼루 10개의 밑창을 뚫었고, 천 자루 붓을 몽당붓으로 만들었다."[751]라고 말하였다. 물론 그는 생존해 있는 동안 이미 명필의 명성을 얻었으므로, 자신의 역량을 보증하기 위하여 노력한 바를 말한 것은 아닐 수 있다. 그러나 그도 이런 말을 하더라.

하문의 세계에서 안다고 믿는 것은 위험하다. 안다고 믿는 사람은 새로운 것을 받아들일 수 없다. 생각해 보면 필자의 주장에 대한 반감을 이해하지 못하는 것은 아니다. 생각해 보라. 수십 년 동안 학생들에게 매년 가르쳤던 것을 틀렸다고 하는데, 그것을 수용하기는 쉽지 아니하다. 자기가 잘 모르는 내용이라도, 그 강의를 한 번 하고, 두 번 하고, 세 번 하면 달리 생각하기 쉽지 않다. 필자는 그렇게 생각한다. 개론 강의가 가장 어렵다. 그런데 초학자들이 개론 강의를 하면서 머리는 자꾸 딱딱해져 간다.

몇 줄 안 되지만, 위에서 든, 필자의 논문에 대한 只野 교수의 의견과 필자의 질문에 대한 응답을 보면서 놀랐던 것은 현재의 지배적인 이론이나 판례의 문제점을 인식하고도[752] 그 문제를 해결하고자 하는 필자의 노력이 적실

불과 4년 만에, 논문이 출판된 지 3년 만에 노벨상이 수상했다.

749) 오래 연구했다는 말을 자랑할 일은 아니다. 이 말을 일본에 있을 때 阪口正二郎 先生에게 들었다.

750) 1786.(정조 10년) 6. 3. - 1856.(철종 7년) 10. 10.

751) 吾書雖不足言七十年磨穿十硏禿盡千毫. 권돈인에게 보낸 편지 중에 있는 말이다. https: · · blog.naver.com · geonak0219 · 223563007112

한 것인가에 대한 어떠한 검토도 없이, 그냥 기존의 이론에 기대어, 그때 그때(ad hoc) 재판관들이 적절한 결론을 내주면 되는 것 아니냐, 하는 정도의 '학문적 견해'를 만났다는 것이다.[753)]

그는 필자에게 물어보지도 않았다.[754)] 그는 한 번도 필자의 주장에 대해 질문하지 않았다. 실망스럽지 않았다면 거짓말이다. 필자로서는 일본의 학문이 이런가 하는 의아함을 느꼈다. 이번 경험이 크게 유쾌하지는 않지만, 셈은 나쁘지 않다. 이 경험을 계기로 책을 2권 썼다.[755)] 그런 정도면 성과가 나쁘지 않다. 분노는 많은 경우 상당한 추동력을 제공해 준다. 니체가 비슷한 말을 한 것 같다.

다만 只野 교수가 惡意로써 필자를 대하지 않았다는 점을 명기하여 둔다. 필자에게 친절하였고, 필자의 상황을 이해하려고 노력하였다. 단지 필자가 수용하기 어려운 것은 그의 학문적 입장이다.

그래도 하나 그에게 섭섭한 점을 이야기하라면 이런 거다. 필자는 2008년

---

752) 상대적 평등설이나 예시적 열거설에 문제가 있다는 것.

753) 한 마디를 추가한다. 只野 교수는 논의의 단계에 대한 인식이 없다. (a) 평등 조항이 입법자에게 어떤 것을 명령하는가 하는 문제를 논의하는 자리에, 이 문제에 대해서는 대답하지 않고, 평등의 명령에서 벗어났더라도 합리적 이유가 있으면 정당화된다는 엉뚱한 말을 하는 것이 이상하지 않다고 말한다. (b) 차별금지 사유의 외연은 어떠한가를 논하는데, '헌법이 특별히 열거하고 있는 사유들에 대해서는 엄격한 심사 기준을 적용하고 있으므로,' 차별금지 사유의 외연을 무한대로 보고 있지 않다고 말한다. 다른 단계의 논의를 섞어서 이야기하는 것이다. 그의 주장을 선해하면 다음과 같이 말할 수있다. ① 모든 다른 취급은 정당화 심사를 받아야 한다. ② 헌법이 특별히 열거한 사유에 기한 차별에 대해서는 강화된 심사 기준이 적용된다. 그런데, ①이 차별금지 사유의 외연을 무한대로 보는 것이다. ①을 받아들이면서, ②를 수용하였으니 차별금지 사유의 외연을 무한대로 보는 것이 아니라는 것은 궤변이다. 양자는 별개의 문제다. ②에 의해 ①의 성격이 달라지지 않는다.

754) 이렇게 저렇게 논의하는 상당히 길었는데도, 필자가 필자의 아이디어에 대해 질문을 받은 것은, 필자의 질문에 대한 응답에 보이는 두어 개의 질문뿐이다. 그것도 진정한 질문 같지도 않다. 표현 방식으로 보인다.

755) 한 권을 더 쓰지 싶다. 처음에 검토해 보기로 했던 20권 정도 중에서, 이 책에서는 8권을 다뤘다. 나머지 책들을 다루는 책을 한 권 더 내지 싶다.

에 一橋大學에 籍을 올리면서 〈평등의 의미〉를 연구주제로 제시했다. 그런데 막상 해보니 만만치 않았다. 갈피를 잡기 어려웠다. 그래서 지도교수, 只野雅人 교수에게 이야기했다. 연구주제를 바꾸고 싶다고. '한국의 헌법재판' 정도의 주제로 논문을 쓰고 학위를 받고 싶었다. 그런데 안 된다고 했다. 주제를 바꾸지 못했다. 그래서 20년 이상, 20편 가까운 관련 논문을 쓰면서, 이 이슈를 끌고 다녔다. 그런데 이제 와서 주장을 반박할 수는 없지만, 주장을 수용할 수 없다. 장절을 수정해 오지 아니하면 학위를 줄 수 없다고 말하는 것은, 아무래도 존경받을 거동은 아니다. 더구나 학계에서 평가받으라, 네 주장이 학계에서 수용되면 내 판단이 잘못된 것이라는 증거로 삼으라, 는 말을 들으면, 당혹스럽지 않을 도리가 없다.[756)]

필자의 아이디어에 대해서는 학계에서 평가받겠다. 내 책 《평등정명론》은 이미 출간되어 있다. 〈세종도서〉로 선정되었으니 웬만한 도서관에는 있을게다. 그 책으로 평가받겠다. 내가 이런 이야기를 이렇게 할 수 있는 것도 이 사실[757)]에 많이 의지하고 있다. 혹여 이를 통해 새로운 생각이 수용되는 것이 참 어렵구나, 하고 생각해 주면, 필자로서는 무척 기쁘지 싶다, 그 생각에.

세상에 부끄러워할 일, 없다. 도둑질이 아니라면. 다 이해가 가더라. 나이

---

756) "이미 간행된 혹은 앞으로 간행될 저서에 대한 학문적 평가는 널리 학계의 논의에 맡겨져야 할 것입니다. 비판적인 응답이 있어도, 뛰어난 저작이라면 언젠가 평가는 정해질 것입니다. 만약 그렇게 되면, 나의 불수리라고 하는 결론이 타당하지 않았던(범용한 연구자에게는, 참신한 논의의 의의를 이해할 수 없었다) 것의 증거도 된다고 생각합니다."[すでに公刊された、あるいは今後公刊される著書についての学問的評価は、広く、学界の議論に委ねられるべきものでしょう。批判的な応答があっても、優れた著作であればいずれ評価は定まるでしょう。もしそうなれば、私の不受理という結論が妥当ではなかった(凡庸な研究者には、斬新な議論の意義が理解できなかった)ことの証左にもなると思います。]코스웍을 이수하는 학생에게도 이렇게 말할까? 나는 그러면 안 된다고 생각한다. 나중에 심사자가 잘못 판단한 것으로 확인되면, 손해배상이라도 하겠다는 것인가? 그럴 것이 아니라면 무의미한 말이고, 무책임한 말이다.

757) 이미 《평등정명론》, 《평등의 모순》이 출간된 사실.

드니 더더욱 그렇더라. 이렇게 저렇게 대충 살다 죽더라. 모든 사람이 다 똑같다는 말을, 문학적으로 이렇게 표현하더라. 멋진 표현이다.

> "불가리아인인가 그리스인인가 하는 게 문젭니까? 이제 내게는 다 똑같아요. 이제는 이 사람은 좋은 사람인가 아닌가만 묻죠. 그리고 정말이지 나이를 먹을수록, 밥을 더 많이 먹을수록, 난 점점 더 아무것도 묻지 않게 됩니다. 보세요, 좋은 놈, 나쁜 놈이란 구분도 잘 맞질 않아요. 난 모든 사람이 불쌍할 뿐이에요. 사람을 보면, 비록 내가 잘 자고 마음에 아무런 시름이 없어도, 가슴이 찢어지는 것 같아요. 누구든 먹고, 마시고, 사랑하고, 두려워하고, 그리고 자신만의 하느님과 악마를 모시다가 뒈지면 땅에 쭉 뻗고 누울 거고, 그러면 구더기들이 그 살들을 파먹을 거고…… 아, 불쌍한 인생! 우리는 모두 형제들이에요…… 구더기 밥인 고깃덩어리들이라고요!"[758]

필자가 박사과정의 학생들에게 자주 하는 말이 있다. 심사위원과 다투어야 하는 내용으로 학위 논문을 쓰지 말라. 절대로 심사위원을 이길 수 없다. 심사위원의 학설과 다른 새로운 주장을 하기보다는, 풍부하게 정보를 제공하라. 그리고 그 끝에 자기의 생각을 양념처럼 살짝 얹어라. 그 말이 맞다. 애로우의 불가능성 정리가 학위논문으로 받아들여진 것은, 그것이 새로운 생각이었지만, 심사위원이 의견을 가지지 아니한 영역에서의 주장이었기 때문이다.

세상에 생각 하나 밀어 넣기가 쉽지 않다. 필자는 전혀 부끄럽지 않다면 거짓말이겠지만, 필자가 박사학위와 관련하여 있었던 일들을 세상에 풀어 놓는다. 숨기지 아니하고 밝히고 드러내어서 나의 자존심을 지키고자 한다. 필자는 도둑질을 하지 않았고, 공부했다. 그래서 부끄럽지 않다.

마지막으로 한 마디를 더 한다. 일본 학계는 필자의 평등론을 평가할 자격이 없다. 용기를 가지고 단호하게 말한다.

---

758) 니코스 카잔차키스(이윤기 옮김), 『그리스인 조르바』, 열린책들, 2000. 393-394.

追記

필자는 이 책의 원고를 PDF 파일로 전환하여 只野 교수에게 보냈다. 거의 3만자에 이르는 只野 교수에 대한 비판이 실려 있어서, 필자의 비판론에 대한 반론의 기회를 주는 것이 타당하다고 생각했다. 10일 정도의 말미를 주었다. 5일 정도 뒤에 시간이 더 필요하다고 하기에, 기다리겠다고 응답하였다. 그 며칠 후에 다음과 같은, 자신의 글을 실어달라는 요구가 왔다.

> 우선, 제가 발신한 사신(메일)을 서적 중에 인용하는 것에 대해서는 동의할 수 없습니다. 그리고 XII장[759]을 공표하시는 것이라면, 이하에 기재하는 저로부터의 응답을, 그대로 전문 게재해 주실 것을 요구합니다.
>
> ———
>
> 정주백 교수가 출간 예정인 평등의 Dilemma(이하 서적) 원고를 보내주시고 저와의 학문적 교류, 정 교수의 학위논문 신청에 관한 경위 부분에 대해 답변할 기회를 주셨다.
> (i) 학문적인 교환에 대해서는, 나로부터의 응답은 이미 실시하고 있고, 서적의 원고 중에서도 소개되고 있으므로, 그 적부에 대한 판단은 독자에게 맡기고 싶다. 한편 학위논문 신청에 관한 경위에 대해서는 나와 정 교수 간에 생각과 인식에 차이가 있으므로 이번 기회에 제가 생각하는 바를 간결하게 서술하기로 했다. 무엇보다 본래 학술서에서 자세히 서술해서는 안 될 내용을 많이 포함하고, 이를 위해 귀중한 지면을 소비하는 데는 강한 망설임을 느낀다. 그러나 학술 예절에 관한 문제도 포함하기 때문에 이 자리에서 응답할 필요가 있다고 생각했다.
> (ii) 서적 원고에는 나의 사신(메일) 전문이 인용돼 있다. 학술서에서 본인의 허락 없이 사신을 인용해서는 안 된다는 점, 이 점에서 내가 동의하지 않는다는 점은 이미 정 교수에게 전했지만 동의하지 않았다. 또 2023년 11월부터 1년 가까이 메일과 온라인 미팅에서 학위 신청 논문의 취급에 대해 정 교수의 이해를 얻기 위해 시간을 갖고 주고받았다. 그 일부분(한 통의 메일)만 거론하며 불수리라는 판단과 수정 요청에 대해 비판을 하고 있다. 이러한 수법도, 부적절하다고 생각한다. 정 교수와 대화를 거듭하다 2024년 6월 하순 논문 수정을 검토하기로 정 교수가 합의한 뒤 수정 논의를 계속했다고 나는 인식하고 있다. (iii) 수정 요

청은 논증이 미흡한 점을 보완하기 위한 것이지 정 교수 주장의 본질적인 부분 변경을 요구한 것은 아니다.

또 정 교수는 2019년까지 나의 대응도 비판했지만 이 점에서도 나의 인식과 생각이 다르다. (iv) 평등론은 정 교수가 고집해온 주제이자 학위논문으로 마땅히 다뤄야 할 주제였다고 본다. 또 정 교수는 과정박사 논문을 제출하지 않고 귀국했기 때문에 학위 논문을 제출하려면 과정박사가 아닌 논문박사 외에는 선택의 여지가 없었다. 게다가 학위청구논문을 제출하면 당연히 학위논문으로 수리되는 것은 아니다. 이 점은, 서적의 원고에서 인용되고 있는 나로부터의 2019년의 메일에서도, 말하고 있는 부분이다. (v) 정 교수는 한국어 저서인 평등정명론의 요지와 목차를 통해 수정과 구성 변경의 필요 여부를 2019년 시점에서 판단했어야 한다고도 했다. 그러나 일본어 또는 영어가 박사논문 제출의 조건인 이상 일본어판 논문을 본 후가 아니면 그런 판단을 할 수 없고, 또 해서는 안 된다고 생각한다. 또한 2019년의 메일에서는 굳이 지적하고 있지 않지만, 일본어로 학위청구논문을 제출하는 이상은 논문 집필을 위한 일본어 운용능력이 있는 것이 당연한 전제가 된다. 외국어 논문 집필에 있어서 다른 사람의 도움을 받는 일은 있을 수 있다. 그러나 최종 논문에는 저자가 책임을 져야 한다.

한 가지, 서적의 원고 결론에서 일본 학계에는 나의 평등론을 평가할 자격이 없다고 서술되어 있다. 그러나 (vi) 내 견해가 일본 학계 전체를 대표하는 것은 아니며 서적 검토만으로 학계 전체에 대해 판단을 내리는 것은 너무 성급한 것이 아닌가. 「일본의 학계는」은, 「타다노는」으로 해야 할 것이다.

이상은, 어디까지나, 내 생각이며, 인식이다. 정 교수의 스탠스가 이들과 다르다는 것은 책 속에서도 이미 드러난다. 어느 쪽이 적절한지, 독자의 판단에 맡길 수밖에 없다.

학위신청 논문을 수리한다는 판단은 내리지 못했지만 정 교수가 일관되게 (vii) 평등론이라는 어려운 주제에 진지하게 임하고 있는 것에 대해서는 예전부터 같은 연구자로서 경의를 표했고 그것은 지금도 변함이 없다. 이 점도, 마지막으로 덧붙여 말해 두고 싶다.[760][761]

---

759) 제9장이다. 책의 사이즈가 너무 커져서, 원래 예정되었던 세 개의 장을 뺐다.

760) まず、私の発信した私信(メール)を書籍中に引用することについては同意できません。その上で、XII章を公表されるのであれば、以下に記す私からの応答を、そのまま全文掲載していただくことを求めます。

———

鄭杜白教授から、出版予定の『平等のDilemma』(以下、「書籍」という)の原稿をお送りいただき、私との学問的なやり取り、鄭教授の学位論文申請に関する経緯の部分について、応答の機会をいただいた。

学問的なやり取りについては、私からの応答はすでに行っており、書籍の原稿の中でも紹介されているので、その適否についての判断は読者に委ねたい。一方、学位論文申請に関する経緯については、私と鄭教授の間で考え方や認識に隔たりがあるので、この機に、私の考えるところを、簡潔に述べさせていただくことにする。もっとも、本来、学術書の中で詳述すべきでない内容を多く含み、そのために貴重な紙幅を費やすことには強い躊躇を覚える。しかし、学術の作法にかんする問題も含むので、この場で応答する必要があると考えた。

書籍の原稿では、私の私信(メール)の全文が引用されている。学術書において本人の許諾なく私信を引用すべきでないこと、この点で私が同意していないことはすでに鄭教授にお伝えしたが、同意いただけなかった。また、2023年の11月から1年近くにわたり、メールとオンラインのミーティングで、学位申請論文の扱いについて、鄭教授の理解を得るべく時間をかけてやり取りを続けてきた。その一部分(1通のメール)だけを取り上げ、不受理という判断や修正の要請について、批判が行われている。こうした手法も、不適切であると考える。鄭教授とやり取りを重ね、2024年の6月下旬、論文の修正を検討することについて鄭教授から合意をいただき、そのうえで修正の話し合いを続けたと、私は認識している。修正の要請は、論証が不十分な点を補うことを趣旨とするものであり、鄭教授の主張の本質的な部分の変更を求めたものではない。

また、鄭教授は、2019年までの私の対応も批判されているが、この点でも、私の認識や考え方は異なっている。平等論は鄭教授がこだわりをもってきたテーマであり、学位論文として当然に扱うべきテーマであったと考える。また、鄭教授は、課程博士論文を提出することなく韓国に帰国しているので、学位論文を提出しようとすれば、課程博士ではなく、論文博士以外に選択肢は無かった。さらに、学位請求論文を提出すれば当然に学位論文として受理されるわけではない。この点は、書籍の原稿で引用されている私からの2019年のメールでも、述べているところである。鄭教授は、韓国語の著書である『平等正名論』の要旨や目次から、修正や構成変更の要否について、2019年の時点で判断すべきであったとも述べられている。しかし、日本語または英語が博士論文提出の条件である以上、日本語版の論文をみた上でなければ、そのような判断をすることはできないし、またすべきではないと考える。なお、2019年のメールでは敢えて指摘はしていないが、日本語で学位請求論文を提出する以上は、論文執筆のための日本語の運用能力があることが当然の前提となる。外国語の論文執筆にあたり、他者の助けを借りることはあり得よう。しかし、最終的な論文には、著者が責任を持っていただく必要がある。

いまひとつ、書籍の原稿の結論で、「日本の学界には、私の平等論を評価する資格がない。」と述べられている。しかし、私の見解が日本の学界全体を代表するわけではなく、書籍の検討だけで学界全体について判断を下すのは性急に過ぎるのではないか。「日本の学界には」は、「只野には」とするべきであろう。

(i) 필자의 비판에 대해 전혀 응답하지 않았다. 스스로 불충분하다고 하면서도[762] 추가적인 반론을 제기하지는 않았다. 연구자는 자신에 대한 비판론에 대응할 수 있어야 한다. 반론을 제기할 수 없으면 상대방 주장을 수용하기라도 하여야 한다. 시간이 필요하면 시간을 요구해서라도, 자신의 주장을 분명하게 밝힐 수 있어야 한다. 물론, 한 사람이 헌법의 모든 분야에 대해 전부 대응하기는 어렵다. 당연하다. 그러면 자신의 연구 분야가 아니므로 대응하지 않겠다고 하여야 한다. 그것이 적절한 대응이다.

(ii) 只野 교수는 필자가 자신의 사신을 공개했다고 하는데, 필자는 동의하지 않는다. 논문 심사 과정에 있어서 오고 간 '행정적 서류'다. 서로 안부를 묻고, 가족의 안녕을 묻는 글이 아니다.

(iii) 필자의 논문 중 미흡한 점을 보완하라는 요구를 하였을 뿐이라고 하는데, 전혀 필자의 주장을 이해하지 못하는데 미흡한 논증인 것은 어떻게 아는

以上は、あくまで、私の考え方であり、認識である。鄭教授のスタンスがそれらと異なることは、書籍の中でもすでに示されている。いずれが適切か、読者の判断に委ねるほかない。

学位申請論文を受理するという判断には至らなかったが、鄭教授が一貫して平等論という困難なテーマに真摯に取り組んでいることには、かねてより、同じ研究者として敬意を抱いており、それは今も変わらない。この点も、最後に付言しておきたい。

761) 밑줄은 필자가 추가한 것이다.

762) "대저를 집필한 정씨에 대한 학문적 응답으로 너무 미흡하다(혹은 불성실하다)고 생각하실지도 모릅니다. 그러나 학위논문 평가라는 틀을 넘어 질문에 본격적으로 답하려면 (대답은 임의적이라고 하면서 실제로는 그런 것을 요구받고 있다고 받아들이고 있습니다) 메일로 대응하는 것은 어렵고 논문 집필과 같은 준비나 작업이 필요할 것입니다. 그것은 학위논문의 평가를 넘어선 문제로 과대한 요구가 아닐까요? 어디까지 응할지는, 학위 논문을 평가한 사람으로서가 아니라, 어디까지나 연구자로서 판단할 사항이라고 생각합니다."[大著を執筆した鄭さんに対する学問的応答として不十分に過ぎる(あるいは不誠実)とお考えなのかもしれません。しかし、学位論文の評価という枠組を超えて、質問に本格的に答えようとすれば(解答は任意であると言いながら、実際にはそのようなことを求められていると受け止めています)、メールで対応することは困難で、論文の執筆のような準備や作業が必要でしょう。それは、学位論文の評価を超えた問題で、過大な要求ではないでしょうか。]

가? 그리고 미흡하다고 하려면 어떤 논증이 더 필요하다는 것을 지적하여야 하는 것 아닐까. 장절의 편제을 바꾸라는 것이 이 논증과 무슨 관계가 있을까.

(iv) 처음 일본으로 갈 때 평등의 의미에 관해 연구하겠다고 말한 것은 맞다. 중간에 주제를 바꾸는 것을 허가해 달라고 요청했으나, 허락되지 않았다. 필자는 고집한 바 없다. 당시 필자로서도 어려웠다. '필자가 다뤄야 할 주제'라는 것은 무슨 말일까? 모르겠다. 필자가 이 주제를 다뤄야 할 '역사적 사명'을 띠고 태어난 것은 아니다. 살다 보니 그렇게 되었을 뿐이다. 只野 교수는 이론이 확립되어 있고, 전혀 거기에 대해 의심이 없는데, 연구하여야 할 주제라는 것은 무슨 말일까? 내가 연구해서 일본의 통설이 맞더라, 하면 그것이 좋은 연구라는 말인가? 이해하기 어려운 말이다.

(v) 《평등정명론》은 논문집 형식으로 되어 있다. 그것을 (서론, 본론, 결론의 형식을 갖춘) 일반적인 논문의 형식으로 고쳐 달라는 것이 주된 수정요구의 주된 내용이다. 필자로서는 그것이 왜 필요한지도 모르겠다.[763] 《평등정명론》에 그 형식이 드러나 있는 것이다. 그러면 《평등정명론》을 보고, 그런 형식으로써는 학위논문으로 수용할 수 없다고 했으면, 필자로서도 이루의 불필요한 고생을 하지 않았을 것이라는 점을 지적했다.

그리고 이 논문에 관하여 이야기할 때, 처음에는 전혀 그런 이야기가 없었다. 6개월 이상 지나서 처음 나온 말이다. 그 때나 지금이나 학위가 필자에게 큰 의미를 가질 것은 없다. 그런 형식적인 이유로 논문을 수리할 수 없다고 했으면, 필자로서는 짜증나지지만, 받아들일 수 있다. 뭐가 논문에 큰 문제가 있는 것처럼 이야기하다가 결국은 형식으로 돌아간 것이 필자를 힘들게 했다.

논문의 내용에 대해서는 只野 교수가 필자의 주장에 대해 얼마나 이해하고 있는가, 그 주장에 대해 어떤 태도를 가지고 있는가는 이 책의 여기저기에 드러나 있다.

---

763) 고쳐서 출판을 하라는 것도 아니고, 자신이 볼 수 있게 파일로 보내달라는 요구.

(vi) 일본 학계가 필자의 논문을 평가할 자격이 없다는 부분에 대하여, 필자는 아직 철회할 생각은 없다. 왜 일본 학계가 자격이 없다고 판단할 수밖에 없는가에 대해서는《평등의 모순》에서 충분히 설명했다.

필자가 다룬 교과서는 일본에서 읽히는 것들이다. 초판도 아니다. 다들 그 책을 보면서 고시 답안지도 쓴다. 주석서는 자주 나오는 책은 아니지만, 그래도 그 분야에 가장 밝은 사람에게 부탁하여 원고를 받는다. 이것들이 당대의 보편적 수준을 반영한다. 아니라면, 필자의 주장을 철회할 의사가 있다.

어느 구석에 적절한 해석론을 제시한 논문이 있을 수도 있으니, 일본 학계의 수준을 그렇게 평가하면 안 된다는 말은 수용하지 않는다. 필자가 다룬 주제는, 어느 구석의 몇몇 연구자가 구석방에 돌아앉아 다루는 주제가 아니다. 매 학기 일본 전국의 모든 강의실에서 큰 소리로 다뤄지는 주제다. 당연한 듯이, 교과서에 실린 말들을 해 왔다면, 필자의 주장 정도는 간단히 배척할 이유를 댈 수 있어야 한다. 그것을 해내지 못하면, 자신들의 입장이 그리 굳건히 서 있지 못함을 인식하여야 한다.

(vii) 필자가 어려운 주제를 다루고 있다고 말하는데, 只野 교수 입장에서 그렇게 말하면 안 된다. '異論의 여지없이 확립된 理論'에 대해 쓸데없이 헛고생한다고 말하여야, 일관성이 있다는 말을 들을 수 있다. '이제 그만 쓸데없는 노력을 하지 말고, 우리가 만들어 놓은 진리의 그늘에 들어와 쉬라.'고 하는 것이 온당하다. 스스로는 작금 일본의 통설[764)]이 타당하다고 하면서 무엇이 어렵다는 말인가?

어려운 문제라는 말이 무슨 뜻인지 모르겠다. 답을 알지 못한다는 말인가? 只野 교수는 자신은 이미 진리의 그늘에서 쉬고 있다고 생각하면서, 왜 이 문

---

764) 필자의 일본 학설에 대한 비판 중 중요한 포인트 하나는, 무엇이 통설인지도 불명료하다는 것이다. 필자는 일본에서 상대적 평등설로 불리는 학설이 5개 있다고 지적하였다. 그런데 그들은 전부 자설이 통설이라고 한다. 이렇게 표현할 수 있을까? 동쪽으로 가라는 학설도 상대적 평등설이라 하고, 서쪽으로 가라는 학설도 상대적 평등설이라 한 후 상대적 평등설이 통설이라고 우기는 상황.

제가 어려운 문제라는 말인가? 진리의 그늘에서 쉬는 연구자들에게는 전혀 어렵지 않은 문제다. 해결을 다 했다고 하면서, 답을 알고 있다고 말하면서 어렵다는 말을 하면 안 된다.

그래도 일본에서 이 문제에 대해 상당히 깊이 생각한 것으로 보이는 奧平康弘[765]는 70세가 넘어 쓴 글에서 다음과 같이 탄식하였다.

> "나는 헌법학 연구자의 말석에 있는 자로서 여러 不可解·未解決의 문제를 많이 안고 있지만, 그 중에 '평등'이라는 개념이 있다. 憲法에 있어서 통상 '법 아래 평등'의 관념은 확고하다. 그러나 아무래도 나는 '평등'의 주변을 돌고 있을 뿐, 전혀 체득할 수 없다. 부끄럽지만, 그것이 사실이다."[766]

그는 그의 교과서에서 '같은 것은 같게, 다른 것은 다르게'를 평등의 의미로 이해해 보려고 무척 노력하였다.[767][768] 그러나, 그도 말년에 잘 모르겠다고 고백하였다. 奧平 선생도 일본 헌법학의 진리의 그늘에 쉬지 못하고 방황하는 연구자였다.

학문을 하는 사람은 '진리의 그늘'에 앉아 쉬면 안 된다. 의심하고, 의심하고 또 의심하여야 한다. 의심하는 것이 귀찮고 싫은 사람은 연구자가 될 자격이 없다. 필자는 奧平 선생의 위 인용구를 매우 중요하게 생각한다. 그도 방황하였다는 것도 의미 있지만, 그가 그것을 부끄러워하지 않고 솔직히 드러

---

765) 1929. 5. 19. - 2015. 1. 26.

766) 奧平康弘 「｢人はすべて平等に創られ…｣考（上）」 『法學セミナー』 2000年 1月, 86頁.[僕は憲法研究者の末席にある者として，あれやこれやと不可解·未解決なことをたくさん抱え持っているが，その一つに｢平等｣というコンセプトがある。憲法にあっては通常｢法の下の平等｣観念は確固たるものがある。しかし，どうも僕はまだ｢平等｣周辺を堂々めぐりしていて，一向に会得できないでいる。恥ずかしいが，それが実情である。]

767) 奧平康弘, 『憲法Ⅲ』, 有斐閣, 1993, 117 이하.

768) 필자는 타당하지 아니한 이해라는 점을 설명하였다. 《평등의 모순》, 231, 주 529 참조.

내어 말하였다는 것도 의미 있다. 솔직함도 연구자의 중요한 덕목이다.

어려운 연구이고, 필요한 연구라 하였으면 그 연구를 한 사람에게 아무 근거도 없이 수용할 수 없다고 말하는 것은 적어도 학문의 세계에서 있을 일이 아니다. 수용할 수 없으면 그 이유를 설명하여야 한다. 그냥 필자가 비판하는 입장에서 보아 수용할 수 없다고 말해서는 곤란하다. 다시 한 번 더 인용한다.

"다음은 정씨의 주장입니다. 우선 전제가 되는 부분입니다. 상대적 평등의 개념이나 입법자 구속설을 정면으로 비판하고 있는 것, 그리고 '헌법은 대부분의 차별에 무관심하다'는 결론은 저 자신도 그렇지만, 상대적 평등 · 입법자 구속을 전제로 하는 입장에서는 아무래도 타협하기 어려운 부분입니다."[769]

필자가 위 입장들을 비판하는데, 20년 가까이 이를 궁리한 사람이 비판하는데, 아무 근거도 없이 수용할 수 없다는 말을 하는 것은, 전혀 학문적 대화를 할 마음이 없다는 것으로 이해할 할 수밖에 없다. 필자는 다시 그 반대편 입장에 대해 7개의 질문을 하였으나 불충분하고 불성실하게 대답하였고, 그 대답에 대해 필자는 거의 3만 자에 가까운 비판을 하였으나, 더 이상 대답하지 않겠다고 한다. 독자에게 판단을 맡기겠다는데, 그 판단에 대해 필자는 의심하지 않는다.

나머지 점은 따로 말하지 않는다. 번잡하다.

---

769) "次に、鄭さんのご主張についてです。先ず前提となる部分です。相対的平等の概念や立法者拘束説を正面から批判していること、そして「憲法は大部分の差別に無関心だ」という結論は、私自身もそうですが、相対的平等・立法者拘束を前提とする立場からは、どうしても折り合いがつけにくいところです。"

부록 · 참고문헌

[부록]

필자는 일본의 학설을 평가하면서, 只野雅人 교수에게 몇 가지 질문을 하는 메일을 보냈다. 그 내용은 다음과 같다.

질 문

필자는 필자의 논문과 논문에 대한 심사 내용을 전부 공개했다. 게재에 실패한 것도 공개했다. 필자의 홈페이지에 있다.[770] 필자는 필자의 책 《평등정명론》을 박사논문으로 수용해 줄 수 있겠느냐고 一橋大學의 只野雅人 先生에게 물었다. 매우 긍정적인 응답을 받아 제출했다. 심사 끝에 수정을 요청받았다. 필자는 필자의 신청이 거절된 것으로 생각한다.

거절은 대학의 권한 범위 안에 있다. 거기에 대해 항의하고 싶은 생각은 없다. 그러나 그 거절의 이유에 대해 반론을 제기하는 것은 필자의 권리라고 생각한다. 필자는 《평등정명론》과 《평등정명론》의 아이디어로, 일본의 헌법 교과서 중 평등론을 검토한 《평등의 모순》을 통해 학술적으로 가치 있는, 상당히 중요한 점들을 지적하였다고 생각한다. 그것을 보이고, 只野 先生의 필자 주장에 대한 평가를 검토한다. 그리고 몇 가지 질문을 한다.

I. 일본의 학설에 대한 평가

1. 學說名의 混線

가. 상대적 평등설의 혼선

상대적 평등설이라 불리는 학설이 5가지 있다.

(1) 평등은 합리적 차별을 허용한다는 것을 의미한다는 주장이 있는데, 여기에는 또 두 종류가 있다.

(1–1) 평등 명령을 '균일취급'으로 이해하는 절대적 평등설을 부정하면서, 평등 명령은 합리적 이유가 있으면 예외를 허용하는 것이라는 주장(Ba설)[771]

(1–2) '예외를 허용하지 않는다'는 내용의 절대적 평등설을 부정하면서, 평등 명령은 합리

적 이유가 있으면 예외를 허용하는 것이라는 주장(Bb설)[772]

(2) 평등 조항이 (모든 사람, 사물, 사태에 대해 '같게' 취급할 것을 명령한다는 것을 부정하고), '같은 것은 같게 다른 것은 다르게' 취급할 것을 명령한다는 주장(Ca설)[773]

(3) 평등조항이 (모든 사람, 사물, 사태에 대해 '같게' 취급할 것을 명령한다는 것을 부정하고), '같은 것은 같게 다른 것은 그 비율에 따라 다르게' 취급할 것을 명령한다는 주장(Cb설)[774]

(4) 평등조항이 (모든 사람, 사물, 사태에 대해 '같게' 취급할 것을 명령한다는 것을 부정하고), '같은 것은 같게' 취급할 것을 명령한다는 주장(Cc설)[775][776]

나. 절대적 평등설의 혼선

상대적 평등설의 테제(These)로 되는 절대적 평등설에도 두 가지가 있다.

(1) 평등 명령을 균일취급으로 이해하는 절대적 평등설

(2) 평등의 명령을 예외를 허용하지 않는다는 것으로 이해하는 절대적 평등설

다. 소결

학설과 그 내용에 이런 혼선이 있으면 대화가 불가능하다. 어느 주장이 옳은가는 제쳐 두고, 말들의 교통정리를 하는 것이 급선무다.

2. B설의 성격에 대한 오해

- 합리적 이유가 있는 차별을 허용한다는 학설(Ba설, Bb설)은 평등의 의미, 즉 평등 조항이 명령하는 내용에 관한 학설이 아니다. 평등 조항이 어떤 것을 명령하는가와는 별개의 문제를 다룬다. A설을 전제로 하든, C설을 전제로 하든, 합리적 이유가 있는 차별이 허용되는가는 별도로, 독립적으로(independently) 논의되어야 한다. 이것을 평등의 의미에서 다루는 것은 잘못된 것이다.
- 차별을 허용하는가 여부는 '평등의 의미'와 무관하다.
  합리적 이유가 있는 차별을 허용하는 것을 평등의 '의미'로 이해하는 주장은 틀렸다.
- 평등이 합리적 이유 있는 차별을 허용한다는 주장 자체가 틀린 것은 아니다. 그것이 평등의 의미라는 주장이 틀렸다.

3. B설의 전제

- B설은 평등이 균일취급을 명령한다는 것을 전제로 논의한다.
- B설은 "평등은 균일취급을 명령하는데, 그 명령을 준수하지 못하더라도 합리적 이유가 있으면 위헌이 아니라고 본다."라고 기술하는 것이 정확하다. 전자가 평등의 의미에 관한 것이고, 후자가 평등권의 성격에 관한 것이다.

- 그러나, 그 전제를 밝히지 않는다. 세상의 모든 사람, 사물, 사태에 대해 모두 균일하게 취급하라는 이해가 너무도 奇異(absurd)하다고 느끼기 때문이다.

4. C설과 B설의 혼선

- C설을 주장하는 학자들이 이것들을 B설(합리적 차별 허용설)과 같은 의미로 이해하고 있다. 큰 오해다.
- 양자는 전혀 내용이 다르다. 전자는 평등 조항이 명령하는 내용에 관한 주장이고, 후자는 평등의 명령을 벗어나면, 逸脫하면 바로 위헌으로 되는가에 대한 주장이다.
- 이름이 같으니 같은 내용의 학설이라 이해한 것으로 보인다.
  틀린 이해다.

5. 예시적 열거설에 대한 오해

- 차별금지 사유를 예시적 열거로 본다. 그럴 수도 있다. 필자는 예시적으로 보아야 하는지에 대해 관심 없다. 필자는 가슴으로 느낀 것을 주장하지 않고, 머리로 생각해 낸 것만 주장한다.
- 그런데, 열거된 사유를 예시라 보면서도, 그 외의 어떤 사유에 따른 차별도 모두 헌법에 의해 금지되는 것으로 이해한다.
- 틀린 이해다.
- 열거된 사유들로부터 內包가 추론되어야 하고, 그 내포를 공유하는 사유들만, 열거되지 아니하였으나 헌법상의 평등 조항에 의해 금지된 차별 사유로 인식된다.
  內包는 零이 아니고, 外延은 無限大가 아니다.
- 기존의 통설은 열거된 차별 금지 사유에 아무런 의미를 부여하지 않고, '어떠한 사유에 기한' 차별도 금지된다고 이해하는 주장이다.
- 예시된 사유는 '심사 기준'을 결정하는 因子가 아니다. '차별의 근거로 될 수 없는 사유'를 들고 있다. 문언상 분명하다.

II. 제안

- C설은 평등의 의미로 이해될 수 없다. 평등은 동등, 같음을 의미한다. 차별은 다르게 취급하는 것을 의미한다.
- 헌법은 모든 차별을 금지하고 있지 않다. 몇 가지 사유를 열거하고, 그것들을 구성요건의 標識(das Merkmal)로 사용하는 것을 금지할 뿐이다.
- 그것들을 예시적인 것으로 보더라도 열거된 것들과 內包(connotation)을 공유하는 것들

만이 금지된 차별의 사유로 된다. 이것은 예시설의 본질에 속한다. 당연히 차별금지 사유의 外延(extension)은 無限大가 아니다.

- 헌법 제11조 제1항[777]은 거의 대부분의 차별[778]에 무관심하다. 이것을 이해하면 混沌(Chaos)에서 벗어날 수 있다.

III. 필자의 주장에 대한 只野 先生의 평가에 대한 평가

1. 평가의 내용

- 다음은 필자의 주장에 대한 只野 先生의 평가다. 이것이 전부다.[779]

"다음은 정씨의 주장입니다. 우선 전제가 되는 부분입니다. 상대적 평등의 개념이나 입법자 구속설을 정면으로 비판하고 있는 것, 그리고 '헌법은 대부분의 차별에 무관심하다'는 결론은 저 자신도 그렇지만, 상대적 평등 · 입법자 구속을 전제로 하는 입장에서는 아무래도 타협하기 어려운 부분입니다.

상대적 평등에 난점이 있음은 물론입니다만, 문언에 의거한 논리로 상대적 평등을 부정하는 것이 적절한 접근법인지, 아무래도 의문이 남습니다. 상대적 평등을 전제로 평등론을 계속 정련해 간다, 라고 하는 것도 있을 수 있는 접근법이 아닐까요.

열거 사유의 해석에 대해서는 확실히 안이한 확장 해석은 문제입니다. 일본의 학설의 대부분은 열거 사유에 일정한 의미를 인정하고 있으며, 열거 사유에 해당하는 별이취급(또한 그것과 동등하다고 할 수 있는 중대한 별이취급도)에 대해서는 엄격한 심사(사유에 따라서는 엄격한 합리성의 심사)를 해야 한다고 생각하고 있습니다. 차별은 널리 금지된다고 생각한 후, 차별 사유에 따라 심사의 엄격함을 바꾸어 간다는 점에서 미국적인 접근이라고 할 수 있을지도 모릅니다. 정씨가 언급하는 캐나다의 접근법과도, 열거 사유에 대한 정씨의 입장과도 전혀 양립할 수 없는 것은 아니라고 생각합니다(일본의 최고재판소는 열거 사유에 거의 의미를 인정하지 않기 때문에 문제입니다만). 또, 전제는 어쨌든 결론적으로는, 정씨도 열거 사유와 그와 유사한 사유에 해당하는 경우는, 입법자를 구속하는 것을 전제로, 별이취급의 합헌성 심사(엄격 심사)를 실시하는 것을 인정하고 있습니다. 이 한도에서는 상대적 평등을 부정하고 있는 것은 아니다(말 그대로 절대적 평등을 주장하고 있는 것은 아니다), 라고 받아들여도 좋을까요.

이상을 전제로, 다시 한번, 제 요청을 전달합니다." [780]

1. 필자의 주장에 대해 이해하고 있지 못하다.

- 필자의 입장을 정리하면 다음과 같다. (a) 헌법 제11조 제1항 전문은 입법자를 구속하지 않는다. (b) 입법자는 후문에 구속된다. (c) 헌법 제11조 제1항 후문 중의 '차별'은 다른

취급을 말한다. (d) 헌법 제11조 제1항 후문 중의 차별금지 사유를 예시적인 것이라 보더라도, 내포는 零이 아니다.

- 필자는 합리적 차별이 허용될 수 있다는 점에 반대하지 않는다. 다만 그것이 '평등의 의미'에 관한 주장이라는 것은 틀렸다고 밀했다. 이것은 논리적으로 틀린 것이다. 가치관의 문제가 아니다.
- 正義를 평등의 의미로 수용하는 것에 반대한다. 정의론을 수용하면, 평등 조항이 모든 것을 다르게 취급하도록 명령하고 있다고 이해되어야 한다. '같은 것'은 존재하지 않는다. '같은 것은 같게'는 欺瞞的인 말이다.
- 필자는 헌법 제11조 제1항 전문[781]이 입법자를 구속한다는 주장에 반대할 뿐, 헌법 제11조 제1항 후문이 입법자를 구속한다는 점에 대해 전혀 異論이 없다. 전문이 문언에도 불구하고 입법자를 구속한다는 점은 이를 주장하는 쪽에서 논증하여야 한다. 문언에 반하는 해석을 하는 쪽은 손을 놓고 있어도 되고, 문언에 부합하는 해석을 하는 쪽이 논증하여야 한다는 것은 奇異하다.
- 문언에 반하는 해석을 하여야 할 필요는 무엇이고, 어떤 실익이 있는가? 필자가 보기에 아무 실익이 없다. 필자는 통상 입법자 구속설이라 말해지는 주장을 하는 사람들이 이 점을 생각을 해 보았는지 묻고 싶다.

2. 필자의 주장에 대한 감정적 반감이 느껴진다.

- 뭔가 문제를 제시하고 새롭게 논의해 보자고 주장하는데, 종전의 입장을 그대로 추종하는 쪽에서는 타협하기 어렵다고 말하는 것은, 대화하지 말자는 것이다.
- 더 큰 문제는 이 반감에 아무런 논리적 근거가 없다는 것이다. 그냥 종전의 입장을 받아들이는 입장에서는 필자의 주장을 수용하기 어렵다고 '宣言'하고 있을 뿐이다. 이것은 학술적 대화가 아니다.

  필자는 매우 구체적으로 일본의 교과서들에 밑줄을 쳐 가면서 설명하였다. 무엇이 문제인지를. 상대적 평등설이라 불리는 학설이 5개나 있다는 점을 보자. 이것은 심각한 상황이다. 고쳐야 할 상황이다. 같은 이름으로 불리니까, 다 같은 주장이라고 이해되면 곤란하다. 그리고 C설이 B설과 같은 것이라고 이해하는 교과서들이 학생들에게 읽히는 것이 심각하다. 전혀 다른 내용, 그리고 체계적 지위도 다른 내용이 구별되지 아니하고 마치 하나의 주장처럼 받아들여지는 것은 기이하다.
- 예시적 열거설을 받아들이더라도, 外延(extension)을 無限大로 이해될 수 없다고 구체적으로 논리적으로 주장하고 있으면, 그것을 이해하려는 노력을 하여야 한다. 그리고 스스로 차별금지 사유가 확장되는 것이 문제라고 인식하고 있으면 그 문제가 어디서

유래하였고 어떻게 해소되어야 하는지 논증하고자 하는 노력에 대해 귀를 기울여야 한다.

- 그냥 종전 입장을 따르는 우리는, 새로운 주장을 받아들이지 않을 거야, 라고 하는 것은 학문적 담화라 할 수 없다. 어떤 학문적 결실도 얻을 수 없다.
- 이것을 전제로 필자에게 요구를 하는데, 그 전제는 필자의 주장을 받아들일 수 없다는 선언 뿐이다. 더 심각한 것은 只野 先生의 자설에 문제가 있지만, 필자의 주장을 받아들일 수 없다는 것이다. 세상에 이런 논문 심사는 없다. 적어도 한국에서는 이렇게 하지 않는다.

3. 只野 先生은 상대적 평등설이 문제가 있다고 한다.

- 위에서 제시한 5가지 상대적 평등설 중에 어느 것을 상대적 평등설이라 보는지에 대해 지적이 없다.
- 무엇이 문제인가? 그 문제를 제시하면 좀 더 나은 논의가 있을 수 있다.
- 5가지 상대적 평등설 중 Bb설을 전제로 한 것이라면, 그 부분에 대해서는 이론이 없다. 평등이 어떠한 경우에도 차별을 허용하지 않는다고 보기는 어려울 것이다.
- 다만, Bb설이 평등이 균일취급을 명령한다고 이해하는 것을 전제로 하고, 차별금지 사유의 외연을 無限大로 이해한다면, '평등의 모순'을 만난다는 필자의 주장에 응답하여야 한다. 그것이 필자 주장의 핵심에 해당하기 때문이다. 책 제목도 《평등의 모순》 아닌가. 이 제목이 뭔지 이해해 보려는 노력은 필요하지 않을까? 필자의 주장을 심사하려면.
- 이런 것들에 대해 아무런 응답도 하지 않으면서, 그냥 그때 그때(ad hoc) 정당화 심사 단계에서 위헌 여부를 판단해 주면 충분하지 않느냐, 라는 코멘트를 이 문제를 고민하고 정밀히 논의하고자 하는 사람에게 던지는 것은 폭력에 가깝다. 기존의 상황에 뭔가 개선하여야 할 점이 있다고 주장하는 사람에게, 그런 짓 필요 없다? 대충 대충 하면 된다? 이것이 학문의 場에서 오가는 말인가?
- 只野 先生의, 다른 취급이 있으면 전부 차별로 인식하고 정당화 심사 단계에서 위헌 여부를 판단해 주면 된다는 입장은, 필자가 제시한 캐나다의 판례나 필자의 입장과 전적으로, 완전히 다르다. 필자의 입장은 다른 취급이 있다 하더라도, 그것들은 대부분 헌법에 의해 금지되지 않은 것이고, 정당화 심사 단계로 나아가지 않는다는 것이다. 오로지 헌법에 열거된 사유, 더 나아가 예시적 열거설을 전제로 한다면, 열거된 것들과 內包를 공유하는 사유에 기한 차별만이 정당화 심사를 받는다. 그래서 헌법상의 평등조항은 입법자가 행하는 대부분의 차별에 무관심하다는 결론에 이르게 된다. 그런데 이것이 어떻게 다른 취급이 있으면 모두 (헌법에 의해 금지된 것임을 전제로) 정당화

심사를 실시하여야 한다는 입장과 같을 수 있는가?

4. 只野 先生은 차별금지사유를 확장하는데 문제가 있다고 한다.

- 그러면 필자의 주장과 상당히 가깝다. 필자는 차별금지 사유를 한정하는 해석을 제시했다. 그러면 이 제안이 얼마나 유용한 것인가를 평가할 책임이 있다. 그러나 이 평가를 하지 않았다.
- 문제가 있다면 무엇이 문제인가? 그 문제를 필자의 아이디어가 해소할 수 있는가, 이런 점을 논의하는 것이 학문 아닌가?

5. 이 내용이 수정 요구의 전제로 될 수 있는가?

- 只野 先生은 이 논의가 수정 요구의 전제가 된다고 말했다. 필자는 안 된다고 본다. 필자의 주장이 잘못된 것이라는 점에 대해서는 일언반구 논증이 없다. 그냥 받아들일 수 없다고 선언하였을 뿐이다. 그러면 심사위원이 그 결론을 수용하지 않는 논문은 다 수정하여야 하는가? 그렇지 않다.
- 스스로 自說에 문제가 있다고 긍정하면서, 그 문제점인 무엇인가를 밝히지도 않고, 필자의 논문이 그 해결에 전혀 기여하지 못하였다는 점을 말하지도 않고, 문제는 있지만 대충 대충 (ad hoc) 해결해 나가면 되지 않겠느냐, 라고 말하면서, 그 문제들을 지적하고 논리적으로 해결하기 위하여 대안을 제시하는 논문에 대해 수정을 요구할 수는 없다.
- 더 기이한 것은, 요구하는 바가 논문의 내용을 수정하라는 것도 아니다. 章節의 編制를 수정하라는 것이다. 章節의 編制가 흡족하지 않으면 그것만 말하면 족하다.

6. 나머지 평가

- 나머지 (i) 선행연구에 대한 검토가 부족하다. (ii) 일어 번역이 나쁘다는 점에 대해서는 수용한다. 주관적이어서 같이 토론할 만하지 않다.[782]

IV. 질문

- **필자의 논문을 평가한 只野 先生에게 다음과 같은 질문을 한다. 이 질문에 대답하는 것은 그의 책무에 속한다고 생각한다. 只野 先生이 필자의 논문을 평가했기 때문에 그 평가에 대한 반론도 수용해야 한다고 생각한다. 학문은 그런 과정을 거쳐 조금씩 진전을 이룬다고 생각한다.**
- **첫째, 일본에 적어도 5개의 상대적 평등설이 있다는 필자의 주장을 받아들이는가?**[783]

그런 상황이 허용될 만한 것인가?[784]

– 둘째, 선생의 Bb설은 평등의 의미에 관한 학설인가?[785] 그 Bb설은 A설, 즉 평등 조항이 '모든 것을 같게' 취급할 것을 명령하고 있다고 이해하는 것을 전제로 한 주장 아닌가? 그래서 '다른 취급'이 있으면 (i) 바로 차별이 있다고 인식하고, (ii) 정당화 심사에 나아가야 한다고 보는 입장 아닌가?

– 셋째, 모든 것을 같게 취급하는 법을 만들라는 명령을 따르면 세상은 flat, 즉 평평해질 것이다. 그러면 입법자는 법을 만들 수도 없고, 안 만들 수도 없는 상황[786]에 빠질 것이다. 헌법이 그런 명령을 하고 있다고 보는가.

– 넷째, 일본의 학설 중, C설[787]을 따르는 많은 교과서들이 스스로의 주장을 B설과 같은 주장이라고 이해한다. 과연 이것이 아무 문제가 없는 상황인가?[788] B설과 C설은 같은 내용의 학설인가?[789] 같은 이름으로 불릴 수 있는 학설인가?[790]

– 다섯째, 과연 C설이 통설과 판례인가?[791] A설이 통설과 판례 아닌가? 다른 취급이 있으면 '바로' 차별이라고 보고 있지 않은가?

– 여섯째, 일본 헌법 제14조 제1항 전단이 '문언에도 불구하고' 입법자를 구속한다고 보아야 하는 이유는 무엇인가?[792] 입법자는 후단에만 구속된다는 문리적 이해가 어떤 문제를 일으키는가?[793]

– 일곱째, 후단에 열거된 차별금지 사유를 예시적인 것이라고 보면서도, 內包(connotation)를 零으로, 外延(extension)을 無限大로 이해하는 것이 문제가 있다고 한다면, 그 해결책은 무엇인가?[794] 필자의 제안이 문언에 어울리면서 위의 문제를 해결하는 방안 아닌가? 그리고 예시적 열거설의 본질에 어울리는 설명 아닌가?

– 이 질문들에 대한 적절한 의견 없이는 필자의 논문을 적절히 평가할 수는 없다고 생각한다.

– 여기서 이것들을 묻는 것은 학위를 구걸하고자 함이 아니다. 단지 필자의 논문에 대한 평가에 대한 대응일 뿐이다.

V. 결론

– 이번 기회에 일본 헌법학의 실태를 경험했다. 그리고, 우리나라의 혼란이 일본 학계의 혼선을 이어받았다는 것을 알게 되었다.

– 필자의 주장이 틀렸다는 반론이 있으면 얼마든지 응답하겠다. 당연한 말이다. 주장하는 자의 책무다.

– 필자는 한국이나 일본의 평등론에 대해 꽤 중요한 지적을 했다고 생각한다. 그러나 이 점들에 대해 只野 先生으로부터 적절한 평가를 받지 못했다고 생각한다. 심사가 적절

하였다고 보지 않는다. 그래서 번잡한 수정 요청을 거절한다.

- 세상에 생각 하나 밀어넣기가 쉽지 않다. 필자는 전혀 부끄럽지 않다면 거짓말이겠지만, 이 경위를 세상에 풀어 놓는다. 숨기지 아니하고 밝히고 드러내어서 나의 자존심을 지키고자 한다. 필자는 도둑질을 하지 않았고, 공부했다.
- 여기서 필자가 다루는 학술적 논점들 외에는, 只野 先生에게 고맙게 생각한다. 필자에게 친절히 대해 주었다. 학문적 논의와는 별개다.

---

770)https:・・palm-limburger-2a0.notion.site・CV-joobaek-jeong-7955ef4e75df46d785a32d070b31b4a3 NAVER에서 필자의 이름으로 검색하면, 인물정보 중의 홈페이지 링크를 얻을 수 있다.

771) 樋口陽一, 『憲法(改訂版)』 創文社, 2004, 202-203. "事実上の異をも考慮に入れない均一取扱い(しばしば絶対的平等とよばれる)を意味するのでなく、事実上の差異をも考慮に入れて異なった取扱いをすること自体を排除しない(しばしば相対的平等とよばれる)。"[사실상의 차이도 고려하지 않는 균일취급(종종 절대적 평등이라고 불림)을 의미하는 것이 아니라, 사실상의 차이도 고려하여 다르게 취급하는 것 자체를 배제하지 않는다(종종 상대적 평등이라고 불림).]

772) 木下智史=只野雅人編, 『新・コンメンタール憲法』 日本評論社, 2015, 157. "平等については、一切の異なる処遇を禁止する絶対的平等という観念るあるが、人には置かれた状況、能力等に違いがあり、機械的に等しい取扱いを置くことがかえって不合理な結果をもたらすこともある。したがって、本条1項にいう平等とは、合理的な理由があれば異なる取扱いも許されるとする相対的平等と解するのが一般的である。" [평등에 대해서는 일체의 다른 처우를 금지하는 절대적 평등이라는 견해가 있지만, 사람에게는 처한 상황, 능력 등에 차이가 있고, 기계적으로 동일한 취급을 두는 것이 오히려 불합리한 결과를 초래하기도 한다. 따라서 본조 제1항에 말하는 평등이란 합리적인 이유가 있으면 다른 취급도 허용된다고 하는 상대적 평등으로 해석하는 것이 일반적이다.]

773) 辻村みよ子, 『憲法(第7版)』 日本評論社, 2021, 154. "14条1項が定める「平等」とは、いかなる場合にも各人を絶対的に等しく扱うという絶対的平等の意味ではなく、「等しいものは等しく、等しからざるものは等しからざるように」扱うという相対的平等を意味するもので、合理的な理由によって異なる取扱いをすることは許されると解するのが通説・判例の立場である(相対的平等説)。"["제14조 제1항이 정하는 '평등'이란 어떠한 경우에도 각자를 절대적으로 동일하게 취급한다는 절대적 평등의 의미가 아니라, '같은 것은 같게, 다른 것은 다르게' 취급하는 상대적 평등을 의미하는 것으로, 합리적인 이유에 의해 다르게 취급하는 것은 허용된다고 해석하는 것이 통설・판례의 입장이다(상대적 평등설).]

774) 杉原泰雄編, 『新版体系憲法事典』 青林書院, 2008, 448(安西文雄 執筆). "平等の意味に関して検討しよう。これについては、それが絶対的平等の意味か、相対的平等の意味かが問われる。絶対的平等とは、すべての人に対して全く同じ扱いをする。人の

事情の相違を考慮に入れず、同一の処遇をする、というものである。これに対し相対的平等とは、等しいものは等しく扱う、等しくないものは、等しくない程度に応じて等しくなく扱う、ということを求める。この対立に関し通説は、相対的平等説をとる。事情の異なる者に対して同一の処遇をするとなれば、それは悪平等であり、かえって許されない差別となるから、と論ずる。"[평등의 의미에 관해 검토하자. 이에 대해서는 그것이 절대적 평등을 의미하는지, 상대적 평등을 의미하는지가 의문이다. (i) 절대적 평등이란 것은 모든 사람에게 똑같은 취급을 한다. 사람의 사정 차이를 고려하지 않고 동일한 취급을 한다. 이것에 대해 (ii) 상대적 평등은, 같은 것은 같게, 같지 않은 것은 같지 않은 정도에 따라 같지 않게 취급한다, 라고 하는 것을 요구한다. 이 대립에 관해 통설은 상대적 평등설을 취한다. (iii) 사정이 다른 사람에 대하여 동일한 취급을 한다면 그것은 惡平等이며, 오히려 (iv) 허용되지 않는 차별이 되기 때문이라고 논한다.]

775) 芦部信喜(高橋和之補訂),『憲法』岩波書店, 2011, 129-130. "法の下の「平等」とは、各人の性別、能力、年齢、財産、職業、または人と人との特別な関係などの種々の事実的・実質的差異を前提として、法の与える特権の面でも法の課する義務の面でも、同一の事情と条件の下では均等に取り扱うことを意味することである。「平等」とは絶対的・機械的平等ではなく、相対的平等だと言われるのは、その趣旨である。したがって、恣意的な差別は許されないが、法上取扱いに差異が設けられる事項(たとえば税、刑罰)と事実的・実質的な差異(たとえば貧富の差、犯人の性格)との関係が、社会通念からみて合理的であるかぎり、その取扱い上の違いは平等違反ではないとされる。たとえば、労働条件について女性を優遇し(産前産後休暇、育児時間、生理休暇など)、年少者にかぎり特定の法律を適用し(未成年者の喫煙禁止など)、各人の資力に応じて税額に差異を設け(累進課税)、特定の職業に従事する者に対して業務上特別の注意義務を課すこと(業務上過失致死罪など)は一般に違憲とは言えない。なお、アメリカでは、歴史的に差別を受けてきたグループ、とくに黒人や女性に対し、大学入学や雇用等につき特別枠を設け、優先的な処遇を与える積極的差別解消措置(affirmative action)が立法等を通に進められてきた。これは、行きすぎると「逆差別」となり、平等違反の問題が生じるが、そうでないかり、機会の平等を回復し実態に応ずる合理的な平等を実現するものとして、容認されている。わが国の被差別部落解消のための同和対策やアイヌ民族の保護対策などの特別措置は、それに当たる。"[법 아래의 '평등'이란 각 사람의 성별, 능력, 연령, 재산, 직업 또는 사람과 사람의 특별한 관계 등의 여러 가지 사실적·실질적 차이를 전제로 하여 법이 주는 특권의 면에서도 법이 부과하는 의무의 면에서도 (i) 동일한 사정과 조건 아래에서는 균등하게 취급하는 것을 의미한다. 평등이란 절대적·기계적 평등이 아니라 상대적 평등이라 말해지는 것은 그런 뜻이다. 따라서 자의적인 차별은 허용되지 않지만, 법상 취급에 차이가 마련되는 사항(예를 들면 세금, 형벌)과 사실적·실질적인 차이(예를 들면 빈부의 차이, 범인의 성격)와의 관계가 (ii) 사회통념에 비추어 합리적인 한, 그 취급

상의 차이는 평등 위반이 아니다. 예를 들어 근로조건에 대해 여성을 우대하고(산전산후휴가, 육아시간, 생리휴가 등), 연소자에 한해 특정 법률을 적용하며(미성년자 흡연금지 등), 각 개인의 자력에 따라 세액에 차이를 두고(누진과세), 특정 직업에 종사하는 자에 대해 업무상 특별한 주의의무를 부과하는 것(업무상과실치사죄 등)은 일반적으로 (iii) 위헌이라고 할 수 없다. 덧붙여 미국에서는, 역사적으로 차별을 받아 온 그룹, 특히 흑인이나 여성에 대해, 대학 입학이나 고용등에 대해 특별한 제도를 마련해, 우선적인 처우를 해주는 적극적 차별 해소 조치(affirmative action)가 입법등을 통해서 진행되어 왔다. 이것은, 지나치면「역차별」이 되어, 평등 위반의 문제가 생기지만, 그렇지 않는 한, 기회의 평등을 회복해 실태에 대응하는 합리적인 평등을 실현하는 것으로서 용인되고 있다. 우리나라의 차별받는 부락 해소를 위한 동화대책이나 아이누 민족의 보호대책등의 특별조치는, 그것에 해당한다."]

776) 사실 C설에 속하는 각 학설들이, 모든 사람, 사물, 사태에 대해 '같게' 취급할 것을 명령한다는 절대적 평등설에 대한 안티테제인가 하는 것에 대해서는 논란이 있을 수 있다. 평등 조항이 예외를 허용하지 않는다는 절대적 평등설의 안티테제로 주상되는 깃 같은 느낌을 많이 받는다. 예외가 허용된다는 상대적 평등설의 논증을 그대로 차용하는 듯한 느낌을 받는다. 이 점에 대해서는《평등의 모순》에서 설명했다. 158쪽 이하. 托卵(brood parasitism)에 가깝다.

777) 일본 헌법 제14조 제1항.

778) 정확히는 입법에 의한 차별.

779) 논의가 진행되던 약 1년 동안 이것이 유일한 코멘트다. 최종적으로 자신의 의견을 내고 수정요구 사항을 전달했다. 필자의 홈페이지에 올려두겠다. 다시 한 번 말하지만, 필자는 필자가 심사받은 논문에 대한 심사의견을 모두 홈페이지에서 공개하고 있다. 게재가 거절된 것까지. 물론, 이것 외, 선행연구에 대한 검토가 모자란다, 번역이 나쁘다는 것이 있다. 이 점에 대해서는 여기서 따로 할 말이 없다.

780) "次に、鄭さんのご主張についてです。先ず前提となる部分です。相対的平等の概念や立法者拘束説を正面から批判していること、そして「憲法は大部分の差別に無関心だ」という結論は、私自身もそうですが、相対的平等・立法者拘束を前提とする立場からは、どうしても折り合いがつけにくいところです。　相対的平等に難点があることはもちろんですが、文言に依拠した論理で相対的平等を否定することが適切なアプローチなのか、どうしても疑問が残ります。相対的平等を前提に平等論を精錬し続けてゆく、というのもあり得るアプローチではないでしょうか。

列挙事由の解釈については、確かに安易な拡張解釈は問題です。日本の学説の多くは、列挙事由に一定の意味を認めており、列挙事由に該当する別異取扱い（さらにそれと同等といいうるような重大な別異取扱いも）については厳格な審査（事由によっては厳格な合理性の審査）をすべきだと考えています。差別は広く禁じられると考えた上で、差別事由によって審査の厳格さを変えてゆくという点で、アメリカ的なアプローチと言えるかもしれません。鄭さんが言及するカナダのアプローチ

이에 대해 다음과 같은 응답을 받았다.

먼저 세 번째 질문부터 답한다. 사람에게는 당연히 여러 가지 차이가 있지만, 그러한 차이

とも、また列挙事由についての鄭さんの立場とも、まったく相容れないものではないと思います(日本の最高裁は、列挙事由にほとんど意味を認めていませんので、問題ですが)。また、前提はともかく結論としては、鄭さんも列挙事由とそれに類する事由に該当する場合は、立法者を拘束することを前提に、別異取扱いの合憲性審査(厳格審査)を行う、ことを認めています。この限度では、相対的平等を否定しているわけではない(文字どおりに絶対的平等を主張しているわけではない)、と受け止めてよいでしょうか。

以上を前提に、あらためて、私からのリクエストをお伝えします。"

781) 일본 헌법 제14조 제1항 전단.

782) 한 가지 더 있다. 일본의 학설에 대한 논의가 부족하다는 지적이 있었고, 이 점에 대해서는 책을 한 권 따로 썼다. 《평등의 모순》이 그것이다.

783) Ba설, Bb설(합리적 차별 허용설), Ca설(같은 것은 같게, 다른 것은 다르게), , Cb설(같은 것은 같게, 다른 것은 그 비율에 따라 다르게), Cc설(같은 것은 같게).

784) 필자는 당연히 그래서는 안 된다는 입장이다.

785) 필자는 아니라는 입장이다. 어떤 상태가 평등한 상태인가 하는 문제와, 그 평등한 상태에서 벗어나면 바로 위헌인가, 하는 문제는 다른 문제다. Bb설은 후자에 관한 학설이지 전자에 관한 학설이 아니다.

786) 평등의 모순 또는 평등의 딜레마.

787) Ca설, Cb설, Cc설. 아리스토텔레스의 정의론을 기반으로 한 상대적 평등설.

788) 당연히 문제 있는 상황이라고 필자는 본다.

789) 당연히 전혀 다른 내용의 학설이다. 다른 내용일 뿐만 아니라, 논의의 단계도 다르다. C설은 평등이 무엇을 명령하는가에 관한 학설이고, B설은 그 평등의 명령에서 벗어나면, 즉 차별이 있으면, 자로 위헌인가에 관한 학설이다.

790) 당연히 같은 이름으로 불릴 수 없다. 전혀 다른 내용의 학설이다.

791) 한국도 마찬가지지만, 일본의 상대적 평등설은 여러 가지 학설이 聯合된 학설의 이름이다. 그런데, B설은 (평등의 의미에 관하여서는) A설을 전제로 하고 있고, C설은 B설을 거쳐 A설로 돌아가 있다. 결국 C설은 자신이 부정하였던 학설로 돌아가 있다. C설은 A설을 부정하면서 출발해서는, 종국적으로 다시 A설로 돌아가 앉아 있다. 그런데도 C설이 통설인가?

792) 문언에 반하는 해석을 하는 쪽이 논증의 책임을 져야 하는 것 아닌가? 법에 기재된 대로 이해하려는 자에게, 왜 그렇게 해석하느냐고 물으면 코메디 아닐까?

793) 필자는 당연히 문제를 일으키지 않는다고 본다.

794) 문제는 있지만, 그 문제를 해결하고자 하는 해석론을, 논리적 비판도 없이 받아들일 수 없다고 할 수 있을까? 필자는 그래서는 안 된다고 본다.

를 사상하고 법적으로는 사람을 평등한 것으로 취급해야 한다는 것이 평등의 출발점이라고 생각한다. '똑같이 취급한다'는 것은 그러한 취지일 것이다. 그렇다고는 해도, 현실의 법제도에는 여러 가지 다른 취급이 존재한다. 그래서 어떠한 다른 취급이 허용되거나 혹은 허용되지 않는지를 생각하지 않을 수 없게 된다. 정교수는 그것을 평등의 의미에 관한 주장으로 논하는 것은 잘못됐다고 하지만 그것은 위와 같은 평등의 전제와 떼려야 뗄 수 없는 문제가 아닌가. 상대적 평등관을 전제로 별이취급의 정당화 문제를 논하고 있다는 점에서 정교수가 거론하는 학설 사이에 근본적인 차이는 없지 않은가. 본질적인 질적 요소를 평등으로부터 분리한 후에, 체계서 수준의, 일반적이고 비교적 간단한 설명의 세세한 뉘앙스의 차이를 파악해, 다른 학설로서 논하고 있는 듯한 인상을 받는다. 이상이 제1, 제2, 제4, 제5의 질문에 대한 답이기도 하다.

다음으로, 제6의 질문에 대해서인데, 14조가 법 내용의 평등(입법자 구속)을 요구하고 있는 근거로서는 통례, 최고 법규로서의 헌법이 인권을 정하고 위헌 입법 심사에 의해 그 담보를 도모하고 있는 것, 법 내용이 불평등하면 그것을 평등하게 적용해도 평등의 보장이 실현되지 않는 것 등을 들 수 있다. 14조의 문구만 결정할 수는 없다고 본다. 입법자 구속설 쪽에서는 이미 일정한 논증을 하고 있다고 생각하지만 정교수는 위와 같은 논거에 대해 어떻게 생각할까.

마지막으로 제7의 질문에 대해서는, 14조가 예시 열거라고 하는 경우에도, 적어도 오늘의 학실은, 「외언이 무한대」라고는 생각하지 않는다는 것을, 우선 지적해 두고 싶다. 예시 열거에는 일정한 의미가 있으며, 예시된 사유에 해당하는 별이취급에 대해서는 심사가 엄격해진다고 보는 것이 많은 학설의 입장일 것이다. 또, 그 경우에는, 열거 사유 각각에 대해서, 그 외연을 확정하는 작업도 필요하게 될 것이다. 또한 열거사유 외에도 문제가 되는 권리의 성격도 고려하면서 적절한 의견판단의 수준을 고려한다는 것이 학설의 일반적인 경향이 아닌가. 게다가 개개의 차별 사유의 해석이나, 구체적인 별이 취급의 평가를 둘러싸고, 학설의 입장이 나뉘게 될 것이다. 확실히, 체계서 레벨의 기술을 본 것만으로는, 애드혹으로 판단하고 있다는 인상도 받을지 모르지만, 개개의 문제를 둘러싼 논문이나 판례 평석등을 보면, 해석의 근거나 전제가 상응하게 논의되고 있다.

일본 헌법학에 있어서의 평등론을 비판적으로 논하고자 한다면, 이상에서 지적한 점을 포함하여 검토해 주시는 것이 생산적인 논의가 되지 않을까.[795)]

795)[まず、第3の質問からお答えする。人には当然様々な差異があるが、そうした差異を捨象して、法的には人を平等なものとして扱うべきだ、というのが、平等の出発点であると考える。「等しく扱う」とはそのような趣旨であろう。とはいえ、現実の法制度には様々な別異取扱いが存在する。そこで、どの様な別異取扱いが許容され、

필자는 이 응답에 대해 3만 자 가까운 글을 썼다. 이 책 제9장에 실려 있다. 아래에, 필자가 只野 교수에게 보낸 질의는 번역하여 두었다. 응답에 대한 회답은 일어 번역을 붙이지 않는다. 일본 사람들이 필요하면, 번역해서 보시라. 배울 것이 있을 것이다. 미리 말하여 둔다. 별로 번역이 좋을 리 없다. 번역기를 썼고, 한 번 죽 훑어보았을 뿐이다. 그래도 알아보더라. 그러면 되는 일 아닌가. 그 뒤에 只野 교수의 응답을 붙였다.

あるいは許容されないのかを、考えざるを得なくなる。鄭教授は、それを平等の「意味」に関する主張として論じるのは間違っているというが、それは上記のような平等の前提と切り離せない問題ではないだろうか。相対的平等観を前提として、別異取扱いの正当化の問題を論じているという点で、鄭教授が取り上げている学説の間に、根本的な相違はないのではないか。本質質的要素を平等から切り離した上で、体系書レベルの、一般的で比較的簡易な説明の細かなニュアンスの違いを捉え、異なる学説として論じているかの印象を受ける。以上が、第1、第2、第4、第5の質問に対するお答えでもある。

次に、第6の質問についてであるが、14条が法内容の平等(立法者拘束)を求めている根拠としては、通例、最高法規としての憲法が人権を定め違憲立法審査によりその担保を図っていること、法内容が不平等であればそれを平等に適用しても平等の保障が実現しないことなどがあげられる。14条の文言だけを決め手にすることはできないと考える。立法者拘束説の側からは、既に一定の論証を行っていると考えるが、鄭教授は、上のような論拠についてどの様にお考えだろうか。

最後に第7の質問については、14条が例示列挙であるとする場合にも、少なくとも今日の学説は、「外延が無限大」とは考えてないことを、先ず指摘しておきたい。例示列挙には一定の意味があり、例示された事由に該当する別異取扱いについては審査が厳格になるとみるのが、多くの学説の立場であろう。またその場合には、列挙事由それぞれについて、その外延を画定する作業も必要になろう。また、列挙事由の他にも、問題となる権利の性格をも考慮しつつ、適切な意見判断の水準を考える、というのが、学説の一般的な傾向ではないか。そのうえで、個々の差別事由の解釈や、具体的な別異取扱いの評価をめぐり、学説の立場が分かれることになろう。たしかに、体系書レベルの記述をみただけでは、アドホックに判断しているという印象も受けるかもしれないが、個々の問題をめぐる論文や判例評釈などを見れば、解釈の根拠や前提が相応に論じられている。日本の憲法学における平等論を批判的に論じようとするなら、以上で指摘した点も含めて、検討いただいた方が、生産的な議論となるのではないか。]

質　問

筆者は筆者の論文と論文に対する審査内容を全て公開した。　掲載に失敗したことも公開した。筆者のホームページにある。[796]

筆者は筆者の著書『平等定名論』を博士論文として受け入れてもらえるかと一橋大学の只野雅人先生に聞いた。非常に肯定的な回答を受けて提出した。審査の末、修正を求められた。筆者は筆者の申請が拒絶されたものと考える。

拒絶は大学の権限の範囲内にある。それに対して抗議するつもりはない。しかし、その拒絶の理由について反論を提起するのは筆者の権利だと思う。筆者は『平等定名論』と『平等定名論』のアイディアで、日本の憲法教科書の中で平等論を検討した『平等の矛盾』を通じて学術的に価値のある、非常に重要な点を指摘したと思う。それを示し、只野先生の筆者の主張に対する評価を検討する。そしていくつか質問をする。

I. 日本の学説に対する評価

1. 學說名의 混線

A. 相対的平等説の混線

相対的平等説と呼ばれる学説が5つある。

(1)　平等は合理的差別を許容するということを意味するという主張があるが、ここにはまた2種類がある。

(1-1) 平等命令を「均一扱い」と理解する絶対的平等説を否定しつつ、平等命令は合理的理由があれば例外を許容するものであるという主張 (Ba説) [797]

(1-2)「例外を許さない」という内容の絶対的平等説を否定しつつ、平等命令は合理的理由があれば例外を許容するものであるとの主張 (Bb説) [798]

(2) 平等条項が (すべての人、物事、事態に対して「等しく」扱うことを命令することを否定し)、「等しいものは等しく、等しくないものは等しくなく」扱うことを命令するという主張 (Ca説) [799]

(3) 平等条項が (すべての人、物事、事態について「等しく」扱うことを命令することを否定し)、「等しいものは等しく、等しくないものは、等しくない程度に応じて等しくなく」扱うことを命令するという主張 (Cb 説) [800]

(4) 平等条項が（すべての人、物事、事態に対して「等しく」扱うことを命令することを否定し）、「等しいものは等しく」扱うことを命令するという主張（Cc説）801)802)

B. 絶対的平等説の混線

相対的平等説のテーゼ（These）となる絶対的平等説にも2つがある。

(1) 平等命令を均一扱いと理解する絶対的平等説

(2) 平等の命令を例外を許さないと理解する絶対的平等説

C. 小結

学説とその内容にこのような混線があれば対話が不可能だ。 どの主張が正しいかはさておき、馬の交通整理をすることが急務だ。

2. B説の性格に対する誤解

- 合理的な理由がある差別を許容するという学説（Ba説、Bb説）は、平等の意味、すなわち平等条項が命令する内容に関する学説ではない。平等条項がどんなことを命令するのかとは別の問題を扱う。A説を前提としても、C説を前提としても、合理的理由のある差別が許されるかは別に、独立して（independently）議論されるべきである。これを平等の意味で扱うのは間違っている。
- 差別を許容するか否かは「平等の意味」と関係がない。
- 合理的理由のある差別を許容することを平等の「意味」と理解する主張は間違っている。
- 平等が合理的な理由のある差別を許容するという主張自体が間違っているわけではない。それが平等の意味だという主張が間違っている。

3. B説の前提

- B説は平等が均一扱いを命令するということを前提に議論する。
- B説は「平等は均一取り扱いを命令するが、その命令を遵守できなくても合理的理由があれば違憲ではないと見る。」と記述することが正確だ。 前者が平等の意味に関するもので、後者が平等権の性格に関するものだ。
- しかし、その前提を明らかにしない。 世の中のすべての人、物、事態に対してすべて均一に扱うようにという理解があまりにも奇異l(absurd)だと感じるためだ。

4. C説とB説の混線

- C説を主張する学者たちが、これらをB説（合理的差別許容説）と同じ意味で理解している。大きな誤解だ。
- 両者は全く内容が違う。前者は平等条項が命令する内容に関する主張であり、後者は平等の命令から離れれば、逸脱すれば直ちに違憲になるかに対する主張だ。
- 名前が同じなので同じ内容の学説だと理解したものと見られる。
- 間違った理解だ。

5. 例示的列挙説に対する誤解

- 差別禁止事由を例示的列挙とみなす。そうかもしれない。筆者は例示的に見るべきかどうかに関心がない。筆者は胸で感じたことを主張せず、頭で考え出したことだけを主張する。
- ところが、列挙された事由を例示としながらも、その他のいかなる事由による差別も全て憲法によって禁止されるものと理解する。
- 間違った理解だ。
- 列挙された事由から内包が推論されなければならず、その内包を共有する事由だけが、列挙されなかったが憲法上の平等条項によって禁止された差別理由と認識される。
  内包は零ではなく、外延は無限大ではない。
- 既存の通説は列挙された差別禁止理由に何の意味も付与せず、「いかなる理由に基づく」差別も禁止されると理解する主張だ。
- 例示された事由は「審査基準」を決定する因子ではない。「差別の根拠となりえない理由」を挙げている。文言上明らかだ。

II.提案

- C説は平等の意味では理解できない。平等は同等、同じことを意味する。差別は違う扱いをすることを意味する。
- 憲法はすべての差別を禁じているわけではない。いくつかの理由を列挙し、それらを構成要件の標識(das Merkmal)として使用することを禁止するだけである。
- それらを例示的なものとして見ても、列挙されたものと内包(connotation)を共有することだけが禁止された差別の理由になる。これは施設の本質に属する。当然、差別禁止事由の外延（extension）は無限大ではない。

- 憲法第14条第1項はほとんどの差別[803]に無頓着だ。これを理解すれば、混沌（Chaos）から脱することができる。

Ⅲ.筆者の主張に対する只野 先生の評価に対する評価

1. 評価の内容

- 以下は筆者の主張に対する只野先生の評価である。これがすべてだ。[804]

“次に、鄭さんのご主張についてです。先ず前提となる部分です。相対的平等の概念や立法者拘束説を正面から批判していること、そして「憲法は大部分の差別に無関心だ」という結論は、私自身もそうですが、相対的平等・立法者拘束を前提とする立場からは、どうしても折り合いがつけにくいところです。 相対的平等に難点があることはもちろんですが、文言に依拠した論理で相対的平等を否定することが適切なアプローチなのか、どうしても疑問が残ります。相対的平等を前提に平等論を精錬し続けてゆく、というのもあり得るアプローチではないでしょうか。

列挙事由の解釈については、確かに安易な拡張解釈は問題です。日本の学説の多くは、列挙事由に一定の意味を認めており、列挙事由に該当する別異取扱い（さらにそれと同等といいうるような重大な別異取扱いも）については厳格な審査（事由によっては厳格な合理性の審査）をすべきだと考えています。差別は広く禁じられると考えた上で、差別事由によって審査の厳格さを変えてゆくという点で、アメリカ的なアプローチと言えるかもしれません。鄭さんが言及するカナダのアプローチとも、また列挙事由についての鄭さんの立場とも、まったく相容れないものではないと思います（日本の最高裁は、列挙事由にほとんど意味を認めていませんので、問題ですが）。また、前提はともかく結論としては、鄭さんも列挙事由とそれに類する事由に該当する場合は、立法者を拘束することを前提に、別異取扱いの合憲性審査（厳格審査）を行う、ことを認めています。この限度では、相対的平等を否定しているわけではない（文字どおりに絶対的平等を主張しているわけではない）、と受け止めてよいでしょうか。

以上を前提に、あらためて、私からのリクエストをお伝えします。

1. 筆者の主張について理解していない。

- 筆者の立場をまとめると、次のようになる。(a) 憲法第14条第1項前段は、立法者を拘束しない。(b) 立法者は後段に拘束される。(c) 憲法第14条第1項後段中の「差別」は等しくない取り扱いをいう。(d)　憲法第14条第1項後段中の差別禁止事由は例示的なもの例示的なものと見ても内包は零ではない。

- 筆者は合理的差別が許されるという点に反対しない。ただしそれが「平等の意味」に関する主張ということは間違っていると密にした。 これは論理的に間違っている。 価値観の問題ではない。
- 正義を平等の意味で受け入れることに反対する。正義論を受け入れれば、平等条項がすべてを等しくなく扱うように命令していると理解されなければならない。「等しいもの」は存在しない。「等しいものは等しく」は欺瞞的な言葉だ。
- 筆者は日本国憲法第14条第1項前段が立法者を拘束するという主張に反対するだけで、憲法第11条第1項後段が立法者を拘束するという点について全く異論がない。前段が文言にもかかわらず立法者を拘束するという点は、これを主張する側で論証しなければならない。文言に反する解釈をする側は手放していてもよいし、文言に合致した解釈をする側が論証すべきであるということは奇異である。
- 文言に反する解釈をする必要は何であり、どのような実益があるのか？ 筆者の目には何の実益もない。筆者は通常、立法者拘束説と言われる主張をする人々がこの点を考えてみたのか聞きたい。

2. 筆者の主張に対する感情的な反感が感じられる。

- 何か問題を提示して新たに議論してみようと主張するが、従来の立場をそのまま追従する側では妥協しにくいと言うのは、対話しないということだ。
- さらに大きな問題は、この反感に何の論理的根拠もないということだ。 ただ従来の立場を受け入れる立場では筆者の主張を受け入れることは難しいと「宣言」しているだけだ。 これは学術的対話ではない。
- 筆者は非常に具体的に日本の教科書に下線を引いて説明した。 何が問題なのかを。相対的平等説と呼ばれる学説が5つもあるという点を見てみよう。これは深刻な状況だ。直さなければならない状況だ。同じ名前で呼ばれるから、みんな同じ主張だと理解されては困る。そして、C説がB説のようなものだと理解する教科書が学生たちに読まれることが深刻だ。全く異なる内容、そして体系的地位も異なる内容が区別されず、あたかも一つの主張のように受け入れられることは奇異だ。
- 例示的列挙説を受け入れても、外延 (extension) を無限大として理解できないと具体的に論理的に主張していれば、それを理解しようとする努力をしなければならない。そして、自ら差別禁止事由が拡張されることが問題だと認識していれば、その問題がどこから由来し、どのように解消されなければならないのか論証しようとする努力に対して耳を傾けなければならない。

- ただ従来の立場に従う私たちは、新しい主張を受け入れない、というのは学問的談話とは言えない。いかなる学問的結実も得ることができない。
- これを前提に筆者に要求をするが、その前提は筆者の主張を受け入れられないという宣言だけだ。さらに深刻なのは、只野先生の自説に問題があるが、筆者の主張を受け入れられないということだ。世の中にこんな論文審査はない。少なくとも韓国ではこうはしない。

3. 只野先生は相対的平等説に問題があるという。

- 上記の5つの相対的平等説のうち、どれを相対的平等説と見るのかについては指摘がない。
- 何が問題なのか? その問題を提示すれば、より良い議論ができる。
- 5つの相対的平等説のうちBb説を前提としたものであれば、その部分については異論はない。平等がいかなる場合にも差別を許さないと見ることは難しいだろう。
- ただし、Bb説が平等が均一扱いを命令すると理解することを前提とし、差別禁止事由の外縁を無限大と理解するならば、「平等の矛盾」に出会うという筆者の主張に答えなければならない。それが筆者の主張の核心に当たるからだ。本のタイトルも『平等の矛盾』ではないか。このタイトルが何なのか理解しようとする努力は必要ではないか? 筆者の主張を審査するには。
- このようなことに対して何の応答もせずに、「その時その時(ad hoc)正当化審査段階で違憲かどうかを判断してくれれば十分ではないか」というコメントを、この問題を悩み、精密に議論しようとする人に投げかけるのは暴力に近い。既存の状況に何か改善すべき点があると主張する人に、そんなことは必要ないか?大ざっぱにやればいい? これが学問の場で行き交う言葉か?
- 只野先生の、他の扱いがあれば全て差別と認識し、正当化審査の段階で違憲かどうかを判断してくれればよいという立場は、筆者が提示したカナダの判例や筆者の立場と全く異なる。筆者の立場は、他の扱いがあるとしても、それらは大部分憲法によって禁止されていないものであり、正当化審査段階に進まないということだ。専ら憲法に掲げる事由、更には例示的列挙説を前提とするならば、列挙されたものと内包を共有する事由に基づく差別のみが正当化審査を受ける。それで憲法上の平等条項は立法者が行う大部分の差別に無関心だという結論に至ることになる。ところで、これがどのようにして、等しくない扱いがあれば、すべて（憲法によって禁止されたものであることを前提に）正当化審査を実施すべきだという立場と同じであろうか？

4. 只野先生は差別禁止理由を拡張するのに問題があるという。
- すると、筆者の主張とかなり近い。筆者は差別禁止事由を限定する解釈を提示した。そうすれば、この提案がどれほど有用なのかを評価する責任がある。しかし、この評価をしなかった。
- 問題があるとしたら何が問題なのか？ その問題を筆者のアイディアが解消できるか、こうした点を議論するのが学問ではないか？

5. この内容が修正要求の前提になり得るか？
- 只野先生は、この議論が修正要求の前提になると述べた。筆者はだめだと思う。筆者の主張が間違っているという点については一言半句論証がない。ただ受け入れることはできないと宣言しただけだ。それでは審査委員がその結論を受け入れない論文は全て修正しなければならないのか？ そうではない。
- 自ら説に問題があると肯定しつつ、その問題点である何かを明らかにすることもなく、筆者の論文がその解決に全く寄与していないという点を語らず、問題はあるが、適当に(ad hoc)解決していけばいいのではないか、と言いながら、その問題を指摘し論理的に解決するために代案を提示する論文に対して修正を要求することはできない。
- さらに奇異なことは、要求するところが論文の内容を修正しろということでもない。「章節」の「編制」を修正しろということだ。章節の編制が満足でなければそれだけ言えば十分だ。

6. 残りの評価
- 残りの、(i) 先行研究についての検討が不十分である。(ii) 日本語訳が悪いことについては受け入れる。主観的なので一緒に討論するに値しない。[805)]

IV. 質問

- 筆者の論文を評価した只野先生に次のような質問をする。この質問に答えるのは只野先生の責務に属すると思う。只野先生が筆者の論文を評価したので、その評価に対する反論も受け入れるべきだと思う。学問はそのような過程を経て少しずつ進展を遂げると思う。

- 第一に、日本に少なくとも5つの相対的平等説があるという筆者の主張を受け入れるか？[806] そのような状況が許容されるに値するのか？[807]
- 第二に、先生のBb説は平等の意味に関する学説か？[808] そのBb説はA説、すなわち平等条項が「すべてを等しく」扱うことを命令していると理解することを前提とした主張ではないか？ それで、「等しくない扱い」があれば、(i)すぐに差別があると認識し、(ii)正当化審査に進むべきだと考える立場ではないか？
- 第三に、すべてを等しく扱う法を作れという命令に従えば、世の中はflat、すなわち平らになるだろう。すると、立法者は法を作ることもできず、作らないこともできない状況、[809]にはまるだろう。憲法がそのような命令をしていると思うか。
- 第四に、日本の学説のうち、C説[810]に従う多くの教科書が自らの主張をB説と同じ主張だと理解している。果たしてこれが何の問題もない状況なのか？[811] 同じ名前で呼ばれる学説なのか？[812]
- 第五に、果たしてC説が通説と判例なのか？[813] A説が通説と判例ではないか？ 等しくない扱いがあると「すぐ」差別とみていないか？
- 第六に、日本国憲法第十四条第一項前段が「文言にもかかわらず」立法者を拘束するとみるべき理由は何か？[814] 立法者は後段にのみ拘束されるという文理的理解がどんな問題を起こすのか？[815]
- 第七に、後段に掲げる差別禁止事由を例示的なものとしながらも、内包(connotation)を零に、外延(extension)を無限大と理解することに問題があるとすれば、その解決策は何か？[816] 筆者の提案が文言に似合って上記の問題を解決する案ではないか？ そして、例示的列挙説の本質にふさわしい説明ではないか？
- これらの質問に対する適切な意見がなければ、筆者の論文を適切に評価することはできないと思う。
- ここでこれらを尋ねることは、学位を物乞いしようとすることではない。ただ筆者の論文に対する評価に対する対応に過ぎない。

V。結論

- この機会に日本の憲法学の実態を経験した。そして、我が国の混乱が日本学界の混線を受け継いだということを知ることになった。
- 筆者の主張が間違っているという反論があればいくらでも回答する。当然のことだ。主張する者の責務である。

- 筆者は韓国や日本の平等論についてかなり重要な指摘をしたと思う。しかし、これらの点について、只野先生から適切な評価を受けていないと思う。 審査が適切であったとはみなさない。それで煩雑な修正要請を断る。
- 世の中に考え一つ押し込むことが容易ではない。 筆者は全く恥ずかしくなければ嘘だろうが、この経緯を世の中に解き明かす。隠さずに明らかにして明らかにして私の自尊心を守ろうとする。筆者は盗みをせず、勉強した。
- ここで筆者が扱う学術的論点の他には、只野先生に感謝する。筆者に親切にしてくれた。学問的議論とは別だ。

---

796) https:・・palm-limburger-2a0.notion.site・CV-joobaek-jeong-7955ef4e75df46d785a32d070b31b4a3 NAVERで筆者の名前で検索すると、人物情報中のホームページリンクが得られる。

797) 樋口陽一,『憲法(改訂版)』創文社, 2004, 202-203. "事実上の異をも考慮に入れない均一取扱い(しばしば絶対的平等とよばれる)を意味するのでなく、事実上の差異をも考慮に入れて異なった取扱いをすること自体を排除しない(しばしば相対的平等とよばれる)。"

798) 木下智史=只野雅人編,『新・コンメンタール憲法』日本評論社, 2015 157. "平等については、一切の異なる処遇を禁止する絶対的平等という観会るあるが、人には置かれた状況、能力等に違いがあり、機械的に等しい取扱いを置くことがかえって不合理な結果をもたらすこともある。したがって、本条1項にいう平等とは、合理的な理由があれば異なる取扱いも許されるとする相対的平等と解するのが一般的である。"

799) 辻村みよ子,『憲法(第7版)』日本評論社, 2021, 154. "14条1項が定める「平等」とは、いかなる場合にも各人を絶対的に等しく扱うという絶対的平等の意味ではなく、「等しいものは等しく、等しからざるものは等しからざるように」扱うという相対的平等を意味するもので、合理的な理由によって異なる取扱いをすることは許されると解するのが通説・判例の立場である(相対的平等説)。"

800) 杉原泰雄編,『新版体系憲法事典』青林書院, 2008, 448(安西文雄 執筆). "平等の意味に関して検討しよう。これについては、それが絶対的平等の意味か、相対的平等の意味かが問われる。絶対的平等とは、すべての人に対して全く同じ扱いをする。人の事情の相違を考慮に入れず、同一の処遇をする、というものである。これに対し相対的平等とは、等しいものは等しく扱う、等しくないものは、等しくない程度に応じて等しくなく扱う、ということを求める。この対立に関し通説は、相対的平等説をとる。事情の異なる者に対して同一の処遇をするとなれば、それは悪平等であり、かえって許されない差別となるから、と論ずる。"

801) 芦部信喜(高橋和之補訂),『憲法』岩波書店, 2011, 129-130. "法の下の「平等」とは、各人の性別、能力、年齢、財産、職業、または人と人との特別な関係などの種々の事実的・実質的差異を前提として、法の与える特権の面でも法の課する義務の面でも、同一の事情と条件の下では均等に取り扱うことを意味することである。「平等」とは絶対的・機械的平等ではなく、相対的平等だと言われるのは、その趣旨である。したがって、恣意的な差別は許されないが、法上取扱いに差異が設けられる事項(たとえば税、刑罰)と事実的・実質的な差異(たとえば貧富の差、犯人の性格)との関係が、社会通念からみて合理的であるかぎり、その取扱い上の違いは平等違反ではないとされる。たとえば、労働条件について女性を優遇し(産前産後休暇、育児時間、生理休暇など)、年少者にかぎり特定の法律を適用し(未成年者の喫煙禁止など)、各人の資力に応じて税額に差異を設け(累進課税)、特定の職業に従事する者に対して業務上特別の注意義務を課すこと(業務上過失致死罪など)は一般に違憲とは言えない。なお、アメリカでは、歴史的に差別を受けてきたグループ、とくに黒人や女性に対し、大学入学や雇用等につき特別枠を設け、優先的な処遇を与える積極的差別解消措置(affirmative action)が立法等を通に進められてきた。これは、行きすぎると「逆差別」となり、平等違反の問題が生じるが、そうでないかり、機会の平等を回復し実態に応ずる合理的な平等を実現するものとして、容認されている。わが国の被差別部落解消のための同和対策やアイヌ民族の保護対策などの特別措置は、それに当たる。”

802) 事実、C説に属する各学説が、すべての人、事物、事態に対して「同じように」扱うことを命令するという絶対的平等説に対するアンチテーゼなのかということに対しては議論がありうる。平等条項が例外を許さないという絶対的平等説のアンチテーゼとして主張されているような気がする。例外が許されるという相対的平等説の論証をそのまま借用するような感じを受ける。この点については《平等の矛盾》で説明した。158ページ以下。托卵(brood parasitism) に近い。

803) 正確には立法による差別。

804) 議論が進められた約1年間、これが唯一のコメントだ。最終的に自分の意見を出し、修正要求事項を伝えた。筆者のホームページに載せておく。もう一度言うが、筆者は筆者が審査を受けた論文に対する審査意見を全てホームページで公開している。掲載を断られたことまで。もちろん、このほか、先行研究についての検討が足りない、翻訳が悪いということがある。この点についてはここで別に言うことがない。

805) もう一つある。 日本の学説についての議論が不足しているとの指摘があり、この点については本を一冊別に書いた。《平等の矛盾》がそれだ。

806) Ba説、Bb説 (合理的差別許容説) 、Ca説 (同じものは同じに、違うものは違う) 、Cb説 (同じものは同じに、違うものはその割合によって違う) 、Cc説 (同じものは同じに) 。

807) 筆者は当然そうしてはならないという立場だ。

808) 筆者ではないという立場だ。どのような状態が平等な状態なのかという問題と、その平等な状態から脱すればすぐに違憲なのか、という問題は別の問題だ。Bb説は後者に関する学説であり、前者に関する学説ではない。

809) 平等の矛盾または平等のジレンマ。

아래는 只野 교수에게서 받은 응답이다.

まず、第3の質問からお答えする。人には当然様々な差異があるが、そうした差異を捨象して、法的には人を平等なものとして扱うべきだ、というのが、平等の出発点であると考える。「等しく扱う」とはそのような趣旨であろう。とはいえ、現実の法制度には様々な別異取扱いが存在する。そこで、どの様な別異取扱いが許容され、あるいは許容されないのかを、考えざるを得なくなる。鄭教授は、それを平等の「意味」に関する主張として論じるのは間違っているというが、それは上記のような平等の前提と切り離せない問題ではないだろうか。相対的平等観を前提として、別異取扱いの正当化の問題を論じているという点で、鄭教授が取り上げている学説の間に、根本的な相違はないのではないか。本質質的要素を平等から切り離した上で、体系書レベルの、一般的で比較的簡易な説明の細かなニュアンスの違いを捉え、異なる学説として論じているかの印象を受ける。以上が、第1、第2、第4、第5の質問に対するお答えでもある。

次に、第6の質問についてであるが、14条が法内容の平等（立法者拘束）を求めている根拠としては、通例、最高法規としての憲法が人権を定め違憲立法審査によりその担保を図っていること、法内容が不平等であればそれを平等に適用しても平等の保障が実現しないことなどがあげられる。14条の文言だけを決め手にすることはできないと考える。立法者拘束説の側からは、既に一定の論証を行っていると考えるが、鄭教授は、上のような論拠についてどの様にお考えだろ

---

810) Ca説、Cb説、Cc説。アリストテレスの正義論に基づく相対的平等説。

811) 当然問題のある状況だと筆者は考える。B説とC説は同じ内容の学説か？　C説は平等が何を命令するかに関する学説であり、B説はその平等の命令から抜け出せば、すなわち差別があれば、自労違憲なのかに関する学説だ。

812) 当然、同じ名前で呼ばれることはできない。全く違う内容の学説だ。

813) 韓国も同じだが、日本の相対的平等説は様々な学説が聯合された学説の名前である。ところで、B説は（平等の意味に関しては）A説を前提としており、C説はB説を経てA説に戻っている。結局、C説は自分が否定した学説に戻っている。C説はA説を否定しながら出発しては、終局的に再びA説に戻って座っている。　それでもC説が通説なのか？

814) 文言に反する解釈をする方が論証の責任を負うべきではないか？　法に記載された通りに理解しようとする者に、なぜそう解釈するのかと聞くとコメディではないか？

815) 筆者は当然問題を起こさないと考える。

816) 問題はあるが、その問題を解決しようとする解釈論を、論理的批判もなく受け入れられないといえるか？ 筆者はそうしてはならないと思う。

うか。

最後に第7の質問については、14条が例示列挙であるとする場合にも、少なくとも今日の学説は、「外延が無限大」とは考えてないことを、先ず指摘しておきたい。例示列挙には一定の意味があり、例示された事由に該当する別異取扱いについては審査が厳格になるとみるのが、多くの学説の立場であろう。またその場合には、列挙事由それぞれについて、その外延を画定する作業も必要になろう。また、列挙事由の他にも、問題となる権利の性格をも考慮しつつ、適切な意見判断の水準を考える、というのが、学説の一般的な傾向ではないか。そのうえで、個々の差別事由の解釈や、具体的な別異取扱いの評価をめぐり、学説の立場が分かれることになろう。たしかに、体系書レベルの記述をみただけでは、アドホックに判断しているという印象も受けるかもしれないが、個々の問題をめぐる論文や判例評釈などを見れば、解釈の根拠や前提が相応に論じられている。日本の憲法学における平等論を批判的に論じようとするなら、以上で指摘した点も含めて、検討いただいた方が、生産的な議論となるのではないか。

이 응답에 대해 필자가 비판한 것은 제9장에 실려 있다. 이것은 일어 번역을 붙이지 않는다는 점은 이미 앞에서 말하였다. 번잡하다.

다만, 필자가 이 책을 출판하면서 只野 교수에게 반론의 기회를 주었다. 응답을 위해 시간을 더 달라고 말하였다. 기다리겠다고 전했다. 아래와 같은 글을 그대로 실어 줄 것을 요구하였다. 이에 싣는다. 필자의 비판에 대한 반론을 제기하지는 않았다. 앞의 응답으로 평가받겠다고 하였다. 독자의 평가에 맡기겠다고 하였다.

まず、私の発信した私信（メール）を書籍中に引用することについては同意できません。その上で、XII章を公表されるのであれば、以下に記す私からの応答を、そのまま全文掲載していただくことを求めます。

———

鄭柱白教授から、出版予定の『平等のDilemma』（以下、「書籍」という）の原稿をお送りいただき、私との学問的なやり取り、鄭教授の学位論文申請に関する経緯の部分について、応答の機会をいただいた。

学問的なやり取りについては、私からの応答はすでに行っており、書籍の原稿の中でも紹介されているので、その適否についての判断は読者に委ねたい。一方、学位論文申請に関する経緯については、私と鄭教授の間で考え方や認識に隔たりがあるので、この機に、私の考えるところを、簡潔に述べさせていただくことにする。もっとも、本来、学術書の中で詳述すべきでない内容を多く含み、そのために貴重な紙幅を費やすことには強い躊躇を覚える。しかし、学術の作法にかんする問題も含むので、この場で応答する必要があると考えた。

書籍の原稿では、私の私信（メール）の全文が引用されている。学術書において本人の許諾なく私信を引用すべきでないこと、この点で私が同意していないことはすでに鄭教授にお伝えしたが、同意いただけなかった。また、2023年の11月から1年近くにわたり、メールとオンラインのミーティングで、学位申請論文の扱いについて、鄭教授の理解を得るべく時間をかけてやり取りを続けてきた。その一部分（1通のメール）だけを取り上げ、不受理という判断や修正の要請について、批判が行われている。こうした手法も、不適切であると考える。鄭教授とやり取りを重ね、2024年の6月下旬、論文の修正を検討することについて鄭教授から合意をいただき、そのうえで修正の話し合いを続けたと、私は認識している。修正の要請は、論証が不十分な点を補うことを趣旨とするものであり、鄭教授の主張の本質的な部分の変更を求めたものではない。

また、鄭教授は、2019年までの私の対応も批判されているが、この点でも、私の認識や考え方は異なっている。平等論は鄭教授がこだわりをもってきたテーマであり、学位論文として当然に扱うべきテーマであったと考える。また、鄭教授は、課程博士論文を提出することなく韓国に帰国しているので、学位論文を提出しようとすれば、課程博士ではなく、論文博士以外に選択肢は無かった。さらに、学位請求論文を提出すれば当然に学位論文として受理されるわけではない。この点は、書籍の原稿で引用されている私からの2019年のメールでも、述べているところである。鄭教授は、韓国語の著書である『平等正名論』の要旨や目次から、修正や構成変更の要否について、2019年の時点で判断すべきであったとも述べられている。しかし、日本語または英語が博士論文提出の条件である以上、日本語版の論文をみた上でなければ、そのような判断をすることはできないし、またすべきではないと考える。なお、2019年のメールでは敢えて指摘はしていないが、日本語で学位請求論文を提出する以上は、論文執筆のための日本語の運用能力があることが当然の前提となる。外国語の論文執筆にあたり、他者の助けを借りることはあり得よう。しかし、最終的な論文には、著者が責任を持っていただく必要がある。

いまひとつ、書籍の原稿の結論で、「日本の学界には、私の平等論を評価する資格がない。」と述べられている。しかし、私の見解が日本の学界全体を代表するわけではなく、書籍の検討だけで学界全体について判断を下すのは性急に過ぎるのではないか。「日本の学界には」は、「只野には」とするべきであろう。

以上は、あくまで、私の考え方であり、認識である。鄭教授のスタンスがそれらと異なることは、書籍の中でもすでに示されている。いずれが適切か、読者の判断に委ねるほかない。
学位申請論文を受理するという判断には至らなかったが、鄭教授が一貫して平等論という困難なテーマに真摯に取り組んでいることには、かねてより、同じ研究者として敬意を抱いており、それは今も変わらない。この点も、最後に付言しておきたい。

여기에 대한 필자의 간단한 대응은 제9장의 끝에 있다.

참고문헌

한수웅, 『헌법학』, 법문사, 2022.

허영, 『한국헌법론』, 박영사, 2022.

정종섭, 『헌법학원론』, 박영사, 2022,

김하열, 『헌법강의』, 박영사, 2022.

장영수, 『기본권론』, 홍문사, 2003.

홍성방, 『헌법학』, 현암사, 2008.

김철수, 『헌법학신론』, 박영사, 2013.

박일경, 『신헌법』, 법경출판사, 1990.

성낙인, 『헌법학』, 법문사, 2019, 1027.

갈봉근, 『유신헌법론』, 한국헌법학회출판부, 1976.

김승대, 『한반도 헌법국가의 주요문제』, 법문사, 2017.

이준일, 『헌법학강의』, 홍문사, 2023,

정주백, 『평등의 모순』, 충남대학교출판문화원, 2024.

정주백, 『평등정명론』, 충남대학교출판문화원, 2019.

어슐러 K. 르 귄(최용준 옮김), 『바람의 열두 방향』, 시공사, 2014.

니코스 카잔차키스(이윤기 옮김), 『그리스인 조르바』, 열린책들, 2000.

프레드 로델(이승훈 譯), 『저주받으라 너희 법률가들이여』, 후마니타스, 2014.

Hans Kelsen(김선복 譯), 『정의란 무엇인가』, 책과 사람들. 2010.

Robert Alexy(이준일 譯), 기본권이론, 한길사, 2007.

John Ely(전원열 譯), 『민주주의와 법원의 위헌심사(Democracy and distrust : A Theory of Judicial Review)』, 나남, 2006.

木下智史=只野雅人編, 『新・コンメンタール憲法』 日本評論社, 2015.

渡辺康行・宍戸常寿・松本和彦・工藤達朗, 『憲法1基本権』 日本評論社, 2016.

本秀紀編, 『憲法講義(第2版)』, 日本評論社, 2018.

長谷部恭男, 『憲法(第7版)』, 新世社, 2018.

杉原泰雄編, 『新版体系憲法事典』, 青林書院, 2008.

樋口陽一·佐藤幸治·中村睦男·浦部法穂,『注釋日本國憲法(上巻)』青林書院, 平成3年.
許愼 撰, 徐鉉 校定,『說文解字』中華書局, 1989.
辻村みよ子,『憲法(第7版)』日本評論社, 2021.
奥平康弘,『憲法Ⅲ』, 有斐閣, 1993.
김선희,『캐나다의 간접차별과 정당한 편의제공의무에 관한 연구』, 헌법재판연구원, 2021.
김승대, "헌법관습의 법규범성에 대한 고찰",『헌법논총』, 제15집, 헌법재판소, 2004.
전종익, "정조시대 천주교 전래와 평등",『법사학연구』제40호, 한국법사학회, 2009.
이부하, "헌법의 개념과 관습헌법 - 헌재 2004. 10. 21. 2004헌마554566 (병합) 결정을 평석하며",『한양법학』, 제20권 제2집, 한양법학회, 2009.
방승주, "수도가 서울이라는 사실이 과연 관습헌법인가?",『공법학연구』, 제6권 제1호, 비교공법학회, 2005.
전광석, "수도이전특별법 위헌결정에 대한 헌법이론적 검토",『공법연구』, 제33집 제2호, 공법학회, 2005.
남복현, "헌법재판소의 이른바 관습헌법 논리에 대한 비판적 분석",『한양법학』, 제19집, 한양법학회, 2006
김배원, "국가정책, 관습헌법과 입법권에 대한 헌법적 고찰",『공법학연구』, 제5권 제3호, 비교공법학회, 2004.
김상겸, "성문헌법국가에 있어서 관습헌법의 의미에 관한 연구",『헌법학연구』, 제11권 제1호, 헌법학회, 2005
허완중, "관습법과 규범통제",『공법학연구』, 제10권 제1호, 비교공법학회, 2009
조재현, "신행정수도특별법 위헌결정에 대한 비판적 검토 -관습헌법의 변경절차와 국민투표권-",『토지공법연구』, 제27집, 토지공법학회, 2005.
정주백, "과잉금지원칙에 관한 관견",『헌법재판연구』, 제2권 제2호, 헌법재판연구원, 2015.
정주백, "평등을 통한 사회적 기본권 실현에 대한 우려",『헌법재판연구』, 제9권 제1호, 헌법재판연구원, 2022.
정주백, "입법자 구속설 비판",『법학연구』, 제23권 제2호, 충남대, 2012.
정주백, "평등권의 심사 기준 - 헌법 제11조 제1항 후문 사유의 성격을 중심으로-",『헌법논총』제24집, 헌법재판소, 2013.
정주백, "지금, 대한민국의 수도는 어디인가",『법학연구』, 제28권 제2호, 충남대, 2017.
Peter Westen, The Empty Idea of Equality, 95 Harvard Law Review 537(1982).